Paul Josef Resinger | Dietmar Knitel | Robert Mader | Hans Brunner

Leitfaden zur Bachelor- und Masterarbeit

Einführung in wissenschaftliches Arbeiten
und berufsfeldbezogenes Forschen
an Hochschulen und Universitäten

4., aktualisierte und erweiterte Auflage

Tectum Verlag

Paul Josef Resinger | Dietmar Knitel | Robert Mader | Hans Brunner
Leitfaden Bachelor- und Masterarbeit
Einführung in wissenschaftliches Arbeiten und berufsfeldbezogenes Forschen
an Hochschulen und Universitäten
4., aktualisierte und erweiterte Auflage

© Tectum – ein Verlag in der Nomos Verlagsgesellschaft, Baden-Baden 2021
ISBN 978-3-8288-4543-5
ePDF 978-3-8288-7592-0
ePub 978-3-8288-7599-9

Umschlaggestaltung: Tectum Verlag, unter Verwendung der Abbildung # 566530978
von Julia Tim | www.shutterstock.com

© der Fotografien auf Seite XVI bei den Autoren

Gesamtverantwortung für Druck und Herstellung
bei der Nomos Verlagsgesellschaft mbH & Co. KG

Printed in Germany

Alle Rechte vorbehalten

Besuchen Sie uns im Internet
www.tectum-verlag.de

Bibliografische Informationen der Deutschen Nationalbibliothek
Die Deutsche Nationalbibliothek verzeichnet diese Publikation in der Deutschen Nationalbibliografie;
detaillierte bibliografische Angaben sind im Internet über http://dnb.d-nb.de abrufbar.

Resinger | Knitel | Mader | Brunner

Leitfaden zur Bachelor- und Masterarbeit

Inhalt

Tabellenverzeichnis	IX
Abbildungsverzeichnis	X
Zum Buch	XV
1 Einleitende Gedanken	**1**
2 Zur Theorie der berufsfeldbezogenen Forschung	**5**
3 Grundlegende Aspekte von Forschung	**9**
3.1 Formen von Forschung	9
3.2 Quantitative und qualitative Methoden der empirischen Forschung	10
3.3 Triangulation und Mixed-Methods	12
3.4 Eigenschaften von Daten	13
3.5 Gütekriterien empirischer Forschung	15
3.6 Auswahl von Forschungsmethoden	22
3.7 Ethische Aspekte der Forschung	23
4 Formale Kriterien für eine Bachelor-/Masterarbeit	**25**
4.1 Aufbau einer Literaturarbeit/empirischen Arbeit	25
4.2 Formatierung, Text- und Seitengestaltung	33
4.3 Automatisches Literaturverzeichnis mit CITAVI	37
4.3.1 Auswahl des Zitationsstils	37
4.3.2 Literatur anlegen und Dokumententyp wählen	38
4.3.3 Dokumententypen	40

4.4	Zitieren im Text	62
	4.4.1 Wörtliches Zitat	63
	4.4.2 Sinngemäßes (indirektes) Zitat	71
	4.4.3 Besonderheiten des Zitierens im Text	74
4.5	Hinweise zum Urheberrecht bei Bildern	77
	4.5.1 Bilder mit CC-Lizenz	78
	4.5.2 Quellenangabe bei Bildern	79
	4.5.3 Automatisiertes Bildquellenverzeichnis mit MS Word	81

5 Themenfindung, Literaturrecherche, Forschungsfrage: der Weg zum Konzeptpapier bzw. Exposé — 83

5.1	Themenfindung und -eingrenzung	83
5.2	Betreuer/in finden	88
5.3	Literaturrecherche	88
5.4	Typen und Formulierung von Forschungsfragen	98
5.5	Mögliche Erklärungen und Annahmen – die Hypothese	102
5.6	Ein Konzeptpapier erstellen	105
5.7	Ein Exposé verfassen	109

6 Lesen und Verfassen wissenschaftlicher Texte — 113

6.1	Keine überhöhten Ansprüche an sich selbst stellen	113
6.2	Vor dem Schreiben kommt das Lesen	114
6.3	Exzerpte als Sprungbrett zum eigenen Text	116
6.4	Mit Free Writing ins Schreiben kommen und Blockaden abbauen	119
6.5	Klar und verständlich formulieren	120
6.6	Den roten Faden sichtbar machen	124
6.7	Wissenschaftlich argumentieren, Kontroversen darstellen	126
6.8	Formulierungshilfen	127
6.9	Tipps, um zügig und erfolgreich zum Abschluss zu kommen	133

7	**Daten gewinnen – Forschungsmethoden**		**135**
	7.1	Auf einen Blick: Schematisches Ablaufdiagramm einer empirischen Abschlussarbeit	135
	7.2	Stichproben in qualitativen und quantitativen Untersuchungen	136
	7.3	Mündliche Befragung (Interview)	142
		7.3.1 Interviewformen	142
		7.3.2 Führen eines Interviews	148
		7.3.3 Mündliche Befragung von Kindern	154
	7.4	Schriftliche Befragung (Fragebogen)	156
		7.4.1 Merkmale, Merkmalsausprägungen und Konstrukte	157
		7.4.2 Items formulieren	160
		7.4.3 Schriftliche Befragung von Kindern	170
	7.5	Allgemeine Richtlinien zur Erstellung von Befragungsinstrumenten	176
	7.6	Beobachtung	180
		7.6.1 Formen der Beobachtung	180
		7.6.2 Lernseits forschen	189
	7.7	Inhaltsanalyse	193
		7.7.1 Gegenstand inhaltsanalytischer Verfahren	193
		7.7.2 Verfahren der Qualitativen Inhaltsanalyse	194
		7.7.3 Fotodokumentation	197
		7.7.4 Videodokumentation	198
		7.7.5 Gestalterisches Feedback zum Unterricht	199
8	**Qualitative Daten auswerten**		**205**
9	**Quantitative Daten auswerten**		**213**
	9.1	Grundlagen der Statistik	213
		9.1.1 Deskriptive versus analytische Statistik	213
		9.1.2 Statistische Grundbegriffe	215
		9.1.3 Arbeiten mit Excel	224

	9.2 Daten analysieren – Beschreibung von Verteilungen	229
	9.2.1 Erstes Ordnen	229
	9.2.2 Variablen neu berechnen oder umcodieren	231
	9.2.3 Häufigkeitsverteilung	233
	9.2.4 Lagemaße – zentrale Tendenz einer Häufigkeitsverteilung	245
	9.2.5 Streuungsmaße – Streuung oder Dispersion der Verteilung	254
	9.2.6 Zusammenhänge zwischen Variablen	262
10	**Das wissenschaftliche Poster**	**275**
	10.1 Gestaltungskriterien eines Posters für die Abschlussarbeit	275
	10.2 Qualitäts- und Beurteilungskriterien eines Posters für die Abschlussarbeit	278
11	**Qualitäts- und Beurteilungskriterien für die Bachelor-/Masterarbeit**	**281**
12	**Literaturverzeichnis**	**287**

Tabellenverzeichnis

Tabelle 1:	Mögliche Gliederung der Arbeit nach Typ	32
Tabelle 2:	Aktivitäten der Jugendlichen im Internet	36
Tabelle 3:	Fünf Grundtypen von Forschungsfragen nach Karmasin und Ribing	99
Tabelle 4:	Beispiel für verbale und nonverbale Markierungssymbole	115
Tabelle 5:	Auszug aus einem Exzerpt	118
Tabelle 6:	Stichprobenplan für eine heterogene Stichprobe in einer qualitativen Studie	137
Tabelle 7:	Beispiele für qualitative und quantitative Merkmale und Merkmalsausprägungen	157
Tabelle 8:	Fünfteilige Ratingskala zum Konstrukt „Interesse an Diskussionen"	159
Tabelle 9:	Fünfteilige Ratingskala zum Konstrukt „Präsentationskompetenz"	189
Tabelle 10:	Definierte Abkürzungen in der Statistik	217
Tabelle 11:	Auswertung der Wahlpflichtfächer in einer Häufigkeitsverteilung	218
Tabelle 12:	Ausprägung und Kodierung einer Ordinalskala	220
Tabelle 13:	Zusammenfassung der Skalentypen	221
Tabelle 14:	Bildung von Klassen	223
Tabelle 15:	Diagrammarten und ihre Anwendungsmöglichkeiten	242
Tabelle 16:	Unimodale und bimodale Verteilung	250
Tabelle 17:	Schiefe von Verteilungen	254
Tabelle 18:	Erreichter Punktescore	255
Tabelle 19:	Zusammenfassung – Maßzahlen und Skalenniveau	261
Tabelle 20:	Kreuztabelle – Hypothesenprüfung	273
Tabelle 21:	Schriftgrößen für ein Poster	276

Abbildungsverzeichnis

Abbildung 1:	Beispiel für das Titelblatt einer Bachelorarbeit	27
Abbildung 2:	Screenshot der Moodle-Bedienoberfläche	35
Abbildung 3:	Citavi – Formatvorlage wählen	38
Abbildung 4:	Citavi – Dokumententyp wählen	39
Abbildung 5:	Citavi – Buch erfassen	39
Abbildung 6:	Citavi – Titel per ID finden	40
Abbildung 7:	Citavi Picker im Firefox	40
Abbildung 8:	Citavi – Autor erfassen	41
Abbildung 9:	Citavi – Künstlername/Pseudonym	41
Abbildung 10:	Citavi – Institution im Titelzusatz	42
Abbildung 11:	Citavi – Titel erfassen	42
Abbildung 12:	Citavi – Erfassung Monographie	45
Abbildung 13:	Citavi – Erfassung Sammelband	46
Abbildung 14:	Citavi – Ausgabe Sammelband	47
Abbildung 15:	Citavi – Dokumententyp Beitrag in …	47
Abbildung 16:	Citavi – Beitrag in einem Sammelwerk	48
Abbildung 17:	Citavi – Ausgabe Beitrag in Sammelwerk	48
Abbildung 18:	Citavi – Zeitungsartikel online	49
Abbildung 19:	Citavi – Wikipedia Artikel als Internetdokument erfasst	53
Abbildung 20:	Citavi – Internetdokument	55
Abbildung 21:	Citavi – Ausgabe mit Shorten URL	55
Abbildung 22:	Citavi – Spielfilm erfassen	56
Abbildung 23:	Citavi – YouTube Video	57
Abbildung 24:	Citavi – Podcast, erfasst als Hörspiel	58
Abbildung 25:	Citavi – Podcast, erfasst als Internetdokument	59
Abbildung 26:	Citavi – PowerPoint Präsentation	59
Abbildung 27:	Citavi – Mit Option einfügen	65
Abbildung 28:	Erweiterte Suche bei Google – Lizenzwahl	79
Abbildung 29:	Ausgewachsener Höckerschwan	80
Abbildung 30:	Indextext bei der Fußnote mit verborgenen Zeichen	82
Abbildung 31:	Index einfügen	82
Abbildung 32:	Beispiel für Freitextsuche ohne weitere Auswahlkriterien	90
Abbildung 33:	Beispiel für die erweiterte Suchfunktion	91
Abbildung 34:	Recherche im Österreichischen Bibliothekenverbund	93
Abbildung 35:	Recherche im FachInformationsSystem Bildung (FIS Bildung)	93

Abbildung 36:	Suchmaske Karlsruher Virtueller Katalog	94
Abbildung 37:	Trefferliste mit Kurztiteln geordnet nach Bibliotheks- und Buchhandelskatalogen	95
Abbildung 38:	Volltitelanzeige im jeweiligen Zielsystem	95
Abbildung 39:	Beispiel für die Suche nach E-Ressourcen	97
Abbildung 40:	Beispiel für ein verfügbares Volltextdokument	98
Abbildung 41:	Schematisches Ablaufdiagramm einer empirischen Abschlussarbeit	135
Abbildung 42:	Beispiel für eine Gesprächsnotiz zu einem Interview	153
Abbildung 43:	Konstrukt Verantwortungsbereitschaft	160
Abbildung 44:	Beispiel für eine nonverbale Antwortkategorie	164
Abbildung 45:	Beispiel für eine Likert-Skala	168
Abbildung 46:	Beispiel für eine verbal verankerte Schätzskala	168
Abbildung 47:	Beispiel für kombinierte Formen von Schätzskalen	169
Abbildung 48:	Auszug aus einem Fragebogen für Kinder mit Smileys als Antwortkategorien	172
Abbildung 49:	Auszug aus einem Fragebogen für Kinder mit Wettersymbolen als Antwortkategorien	172
Abbildung 50:	Verbale Antwortkategorien mit Smileys unterlegt	173
Abbildung 51:	Beispiel für eine kreative Form der Antwortmöglichkeit bei der Befragung von Kindern	173
Abbildung 52:	Feedbackbogen aus einer Fortbildungsveranstaltung	174
Abbildung 53:	Befragung von Grundschulkindern: Beispielitem Kinderversion	175
Abbildung 54:	Befragung von Grundschulkindern: Beispielitem Interviewerversion	175
Abbildung 55:	Auszug aus einem kriterienbezogenen Unterrichtsbeobachtungsbogen	183
Abbildung 56:	Beobachtungsbogen zur Messung von Präsentationskompetenz	188
Abbildung 57:	Gestalterische Schüler/innenbefragung	200
Abbildung 58:	Beispiel 1 für ein gestalterisches Feedback zur Lehrperson	200
Abbildung 59:	Beispiel 2 für ein gestalterisches Feedback zur Lehrperson	201
Abbildung 60:	Beispiel 3 für ein gestalterisches Feedback zur Lehrperson	201
Abbildung 61:	Beispiel 1 für ein gestalterisches Feedback zur Lehrperson und zum Unterricht	202
Abbildung 62:	Beispiel 2 für ein gestalterisches Feedback zur Lehrperson und zum Unterricht	202
Abbildung 63:	Beispiel für ein gestalterisches Feedback zum Unterricht	203
Abbildung 64:	Beispiel für eine Kodierung in einem Beobachtungsprotokoll	208
Abbildung 65:	Kodierung von Interviews – Transkript 1	209
Abbildung 66:	Kodierung von Interviews – Transkript 2	210
Abbildung 67:	Deskriptive und induktive Statistik	214
Abbildung 68:	Beispiele für Ausprägungen von Merkmalsträgern	217
Abbildung 69:	Skalentypen	219
Abbildung 70:	Klassenanzahl nach Sturges	224
Abbildung 71:	Datenmatrix in Excel	226
Abbildung 72:	Aktivieren des Analyse Add-Ins	226
Abbildung 73:	Registerkarte „Formeln"	227
Abbildung 74:	Registerkarte Daten mit Gruppenfeld Analyse	227
Abbildung 75:	Einfache Berechnungen in Excel	227

Abbildung 76:	Herstellen von Zellbezügen	227
Abbildung 77:	Das Eingeben einer Formel in Excel	228
Abbildung 78:	Registerkarte „Formeln"	228
Abbildung 79:	Benennen von Zellen	229
Abbildung 80:	Direkteingabe von Formeln	229
Abbildung 81:	Dateneingabe in Excel	230
Abbildung 82:	Erstellung der Häufigkeiten aus den Rohdaten	234
Abbildung 83:	Beispiel für eine Häufigkeitstabelle	234
Abbildung 84:	Darstellung der absoluten und relativen Häufigkeit	235
Abbildung 85:	Darstellung der absoluten, relativen und prozentuellen Häufigkeit	236
Abbildung 86:	Notenverteilung nach Geschlecht	236
Abbildung 87:	Relative und prozentuelle Häufigkeit	236
Abbildung 88:	Kumulierte Häufigkeit	237
Abbildung 89:	„Anzahl", „Zählenwenn" und „Häufigkeit" in Excel	238
Abbildung 90:	Diagrammtypen in Excel	240
Abbildung 91:	Ungeeignetes Kreisdiagramm zur Darstellung von Noten	241
Abbildung 92:	Darstellung der Notenverteilung mit Hilfe eines Säulendiagramms	241
Abbildung 93:	Chart-Chooser	243
Abbildung 94:	Erstellen eines Diagramms	244
Abbildung 95:	Beispiel für ein Häufigkeitsdiagramm	244
Abbildung 96:	Ändern des Diagrammtyps	244
Abbildung 97:	Ändern des Diagrammdesigns	244
Abbildung 98:	Ändern des Diagrammlayouts	245
Abbildung 99:	Mittelwert über Einzelwerte und Klassenmitten	247
Abbildung 100:	Problem der Ausreißer bei Mittelwerten	247
Abbildung 101:	Median und Quartil	248
Abbildung 102:	Vergleich von Mittelwert und Median	249
Abbildung 103:	Mittelwert, Median, Quartil, Quantil und Modus in Excel	251
Abbildung 104:	Mittelwert mit Datenauswahl	252
Abbildung 105:	Vergleich von Mittelwert, Median, 1. und 3. Quartil und Modus nach Geschlecht	253
Abbildung 106:	Punkteverteilung	255
Abbildung 107:	Abweichung der einzelnen Größen vom Mittelwert (n=60)	255
Abbildung 108:	Berechnung der Spannweite und des Quartilsabstandes	257
Abbildung 109:	Differenzen zum Mittelwert	258
Abbildung 110:	Normalverteilungskurve	259
Abbildung 111:	Spannweite, Varianz und Standardabweichung in Excel	260
Abbildung 112:	Analyse-Funktion Populationskenngrößen	261
Abbildung 113:	Parameter für die Populationskenngrößen	261
Abbildung 114:	Ergebnis Populationskenngrößen	262
Abbildung 115:	Beispiel für ein Streudiagramm (n=50)	263
Abbildung 116:	Erstellung eines Streudiagramms in Excel	264
Abbildung 117:	Trendlinie hinzufügen	264
Abbildung 118:	Erstellen einer Pivot-Tabelle Schritt 1	265
Abbildung 119:	Erstellen einer Pivot-Tabelle Schritt 2	266

Abbildung 120: Fertige Pivot-Tabelle	266
Abbildung 121: Bestimmung der Anzeige einer Pivot-Tabelle	267
Abbildung 122: Korrigierte Pivot-Tabelle	267
Abbildung 123: Erstellung einer Pivot-Tabelle – Beispiel 2	268
Abbildung 124: Darstellung der absoluten Häufigkeiten in einer Kreuztabelle	268
Abbildung 125: Darstellung der relativen Häufigkeiten in einer Kreuztabelle	269
Abbildung 126: Beispiel 2 – Übersicht Tabelle	269
Abbildung 127: Beispiel 2 – Berechnungen 1	270
Abbildung 128: Verwendung des Verkehrsmittels abhängig vom Geschlecht	271
Abbildung 129: Verwendung des Verkehrsmittels abhängig vom Geschlecht in Prozent	271
Abbildung 130: Verwendung des Verkehrsmittels abhängig von Geschlecht und Alter	272
Abbildung 131: Beispiel der Struktur des Posters	277

Zum Buch

Für uns Autoren ist es besonders erfreulich, dass das vorliegende Buch bereits in der vierten Auflage erscheint, bei der unser lieber Kollege und Mitautor der bisherigen Auflagen Hans Brunner – verstorben 2016 – leider nicht mehr mitwirken konnte. Seit der Erstauflage 2011 unterstützt der Leitfaden Studierende an Hochschulen und Universitäten beim Erstellen einer Bachelor- oder Masterarbeit. Wenngleich die anschaulichen Beispiele in diesem Buch aus Forschungsprojekten und Abschlussarbeiten aus dem Bereich der Schulpädagogik stammen, wird es der Leserin/dem Leser nicht schwerfallen, diese auf andere Disziplinen zu transferieren.

Der „Leitfaden zur Bachelor- und Masterarbeit: Einführung in wissenschaftliches Arbeiten und berufsfeldbezogenes Forschen an Hochschulen und Universitäten" bietet eine Vielzahl an Vorschlägen für das Schreiben der Abschluss- bzw. Qualifizierungsarbeit nach formal-wissenschaftlichen Kriterien und für den Einsatz von Methoden des berufsfeldbezogenen Forschens. Die vierte, von Grund auf überarbeitete und erweiterte Auflage verfolgt ein duales Konzept. Erstmalig werden digitale Zusatzangebote (Arbeitsvorlagen, Anschauungsmaterial u. a. aus Forschungsprojekten und von Studierendenarbeiten, Erklärvideos etc.) auf unserer Website www.leitfaden-online.at die Publikation bereichern.

Die vierte Auflage des „Leitfadens" ist wie folgt aufgebaut:

In *Kapitel 1* wird die Leserin/der Leser dazu animiert, sich auf wissenschaftlicher Basis mit verschiedenen aktuellen und wichtigen Fragen und Themenbereichen unserer Zeit zu beschäftigen, diese mit wissenschaftlichen Methoden zu durchleuchten und deren Ergebnisse entsprechend darzustellen, zu analysieren und zu interpretieren.

Eine Einführung in die Thematik des berufsfeldbezogenen Forschens (Aktionsforschung) erfolgt in *Kapitel 2* und es werden dessen (deren) wesentliche Merkmale genauer erläutert.

In *Kapitel 3* beschäftigen sich die Autoren mit grundlegenden, einführenden Aspekten von Forschung wie z. B. mit Formen von Forschung, Gütekriterien, forschungsmethodischen Zugängen oder der ethischen Vertretbarkeit eines jeden Forschungsvorhabens.

Formale Kriterien, die für das Verfassen von Bachelor- und Masterarbeiten beachtet werden müssen, insbesondere das Regelwerk des Zitierens – im Leitfaden entlang der weit verbreiteten Zitationsform *APA-Style* in der aktuellen 7. Auflage – werden in *Kapitel 4* ausführlich behandelt. Veranschaulicht werden diese formalen Vorgaben durch eine Vielzahl an Beispielen.

Kapitel 5 widmet sich der Themenfindung, Literaturrecherche, Formulierung von Forschungsfragen und Hypothesen und beschreibt den Weg zum Konzeptpapier bzw. Exposé.

Das Lesen und Verfassen wissenschaftlicher Texte ist Kern des *Kapitels 6*. Es werden u. a. Vorschläge gemacht, wie Studierenden der Einstieg in den wissenschaftlichen Schreibprozess erleichtert werden kann oder wie eventuell bestehende Schreibhemmungen abgebaut werden können. Wissenschaftlich zu argumentieren, Kontroversen darzustellen oder mit Formulierungshilfen umzugehen, sind Beispiele für weitere Inhalte in diesem Buchabschnitt.

In *Kapitel 7* setzen sich die Autoren zunächst mit der Stichprobenziehung in qualitativen und quantitativen Untersuchungen auseinander und widmen sich in der Folge ausführlich den Forschungsmethoden der mündlichen und schriftlichen Befragung, Beobachtung und Inhaltsanalyse.

Grundlegende Fragen der Statistik und die Darstellung, Analyse und Interpretation von qualitativ und quantitativ erhobenen Daten sind in den *Kapiteln 8 und 9* Thema.

Wie Studierende ein wissenschaftliches Poster gestalten können, um ihre Bachelor-/Masterarbeit im Rahmen einer Verteidigung (Defensio) erfolgreich zu präsentieren, wird in *Kapitel 10* dargelegt. Im abschließenden *Kapitel 11* werden Qualitäts- und Beurteilungskriterien vorgestellt, die für die Beurteilung von Bachelor- und Masterarbeiten zum Tragen kommen.

Trotz der umfangreichen Erweiterungen ist es das Ziel der Autoren, mit dem „Leitfaden" weiterhin ein kompaktes, für Studierende leistbares Einführungswerk anzubieten. Wir hoffen, dass uns dies gelungen ist. Abschließend möchten wir uns bei Studierenden sowie unseren Kolleginnen und Kollegen für die konstruktiven Rückmeldungen herzlich bedanken.

Innsbruck, im Sommer 2021

Paul Josef Resinger
Dietmar Knitel
Robert Mader

Einleitende Gedanken 1

Es steht heute außer Frage, dass sich Schule und Unterricht nur dann weiterentwickeln können, wenn auch Lehrer/innen (und nicht nur externe Wissenschaftler/innen) systematisch die Qualität des Lehrens und Lernens an ihrer Schule und die Bedingungen, unter denen Lehrende und Lernende arbeiten, immer wieder einer eingehenden Reflexion unterziehen und permanent zu verbessern versuchen. Dazu gehört es, sowohl Probleme des Alltags (der Praxis) aufzuzeigen, zu analysieren und zu bewältigen, als auch innovative Akzente zu setzen.

„Forschung bildet, indem sie begründet zu zweifeln lehrt." Mit dieser These leitet Hubert Markl (2009, S. 154) seinen Beitrag in einem Sammelband ein, der sich im Allgemeinen mit der Frage „Was ist Bildung?" und im Speziellen mit dem Verhältnis zwischen Bildung und Forschung beschäftigt. Folgt man dem Autor, dann muss jede/r, die/der forschen will, zunächst einmal befähigt werden, (tradierte) Theorien und Erkenntnisse anzuzweifeln. Wer sich in die Welt der Forschung begibt, muss zunächst lernen, Fragen zu stellen. Oder, um es in den Worten von Lotte Ingrisch (1986, S. 10) zu sagen: „Antworten schließen die Welt, Fragen öffnen sie. Nicht von Antwort zu Antwort wachsen wir, sondern von Frage zu Frage."

Das Positive an Forschung ist, dass sie Mutmaßungen und Behauptungen in Frage stellt, indem sie fundierte Belege verlangt (Erkenntnisse müssen *evidenzbasiert* sein). Aber auch bei Forschungsbefunden ist ein kritisch-wacher Blick notwendig. Theorien und Erkenntnisse können zu einem gewissen Teil nämlich *eminenzbasiert* sein, d. h. der/die Forscher/in bekräftigt dank ihrer/seiner Autorität eine an sich fragwürdige Erkenntnis oder setzt eine wenig datenbasierte Lehrmeinung durch.

Die Probleme der heutigen Zeit sind viel zu komplex und vielschichtig, als dass es die „einfache" Lösung gäbe. Diese wird allzu oft von modernen „Rattenfängern" propagiert, ist öfters falsch oder nur in Teilaspekten richtig, in manchen Fällen sogar gefährlich. Gerade Sätze wie „Das ist richtig, das haben wir schon immer so gemacht" sind in einer *Zeit des Wandels* mit Vorsicht zu genießen. Sehr oft verbergen sich dahinter Angst vor Veränderung, aber auch Bequemlichkeit oder Unsicherheit. „Forschung bildet am nachhaltigsten, indem sie anstelle von Vorurteilen und bloßen Mutmaßungen nachweisliche Belege verlangt, Befunde aus Experimenten genauso wie logische Schlussfolgerungen daraus. Dadurch lehrt sie, unbegründeter Wissensanmaßung mit guten Gründen zu widersprechen" (Markl, 2009, S. 162).

Wilhelm von Humboldt weist zu Beginn des 19. Jahrhunderts darauf hin, dass Forschung auch bildet. Für angehende Lehrer/innen ist es wichtig, Forschungserfahrung zu sammeln, damit sie zum einen lernen, „Tatsachen" – dazu zählen auch Forschungsbefunde, die also solche dargestellt werden – nicht als gegeben anzunehmen, sondern kritisch zu reflektieren und abzuwägen, und zum anderen im Beruf methodisch an Schul- und Unterrichtsentwicklung heranzugehen.

Aus-, Fort- und Weiterbildungsziel von (angehenden) Lehrpersonen muss es sein, eine Haltung Grund zu legen, die sie dazu befähigt und motiviert, aktuelle Forschungserkenntnisse in den Unterricht mit einzubeziehen bzw. sich selbst als forschende Lehrende und Lernende zu verstehen. Letzteres ist vor allem dann entscheidend, wenn Qualitätssicherung und -entwicklung am Schulstandort nicht nur Schlagworte bleiben sollen. Jede Lehrperson soll befähigt werden, im eigenen Unterricht sowie gemeinsam mit Kolleginnen/Kollegen an der Schule Erhebungen nach grundlegenden Kriterien wissenschaftlichen Arbeitens durchzuführen (z. B. systematisches Einholen von Schüler/innen/feedback, vergleichende Leistungsmessungen von Schülerinnen/Schülern eines Jahrgangs etc.).

Dieses Buch soll neben dem erfolgreichen Hinführen zur Abschluss-/Qualifizierungsarbeit dazu beitragen, (zukünftige) Lehrer/innen mit einem grundlegenden *Methoden-Repertoire* auszustatten, damit sie selbst untersuchend und gestaltend dort ansetzen können, wo sie in ihrer Profession etwas verbessern möchten: im Unterricht, in der Beziehung zu den Schülerinnen/Schülern, Kolleginnen/Kollegen, Eltern, schulexternen Anspruchsberechtigtengruppen etc.

Dies schließt mit ein, angehende und im Beruf stehende Lehrer/innen zu ermutigen, ihre eigenen Sichtweisen und Entscheidungen einer kritischen Reflexion zu unterziehen. Es ist ein Zeichen professionell handelnder Lehrpersonen, eigenes Handeln zu reflektieren und weiterzuentwickeln. „Dieses Konzept von Professionalität im Lehrberuf erfordert eine neue Balance von Aktion und Reflexion und von individueller Autonomie und kollegialer und schüler/innenbezogener Zusammenarbeit" (Posch, 2001, S. 29). Das oft zitierte „ICH und MEINE Klasse" umschreibt diese alte Sichtweise von Schule und Unterricht. Innovative Schulen fühlen sich verpflichtet, eine zeitgemäße Kultur des Lernens und Lehrens zu etablieren. Sie agieren dynamisch und nicht träge, treiben den Wandel voran ohne auf Bewährtes zu verzichten und leben den Leitsatz „WIR und UNSERE Schule". Für Hentig (2003, S. 244) muss die Veränderung von der Basis, also von den Schulen ausgehen, „sonst verfehlt sie ihren Anlass und Zweck. Die Schulen müssen die Veränderung wollen, und sie müssen sie sich zutrauen."

Reformbedarf besteht nicht erst seit der Veröffentlichung der Ergebnisse der ersten PISA-Studien (z. B. Haider & Reiter, 2004). Für Luhmann (1996, S. 22) liefern vor allem die *Paradoxien im Erziehungssystem* „einen Daueranlass für Kritik und Reform, also für die Selbstbeschäftigung des pädagogischen Establishments." Unser Bildungssystem muss sich regelmäßig mit *Reformen auf allen Systemebenen* und *in verschiedenen pädagogischen Feldern* auseinandersetzen: Schulverwaltung, Schulaufsicht, Lehrer/innenbildung, binnendifferenzierter Unterricht, Teamteaching, Frühförderung, Begabtenförderung, Sprachdefizite, Lernschwierigkeiten, Verhaltensauffälligkeiten, Leistungsbeurteilung, Tagesbetreuung etc.

sind nur einige Schlagworte, die Bereiche aufzeigen, in denen Änderungs-/Entwicklungsbedarf besteht.

Die vom kanadischen Erziehungswissenschafter Michael Fullan getätigte Aussage „Schools change slower than churches" (Fullan, 2001, S. 14) spielt auf die Resistenz des Bildungssystems gegenüber Veränderungen an. Das System Schule agiert traditionellerweise in einem geschützten Raum, weshalb es nur träge auf Herausforderungen und Bildungsansprüche der Systeme seiner Umwelt reagiert (Luhmann, 1996, S. 14). Es scheint, dass ein Wandel des Bildungssystems immer nur dann stattfindet, wenn die investierte „Energie in die Verhinderung" nicht mehr ausreicht oder der Anpassungsdruck, der von den Umweltsystemen ausgeht, und „damit der Preis, der am Ende bezahlt werden muss" (Doppler & Lauterburg, 2019, S. 75), zu groß wird.

Vor diesem Hintergrund geht es nicht mehr um die Frage,

> „ob die Bildungsinstitutionen die Aufgaben und die Ziele, die ihnen gestellt sind, erreichen, sondern in einem grundsätzlicheren Sinne darum, ... dass im gesamten Feld von Sozialisation und Erziehung, Bildung und Ausbildung die herkömmlichen inhaltlichen, personellen und institutionellen Formen den Entwicklungstendenzen moderner Gesellschaften womöglich nicht mehr entsprechen." (Mayr & Terhart, 2003, S. 4–5)

Hartmut von Hentig (2003, S. 178) stellt daher auch die Forderung, dass die Schule neu gedacht werden müsste: „Die Aufforderung ‚Die Schule neu denken' ist zwar nicht als Absage an ‚Die Schule neu machen' gedacht, aber sie enthält den entschiedenen Zweifel, man könne sie ernstlich neu machen, wenn man sie vorher nicht ernstlich neu gedacht habe". „Die Schule neu denken" geht über die Anpassung an neue Verhältnisse hinaus, es wird der Sinn von Schule überdacht und ihre zugrunde liegenden Ideen werden zu einer neuen Denkfigur zusammengefügt.

Schulen haben unserer Ansicht nach *zwei Optionen*: Entweder sie lassen sich bei ihrer Weiterentwicklung von den Bildungsreformen treiben oder sie lassen sich im Rahmen der bestehenden gesetzlichen und strukturellen Möglichkeiten von ihrer eigenen Reformagenda leiten. Im Zentrum standortbezogener Schulentwicklung soll die Unterrichtsqualität stehen, denn „der Bildungseffekt von Schule beruht wesentlich auf dem Gelingen von Lehren und Lernen, den Hauptaufgaben von Lehrern/innen bzw. Schülern/innen" (Schratz et al., 2000, S. 36). Zukünftige Lehrpersonen können mit ihrer Forschungskompetenz, vor allem aber mit ihrer Aufgeschlossenheit wesentlich dazu beitragen, Bestehendes kritisch zu reflektieren, Strukturen aufzubrechen, Neues zu wagen und sich und anderen etwas zuzutrauen, und damit den Prozess von Schulentwicklung voranzubringen.

Zur Theorie der berufsfeldbezogenen Forschung 2

Wer an Schul- und Unterrichtsentwicklung aktiv herantreten möchte, der muss bereit sein, sich und die eigene Institution kritisch zu reflektieren, Strukturen aufzubrechen, Neues zu wagen und sich und anderen etwas zuzutrauen.

Die *Aktionsforschung* entstammt dieser Idee. Dem Konzept der Aktionsforschung zu folgen bedeutet, Schule von Anfang an als eine Institution zu begreifen, die ihre Praxis evaluiert, weiterentwickelt und neu gestaltet.

Wenn Angehörige einer Berufsgruppe ihre berufliche Situation systematisch reflektieren, mit dem Ziel die Qualität ihrer Arbeit zu sichern und weiterzuentwickeln und die Erkenntnisse dem Berufsstand weiterzugeben, spricht die Wissenschaftstheorie von Aktionsforschung *(action research)* bzw. von berufsfeldbezogener Forschung.

Der Begriff „*action research*" stammt von Kurt Lewin. Die Begriffe „Handlungsforschung", „Aktionsforschung", „*action research*" oder „Praktikerforschung" können synonym verwendet werden. Berufsfeldbezogene Forschung im Kontext des Lehrer/innenberufs bedeutet, dass Lehrer/innen ihren Unterricht systematisch beschreiben, reflektieren und auf Basis der gewonnenen Erkenntnisse weiterentwickeln. Demnach ist Aktionsforschung „die systematische Untersuchung beruflicher Situationen, die von Lehrerinnen und Lehrern selbst durchgeführt wird, in der Absicht, diese zu verbessern" (Elliott, 1981, zitiert nach Altrichter et al., 2018, S. 11).

Hinter der von Lawrence Stenhouse geprägten Metapher der forschenden Lehrerin/des forschenden Lehrers *(teacher as researcher)* steckt ein anderes, das Hentig'sche Selbstverständnis des Lehrer/innenberufs: eine von der Basis ausgehende, autonome berufliche Weiterentwicklung durch systematisches Reflektieren der eigenen Arbeit, durch das Studium der Arbeit anderer Lehrer/innen und durch die Überprüfung pädagogischer Ideen durch Forschung im Klassenzimmer.

Die *zentralen Merkmale* berufsfeldbezogener Forschung (Aktionsforschung) werden von Altrichter et al. (2018, S. 13–18; auch Altrichter & Feindt, 2004, S. 84–88) wie folgt verständlich zusammengefasst:

Aktionsforschung

Aktionsforschung ist Forschung *von Betroffenen und für Betroffene*. Das ist der zentrale Unterschied zur traditionellen empirischen Forschung, wo der/die Forscher/in außerhalb des untersuchten Feldes steht. Der/Die Forscher/in untersucht nicht das eigene Tun, sondern das Handeln anderer Menschen. Die beforschten Menschen werden zum Gegenstand der Erkenntnis.

Aktionsforschung formuliert *praxisrelevante Fragestellungen*, d. h. sie setzt bei Fragen der schulischen Praxis an. Die Lehrer/innen formulieren Fragestellungen aus ihrer eigenen Praxis, die sie als bedeutsam für ihre Arbeit ansehen. Solche Fragestellungen können sich beziehen auf:

- die Methodik des Unterrichts,
- das Schul- und/oder Klassenklima,
- die Lese- und Rechenkompetenzförderung,
- die Begabtenförderung,
- die Förderung von Schülerinnen und Schülern mit Migrationshintergrund,
- die Thematik Leistungsfeststellung und -beurteilung,
- das Freizeitverhalten von Kindern und Jugendlichen,
- die Beziehung Schule-Elternhaus etc.

Aktionsforschung setzt *Aktion* (Handeln in der Praxis) *und Reflexion* (das Nachdenken darüber) in Beziehung. Reflexion bedeutet demnach:

- sich vom eigenen Tun zu distanzieren,
- sich selbst zu beobachten,
- das Spezifische der Situation zu erfassen,
- das Allgemeine im spezifischen Fall zu erkennen,
- Schlüsse zu ziehen,
- ein Repertoire an Alternativen zu entwickeln.

Reflexion wird für ein praktisch-professionelles Handeln als notwendig erachtet. Das Nachdenken über bisherige Erfahrungen, das Schlüsse ziehen, führt zum Vordenken für die nächste Situation mit dem Ziel, dazu ein größeres Repertoire an Alternativen zur Verfügung zu haben.

Beispiel

Wenn eine Lehrperson durch Reflexion erkennt, dass sie in Unterrichtssituationen zu lehrer/innenzentriert unterrichtet und dadurch zu wenig das selbsttätige und selbstständige Lernen ihrer Schüler/innen fördert, besteht die Chance, dass sie durch diesen Reflexionsprozess den eigenen Unterricht weiterentwickelt. Aktionsforschung ist darauf ausgerichtet, dass der/die Aktionsforscher/in, also der/die von einer sozialen Situation direkt Betroffene, Aktion und Reflexion immer wieder aufeinander bezieht. Dem Handeln werden durch die Reflexion neue Möglichkeiten eröffnet und die Reflexionsergebnisse werden durch das Handeln einer Überprüfung unterzogen.

> Aktionsforschung besteht aus längerfristigen *Forschungs- und Entwicklungszyklen*. Da Reflexion in die tägliche Unterrichtsarbeit eingebettet ist, wird die Theorie laufend getestet und in einem kontinuierlichen Zyklus von *Aktion und Reflexion* weiterentwickelt.
>
> Aktionsforschung ist durch ein doppeltes Ziel gekennzeichnet: Es wird gleichzeitig *Erkenntnis (als Ergebnis von Reflexion) und Entwicklung (als Ergebnis von Aktion)* angestrebt. Aktionsforschung will sowohl das Wissen über die Praxis, als auch die Praxis selbst weiterentwickeln.

Handlungsalternativen für die künftige Praxis leiten sich nicht nur aus der Reflexion der eigenen Erfahrung ab. Das Erfassen einer spezifischen Situation und das Entwickeln guter Praxis gelingt oft erst im Kontext einer diskursiven Auseinandersetzung, d. h. wenn wir die Situation, das Problem bzw. den Sachverhalt den Kolleginnen und Kollegen und/oder anderen Personen (*critical friends*) schildern und mit ihnen in einen Austausch treten. Je mehr Personen in den Austauschprozess involviert werden, desto vielschichtiger wird die Betrachtungsweise.

Beispiel

Das Ergebnis einer schriftlichen Befragung zur Weiterentwicklung der Verhaltensvereinbarung an der Schule wird von Schülerinnen/Schülern, Lehrerinnen/Lehrern und Eltern in getrennten oder gemischten Gruppen analysiert, interpretiert und mit verschiedenen Zugängen, welche in der Literatur gefunden wurden, verglichen. Gemeinsam kommt die Schule zu einer adaptierten oder von Grund auf neuen Verhaltensvereinbarung.

Ein solcher *Austausch (Diskurs)* erfordert auf lange Sicht im Sinne einer Kollektivierung solcher Reflexions- und Lernprozesse eine *gemeinsame Sprache*, die eine differenzierte Auseinandersetzung ermöglicht. Die Fähigkeit sich selbst und sein Umfeld kritisch und distanziert betrachten zu können, Selbstkritik zu entwickeln und sich in den Diskurs einzubringen bzw. ihn zu gestalten, sind somit Kennzeichen professionellen Lehrer/innenhandelns.

Forschendes, experimentierendes und entdeckendes Lernen sind eine bewährte Methode im schulischen Unterricht und können in der Ausbildung an Prinzipien der Forschung gezeigt werden. Von einer praxisnahen Fragestellung auszugehen und diese durch empirische Daten zu beantworten, kann eine spannende Tätigkeit sein, die sowohl auf den Studienalltag als auch auf die Schulpraxis befruchtend wirkt. Es ist der „fremde Blick" auf eine Behauptung, eine Einstellung oder eine Handlung, der eine notwendige Veränderung seriös herbeiführen kann (Zutavern, 2001, S. 25).

Mit dem Konzept der Aktionsforschung/Berufsfeldbezogenen Forschung werden Handlungsformen verfügbar, welche schon in der universitären Grundausbildung die Anbahnung eines lebenslangen Lernprozesses möglich machen. Lehrer/innen werden ihre Kompetenz nicht zuletzt angesichts der gegenwärtigen Veränderungen in der Gesellschaft und der Lebenswelt von Kindern und Jugendlichen lebenslang weiterentwickeln (müssen). Das ist ein niemals abgeschlossener Prozess. Entscheidend wird dabei sein, die „forschende" Tätigkeit nicht als Last, sondern als eine besondere Chance zu sehen, die eigene Kompetenz professionell weiterzuentwickeln und an der Qualitätssicherung und -entwicklung von Schule und Unterricht kompetent mitzuarbeiten.

Berufsfeldbezogene Forschung (Aktionsforschung) und das Schreiben einer Bachelor-/Masterarbeit haben Gemeinsamkeiten. In beiden Fällen ist der bzw. soll der Ausgangspunkt z. B. ein prägendes Erlebnis im Unterricht, das Finden alternativer didaktisch-methodischer Zugänge, eine zwiespältige Praxiserfahrung, eine Theorie-Praxis-Diskrepanz, ein Konflikt oder eine pädagogische Herausforderung sein. Es wird ein Thema gewählt, von dem der/die Forscher/in *direkt* oder *indirekt betroffen* ist. Es wird also eine *praxisrelevante Fragestellung* formuliert. Ein wesentliches Element beim Finden eines Themas für die Abschlussarbeit ist demnach das *persönliche Interesse*. Während der Forschungstätigkeit werden *Aktion und Reflexion* in Beziehung gesetzt. Die bisherigen Unterrichtserfahrungen fließen unmittelbar in die Forschungsarbeit ein. Zusätzlich werden diese Erfahrungen laufend reflektiert und analysiert. Dazu muss auch Literatur gefunden werden, aus der sich tiefer gehende Informationen erschließen. Das Lesen von Literatur bedeutet auch, gegensätzliche Meinungen zu tolerieren oder vorgeschlagene Lösungen kritisch zu beurteilen. Schließlich braucht es den Mut, das Gelesene mit den eigenen Erfahrungen zu verknüpfen und Schlussfolgerungen für das eigene unterrichtliche Handeln zu ziehen.

Die durch Aktionsforschung bzw. in der Bachelor-/Masterarbeit gewonnenen Erkenntnisse werden idealtypisch (unmittelbar) Einfluss auf die Arbeit der/des Studierenden als (zukünftige) Lehrperson haben: Die Weiterentwicklung des pädagogischen, didaktisch-methodischen Handelns. Dieser Schritt ist oft eine echte Herausforderung, da hier „gemessen" werden kann, wieweit die Verknüpfung von Erfahrenem und Reflektiertem mit Handlungsalternativen wirklich vollzogen wird. Die Handlungsalternativen können wiederum Ausgangspunkt von Reflexion sein. Man will schließlich wissen, welche Wirkungen mit einer solchen Verhaltensänderung erzielt wurden *(längerfristige Forschungs- und Entwicklungszyklen)*.

Grundlegende Aspekte von Forschung 3

Das Ergebnis eines Forschungsprojekts ist die Antwort auf eine oder mehrere Forschungsfragen. Anders ausgedrückt: Die Beantwortung von (neuen) wissenschaftlich relevanten Fragen ist zentrales Thema einer Forschungsarbeit. Durch die Beantwortung einer Forschungsfrage entsteht ein Erkenntniszuwachs – nicht nur für die forschende Person, sondern idealtypisch auch für die Wissenschaft.

3.1 Formen von Forschung

In der empirischen Forschung bzw. in der Schulforschung gibt es verschiedene Formen, die wie folgt klassifiziert werden:

- *Explorative Untersuchungen* erforschen einen Teilbereich eines Forschungsfelds, über den bezogen auf die spezifische Fragestellung noch wenig oder nichts bekannt ist. Dazu zählen Forschungsprojekte der Grundlagenforschung, bei denen es in erster Linie um das Generieren von neuem Wissen und weniger um die Anwendung in der Praxis geht. Das Forschungsfeld „Eltern mit Lernschwierigkeiten" ist beispielsweise ein noch wenig beforschtes. Das Forscherinteresse ist demnach zunächst darauf gerichtet, zu erheben, wie es Frauen und Männern mit Lernschwierigkeiten ergeht, wenn sie Eltern werden. Darauf aufbauend wird es in einem anwendungsorientierten Forschungsvorhaben darum gehen, wie diese Eltern unterstützt werden können. Explorativ ausgerichtete Forschung ist des Weiteren dann sinnvoll, wenn es um die Strukturierung eines zu beforschenden Feldes geht und daraus Hypothesen abgeleitet werden sollen, welche in einer anschließenden *hypothesenprüfenden Untersuchung* geprüft werden. Schließlich zählen auch theoriegenerierende Studien zu explorativen Untersuchungen, bei denen systematisch eine Theorie entwickelt wird (z. B. Forschungsansatz der *Grounded Theory*).

- *Deskriptive Untersuchungen* beschreiben einen spezifischen Untersuchungsgegenstand (z. B. „Werte und Wertewandel bei Jugendlichen"). Die Erklärung von Zusammenhängen bzw. Unterschieden zwischen Merkmalen oder von Ursachen für ein untersuchtes Phänomen ist dabei nicht vorrangig. Zur deskriptiven Forschung zählen z. B. Untersuchungen zur Systembeobachtung (z. B. Internationale Leistungsvergleiche wie die Lesekompetenzmessung bei 15-Jährigen) oder Befindlichkeitsstudien (z. B. „Das Befinden von Kindern und Jugendlichen in der österreichischen Schule").

- *Evaluationsforschung* dient zur Ermittlung der Wirksamkeit/Nachhaltigkeit von (pädagogischen) Maßnahmen bezüglich eines oder mehrerer Erfolgs- bzw. Bewertungskriterien (Ausmaß der Zielerreichung) sowie deren Effizienz (Verhältnis von Aufwand und Nutzen), ebenfalls mit dem Ziel die (pädagogische) Praxis weiterzuentwickeln. Beispiel: Nach Abschluss eines zweijährigen Pilotprojekts zur Umsetzung der Grundschulreform wurde in einer von der Schulbehörde in Auftrag gegebenen Evaluationsstudie u. a. untersucht, wie die zwei Reformbereiche „Übergang gestalten (Transition)" sowie „Sprachliche Bildung" in Bezug auf *die Ziele* der Bildungsreform umgesetzt wurden. Evaluationsstudien werden meistens in Auftrag gegeben, während Aktionsforschungsprojekte von den Betroffenen initiiert werden.

- *Hypothesenprüfende Untersuchungen* überprüfen angenommene Zusammenhänge, Unterschiede und Veränderungen ausgewählter Merkmale bei bestimmten Gruppen von Personen (Populationen) (siehe Kapitel 9.2.6).

- *Untersuchungen zur Praxisentwicklung* beinhalten die Anwendungsforschung und die im Kapitel 2 ausführlich behandelte Aktionsforschung. Ziel ist es, z. B. Wissen über die Anwendung von theoretischen Erkenntnissen in der Praxis zu generieren, ein praxisbezogenes Problem zu lösen oder Handlungsanweisungen zur Implementation eines Konzepts in einem spezifischen Kontext (z. B. „Einführung des Buddy-Prinzips in der Sekundarstufe I in Brennpunktschulbezirken") zu erstellen.

Grundlagenforschung und angewandte Forschung verfolgen gegensätzliche Ziele, sie stehen aber in einer Wechselbeziehung zueinander. Die angewandte Forschung baut auf der Grundlagenforschung auf, die Ergebnisse der angewandten Forschung liefern umgekehrt Anregungen für die Grundlagenforschung. Die Übergänge zwischen Grundlagenforschung und angewandter Forschung sind mitunter fließend.

3.2   Quantitative und qualitative Methoden der empirischen Forschung

Die berufsfeldbezogene Forschung zählt zur empirischen Forschung. Der Begriff *„Empirie"* kann zunächst einmal mit *„Erfahrung"* (vom griechischen Wort *empereia*) übersetzt werden. In der Wissenschaft bezeichnet der Begriff Empirie *Wissen, das sich auf Erfahrung und erfahrbaren Sachverhalten stützt*. All unser Wissen, so die Grundannahme, ist auf Erfahrung zurückzuführen.

Empirie im Sinne von „wissenschaftlicher Erfahrung" meint *„das Erheben von Daten über Sachverhalte und Vorgänge, die durch mehr oder weniger genau vorstrukturierte Verfahren gewonnen werden"* (Hug, 2001, S. 19). Wissenschaftlich gewonnene Erfahrungen unterscheiden sich von Alltagserfahrungen durch die Systematik des Vorgehens. Der Weg zur Erkenntnis erfolgt über ein planmäßiges, systematisches Verfahren, in anderen Worten durch den Einsatz wissenschaftlicher Methoden. Grundsätzlich wird zwischen quantitativen und qualitativen Forschungsmethoden unterschieden.

Quantitative Methoden (z. B. Fragebogen, Tests) sind standardisierte Verfahren zum Erheben von numerischen Daten – zählbare Merkmale (z. B. Häufigkeitsverteilung der Schulwahl, Rangordnung von Lernleistungen durch Noten) und messbare Merkmale (z. B. Intelligenz) – auf Basis von größeren Fallzahlen.

Durch Verfahren und Techniken der Statistik (analytische Statistik) werden (kausale) Zusammenhänge und Gesetzmäßigkeiten über Vorgänge bzw. Sachverhalte in der „Realität" gesucht, geprüft, in Modellen dargestellt und Wahrscheinlichkeitsaussagen getroffen, z. B. über Merkmale einer Gruppe in ihrer Gesamtheit oder das Zustandekommen und Vorhandensein von Ereignissen in der „Gesellschaft".

Quantitative Forschungsmethoden werden bei repräsentativen Umfragen (z. B. die bekannte „Sonntagsfrage" zur Wahlabsicht), bei breit angelegten deskriptiven Studien, in der Evaluationsforschung und zur Prüfung von Hypothesen eingesetzt.

Das *Methodenrepertoire* reicht von standardisierten Befragungstechniken und schematisierten Beobachtungsformen, experimentellen Vorgangsweisen und Tests bis hin zu Skalierungsverfahren, besonders zur Messung von Einstellungen und Motiven, und soziometrischen Verfahren zur Analyse von sozialen Beziehungen und Strukturen (Hug, 2001, S. 22).

Qualitative Methoden (z. B. Beobachtung, Interview) sind fallbezogener, kontextorientierter und offener dahingehend, dass versucht wird, „Phänomene von innen heraus zu verstehen und sich auf Überraschungen und unvorhersehbare Gesichtspunkte, die erst im Laufe des Feldkontaktes deutlich werden, einzulassen" (Zepke, 2016, S. 13). Im Rahmen der Untersuchung von typischen Eigenschaften einzelner Fälle, z. B. in Fallstudien, werden in erster Linie nicht-numerische Daten (verbales und visuelle Material) erhoben.

In Abhängigkeit der Reichweite der Verallgemeinerungsansprüche wird durch gezieltes Analysieren und Interpretieren schrittweise auf allgemeinere und abstraktere Zusammenhänge menschlichen Handelns in vertrauten und fremden Lebenswelten hin generalisiert, werden soziale Regeln und kulturelle Orientierungen, Sinnstrukturen und Bedeutungszuschreibungen erschlossen (Hug, 2001, S. 22).

Qualitative Forschungsmethoden sind sinnverstehende Verfahren. Sie werden in Untersuchungen eingesetzt, bei denen es um die Entdeckung und Beschreibung fremder oder um unbekannte Aspekte in vertrauten Lebenswelten (Ethnographische Forschung), um die Rekonstruktion von Lebensverläufen (Biographieforschung), um das (Weiter-)Entwickeln von Hypothesen oder Theorien (*Grounded Theory*), oder die Anwendung von Theorie auf den Einzelfall geht (Oswald, 2013, S. 191–194). In der Evaluationsforschung sowie bei Untersuchungen zur Praxisentwicklung kommen ebenfalls häufig qualitative Methoden zum Einsatz.

Das *Methodenrepertoire* reicht von verschiedenen Interviewformen und Gruppendiskussionsverfahren über offene Beobachtungsmethoden bis hin zu inhaltsanalytischen Verfahren und qualitativen Experimenten zur Aufdeckung und Analyse verborgener Strukturen.

Hinter dem quantitativen und qualitativen Zugang zur Forschung stehen zwei Forschungsparadigmen[1], deren strikte Trennung in den vergangenen Jahrzehnten aufgeweicht wurde. Anstelle des Beharrens auf einer wissenschaftstheoretischen Position (Paradigmenstreit) ist das Bewerten von Vorzügen und Nachteilen von Forschungsmethoden im Kontext der Forschungsabsicht (Untersuchungsgegenstand, Forschungsfrage) getreten. Zwischenzeitlich kommen sowohl quantitative als auch qualitative Methoden in einem Forschungsprojekt zum Einsatz, die entsprechend einem komplementären Methodenverständnis unterschiedlich kombiniert werden, „weil komplexe soziale Phänomene nur durch mehrdimensionale, interdisziplinäre und multimethodische Forschungskonzeptionen realitätsgerecht erfasst werden können" (Fried, 2002, S. 183). Für diese „sowohl als auch" bzw. „und" Position „hat sich im angelsächsischen Sprachraum der Begriff **Mixed-Methods** [sic] durchgesetzt" (Brühl & Buch, 2006, S. 3). Das Erfassen eines Untersuchungsgegenstands mit mehreren Methoden wird auch *Triangulation* genannt.

3.3 Triangulation und Mixed-Methods

Um ein „objektives" Bild von der Vielschichtigkeit der sozialen Wirklichkeit zu zeichnen, kann es angemessen sein, methodische Zugänge zu kombinieren. In der Methodendiskussion werden die Begriffe *Mixed-Methods* oder *Triangulation* verwendet. Unter *Methodentriangulation* versteht man (im engeren Sinn) die „*Variation des methodischen Settings*" (Schründer-Lenzen, 2013, S. 149–151), d. h. es kommen mehrere Methoden zum Einsatz. Bildlich gesprochen schauen wir auf den Forschungsgegenstand durch verschiedene (Methoden-)Brillen. Ziel dieses Verfahrens ist es zum einen, die Stärken und Schwächen der jeweiligen methodischen Vorgehensweisen auszugleichen und dadurch eine stärkere Validierung der Daten zu erreichen (Konvergenz), zum anderen eine komplementäre Sicht auf den Untersuchungsgegenstand zu erhalten, indem die durch verschiedene Methoden erhobenen Daten miteinander in Beziehung gesetzt werden. Letzteres bedeutet nicht, dass die Ergebnisse übereinstimmen müssen. Die unterschiedlichen Forschungsergebnisse verhelfen in ihrer wechselseitigen Ergänzung zu einem ganzheitlichen Verständnis des Untersuchungsgegenstands.

> Beispiel
>
> Es wird der Effekt von unterschiedlichen Unterrichtsmethoden untersucht. Dazu wird nicht nur das erzielte Lernergebnis mittels Tests gemessen, sondern ergänzend wird auch der Unterricht beobachtet, um die Zusammenhänge zwischen Unterrichtsprozessen und Lernerfolg besser verstehen und zuverlässiger interpretieren zu können (Schründer-Lenzen, 2013, S. 149).

Über die Kombination komplementärer Messverfahren hinaus umfasst *Triangulation* „jede Form von *Mehrfachperspektiven* [sic], die im Forschungsprozess eingesetzt werden kann, so z. B. der Einsatz *verschiedener Daten, Theorien, Forscher und Beobachter etc.* [sic]" (Brühl & Buch, 2006, S. 3; siehe auch Flick, 2011). Dieser Zugang erhält vor allem in der qualitativen Sozialforschung Zuspruch und eignet sich auch für die berufsfeldbezogene Forschung

---

[1] Ein Forschungsparadigma beschreibt die Grundauffassung und Denkmuster, welche die wissenschaftliche Forschungsarbeit bestimmt.

(Aktionsforschung). Für Studierende könnte das z. B. bedeuten, dass im Sinne einer „Forscher/innen-Triangulation" (Investigator-Triangulation) die gewonnenen Daten im Team analysiert und interpretiert werden oder dass Studienkolleginnen/Studienkollegen gemeinsam Unterrichtsbeobachtungen mit Hilfe eines (standardisierten) Beobachtungsbogen durchführen.

Im *Mixed-Methods-Ansatz* werden in der Regel qualitative und quantitative Forschungsmethoden im Rahmen einer Untersuchung kombiniert (Kelle, 2019, S. 159) und er geht in Bezug auf die Möglichkeiten der Methodenkombination noch weiter, indem z. B. zwei Phasen einer Untersuchung aufeinander aufbauen (einer qualitativen hypothesengenerierenden Phase bzw. Studie folgt die quantitative hypothesenprüfende Phase bzw. Studie) oder indem in der Phase der Datenauswertung Verfahren miteinander verknüpft werden. Beispielsweise können Interviewdaten in einem ersten Schritt mit dem Kodierverfahren ausgewertet werden (qualitatives Verfahren, siehe Kapitel 8). Anschließend werden die Kategorien (Codes) in numerische Daten transformiert (z. B. Kategorie „Zufriedenheit" = 1, „Unzufriedenheit" = 2). Im dritten Schritt werden die so erstellten quantitativen Variablen in einer Kreuztabelle dargestellt, um Zusammenhänge und Unterschiede statistisch zu prüfen (quantitatives Verfahren, siehe Kapitel 9).

3.4 Eigenschaften von Daten

Wenn von wissenschaftlich-methodisch erhobenen Daten gesprochen wird, dann ist es notwendig, die Eigenschaften von Daten grundsätzlich zu verstehen. Die folgenden drei Fragen werden von Studierenden (in Einführungsveranstaltungen) häufig gestellt:

Warum erfolgt die Datenerhebung so umfangreich?

Daten dienen der *Objektivierung* von Sachverhalten, Ereignissen und Vorgänge, d. h. es wird umfangreiches Material „gesammelt", das z. B. ein soziales Phänomen im Unterricht nicht einseitig, sondern multidimensional beschreibt, Schulprobleme unter Einbeziehung aller Betroffenen umfassend darstellt, oder die Anwendbarkeit eines didaktischen Konzepts in der Praxis unter verschiedenen Gesichtspunkten evaluiert. Mit den planmäßig und systematisch erhobenen Daten wird eine Forschungsfrage beantwortet oder eine Hypothese geprüft.

Zeichnen die erhobenen Daten ein Bild von der Wirklichkeit?

Für Neueinsteiger/innen in die Welt der Forschung ist es wichtig, dass sie Folgendes verinnerlichen: Daten vermögen *nie Ereignisse in ihrer Gesamtheit* zu beschreiben, sondern immer *nur Ausschnitte einer (intersubjektiven) Wirklichkeit*. Wissenschaftliche *Methoden*, die zur Gewinnung von Daten eingesetzt werden, sind in ihrer Reichweite und Aussagekraft *immer begrenzt*. „Der Forschungsgegenstand [wird] immer auch durch die Methode seiner Erfassung mitbestimmt, [sodass] der Gegenstand durch die Methode also möglicherweise auch verfälscht werden kann" (Hussy et al., 2013, S. 287). Ein Fragebogen erfasst z. B. nur jene Ausprägungen von Ereignissen, die abgefragt werden. Einfacher ausgedrückt: Man erhält lediglich Antworten auf gestellte Fragen. Mit der Auswahl der Fragen werden Prioritäten gesetzt: Bestimmte Bereiche der Wirklichkeit werden als wichtiger eingeschätzt und daher abgefragt, andere – nicht unbedingt unwichtigere – werden hingegen vernachlässigt.

Über welchen Zeitraum sind die erhobenen Daten „gültig"?

Zur Beantwortung dieser Frage ist zunächst zu differenzieren, ob die gemessenen Merkmale manifest oder latent sind. Abstrakte, nicht direkt erfassbare (beobachtbare) Merkmale werden „latente Merkmale" (latente Variablen) genannt. Dazu zählen z. B. Teamfähigkeit, Hilfsbereitschaft, Konzentrationsfähigkeit, Intelligenz. Diese Persönlichkeitsmerkmale sind relativ stabil und zeitlich überdauernd. Konkrete, empirisch direkt erfassbare (beobachtbare) Merkmale sind *„manifeste Merkmale"* (manifeste Variablen). Dazu zählen etwa Geschlecht, Körpergröße bei Erwachsenen, Herkunft, Wohnregion, Bildungsabschluss der Eltern, Anzahl der Schüler/innen mit sonderpädagogischem Bedarf in einer Klasse etc. Solche manifesten Merkmale sind ebenfalls relativ stabil (z. B. Anzahl Schüler/innen in einer Klasse in der Regel für die Dauer eines Schuljahrs) und zeitlich überdauernd (z. B. Herkunft). Andere erhobene manifeste Merkmale hingegen sind *Momentaufnahmen* was folgende Beispiele veranschaulichen:

Beispiele

In einer Befragung von Schülerinnen und Schülern zum Thema „Lebensgefühl und Gesundheit" wird u. a. auf einer fünfteiligen, verbalen Skala danach gefragt, wie oft in der vergangenen Woche folgende Beschwerden auftraten: „Kopfschmerzen", „Magen-Bauchschmerzen", „fühlte mich allgemein schlecht". Auf die Ergebnisse wirken stimmungs- und situationsbedingte Faktoren wie z. B. ein Streit, der unter Schüler/innen häufig vorkommt, heftig ausfallen kann, in der Regel aber bald wieder beigelegt wird. Auch der Messzeitpunkt hat wesentlichen Einfluss. Im Winter erkranken Kinder und Jugendliche häufiger als im Frühsommer.

Eine Gruppe von Studierenden führte dem Unterrichtsprinzip „Umweltbildung für nachhaltige Entwicklung" folgend einen klassen- und schulstufenübergreifenden Projekttag „Ressourcen sparen, Abfall vermeiden" durch. Das klassische Unterrichtssetting wurde durchbrochen und die Schüler/innen besuchten abwechslungsreiche, lebensnah gestaltete Forschungs- und Erlebnisstationen in und außerhalb des Schulgebäudes. Aus den durchgängig sehr positiven Einschätzungen der Schüler/innen in der am Ende des Unterrichts durchgeführten Evaluierung schlossen die Studierenden, dass offene Unterrichtsmethoden für Schüler/innen motivierender seien als lehrerzentrierte Methoden und die Schüler/innen ein Bewusstsein für Nachhaltigkeit entwickelt hätten. Diese Schlussfolgerungen sind auf Basis einer Momentaufnahme, die noch dazu unmittelbar im Anschluss an eine emotionale Erfahrung eingeholt wurde, nicht zulässig.

Merkmale, die Meinungen, Einschätzungen und Einstellungen erheben sind einer ständigen Dynamik unterworfen, stimmungs- und situationsbedingte Einflussfaktoren spielen eine wesentliche Rolle. Die Ergebnisse sind daher als *Momentaufnahmen* zu betrachten.

3.5 Gütekriterien empirischer Forschung

Die Wissenschaftlichkeit empirischer Forschung, die Güte eines Forschungsprojekts, wird anhand von drei Gütekriterien geprüft: *Objektivität, Validität* und *Reliabilität*. Die Auslegung der drei Gütekriterien variiert in Abhängigkeit vom Forschungszugang und dem zugrundeliegenden Forschungsparadigma. Zusätzlich werden jeweils ergänzende Gütekriterien, sogenannte *Nebengütekritieren*, definiert (zur Beurteilung der Güte von psychologischen Testverfahren etwa das Kriterium „Testfairness„). Für die Güte von Aktionsforschung (berufsfeldbezogene Forschung) nennen Altrichter et al. (2018, S. 107–108.) ergänzend „Pragmatische Kriterien" (praktische und zeitökonomische Verträglichkeit mit dem Unterricht und der beruflichen Situation von Lehrpersonen) und „Ethische Kriterien" (Vereinbarkeit mit den pädagogischen Zielen und den Grundsätzen humaner Interaktion). Im Folgenden werden die zentralen Gütekriterien *Objektivität, Validität* und *Reliabilität* vorgestellt. Dabei wird auf die unterschiedlichen Zugänge der quantitativen und qualitativen Forschung eingegangen und herausgearbeitet, was die Gütekriterien für Studierende, die eine Bachelor-/Masterarbeit schreiben, bedeuten.

Objektivität

Geht man vom *Objektivitätsbegriff im quantitativen Forschungsansatz* aus, dann ist unter Objektivität *die Unabhängigkeit eines Forschungsergebnisses von der Person der Forscherin/des Forschers* zu verstehen:

> Objektivität ist das Ausmaß, in dem ein Untersuchungsergebnis in Durchführung, Auswertung und Interpretation vom Untersuchungsleiter nicht beeinflusst werden kann, bzw. wenn mehrere zu übereinstimmenden Ergebnissen kommen. Weder bei der Durchführung noch bei der Auswertung und Interpretation dürfen also verschiedene Experten verschiedene Ergebnisse erzielen. (Stangl, o. D., Abs. 2)

Bortz und Döring (2006, S. 32) sprechen im Zusammenhang von Objektivität von „intersubjektiver Nachvollziehbarkeit", die „eine Standardisierung des Vorgehens durch methodische Regeln [...] und die vollständige Dokumentation von Untersuchungen" voraussetzt. Im Sinne einer weiteren Differenzierung wird zwischen der *Durchführungs-, Auswertungs- und Interpretationsobjektivität* unterschieden.

Durchführungsobjektivität bezieht sich zum einen auf das Verhalten der Forscherin/des Forschers während der Erhebungsphase und zum anderen auf den Grad der Standardisierung sowie der Güte der Dokumentation. *Durchführungsobjektivität* in einem Forschungsprozess ist dann gegeben, wenn die Durchführung einer Untersuchung

- *nicht beeinflusst wird.* Dieses Ideal ist zwar anzustreben, aber aufgrund von Störfaktoren (z. B. die Tagesverfassung der Forscherin bei der Durchführung einer Erhebung oder personenunabhängige Störfaktoren wie der Pausenlärm während eines Interviews) nicht absolut erreichbar.

- *standardisiert ist* (z. B. durch eine standardisierte Testinstruktion oder Einleitung in ein Interview) *und*

- *nachvollziehbar dokumentiert* wurde (Offenlegung und Begründung des Untersuchungsdesigns, Dokumentation der einzelnen Untersuchungsschritte etc.).

Eine Standardisierung ist zu erreichen, indem z. B. vorher genau festgelegt wird, was einem Probanden vor Durchführung eines Tests gesagt wird, wie viel Zeit jemandem für die Beantwortung eines Fragebogens zur Verfügung steht etc. Je exakter der Verlauf einer Erhebung vorher festgelegt wird, je stabiler die Rahmenbedingungen sind und je geringer der Einfluss der Forscherin/des Forschers auf den Ablauf der Befragung ist, umso objektiver wird das Untersuchungsergebnis.

Auswertungsobjektivität ist gegeben, wenn verschiedene Forscher/innen auf Basis von standardisierten Vorgehensweisen bei der Auswertung zu gleichen Ergebnissen kommen. Um beispielsweise Fehler bei der Kodierung von verbalen Antworten zu vermeiden bzw. zu reduzieren, ist genau zu definieren, welche Aussagen bzw. Textbestandteile unter eine Kategorie fallen. Um Fehler bei der Auswertung von offenen Testantworten zu vermeiden bzw. reduzieren, ist eindeutig festzulegen, wie viele Punkte für welche Antworten vergeben werden. Klare schriftliche Instruktionen können Fehler bei der Eingabe von Daten in ein Statistikprogramm verhindern (z. B. Umgang bei fehlenden Werten, Vermeidung einer doppelten Datenerfassung).

Eine *Interpretationsobjektivität* liegt dann vor, wenn verschiedene Forscher/innen mit denselben statistischen Kennzahlen zu denselben Schlussfolgerungen kommen, wenngleich gerade bei der Interpretation von Daten ein gewisses Maß an Subjektivität nicht zu vermeiden sein wird. Der Interpretationsspielraum wird allerdings umso kleiner, je mehr sich die Interpretation auf vorher formulierte Annahmen (Hypothesen) beschränkt.

Schwieriger stellt sich die Situation in einem *qualitativen Forschungsansatz* dar, da die „Geltungsbegründung der Ergebnisse viel flexibler sein muss. Man kann nicht einfach ein paar Kennwerte errechnen, man muss mehr argumentativ vorgehen" (Mayring, 2016, S. 140). Außerdem ist die geforderte Distanz zwischen Forscher/in und Beforschten weder vollständig erreichbar noch wünschenswert. Ein Interview lebt geradezu von der kommunikativen Beziehung, welche sich nicht unabhängig von den Personen, vom gewählten Zeitpunkt oder Ort entwickelt. Auch eine Standardisierung der Durchführung ist nur teilweise möglich. Wenn z. B. ein Interview mittels Leitfadens geführt wird, ist der Verlauf des Interviews offen.

> Insbesondere das Nachfragen des Interviewers ist in hohem Maße von seinem Hintergrundwissen abhängig, daher könnten unterschiedliche Interviewer zu unterschiedlichen Ergebnissen gelangen. Aus diesem Grund ist es wichtig, die Interviews in Form von Transkripten zu dokumentieren, die eine nachträgliche Analyse möglich machen. (Brühl & Buch, 2006, S. 25)

Von Studierenden wird erwartet, dass sie bei der Durchführung ihres Forschungsvorhabens sowie bei der Auswertung und Interpretation der Daten den Grundsätzen der Objektivität folgen. In der Praxis erweist sich dies vor allem in berufsfeldbezogenen Forschungsvorhaben, bei denen die Studierenden gleichzeitig Akteure und Betroffene sind, mitunter als schwierig, was folgendes Beispiel exemplarisch veranschaulicht:

Beispiel

Ein engagierter Student aus einem berufsbegleitenden Studiengang entwickelte für seinen mehrstündigen Blockunterricht ein Konzept zur integrierten Bewegungspause. In einer dreimonatigen Längsschnitterhebung wurde regelmäßig gezielt Feedback zu den einzelnen Aktivitäten sowie zum Konzept als Ganzes eingeholt. Seine Erwartungshaltung war hoch. Abgesehen von einem möglicherweise dadurch resultierenden Versuchsleitereffekt (der Student beeinflusst durch seine Motivation und positive Einstellung das Ergebnis) zeigte sich seine Bias sowohl während der Erhebungsphase als auch in der Phase der Datenauswertung. (Teil-)Ergebnisse, die nicht stimmig mit seinem Konzept waren, wurden unbewusst als auch bewusst uminterpretiert, was die hier sinngemäß wiedergegebenen Aussagen des Studierenden im Rahmen der Betreuung andeuten: „Das kritische Feedback der zwei Schüler/innen sagt mir, dass sie die Idee der bewegten Pause nicht verstanden haben." „Das heutige durchwachsende Feedback hat nichts mit der Bewegungseinheit selbst zu tun, es war das Unterrichtsthema, das einen negativen Einfluss darauf hatte. Ich werde diese Daten daher nicht weiter auswerten." „Ich bin enttäuscht, dass die bewegte Pause nicht so angenommen wurde. Ich hätte mir von dieser Klasse ein besseres Feedback erwartet."

Das Einnehmen einer kritisch-reflexiven Haltung zum Forschungsprozess und den darin gemachten eigenen Erfahrungen kann nicht auf „Knopfdruck" erfolgen. Hier sind auch die Betreuer/innen von Abschlussarbeiten gefordert, Studierende bei der Reflexion ihrer Forschungshandlungen zu unterstützen. In der Bachelor-/Masterarbeit zeigt sich der Grad der kritisch-reflexiven Haltung in der retrospektiven Betrachtung des Forschungsprozesses, vor allem in der *Methodenreflexion*, wo auf die methodische Herangehensweise ein kritischer Blick geworfen wird und wo Schwachstellen der Erhebung und Interpretation offengelegt und analysiert werden.

Validität (Gültigkeit)

Ein wichtiges Gütekriterium jedes Erhebungsinstruments bzw. -verfahrens ist dessen *Gültigkeit*. In der *quantitativen Forschung* ist eine Untersuchung dann *valide,* wenn das zu messende Konstrukt (siehe Kapitel 9.1.2) auch tatsächlich gemessen wird: ein Intelligenztest misst das Konstrukt „Intelligenz" und nicht etwas anderes wie Konzentrationsfähigkeit oder Frustrationstoleranz. Dieses leicht nachvollziehbare Standardbeispiel findet sich häufig in der Literatur zu wissenschaftlichen Arbeiten. Die Wirklichkeit der Test- bzw. Fragebogenkonstruktion ist natürlich komplexer. So können z. B. bei der Beantwortung eines Items für das Konstrukt „Lesekompetenz" irrelevante bzw. nicht intendierte Prozesse Einfluss nehmen, die zu einer niedrigen Konstruktvalidität führen, wie folgendes Beispiel verdeutlicht:

Beispiel

Zum Lösen der Leseaufgabe „Buben haben doppelt so viel Interesse an Instagram als Mädchen an Twitter" müssen aus einer Häufigkeitsverteilung nicht nur zwei Werte herausgelesen (nicht-lineares Leseverständnis), sondern auch in ein Verhältnis gesetzt werden. Dieser Vorgang erfordert mathematische Kompetenz. Dieses Item erfasst neben dem intendierten Konstrukt „Lesekompetenz" auch den nicht intendierten Prozess einer Rechenleistung. Es misst daher nicht genau, was es messen soll.

Validität bezeichnet den Grad der Genauigkeit, mit dem eine Untersuchung das erfasst, was erfasst werden soll.

Ein Beispiel für Konstruktvalidität

Wenn mittels Fragebogen das Konstrukt „Angst" gemessen werden soll, dann geht es zunächst darum, theoriegeleitet Merkmalsausprägungen von „Angst" zu definieren und daraus konkrete Items zu erstellen. Das entwickelte Instrument wird im Anschluss im Feld getestet, ein Datensatz wird generiert. Kann bei der Datenauswertung mittels explorativer Faktorenanalyse herausgearbeitet werden, dass die entsprechenden Items zusammengehören und somit das Konstrukt „Angst" abbilden, dann hat dieses Erhebungsinstrument eine ausreichende Konstruktvalidität.

Dieses Beispiel veranschaulicht, dass Konstruktvalidität mittels statistischer Verfahren (explorative oder konfirmatorische Faktorenanalyse) geprüft wird. Von Studierenden, die eine Bachelor-/Masterarbeit verfassen, wird nicht erwartet, dass sie ihr Erhebungsinstrument auf seine Konstruktvalidität testen. Sie sind vielmehr angehalten, unter Einbeziehung von Literatur eine *logisch-inhaltliche Analyse* der Items in ihrem Erhebungsinstrument durchzuführen. Mit diesem Ansatz wird eine *Annäherung an Inhaltsvalidität* (Face Validity, Augenscheinvalidität) angestrebt, die dann gegeben ist, „wenn der Inhalt der Testitems das zu messende Konstrukt in seinen wichtigsten Aspekten erschöpfend erfasst." (Bortz & Döring, 2006, S. 200)

In anderen Worten, ein Erhebungsinstrument ist dann inhaltsvalide, wenn es die zu messenden Merkmalsausprägungen bzw. Merkmale umfassend erhebt.

Beispiele

Es soll die Fremdsprachenkompetenz von Schülerinnen/Schülern gemessen werden. Ein dafür entwickelter Test wäre inhaltsvalide, wenn die *four skills* Hören, Lesen, Sprechen und Schreiben getestet werden.

Auf Basis des Kompetenzmodells für Mathematik 8. Schulstufe (Bundesinstitut für Bildungsforschung, Innovation & Entwicklung, 2011) soll der Kompetenzbereich „Arbeiten mit Ebene und Raum" (mathematischer Inhalt) gemessen werden. Da es im Rahmen dieses Kompetenzmodells wesentlich ist, einen mathematischen Inhalt (*Inhaltliche Kompetenz*) mit jeweils einer der vier allgemeinen mathematischen Kompetenzen „Modellieren", „Operieren", „Kommunizieren" und „Problemlösen" (mathematische Handlung) zu kombinieren, wäre bei einem diesbezüglichen Kompetenztest nur dann Inhaltsvalidität gegeben, wenn es zu allen vier Teilkompetenzen jeweils eine Testaufgabe gibt.

Da es sich bei diesem Verfahren um eine *logisch-inhaltliche Analyse* des Erhebungsinstruments bzw. der einzelnen Items handelt, ist Inhaltsvalidität ein „qualitatives Maß" (Brühl & Buch, 2006, S. 12), an dem sich Studierende orientieren. Sie hinterfragen kritisch und prüfen inhaltlich, ob mit dem entwickelten Erhebungsinstrument das Zielkonstrukt umfassend erfasst bzw. ob die Forschungsfrage umfassend beantwortet wird.

Beispiel

Eine Studentin möchte in ihrer Bachelorarbeit im Rahmen einer mündlichen Befragung mit folgenden Items die „Einstellung von Ernährungspädagoginnen/Ernährungspädagogen zu Heilkräutern" erheben:

1) Kennen Sie Kräuter, die zu der Gruppe der Heilpflanzen zählen?
2) Was verstehen Sie unter Heilkräutern?
3) Welche Wirkung haben Heilkräuter?
4) Woher wissen Sie, dass Heilkräuter wirkungsvoll sind?
5) Bringen Sie Ihr Wissen über Heilkräuter im Theorieunterricht ein? Wenn ja, in welcher Form?
6) Verwenden Sie Heilkräuter in der Schulküche? Wenn ja, in welcher Form?

Es bedarf in diesem Beispiel keiner tiefergehenden *logisch-inhaltlichen Analyse*, um auf eine niedrige Inhaltsvalidität zu schließen. Aus den erwartbaren Antworten bei den Fragen 1 und 2 wird mehr auf das „Wissen über Heilpflanzen" geschlossen werden können, als auf die „Einstellung zu Heilkräutern". Item 3 ist diesbezüglich besser: Steht z. B. die befragte Person Heilkräutern skeptisch gegenüber, wird sie sich bei dieser Frage vermutlich entsprechend äußern. Bei Item 4 handelt es sich um eine Suggestivfrage[2], was in Bezug auf die Objektivität der Forscherin problematisch ist. Die Antworten zu den Items 5 und 6 werden wahrscheinlich breit angelegt werden, was das Interpretieren hinsichtlich der Forschungsfrage erschwert.

Studierende können auf einen großen Pool an standardisierten, kostenfreien Erhebungsinstrumenten zurückgreifen, deren Einsatz sich bei Forschungsvorhaben im Rahmen von Bachelor-/Masterarbeiten bewährt haben. Wird ein Erhebungsinstrument (adaptiert) übernommen, ist dieses in Bezug auf die Forschungsfrage auf Inhaltsvalidität zu prüfen. Folgendes Beispiel aus dem Forschungsprojekt „Schulische Partizipation österreichischer Jugendlicher" veranschaulicht, warum dies wichtig ist.

Beispiel

Schulische Beteiligung Jugendlicher vollzieht sich in verschiedenen Bereichen, die allgemeine Schulorganisation ist einer davon. Das Ausmaß der Beteiligung wurde u. a. mit folgenden zwei Items gemessen:

„Wie stark kannst du bei der Lehrer/innenauswahl in der Schule mitbestimmen?"
„Wie stark kannst du bei der Verteilung von finanziellen Mitteln in der Schule mitbestimmen?"

---

2 Suggestivfragen legen die Antworten in eine bestimmte Richtung vorher fest und verfälschen dadurch die erhobenen Aussagen.

Das österreichische Schulsystem sieht die Mitbestimmung von Schülerinnen und Schülern bei der Auswahl von Lehrpersonen sowie bei der Verteilung von finanziellen Mitteln nicht vor. Für die Erhebung des Ausmaßes der schulischen Beteiligung *österreichischer Jugendlicher* sind diese zwei Aspekte irrelevant, Inhaltsvalidität ist daher nicht gegeben.

Auf qualitative Forschungsmethoden lässt sich das Gütekriterium der Validität schwerer übertragen, da z. B. bei einer teil- bzw. unstrukturierten mündlichen Befragung sich die Fragestellungen aus der Situation heraus ergeben. In der Diskussion über das Gütekriterium der *Validität in der qualitativen Forschung* wird daher auch der Standpunkt vertreten, dass unter „Validität die Wahrheit von Aussagen zu verstehen [ist]", d. h. es „kommt nicht Methoden sondern Aussagen ein Wahrheitswert zu" (Brühl & Buch, 2006, S. 31). Für ein Interview bedeutet das z. B., dass es daraufhin analysiert wird, ob die Befragten aufrichtig antworten. Validität wird „als sozialer Diskurs und Konstruktion von Wissen mit dem Ziel der **Vertrauenswürdigkeit** [*sic*] (trustworthiness) beschrieben" (Brühl & Buch, 2006, S. 31).

Eine gängige Form der diskursiven Validierung ist die sogenannte *Kommunikative Validierung* (Schründer-Lenzen, 2013, S. 153; Steinke, 2017, S. 320). Dabei handelt es sich um ein Verfahren, das die Gültigkeit von Aussagen und/oder Interpretationen überprüft. *Kommunikative Validierung* bedeutet demnach, die Richtigkeit der Datenauswertung von den befragten Personen selbst bestätigen zu lassen. Diese erhalten beispielsweise die Möglichkeit, die Interviewprotokolle (Transkripte) zu kommentieren bzw. ihre Zustimmung dazu zu geben, dass die Aussagen inhaltlich richtig erfasst wurden. Gängiger ist es, gemeinsam mit den betroffenen Personen die Gültigkeit der Interpretation der erhobenen Daten zu diskutieren.

Ein weiteres Konzept bildet Validierung durch *Triangulation* (siehe Kapitel 3.3). Beim Einsatz mehrerer Methoden kommt auch der *Handlungsvalidierung* Bedeutung zu. Dabei wird beispielsweise geprüft, inwieweit ein nachweisbarer Zusammenhang besteht zwischen berichteten Erfahrungen (eine Lehrperson beschreibt in einem Interview, wie sie mit Verhaltensauffälligkeiten von Schülerinnen und Schülern im Unterricht umgeht) und beobachtetem Verhalten (Realgeltung: Verhalten der interviewten Lehrperson bei Verhaltensauffälligkeiten von Schülerinnen und Schülern im Unterricht). Das wichtigste Kriterium, so Bortz und Döring (2006, S. 328), „ist jedoch die interpersonale Konsensbildung (**konsensuelle Validierung**) [*sic*]. Können sich mehrere Personen [z. B. andere Forschende und/oder Expertinnen und Experten] auf die Glaubwürdigkeit und den Bedeutungsgehalt des Materials einigen, gilt dies als Indiz für seine Validität."

Reliabilität (Zuverlässigkeit)

Wie *zuverlässig* und *beständig* das Ergebnis einer Untersuchung ist bzw. wie *zuverlässig* und *beständig* mit einem Erhebungsinstrument ein Konstrukt gemessen wird, ist eine Frage der Reliabilität. Unter der Annahme, dass in einer Untersuchung zeitstabile Merkmale[3] gemessen

---

3   Konkrete, sogenannte manifeste Merkmale wie (Anzahl der Schüler/innen mit sonderpädagogischem Bedarf in einer Klasse) haben höhere Reliabilität als abstrakte, latente Merkmale wie (Teamfähigkeit von Lehrpersonen).

werden, kann dann von einer reliablen Messung gesprochen werden, wenn zu einem anderen Zeitpunkt, unter denselben Bedingungen mit den gleichen Testpersonen dieselben Ergebnisse erzielt werden. Da bei jeder Erhebung Messfehler passieren (durch unsystematische, zufällige Einflüsse wie Störungen in der Testsituation oder Müdigkeit der befragten Person), werden bei einer Messwiederholung die Ergebnisse nicht exakt dieselben sein, sie müssen aber sehr ähnlich bzw. stabil sein. Das Maß der Übereinstimmung wird bei den meisten Verfahren der Reliabilitätsprüfung durch die Berechnung eines Korrelationskoeffizienten bestimmt. Verfahren, die angewendet werden, um die Reliabilität einer Messung bzw. eines Erhebungsinstruments zu prüfen sind beispielsweise:

- *Retest-Reliabilität:* Die wiederholte Durchführung derselben Messung unter denselben Bedingungen bei denselben Personen führt zu denselben Ergebnissen. Ein Lesekompetenztest hat eine hohe Reliabilität, wenn im Rahmen einer nach zwei Wochen stattfindenden Testwiederholung bei gleichbleibenden Bedingungen die erneut getesteten Personen dasselbe Kompetenzniveau erreichen (Lesekompetenz ist ein stabiles Konstrukt, das sich nicht innerhalb von zwei Wochen verändert). Das Verfahren der Testwiederholung lässt sich allerdings in qualitativen Forschungsmethoden nicht anwenden, das Führen eines teil- bzw. unstrukturierten Interviews oder der Beobachtung einer Unterrichtsstunde ist auf identische Weise nicht wiederholbar. Überträgt man bei qualitativen Herangehensweisen den Gedanken des Retests auf das Interpretieren von Daten, so sollten wiederholte Interpretationen von qualitativen Daten zu einem gleichen Ergebnis führen (Brühl & Buch, 2006, S. 26).

- *Interrater-Reliabilität:* Zwei oder mehrere Forscher/innen setzen dasselbe Instrument (z. B. einen standardisierten Beobachtungsbogen) für dieselbe Erhebung bzw. bei demselben Untersuchungsgegenstand ein. Sind die Einschätzungsergebnisse (Urteilsübereinstimmung) gleich bzw. sehr ähnlich, ist die Reliabilität des Erhebungsinstruments hoch.

Beispiel

Zur Analyse und Bewertung von wissenschaftlichen Postern, die Studierende im Rahmen eines Forschungsmoduls präsentieren, wurde ein Instrument entwickelt. In einer Pilotphase wurden von jedem Mitglied der Forschergruppe dieselben 20 zufällig ausgewählte Poster mit Hilfe des Instruments ausgewertet. Anschließend wurde die Urteilsübereinstimmung durch die Berechnung der Interrater-Korrelation geprüft (Stadler-Altmann, 2020, S. 390).

- *Paralleltest-Methode:* Probanden werden zwei verschiedene aber streng vergleichbare Tests vorgelegt. Eine hohe Reliabilität ist gegeben, wenn bei beiden Tests die Probanden dasselbe Ergebnis erzielen.

Beispiel

Im Rahmen der Entwicklung des „Innsbrucker Lesediagnostikums für Berufsschüler/innen" (Resinger, 2018) wurde neben anderen Verfahren der Reliabilitätsprüfung auch die Paralleltest-Methode angewandt. Der Innsbrucker Lesekompetenztest misst geringe Fähigkeitsausprägungen in der

Lesekompetenz von Berufsschüler/innen der ersten Klasse, das „Salzburger Lesescreening für die Schulstufen 2–9" (Mayringer & Wimmer, 2014) identifiziert Schüler/innen mit Schwächen in basaler Lesefertigkeit. Bei einer Gruppe von Berufsschüler/innen wurden beide Tests nacheinander eingesetzt. Es wurde eine hohe Übereinstimmung festgestellt.

Zusammenfassend gilt für Studierende, die eine Bachelor-/Masterarbeit schreiben, dass sie sich vor allem an den Gütekriterien „Objektivität" und „Validität" unter den hier diskutierten Gesichtspunkten „Durchführungs- und Auswertungsobjektivität", „Inhaltsvalidität", „Vertrauenswürdigkeit" und „Glaubwürdigkeit" orientieren. In der Diskussion um Gütekriterien in der empirischen Forschung werden diese Qualitätskriterien auch in der *Aktionsforschung* (berufsfeldbezogenen Forschung) als relevant erachtet (Reitinger & Ukowitz, 2014, S. 183).

3.6 Auswahl von Forschungsmethoden

Ein Forschungsinstrument soll nicht willkürlich ausgewählt und eingesetzt werden. Jede Methode hat Vor- und Nachteile und ist in Bezug auf den Anwendungsbereich in ihrer Einsatzfähigkeit beschränkt (Engler, 1997, S. 123–126). Vor der Wahl der Forschungsmethode ist es daher ratsam, einige Fragen zu klären. Die kritische Auseinandersetzung mit folgenden Punkten kann hilfreich sein, die passende Methode zu finden:

Ziel: Was soll erhoben werden? Diese Frage hängt aufs Engste mit der Forschungsfrage der Bachelor-/Masterarbeit zusammen. Mit welcher wissenschaftlichen Methode lässt sich die Forschungsfrage am besten beantworten? Ist es von Interesse, welche Einstellungen oder welche Meinungen eine Personengruppe zu einem bestimmten Thema hat, dann empfiehlt sich die Methode der schriftlichen Befragung. Wenn es darum geht, zu untersuchen, wie sich die Einführung neuer Verhaltensregeln auf das soziale Leben in der Schule auswirkt, dann ist eine Beobachtung sinnvoll.

Tragweite: Unter Tragweite ist gemeint, dass im Vorfeld abzuwägen ist, *welche Auswirkungen im sozialen Umfeld aufgrund des Einsatzes einer bestimmten Methode zu erwarten sind.* Unterrichtsbeobachtungen können z. B. den Unterricht stören. Zur kritischen Reflexion der Tragweite gehört auch, im Vorfeld zu klären, *wer Zugang zu den erhobenen Daten haben wird bzw. wie diese Daten verwendet werden* (z. B. für die Unterrichtsentwicklung). Es ist zu bedenken, dass die Ergebnisse auch missbräuchlich verwendet werden können (siehe dazu auch Kapitel 3.7). Des Weiteren können *unbeabsichtigte Folgen* auftreten: Die schriftliche Befragung im Rahmen eines Schulentwicklungsprojekts zur Zufriedenheit mit der Schulleitung wurde von einigen Befragten zum Anlass genommen, die sprichwörtlichen „Leichen aus dem Keller zu holen"

Machbarkeit: Ist eine Methode unter den gegebenen Rahmenbedingungen einsetzbar? Fragen, die in diesem Zusammenhang eventuell gestellt werden müssen: Habe ich genügend Personen, die sich an der Untersuchung beteiligen wollen? Kann ich die Untersuchung allein durchführen? Wie sieht die zeitliche Begrenzung aus, d. h. bis wann muss das Forschungsvorhaben abgeschlossen sein?

Zumutbarkeit: Vor allem in zeitlicher Hinsicht ist zu *klären, ob die Teilnehmer/innen an einem Forschungsprojekt unter den gegebenen Rahmenbedingungen nicht über Gebühr belastet werden*. Bei sensiblen Themen ist sorgfältig abzuwägen, ob der Einsatz eines Erhebungsinstruments in psychischer sowie körperlicher Hinsicht zugemutet werden kann (z. B. mündliche Befragung von Mobbingopfern).

Ökonomie: Reichen die zeitlichen Ressourcen und ggf. die finanziellen Mittel aus? Steht der Aufwand mit dem zu erwartenden Ergebnis in einem ausgewogenen Verhältnis? Bei der Durchführung einer Erhebung im Feld muss der/die Studierende vor Ort sein. Dabei ist nicht nur der zeitliche Aufwand für die Durchführung und Ergebnisrückmeldung zu berücksichtigen, sondern es müssen z. B. auch Fahrzeiten, Fahrtkosten, Leerläufe (z. B. das zu beobachtende Kind ist abwesend), Kosten für das Testmaterial bzw. das Befragungsinstrument oder Lizenzgebühren für statistische Softwareprogramme etc. einkalkuliert werden.

Bei allen Forschungsaktivitäten sollte nicht die sogenannte „Adlerperspektive" vergessen werden, d. h. in der Bachelor-/Masterarbeit muss der Gesamtzusammenhang, in den die Thematik eingebettet ist, im Fokus bleiben.

3.7 Ethische Aspekte der Forschung

Jedes Forschungsvorhaben soll *ethisch vertretbar* sein. Ethisch vertretbare Forschung achtet auf die Einhaltung von zwei grundlegenden Prinzipien: *Offenheit* und *Vertraulichkeit*.

Offenheit: Forschungsaktivitäten dürfen oder vielmehr sollen nicht ohne Wissen und gegen den Willen der Betroffenen durchgeführt werden. Das setzt voraus, dass die von der Forschung betroffenen Personen bzw. Institutionen über die Intentionen des Forschungsvorhabens sowie über den geplanten Ablauf informiert sind und ihre Zustimmung geben. Zur Offenheit im Forschungsprozess zählt auch, dass die an einer Untersuchung teilnehmenden Personen bzw. Institutionen eine angemessene Rückmeldung zu den Forschungsergebnissen erhalten. Dies kann z. B. durch eine Ergebnispräsentation und/oder ein Factsheet erfolgen.

In der Regel wird bei Forschungsprojekten darauf geachtet, dass in allen Phasen der Untersuchung das Prinzip Offenheit eingehalten wird. Es gibt jedoch Forschungsvorhaben, bei denen (vollständige) *Offenheit* nicht möglich ist. Nimmt die beforschte Gruppe an einem sozialwissenschaftlichen Experiment teil, kann es notwendig sein, diese Personen zu täuschen („Zwecktäuschung"). Wenn stark davon auszugehen ist, dass sich die beobachteten Personen bei einer offenen Beobachtung anders verhalten werden als in der natürlichen Situation, wird verdeckt beobachtet. Die beforschten Personen werden in solchen Fällen im Anschluss an die Untersuchung informiert und aufgeklärt. Jedoch sind mögliche unbeabsichtigte Folgen der „Zwecktäuschung" nicht ausgeschlossen: z. B. Entwicklung eines nachhaltigen Misstrauens gegenüber Forschung, Entstehung von Angststörungen aufgrund der Erlebnisse etc.

Für Studierende, die im Rahmen ihrer Bachelor-/Masterarbeit ein Forschungsprojekt durchführen, ist *Offenheit* und *Vertraulichkeit* unabdingbar. Sollte die geplante Durchführung von den zu Beforschenden nicht akzeptiert werden, muss ein alternativer Zugang zum Forschungsgegenstand gesucht werden. Die Erfahrung zeigt, dass die Betroffenen in den meisten Fällen mit dem Forschungsdesign einverstanden sind. Berufsfeldbezogene Forschungsvorhaben, die die Weiterentwicklung von Schule und Unterricht zum Ziel haben, können ohne die Einhaltung ethischer Grundsätze nicht erfolgreich sein. Die Teilnahme an einem Aktionsforschungsprojekt „[veranlasst] die untersuchten Personen zu Handlungen, die sie sonst nicht getan hätten. Die Forschungssituation ist selbst eine Lernsituation" (Altrichter et al., 2018, S. 108).

Vertraulichkeit: Das zweite ethische Prinzip ist Vertraulichkeit, das bei Forschungsvorhaben einzuhalten ist. Vor der Durchführung einer Untersuchung ist den Beforschten mitzuteilen, wie die Daten ausgewertet und verwendet werden:

Werden die Daten anonymisiert dargestellt bzw. ist das überhaupt möglich oder sind Aussagen von Personen rückverfolgbar? In der Regel erfolgen Untersuchungen anonym. Eine Anonymisierung durch das Weglassen oder Verändern von Personendaten gelingt bei kleinen Stichproben nicht immer, bei Fallstudien ist es insbesondere für „Systemkenner" nicht schwer, nachzuvollziehen, wer die handelnden Personen sind. Aussagen können dann unter Umständen Personen zugeordnet werden. Die Betroffenen müssen in solchen Fällen darauf aufmerksam gemacht werden.

Bleiben die Daten bei der Forscherin/beim Forscher oder werden sie an Dritte weitergegeben? Wird ein empirischer Datensatz an andere Forscher/innen für tiefergehende oder aufbauende Untersuchungen weitergegeben und/oder in der Lehre eingesetzt, sind die Vorgaben der Datenschutzgrundverordnung zu beachten. Das Thema Datenhoheit ist mit den an einer Untersuchung teilnehmenden Personen zu besprechen. Das Ergebnis kann eine gemeinsam getroffene Vereinbarung sein. Einige Hochschulen bzw. Universitäten sowie Schulbehörden verlangen von den Studierenden das Abschließen einer Datenschutzvereinbarung mit den an ihrem Forschungsvorhaben beteiligten Personen. In Bezug auf Datenhoheit verfolgt die Aktionsforschung den Ansatz, dass „die Verantwortung für und die Kontrolle über den Gang praxisbezogener Forschung und Veränderung jene haben sollen, die von ihr primär betroffen sind und die ihre Ergebnisse am eigenen Leib zu verspüren haben" (Altrichter et al., 2018, S. 110). Die erhobenen Daten sind *rechtlich* betrachtet Eigentum der Forscherin/des Forschers. Dies gilt auch für Daten, die von Studierenden im Rahmen ihrer Bachelor-/Masterarbeit erhoben werden[4].

Weder Alltagshandeln noch wissenschaftliches Forschungshandeln lässt sich auf regelgeleitetes Handeln reduzieren. Die Spielregeln der Wissenschaft können *nicht* einfach über jene der beforschten Gruppe gestülpt werden. Wir haben es immer *mit Spielräumen und Variationsbreiten* zu tun. Letzten Endes geht es um einen sinnvollen und angemessenen Umgang mit den Spielregeln der Forschung und ihren methodischen Zugängen.

---

4   Davon zu trennen ist die Veröffentlichung der Forschungsarbeit bzw. der Bachelor-/Masterarbeit, die allgemein zur Verfügung steht, d. h. die Ergebnisse können für weitere Forschungsarbeiten verwendet werden.

Formale Kriterien für eine Bachelor-/Masterarbeit 4

Das Verfassen einer Bachelor- oder Masterarbeit ist für Studierende ein wichtiger Teil der in einem Gesamtcurriculum vorgegebenen Ausbildungsziele einer Hochschule/Universität. Studierende weisen damit nach, dass sie sich in einen klar formulierten und abgegrenzten Themenbereich besonders vertiefen und eine oder mehrere Fragestellungen nach wissenschaftlichen Kriterien formell und inhaltlich logisch bearbeiten können.

4.1 Aufbau einer Literaturarbeit/empirischen Arbeit

Der Aufbau einer wissenschaftlichen Arbeit spiegelt die visuelle logische Strukturierung ihres Inhaltes wider. Durch eine entsprechende Gliederung, die nicht nur den thematischen Grundgedanken, sondern auch dessen wissenschaftlich aufeinander aufbauende logische Entfaltung beschreibt, sind bereits erste Rückschlüsse hinsichtlich der Qualität der Arbeit möglich. Prägnante, aussagekräftige Bezeichnungen sind wichtig. Sie bringen den Fließtext des Abschnittes pointiert zum Ausdruck.

Die folgende Darstellung zeigt ein mögliches Beispiel für den Aufbau einer Bachelor-/Masterarbeit. Sie enthält die wesentlichen Bestandteile. Gibt es von Ihrer Institution präzise Vorgaben zum Aufbau der Arbeit, so müssen Sie sich an diesen orientieren.

Einband	zwingend in gebundener Form
Deckblatt	nach eigenem Ermessen
Titelblatt	zwingend
Eidesstattliche Erklärung	zwingend
Abstract	zwingend
Vorwort	nach eigenem Ermessen
Inhaltsverzeichnis	zwingend
Tabellen- und Abbildungsverzeichnis	zwingend bei mehr als drei Tabellen bzw. Abbildungen
Einleitung	zwingend
Theoretische Grundlagen und Stand der Forschung	zwingend
Methodische Herangehensweise	zwingend
Ergebnisdarstellung	zwingend
Zusammenfassung, Diskussion und Ausblick	zwingend

Literaturverzeichnis / Referenzliste[5]	zwingend
Anhang	z. B. ein Abkürzungsverzeichnis, ein unausgefülltes Exemplar des verwendeten Erhebungsinstruments (Fragebogen, Beobachtungsbogen etc.) sowie anderes Anschauungsmaterial nach eigenem Ermessen

Deckblatt

Ein eigenes *Deckblatt* kann individuell gestaltet werden, ist aber nicht zwingend erforderlich. Inhaltlich sollte es als Eyecatcher auf die Thematik der Arbeit hinweisen.

Titelblatt

Das *Titelblatt* einer Bachelor-/Masterarbeit sollte folgende Angaben enthalten:

- Logo der Institution
- Art der Arbeit (Bachelor- oder Masterarbeit)
- Titel der Arbeit: beinhaltet die wichtigsten Schlagwörter
- Untertitel: präzisiert und grenzt ein
- Name der Verfasserin/des Verfassers
- Angestrebter akademischer Grad
- Name der Betreuungsperson/en
- Matrikelnummer
- Bezeichnung des Studienganges
- Datum (des Abgabetermins)

---

5   Anstelle des bisher gängigen Begriffs „Literaturverzeichnis" wird in Anlehnung an APA 7 auch der Begriff der „Referenzliste" verwendet.

Abbildung 1: Beispiel für das Titelblatt einer Bachelorarbeit

Eidesstattliche Erklärung (lt. Vorgaben der Institution / Beispiel)

Durch die eidesstattliche Erklärung wird bestätigt, dass die wissenschaftliche Arbeit selbstständig und nur mit Hilfe der korrekt und vollständig angegebenen Quellen verfasst ist. Achten sie hier besonders auf die Vorgaben der eigenen Institution!

Beispiel

> Ich, Max Muster, erkläre, dass ich die vorgelegte Arbeit selbst verfasst und keine anderen als die angegeben Hilfsmittel und Quellen verwendet habe. Sämtliche aus fremden Quellen direkt oder indirekt übernommene Gedanken sind als solche kenntlich gemacht und im Quellen- bzw. Literaturverzeichnis angeführt.
>
> Diese Arbeit (oder Teile davon) wurde bisher weder in gleicher noch in ähnlicher Form an einer anderen Institution, in einem anderen Modul oder einer anderen Lehrveranstaltung vorgelegt.
>
> Ort, am dd.mm.jjjj   ....
>   Unterschrift

Abstract

Das Abstract ist eine prägnante Zusammenfassung der wesentlichen Inhalte der Bachelor-/Masterarbeit. Es beinhaltet die übergeordnete Fragestellung (zentrale Forschungsfrage/n), eine kurze Beschreibung der behandelten Themen, eine knappe Darlegung der methodischen Vorgehensweise, die wichtigsten Ergebnisse bzw. Erkenntnisse und die daraus abgeleiteten Schlussfolgerungen. Das Abstract im Ausmaß von max. einer DIN A4 Seite wird in deutscher, je nach Vorgabe zusätzlich in englischer Sprache abgefasst.

Vorwort

Ist *nicht unbedingt notwendig*. Falls man sich dazu entschließt, hier einige Gedanken, die sich darin wiederfinden könnten:

- Persönlicher Bezug der Verfasserin/des Verfassers zum Thema
- Bemerkungen zur Entstehung der Arbeit
- Dank an Personen und/oder Institutionen, die wichtig waren für das Entstehen der Arbeit oder in irgendeiner Art Hilfestellung leisteten.

Inhaltsverzeichnis

Das Inhaltsverzeichnis ist die „Visitenkarte" einer Bachelor-/Masterarbeit. Es gibt die Gliederung der Arbeit wieder und ist somit der rote Orientierungsfaden für Leser/innen. Kapitelüberschriften (wortident mit dem Textteil) sind aussagekräftig zu formulieren. Sie zeigen klar und deutlich, was die Leser/innen im entsprechenden Kapitel erwartet.

Beispiele

„Grundbegriffe" besser wäre: „Angst und Ängstlichkeit – Begriffliche Verortung"
„Beobachtungsbogen" besser wäre: „Beobachtungsbogen zur Erhebung der Präsentationskompetenz"
„Kompetenzverteilung" besser wäre: „Institutionelle Kompetenzverteilung für die Qualitätssicherung der dualen Ausbildung"

Anstelle von direkten Fragen (z. B. Forschungsfrage, Interviewfragen) werden indirekte Leitfragen formuliert.

Beispiele

„Braucht es Noten in Religion?" besser wäre: „Zur Bedeutung der Leistungsbeurteilung im Unterrichtsfach Religion"
„Was machen Jugendliche in ihrer Freizeit?" besser wäre: „Das Freizeitverhalten von Jugendlichen"

Ausführung in Dezimalklassifikation, Seitenangaben (in arabischen Ziffern):

1
   1.1
      1.1.1
      1.1.2
   1.2
      1.2.1
      1.2.2

Die Gliederung der Arbeit in *Kapitel und Unterkapitel* sollte nicht übertrieben werden, mehr als vier *Gliederungsebenen* verwirren und schaden der Lesbarkeit und der Struktur. Die Gliederungsebenen können reduziert werden, indem ein umfangreiches Kapitel durch Zwischenüberschriften gegliedert wird, die keine Nummerierung tragen und somit nicht im Inhaltsverzeichnis aufscheinen.

Tabellenverzeichnis

Die Angaben im *Tabellenverzeichnis* bestehen aus drei Teilen:

- Tabellennummer
- Tabellentitel
- Seitenzahl

Beispiel

> Tabelle 9: Konstrukt „Präsentationskompetenz"   56

Abbildungsverzeichnis

Die Angaben im *Abbildungsverzeichnis* bestehen aus drei Teilen:

- Abbildungsnummer
- Abbildungstitel
- Seitenzahl

Beispiel

> Abbildung 9: Fächerübergreifende Zusammenarbeit über Moodle   56

Einleitung

Diese führt den/die Leser/in *zügig* in die Arbeit ein und beschreibt die *Ausgangslage, die zentralen Fragestellungen sowie die Ziele der Bachelor-/Masterarbeit* und skizziert *wesentliche Gedankengänge*. Ebenso können kurz die *Hauptkapitel* der Arbeit erläutert werden.

Folgende Punkte sollten hier formuliert werden:

- Begründung der Themenwahl
- Aktualität und Relevanz des Themas (eventuell mit einem anschaulichen Beispiel)
- Berufsfeldbezug
- Begriffsdefinition (zentrale Begriffe die z. B. in der Forschungsfrage vorkommen)
- Formulierung der zentralen Fragestellungen und Hinweis auf die angewandten Forschungsmethoden
- Ziele der Arbeit

Punkte, die optional in der Einleitung formuliert werden können:

- Aufbau der Arbeit

Theoretische Grundlagen und Stand der Forschung

Dieses Kapitel bildet das Fundament der Arbeit. Hier werden alle Begrifflichkeiten definiert und die relevanten Theorien vorgestellt, die für die weitere Arbeit von Bedeutung sind. Es liefert das Hintergrundwissen, das der/die Leser/in benötigt, um die spätere Argumentation, die Analysen und Diskussion der Ergebnisse zu verstehen. Der Abschnitt zeigt auf, dass die wichtigsten Konzepte, Theorien und Modelle, die sich auf das Thema beziehen, bekannt sind. Der theoretische Rahmen verdeutlicht, dass die Forschung auf wissenschaftlicher Theorie basiert.

Der aktuelle Forschungsstand beleuchtet den Status Quo der Forschung auf dem gewählten Themengebiet. Welche Literatur wurde zum Thema bereits veröffentlicht? Hier werden die Inhalte bisheriger Studien dargestellt und beispielsweise durch Vergleiche zueinander in Bezug gebracht. Die Auseinandersetzung mit bereits publizierten Ergebnissen ist ein wesentlicher Teil jeder Bachelor-/Masterarbeit. Sie bilden die Basis für das Ergebnis der Arbeit.

Achten Sie darauf, den/die Leser/in im Theorieteil immer wieder zurück auf die Forschungsfrage zu lenken, um den roten Faden präsent zu halten.

Methode/n

Hier erfolgt die *wissenschaftliche Aufarbeitung des Themas*. Dieser Abschnitt der Arbeit beschreibt – vor allem unter dem Aspekt der Nachvollziehbarkeit (Durchführungsobjektivität) – die methodische Herangehensweise und den Ablauf. Dazu gehört auch die *Operationa-*

lisierung der Fragestellung bzw. der Hypothese. In weiterer Folge beinhaltet dieser Abschnitt die *gegenüberstellende Aufbereitung von Fakten und Ergebnissen* und deren *Interpretation und Diskussion.* Charakteristische Inhalte sind bei einer quantitativen Vorgehensweise beispielsweise deskriptive Statistiken wie Mittelwert und Standardabweichung oder bei der Darstellung von Ergebnissen aus inferenzstatistischen Analysen die Angabe von relevanten statistischen Kennwerten wie Stichprobengröße, Mittelwerte, Teststatistik etc. Selbsterklärende Tabellen und Grafiken können zur übersichtlichen Darstellung von Ergebnissen an der Stelle im Text platziert werden, an der sie benötigt werden. Beim Einsatz qualitativer Verfahren, ist das Vorgehen der Datenaufbereitung und -analyse (z. B. Inhaltsanalyse, Kategorienbildung) in analoger Weise mit Verweis auf die einschlägige Literatur darzustellen. In der Reflexion werden z. B. nicht intendierte oder unerwartete Hemmnisse im Forschungsverlauf, potentielle methodische Einschränkungen und deren Auswirkungen (z. B. auf die Repräsentativität), sowie Grenzen der Studie erörtert.

In der Erstellung der Arbeit bedingen in diesem Abschnitt die unterschiedlichen Typen von wissenschaftlichen Arbeiten eine differenzierte Vorgangsweise. Ertl-Schmuck et al. (2015, S. 73–79; auch Obermaier, 2017, S. 84–88) schlagen folgende Typisierung vor:

- Literaturarbeiten
  Im Mittelpunkt der Literaturarbeit steht die Auseinandersetzung mit wissenschaftlicher Fachliteratur. Wesentliche Aspekte sind die Kenntnis der verschiedenen Publikationsformen, das Recherchieren und die Auswertung adäquater, facheinschlägiger Literatur, sowie korrektes und sinnvolles Zitieren und Paraphrasieren. Die Auswertung (methodisches Vorgehen) der in der Literatur beschriebenen Ansätze, theoretischen Modelle, aktuellen Studien oder handlungsbasierten Konzepte erfolgt entlang der Fragestellung in Form einer Überblick gebenden Zusammenfassung, einer vergleichenden Analyse, einer systematischen Ordnung, einer Analyse bestimmter Strukturen oder einer kontroversiellen Darstellung. Ziel ist das Verdichten der bearbeiteten Literatur zu einer (neuen) wissenschaftlichen Argumentation.

- Empirische Arbeiten
  Hier wird eine, auf einer theoretischen Grundlage basierte Forschungsfrage herausgearbeitet und es werden ggf. Hypothesen formuliert und operationalisiert. Die Beantwortung der Forschungsfrage und ggf. Prüfung der Hypothese(n) erfolgt empirisch, indem Daten erhoben, gesammelt, systematisiert, überprüft, interpretiert oder in neue Zusammenhänge eingeordnet werden. Für die empirische Untersuchung stehen grundlegend zwei Verfahren, nämlich qualitative und quantitative zur Verfügung.

- Theoretische Arbeiten
  befassen sich mit einem oder mehreren theoretischen Ansätzen (Paradigmen). Dabei werden die untersuchten Theorien nach logischen und rationalen Prinzipien wie begrifflicher Eindeutigkeit, Kohärenz, systematischer Ordnung etc. bearbeitet. Da Theoriearbeiten bei Bachelor-/Masterarbeiten eher die Ausnahme sind, wird in diesem Leitfaden nicht näher darauf eingegangen.

Gliederung Literaturarbeit	Gliederung empirische Arbeit
Einleitung • Ausgangslage (z.B. eine Problemstellung) • Begründung der Themenwahl • Aktualität und Relevanz des Themas (mit einem anschaulichen Beispiel) • Berufsfeldbezug • Begriffsdefinition (zentrale Begriffe die z. B. in der Forschungsfrage vorkommen)	
Fragestellung / These / Ziel	Forschungsfrage / Hypothese / Forschungsziel
Theoretische Grundlagen • Erläuterung von Grundbegriffen, theoretische Verortung	

Methodikteil
• Ein- und Ausschlusskriterien für Literatur, ggf. Angaben zur Recherche
• Methodisches Vorgehen
• Auswertung der Literatur (Sichtung und kritische Auseinandersetzung)
• Bewertung und Reflexion
	Empirischer Teil
	• Forschungsdesign (Untersuchungsdesign)
	  – Forschungsmethode und Stichprobe
	  – Erhebungsinstrument
	  – Forschungsablauf
	  – Analysemethode
	• Datenauswertung (Analyse, Interpretation)
	• Diskussion inkl. Reflexion des Forschungsprozesses

Zusammenfassung und Ausblick	

Tabelle 1: Mögliche Gliederung der Arbeit nach Typ

Zusammenfassung, Diskussion und Ausblick

Die *Zusammenfassung* ist ein wesentlicher Teil der Arbeit – ohne sie ist eine wissenschaftliche Arbeit unvollständig und nicht abgeschlossen. Darin sollen *wichtige Ergebnisse der Arbeit* nochmals in Bezug zur Forschungsfrage/Hypothese bzw. zur Literatur gebracht werden. Der Erkenntnisgewinn durch die Arbeit wird explizit dargestellt. In der Zusammenfassung kann ein Ausblick auf zukünftige mögliche Forschungsfelder/-projekte gegeben und auf weiterführende Themenfelder hingewiesen werden. Diese werden jedoch inhaltlich nicht weiter aufbereitet. Darüber hinaus ist ein persönliches Resümee angebracht. Folgende Fragen können bei der Formulierung einer persönlichen Stellungnahme hilfreich sein:

- Was habe ich durch die Arbeit gelernt?
- Wo gab es Probleme/Schwierigkeiten?
- Was konnte nicht umgesetzt werden?
- Was ist mein persönlicher Mehrwert?
- Was werde ich in meiner Berufspraxis beachten/umsetzen?

Literaturverzeichnis

Die Erstellung eines Literaturverzeichnisses wird im Kapitel 4.3 ausführlich erläutert. Das Literaturverzeichnis am Ende dieses Buches dient als weitere Orientierung.

Anhang

Materialien, die nicht unbedingt zur Veranschaulichung im Hauptteil benötigt werden (z. B. Stundenbilder, historische Quellen, Auszüge aus Schulbüchern etc.), sind im Anhang anzuführen.

In den Anhang gehören jedenfalls das *unausgefüllte* Exemplar des verwendeten *Fragebogens*, der *Interviewleitfaden* oder der *Beobachtungsbogen*, nicht jedoch Transkripte oder Rohdaten.

Alle Dokumente, die sich im Anhang befinden, sind im Inhaltsverzeichnis unter „Anhang" aufzulisten und mit einer fortlaufenden Nummerierung zu versehen.

Beispiel

> 10 Anhang
>   10.1 Abkürzungen
>   10.2 Erhebungsinstrumente
>   Schüler/innenfragebogen
>   Elternfragebogen
>   Beobachtungsbogen
>   10.3 Unterrichtsbilder

4.2 Formatierung, Text- und Seitengestaltung

Die formalen Kriterien für die Abfassung von Bachelor-/Masterarbeiten sind auch hilfreich für Seminararbeiten, Referate oder Thesenpapiere. Beachten Sie bitte allfällige Vorgaben Ihrer Institution zur formalen Gestaltung der Arbeit.

Bezüglich der äußeren Gestaltung sollte jede wissenschaftliche Arbeit folgende, *auf das Format DIN A4 bezogene, Eckdaten* berücksichtigen (exklusive Deck- und Titelblatt):

Format	DIN A4, einheitliche Papierqualität 80 g/m², einseitige Beschriftung
Schriftart	Arial oder Helvetica Hat man sich für eine *Schriftart* entschieden, sollte diese auch konsequent in allen Teilen der Arbeit verwendet werden – also z. B. auch im Inhaltsverzeichnis und in den Kopf- und Fußzeilen. *Zier- oder Ornamentschriften* sind zu vermeiden, wenn es das Thema der Arbeit nicht unbedingt erfordert. Hervorhebungen im Text sollten durch *Kursivsetzung* erfolgen, Unterstreichungen sind zu vermeiden.

Schriftgröße	Laufender Text: 12 pt Fußnoten: 10 pt Kopf- und Fußzeile: 10 pt Überschriften: fett – je nach Anzahl der Gliederungsebenen, z. B. bei drei Gliederungsebenen folgende Schriftgrößen: • erste Gliederungsebene: 16 pt • zweite Gliederungsebene: 14 pt • dritte Gliederungsebene: 12 pt Zitate als eigenständiges Textelement: 12 pt oder einen Punkt kleiner und 1 cm Einrückung vom linken Rand – alternativ auch vom rechten Rand.
Zeilenabstand	Laufender Text: 1,5-fach Fußnoten: einfach
Ausrichtung	Blocksatz (automatische Silbentrennung aktivieren)
Abstände	12 pt vor einer Überschrift 6 pt nach einer Überschrift sowie zwischen Absätzen im laufenden Text Um Formatierungsfehler, wie unpassende Umbrüche zu vermeiden (z. B. erste Zeile eines neuen Absatzes oder Überschrift am Ende einer Seite, letzte Zeile eines Absatzes auf einer neuen Seite) empfiehlt es sich, die Absatzkontrolle zu aktivieren.
Seitenränder	Linker Rand: 3,5 cm Rechter Rand: 2,5 cm Unterer Rand: 2,5 cm Oberer Rand: 3 cm Eventuelle *Kopfzeilen* sind innerhalb des oberen Seitenrandes von 3 cm unterzubringen.
Seitennummerierung	Die Seitennummerierung scheint sichtbar erst ab dem Kapitel „Einleitung" auf und ist fortlaufend in arabischen Ziffern auszuführen. Die Nummerierung beginnt bereits mit dem Deck- bzw. Titelblatt, damit auch bei elektronischen Ausgaben die Seitenzahl des E-Readers mit der Seitenzahl im Inhaltsverzeichnis übereinstimmt. Die Seitennummerierung ist in der Fußzeile rechtsbündig einzufügen.

Fußzeile Studiengang und Seitenangabe

Beispiel

Bachelorstudium für das Lehramt an Volksschulen	15

Abbildungen (Diagramme, Grafiken etc.) und Tabellen

Abbildungen und Tabellen sind inhaltlich zutreffend zu bezeichnen und zu zentrieren. Die Beschriftung steht unterhalb der Abbildung bzw. Tabelle[6] stets in folgender Form:

- „Abbildung" bzw. „Tabelle", die laufende Nummer, ein Doppelpunkt, die Beschreibung und eine Quellenangabe (entfällt bei eigenen Darstellungen).
- Abbildungen und Tabellen haben eine durchgehende Nummerierung, jedoch keinen Textumlauf
- Für Abbildungs- und Tabellenunterschriften ist eine Schriftgröße von 10 pt vorzusehen (siehe Abbildung 1 auf Seite 27 und Tabelle 1 auf Seite 32)

Beispiel 1

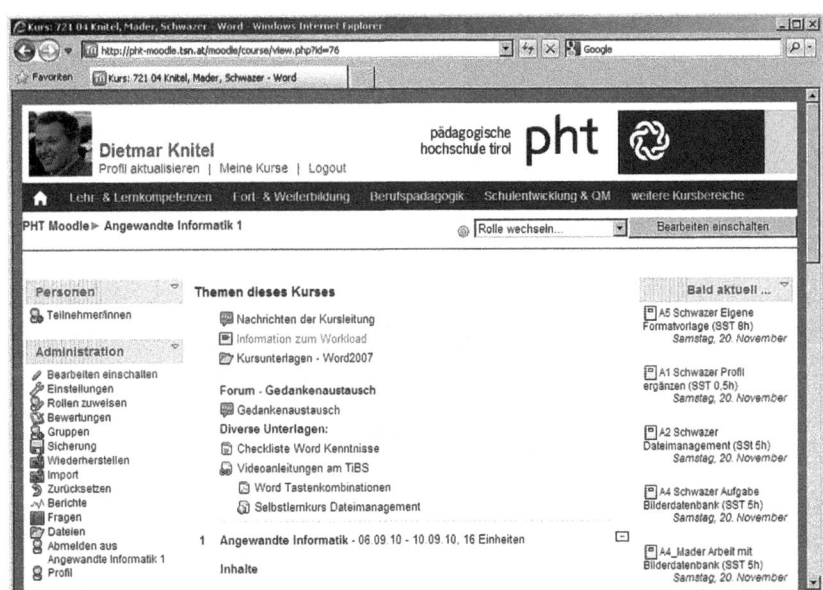

Abbildung 2: Screenshot der Moodle-Bedienoberfläche

---

6 Wir empfehlen diese Formatierungsweise. Bei Tabellen und Abbildungen nach APA-Style steht die Beschriftung oberhalb, wobei zuerst die Tabellen- bzw. Abbildungsnummer in Fettschrift angeführt wird (z.B. Tabelle 1). Dann folgt, durch einen doppelten Zeilenabstand getrennt, die Bezeichnung bzw. der Titel in Kursivschrift. Ein Beispiel inkl. Erläuterung zur Formatierung finden Sie auf unserer Website *www.leitfaden-online.at*.

Beispiel 2

Aktivität im Internet	Buben	Mädchen
E-Mail	68 %	85 %
Chatten	45 %	78 %
Musik- und MP3-Downloads	60 %	58 %
Informationen über Computerspiele	50 %	30 %
Informationen über Lieblingsstars	53 %	72 %

Tabelle 2: Aktivitäten der Jugendlichen im Internet (Mustermann, 2005, S. 124)

Abkürzungen	Die Verwendung von *Abkürzungen* sollte sparsam erfolgen und ist nur statthaft, sofern es sich um generell geläufige Abkürzungen wie „etc." oder „z. B." handelt. Wenn es sich um individuelle Abkürzungen handelt, sind diese im Text wie folgt zu erklären: Pädagogische Hochschule Tirol (in der Folge PHT). *Zusätzlich* sind alle *individuellen Abkürzungen* im Anhang in einem *Abkürzungsverzeichnis* alphabetisch aufzulisten. Allgemein übliche Abkürzungen (z. B. = zum Beispiel) müssen nicht in das Abkürzungsverzeichnis aufgenommen werden.
Nummerierungen und Aufzählungen	Für Nummerierungen und Aufzählungen einer Ebene sind immer dieselben Zeichen zu verwenden und die Abstände immer gleich zu halten.
Geschlechtergerechtes Formulieren	Prinzipiell gilt hier die Empfehlung, sich an die Vorgaben der eigenen Institution bzw. der zuständigen Ministerien zu halten. In Österreich gibt es dazu den vom Bundesministerium für Bildung, Wissenschaft und Forschung (BMBWF, 2018) veröffentlichten Leitfaden zu geschlechtergerechter Sprache mit den wichtigsten Grundprinzipien sprachlicher Gleichbehandlung und die gängigsten Strategien geschlechtergerechten Formulierens. Hinweis: Im Sinne der Überwindung des binären Geschlechterverständnisses empfiehlt sich die „neue" Schreibweise mit dem Doppelpunkt „:". Dieser wird bei einer Sprachausgabe im Gegensatz zum Asterisk „*" korrekt durch eine Sprechpause berücksichtigt. In der Arbeit ist die grammatikalische Korrektheit nach Möglichkeit zu berücksichtigen.
Umfang	Der geforderte Seitenumfang ist abhängig von der jeweiligen Institution und mit den betreffenden Betreuerinnen/Betreuern abzusprechen.
Medium	Bachelor-/Masterarbeiten sind, wiederum abhängig von den Vorgaben der Institution, in gebundener Form und/oder in elektronisch Form der Prüfungsbehörde vorzulegen.

4.3 Automatisches Literaturverzeichnis mit CITAVI

Das Literaturverzeichnis (in APA als *Reference List* bezeichnet) ist die *vollständige, alphabetisch geordnete Zusammenstellung aller Quellen*, welche in der wissenschaftlichen Arbeit nachweislich verarbeitet wurden. Zur Erfassung und Verwaltung der recherchierten Literatur gibt es eine Reihe geeigneter Programme wie z. B. Microsoft Word™ oder ZOTERO[7], welche eine Reihe von speziellen Features anbieten. Die Nutzung aller Möglichkeiten erfordert naturgemäß eine gewisse Einarbeitungszeit, welche sich jedoch sehr bald amortisiert.

> → In der 3. Auflage dieses Buchs wurde das Programm MS Word für das Erstellen des Literaturverzeichnisses und die Im-Text-Zitation verwendet. Da die Implementierung neuer Zitierstile (APA 7) durch Microsoft immer erst sehr spät und leider auch ungenau erfolgt – zum Zeitpunkt des Drucks war APA 7 noch nicht integriert – zeigen die Autoren in dieser 4. Auflage die Umsetzung mit der an vielen Hochschulen verwendeten Software **CITAVI**[8]. Diese Software wird für Bildungsinstitutionen auch als Campuslizenz angeboten.

4.3.1 Auswahl des Zitationsstils

Die Form der Darstellung der Quellen bei den Zitaten und die Ausführung der Literatur-/Referenzliste[9] hängt von der gewählten Formatvorlage ab. In diesem Buch wird die weit verbreitete Zitationsform *APA-Style* in der aktuellen 7. Auflage verwendet (American Psychological Association [APA], 2020).

> Excellence in writing is critical for success in many academic and professional pursuits. APA Style is a set of guidelines for clear and precise scholarly communication that helps authors, both new and experienced, achieve excellence in writing. It is used by millions of people around the world in psychology and also in fields ranging from nursing to social work, communications to education ... for publication as well as for writing student papers, dissertations, and theses. (APA, 2020, p. xvii)

Die Richtlinien im Publikationsmanual beziehen sich auf den englischsprachigen Raum. APA gibt keine Empfehlung ab, „how to adapt the guidelines for citing German literature, so use your judgment on what works best and just be consistent throughout the references" (Kofalt, 2021, Abs. 4).

---

7 https://www.zotero.org/
8 http://citavi.ch/ CITAVI bietet eine kostenlose Basisversion (Citavi Free) an, mit der bis zu 100 Titel erfasst werden können (Stand 2021).
9 Anstelle des bisher gängigen Begriffs „Literaturverzeichnis" wird in Anlehnung an APA 7 häufig der Begriff der „Referenzliste" verwendet.

> → Die Screenshots sind der lokalen Programminstallation von CITAVI (Version 6.8.0) entnommen. Die Ziffern in Klammern beziehen sich auf den Erklärungstext zum jeweiligen Screenshot. Weitere Beispiele finden Sie auch auf unserer Website *www.leitfaden-online.at*. CITAVI bietet auf der Website *www.citavi.com* im Bereich Support eine Reihe von Kurzvideos an, wo die wichtigsten Grundlagen zum Arbeiten mit dem Programm gut erklärt werden.

Zitationsstil festlegen

Nachdem ein neues, leeres Projekt angelegt worden ist, sollte zuerst der Zitationsstil festgelegt werden. Über die Registerkarte Zitation (1) – Zitationsstile (2) wählt man den gewünschten Stil (3) – in unserem Fall „APA American Psychological Association, 7th ed. (German)" – aus.

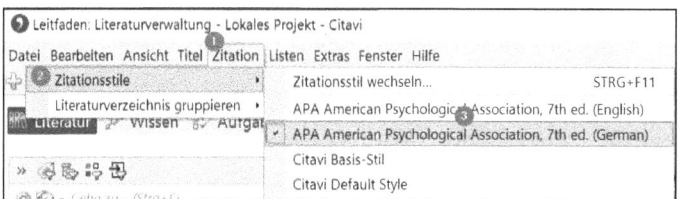

Abbildung 3: Citavi – Formatvorlage wählen

APA 7 English Version vs. APA 7 German Version

Die deutsche APA 7 Umsetzung ist an den DGP Stil (Deutsche Gesellschaft für Psychologie) angelehnt und *entspricht daher in der Interpunktion der deutschen Rechtschreibung*. Dadurch ergeben sich marginale Unterschiede in der Darstellung des Literaturverzeichnisses zum englischsprachigen APA 7 Stil. Hier zwei Beispiele:

- Kein Komma vor dem „&", das den letzten Autorennamen in einer Aufzählung einleitet.
- Deutsche Abkürzungen für Seite (S. statt p./pp.), Auflage (Aufl. statt ed.), Band (Bd. statt Vol.), Herausgeber (Hg. bzw. Hrsg. statt Ed./Eds.) etc.

Für englischsprachige Werke können die englischen Abkürzungen (p./pp., ed., Vol., Ed./Eds., sowie n.d. als Abkürzung für *no date*) verwendet werden.

> → In dieser Ausgabe haben wir uns bei der Interpunktion am englischen APA 7 Stil orientiert. Die Citavi Screenshots stammen vom Zitationsstil APA 7th ed. (German).

4.3.2 Literatur anlegen und Dokumententyp wählen

Es besteht zum einen die Möglichkeit, eine Zitationsquelle bzw. den Literatureintrag händisch zu erstellen, indem jedes Feld einzeln ausgefüllt wird, zum anderen kann die automatisierte Erfassung (siehe unten) genutzt werden. Die automatische Literaturerfassung ist zeitsparender und zusätzlich reduziert man dabei mögliche Fehlerquellen aufgrund von Tippfehlern. Trotzdem ist es unbedingt notwendig, die automatisch eingefügten Angaben auf Korrektheit zu prüfen. Vereinzelt müssen manche Felder für die korrekte Darstellung des Literaturverzeichnisses noch händisch ergänzt werden.

Dokumententyp wählen

Bei der Anlage eines neuen Titels per Hand stehen neben den drei Standardtypen Buch als Monographie, Buch als Sammelwerk und Zeitschriftenaufsatz (1) eine große Anzahl an weiteren Formaten (2) zur Auswahl. Je nach getroffener Auswahl werden die notwendigen Felder zur Erfassung eingeblendet.

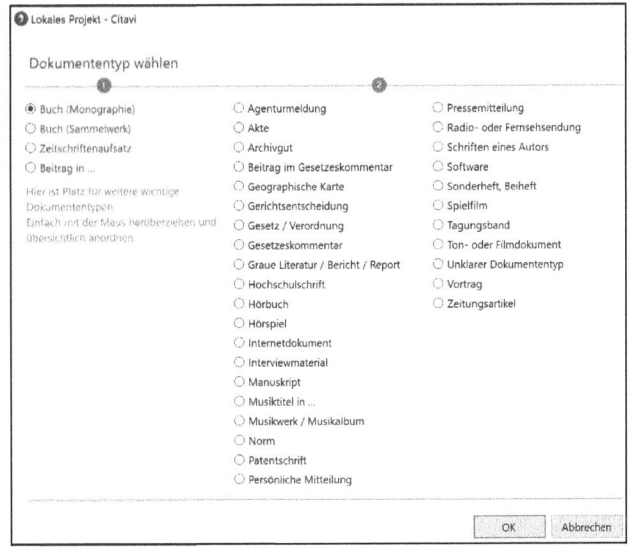

Abbildung 4: Citavi – Dokumententyp wählen

Händische Literaturerfassung

Erfasst man beispielsweise ein Buch (Monographie) so werden neben den Feldern Autor (1), Titel, Untertitel, Jahr, Verlagsort, Verlag, Auflage, ISBN, bereits in der Hauptansicht weitere Felder zur Befüllung angeboten. Über den Link „Weitere Felder" (2) erhält man zusätzliche Eingabemöglichkeiten.

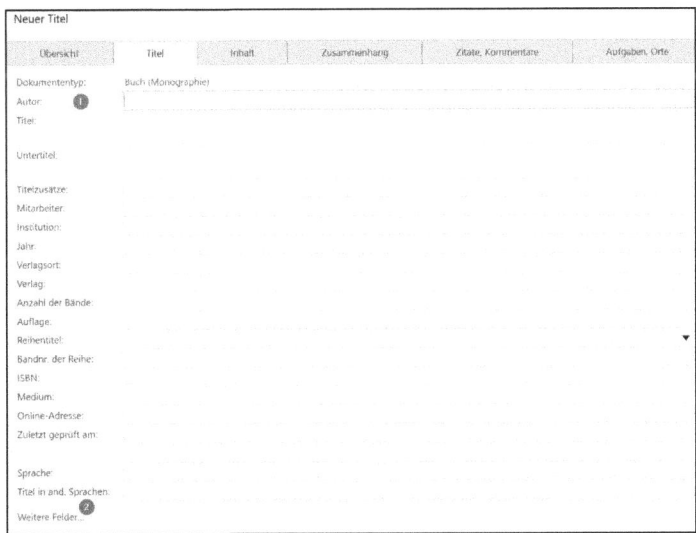

Abbildung 5: Citavi – Buch erfassen

Automatische Literaturerfassung

CITAVI bietet zwei elegante Möglichkeiten der automatischen Erfassung von Literatur an. Sehr einfach funktioniert das über die Registerkarte mit dem Zauberstabsymbol „ISBN, DOI, andere ID". In das Dialogfenster muss nur die korrekte ISBN bzw. DOI Nummer (1) eingegeben werden. Nach Klick auf „Eingabe übernehmen" (2) wird bei aufrechter Internetverbindung sehr schnell der gefundene Titel (3) angezeigt. Sobald der grüne Haken beim Autor auf scheint, kann der Titel anschließend über die Schaltfläche „Titel übernehmen" rechts unten in das eigene Projekt übernommen werden.

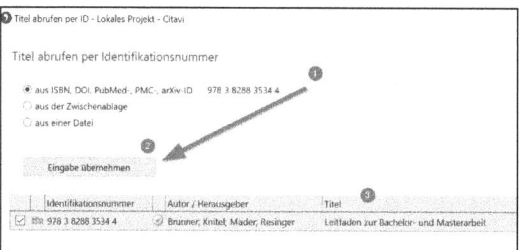

Abbildung 6: Citavi – Titel per ID finden

Eine weitere Möglichkeit zur automatisierten Erfassung unterstützt der Citavi Picker. Dabei handelt es sich um ein Browser Add-On welches für Mozilla Firefox, Google Chrome, Microsoft Edge und für den Adobe Acrobat Reader verfügbar ist. Bei erfolgreicher Installation wird ein entsprechendes Symbol in der Menüleiste angezeigt. Hinweise zur Installation bzw. Aktivierung des Pickers finden Sie auf *www.leitfaden-online.at*. Die übernommenen Einträge sind zu prüfen und einzelne Felder ggf. händisch zu ergänzen bzw. zu korrigieren.

Abbildung 7: Citavi Picker im Firefox

4.3.3 Dokumententypen

In diesem Kapitel werden exemplarisch einige Dokumenten- bzw. Quellentypen und die dafür erforderlichen Feldeingaben vorgestellt. Weitere Beispiele finden Sie auf unserer Website *www.leitfaden-online.at*.

Unabhängig vom Dokumententyp sind normalerweise immer folgende Angaben zu machen:

Autor[10]

- Der Name kann direkt in das Feld in der Reihenfolge Nachname, Vorname (durch Beistrich getrennt) eingegeben werden. Die erstgenannte Person ist die hauptverantwortliche (*principal contributor*) und ist daher als erster Name einzugeben, dann werden die weiteren Autorinnen/Autoren in der am Cover angegebenen Reihenfolge erfasst.

---

10 Hinweis: Es wird die in Citavi angezeigte Bezeichnung übernommen und daher nicht gegendert.

Mehrere Autorinnen/Autoren werden durch Strichpunkt getrennt erfasst, also Autor 1, Vorname 1; Autor 2, Vorname 2; Autor 3, Vorname 3; etc. Auf diese Weise können bis zu 20 Namen erfasst werden. Bei mehr als 20 Namen werden die ersten 19 genannt, gefolgt von drei Punkten „..." und der letztgenannten Autorin bzw. dem letztgenannten Autor. Empfehlenswert ist die Eingabe über das Dialogfenster. Dieses öffnet sich durch Klick auf den Link Autor: (1) öffnet. Hier können in Tabellenform die Personen (2) übersichtlich hinzugefügt werden. Dadurch vermeidet man auch eine mögliche Verwechslung zwischen dem Vor- und Zunamen.

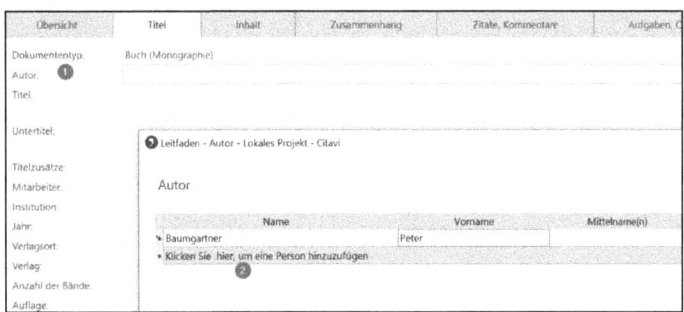

Abbildung 8: Citavi – Autor erfassen

- Es werden keine Titel oder akademischen Grade erfasst.

- Doppelvornamen (z. B. Anna-Lena) werden vollständig eingetragen.

- Benutzer-/Künstlername/Pseudonyme werden vollständig in das Feld „Nachname" eingetragen (z. B. Beyoncé). Ist auch der echte Name der Autorin bzw. des Autors bekannt, sind beide Angaben erforderlich. Im Literaturverzeichnis wird der Benutzer-/Künstlername/das Pseudonym in eckigen Klammern nach dem eigentlichen Namen angegeben. Für die korrekte Darstellung im Literaturverzeichnis erfolgt dazu in Citavi diese Eingabe im Feld „Suffix". Auf diese Weise werden auch Twitterprofile oder Instagramnamen angegeben, z. B. Mader, R. [@tibsrob].

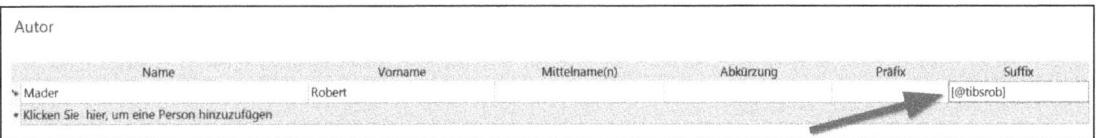

Abbildung 9: Citavi – Künstlername/Pseudonym

- Ist kein/e Autor/in namentlich genannt, wird im Feld „Institution" die herausgebende Institution eingetragen. Diese wird dann im Literaturverzeichnis an Stelle der Autoren-/Autorinnenbezeichnung angeführt (z. B. American Psychological Association oder Statistik Austria).

- Es gibt Fälle, wo auf dem Cover nur die herausgebende Institution (*group authors*) genannt ist und die Autorinnen/Autoren bei den bibliographischen Angaben zu finden sind (in der Regel auf den ersten Seiten einer Publikation). Hier wird nur im Feld „*Institution*" der vollständige Name der Institution eingegeben. Das Feld Autor bleibt leer.

- Werden auf dem Cover sowohl herausgebende Institution als auch einzelne Autoren/Autorinnen genannt, werden die Personen im Dialogfenster „Autor" eingegeben *und* lt. APA zusätzlich die herausgebende Institution am Ende *als Teil* des Publikationstitels.

> → Bei dieser Vorgehensweise wird jedoch durch die automatische Formatierung die Institution so wie der Titel in Kursivschrift dargestellt. Laut APA sollte sie jedoch in Normalschrift abgebildet werden. Für eine korrekte Darstellung bietet sich daher an, die herausgebende Institution nicht am Ende des Titels, sondern in das Feld „*Titelzusätze*" (1) einzugeben.

Beispiel

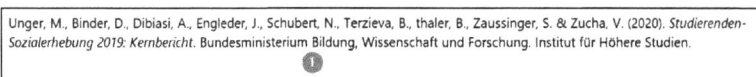

Abbildung 10: Citavi – Institution im Titelzusatz

- Ist kein Urheber der zitierten Quelle bekannt, wird der Titel der Publikation anstelle einer Autorin/eines Autors genannt. Das Eingabefeld „Autor" bleibt in diesem Fall leer.

Titel

- Der Titel (1) eines Werkes ist unverändert inklusive Untertitel (2) und allfällig vorhandener Titelzusätze (3) zu übernehmen.

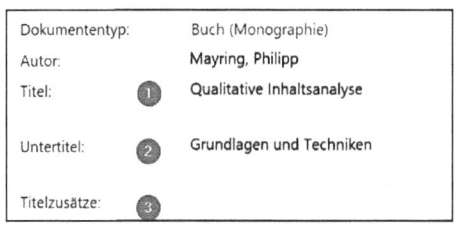

Abbildung 11: Citavi – Titel erfassen

Jahr

- Ist kein Erscheinungsjahr vorhanden wird stattdessen o. D. (ohne Datum) im Feld „Jahr" eingetragen.

- Wenn von derselben Autorin/demselben Autor bzw. denselben Autorinnen/Autoren Referenzen aus demselben Jahr verwendet werden, sind der Jahresangabe Kleinbuchstaben anzuhängen (2020a, 2020b, 2020c). Dabei erfolgt die Zuordnung der Ergänzungsbuchstaben in alphabetischer Reihenfolge bezogen auf die Titel der Veröffentlichungen.

- Wird eine Webseite (Website) oder eine Einzelseite (Webpage) zitiert, dann wird das beim zitierten Inhalt angegebene Datum verwendet (nicht zu verwechseln mit dem Copyrightdatum im Impressum bzw. im Footer (Fußzeile) der Website). Ist beim zitierten

Inhalt ein Aktualisierungsdatum angeführt, ist dieses zu verwenden. Findet sich keine Datumsangabe beim zitierten Inhalt, wird „o. D." eingegeben.

- Ist eine vollständige Datumseingabe möglich, wird diese im Feld „Jahr" wie folgt eingegeben: 2021, 26. Mai

- Ist nur Jahr und Monat bekannt: 2021, Mai

- Steht die Veröffentlichung der zu zitierenden Publikation bevor (Verlag oder Zeitschrift ist bereits bekannt), wird die Information „im Druck" in das Feld „Jahr" eingegeben.

- Liegt die zu zitierende Referenz unveröffentlicht vor (z. B. ein Evaluationszwischenbericht) wird das Entstehungsjahr, ansonsten „o. D." eingegeben (siehe „graue Literatur").

URL und DOI

Die URL *(Uniform Resource Locator)* oder der DOI[11] *(Digital Object Identifier)* ist der *letzte* Bestandteil der zitierten Referenz. Der DOI wird, sofern vorhanden, *immer* angegeben, unabhängig davon, ob die Printfassung oder die online publizierte Fassung verwendet wurde. Ein DOI findet sich vor allem bei Online-Artikeln wissenschaftlicher Fachzeitschriften. Sind URL und DOI vorhanden, wird nur der DOI angegeben.

Im Literaturverzeichnis wird der DOI wie folgt ausgegeben:

> Bauer, R., & Baumgartner, P. (2011). Showcase of learning. In P. Avgeriou & A. Fiesser (Eds.), *Proceedings of the 16th European Conference on Pattern Languages of Programs – EuroPLoP '11* (pp. 1–30). ACM Press. https://doi.org/10.1145/2396716.2396722

Handelt es sich bei der Publikation um ein E-Book (z. B. Kindle Buch), ist das nicht mehr gesondert anzugeben, da der Inhalt der Printfassung entspricht. Wurde das E-Book allerdings in einem anderen Jahr als die Printfassung veröffentlicht, dann wird es wie eine Wiederveröffentlichung behandelt (siehe dazu Beispiel Hörbuch). Grundsätzlich können auch rein digitale Werke in wissenschaftlichen Arbeiten als Quellen benutzt werden, wenn sowohl die Zitierwürdigkeit als auch die Zitierfähigkeit gegeben ist.

Auf den nächsten Seiten wird die korrekte Erfassung am Beispiel einiger Dokumententypen in Citavi beschrieben. Weitere Beispiele und die Behandlung von „Spezialfällen" finden Sie auf unserer Website *www.leitfaden-online.at*.

---

[11] Vergleichbar mit der ISBN *(International Standard Book Number)* bei Büchern und der ISSN *(International Standard Serial Number)* bei Zeitschriften ist der DOI ein eindeutiger und dauerhafter digitaler Identifikator. Z. B. https://doi.org/10.1024/1861-6186/a000168

Buch (Monographie)

Prinzipiell sollen folgende Informationen über ein *Buch* oder eine *Monographie*[12] für die Ausgabe im *Literaturverzeichnis* erfasst werden:

Autor[13], Titel, ggf. Untertitel, ggf. Titelzusätze, ggf. Institution, Jahr, Verlag, ggf. Anzahl der Bände, ggf. Auflage, ggf. Reihentitel, ggf. Bandnr. der Reihe

- **Autor, Titel, Jahr** (siehe Kapitelanfang)

- **Verlagsort** – Der Erscheinungsort wird bei automatisierter Erfassung eingetragen, im Literaturverzeichnis jedoch nicht mehr ausgegeben. Daher *muss* er händisch *nicht* erfasst werden.

- **Verlag** – Es sind alle Verlage auf der zitierten Publikation in der angegebenen Reihenfolge getrennt durch einen Strichpunkt einzugeben. Ist eine herausgebende Institution gleichzeitig Verleger, bleibt das Feld leer. Die Bezeichnung erfolgt so wie sie auf dem Cover der zitierten Publikation steht (z. B. StudienVerlag, Beltz, utp).

- **Bandnr. der Reihe** – Sofern vorhanden mit arabischen Ziffern eingeben. Im Literaturverzeichnis wird automatisch „Bd." vor der Zahl eingefügt.

- **Auflage** – Ab der zweiten Auflage wird hier nur die Nummer der Auflage angegeben. In der Ausgabe wird der Punkt und die Abkürzung „Aufl." automatisch ergänzt. Ergänzende Bearbeitungshinweise zur Neuauflage, also z. B. ob sie überarbeitet und/oder erweitert wurde, *können* gemacht werden, APA verlangt sie nicht explizit. Wir erachten die ergänzenden Angaben als wertvolle Zusatzhinweise und empfehlen, sie bei händischer Erfassung in abgekürzter Form[14] einzugeben (z. B. 4., erw. und überarb. Aufl.). Die Abkürzung Aufl. wird in diesem Fall nicht automatisch ergänzt.

- **Ausgabe vs. Auflage** – Im Deutschen wird zwischen *Ausgabe* und *Auflage* unterschieden.
    - Ausgabe: typischerweise physikalische Form, Bindung, Datenträger, anderer Verlag, anderer Herausgeber, Beispiel Goethes Werke, Sophien-Ausgabe
    - Auflage: typischerweise gezählt, z. B. 7. Aufl., im Englischen 7th ed.

---

12 Eine Monographie ist ein in sich vollständiges Einzelwerk einer einzelnen Autorin/eines einzelnen Autors oder mehrerer Verfasser/innen zu einem bestimmten Thema, einer bestimmten Problem- bzw. Fragestellung.
13 Die angeführten Feldbezeichnungen entsprechen jenen im Dialogfenster „Dokumententyp" von Citavi und wurden daher nicht gegendert.
14 Citavi übernimmt bei der automatischen Erfassung über ISBN oder DOI normalerweise die im Werk verwendete Schreibweise. Diese ist meist nicht die abgekürzte Form. Das Feld könnte händisch nachbearbeitet werden. Wir empfehlen eine einheitliche, durchgängige Schreibweise in der Arbeit.

Dokumententyp:	Buch (Monographie)
Autor:	Pyerin, Brigitte
Titel:	Kreatives wissenschaftliches Schreiben
Untertitel:	Tipps und Tricks gegen Schreibblockaden
Titelzusätze:	
Mitarbeiter:	
Institution:	
Jahr:	2019
Verlagsort:	Weinheim; Basel
Verlag:	Beltz Juventa
Anzahl der Bände:	
Auflage:	5., vollständig überarbeitete und erweiterte Auflage
Reihentitel:	
Bandnr. der Reihe:	
ISBN:	978-3-7799-3448-6

Abbildung 12: Citavi – Erfassung Monographie

Beispiel

Pyerin, B. (2019). *Kreatives wissenschaftliches Schreiben: Tipps und Tricks gegen Schreibblockaden* (5., vollständig überarbeitete und erweiterte Auflage). Beltz Juventa.

Mehrbändiges Werk

- Sofern es sich um ein mehrbändiges Werk handelt, wird die Bandnummer der Reihe in arabischen Ziffern eingegeben.

Harris, K. R., Graham, S., & Urdan T. (Eds.). (2012). *APA educational psychology handbook* (Vols. 1–3). American Psychological Association.

Mayring, P., & Fenzl, T. (2019). Qualitative Inhaltsanalyse. In N. Baur & J. Blasius (Hg.), *Handbuch Methoden der empirischen Sozialforschung* (2. Aufl., Bd. 1, S. 633–648). Springer. https://doi.org/10.1007/978-3-658-21308-4

- Hat der Band einen eigenen (Band-)Titel, werden folgende Daten im Eingabefeld „Titel" eingegeben:

  - Reihentitel
  - Nach dem Reihentitel ein Doppelpunkt
  - dann die Bandnummer und der Bandtitel

Beispiel 1

Travis, C. B., & White, J. W. (Eds.). (2018). *APA handbook of the psychology of women: Vol. 1. History, theory, and battlegrounds.* American Psychological Association.

In diesem Beispiel lautet der Reihentitel „*APA handbook of the psychology of women*".

Beispiel 2 – Hier wird aufgrund des Fragesatzes nicht zusätzlich ein Doppelpunkt gesetzt

Hug, T. (2001). Erhebung und Auswertung empirischer Daten. Eine Skizze für AnfängerInnen und leicht Fortgeschrittene. In T. Hug (Hg.), *Wie kommt Wissenschaft zu Wissen? Bd. 2. Einführung in das wissenschaftliche Arbeiten* (S. 11–29). Schneider Verlag Hohengehren.

In diesem Beispiel ist der Reihentitel „*Wie kommt Wissenschaft zu Wissen?*".

Band als eigenständiges Werk in einer Reihe

Wenn das Buch Teil einer Reihe, aber als eigenständiges Werk zu betrachten ist, dann ist es wie eine Monographie zu handhaben, d. h. der Titel der Reihe wird *nicht* angegeben.

Beispiel: Der Verlag Haupt hat die Reihe „Schulpädagogik, Fachdidaktik, Lehrerbildung" herausgegeben. Unter dieser Reihe erscheinen eigenständige Werke verschiedener Autorinnen und Autoren.

Buch (Sammelwerk)

Ein *Sammelband/Sammelwerk/Anthologie*[15] ist ein Buch, in dem mehrere Beiträge meist verschiedener Autorinnen und Autoren gesammelt werden. Im folgenden Beispiel bezieht sich die Zitation auf das Gesamtwerk, d. h. es werden die Herausgeber/innen des Sammelbands genannt und nicht die Autorinnen und Autoren von Beiträgen. Die Angabe eines ganzen Sammelbandes ist eher *die Ausnahme* und wird meist nur als Verweis auf den gesamten Sammelband verarbeitet.

Zu erfassen sind die Felder analog zum Buch (siehe oben). Anstelle des Feldes Autor wird an erster Stelle das Feld Herausgeber angezeigt. Da es sich in diesem Beispiel um ein mehrbändiges Werk mit eigenem *Bandtitel* handelt, ist Bandnummer und Bandtitel in das Feld Titel einzugeben (siehe Screenshot).

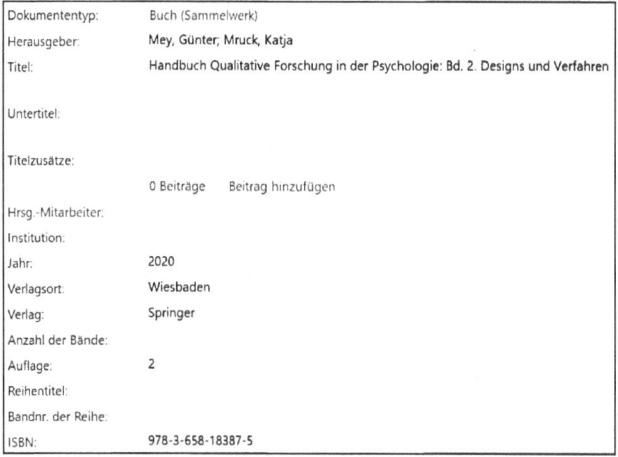

Abbildung 13: Citavi – Erfassung Sammelband

---

15 Bei einer *Anthologie* handelt es sich um eine von einer Herausgeberin bzw. einem Herausgeber verantwortete Sammlung von ausgewählten, bereits veröffentlichten Texten eines/einer in der Regel bekannten Autors/Autorin.

Das Ergebnis im Literaturverzeichnis wird wie folgt dargestellt:

Mey, G. & Mruck, K. (Hrsg.). (2020). *Handbuch Qualitative Forschung in der Psychologie: Bd. 2. Designs und Verfahren* (2. Aufl.). Springer. https://doi.org/10.1007/978-3-658-18387-5

Abbildung 14: Citavi – Ausgabe Sammelband

Beitrag in …
In der Regel werden einzelne Beiträge von Autorinnen und Autoren aus einem Sammelband zitiert. Bei händischer Erfassung in Citavi wählt man „Beitrag in …" (1).

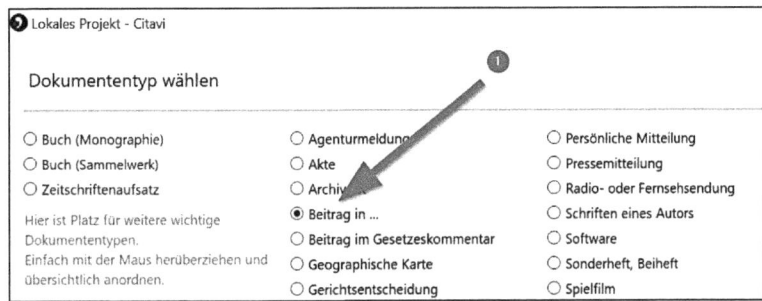

Abbildung 15: Citavi – Dokumententyp Beitrag in …

Wird in Citavi ein Beitrag aus einem Sammelband über die „Beitrags"-DOI erfasst, so wird automatisch auch das dazugehörige Sammelwerk im Verzeichnis mitangelegt. Dieser Beitrag ist dann bereits verlinkt. Fehlende Angaben, z. B. nicht genannte/r Autor/in, Band, Auflage etc. sind händisch zu ergänzen.

Bei Bedarf kann auch händisch ein weiterer Beitrag hinzugefügt werden.

Zu erfassen sind in der Reihenfolge der Eingabefelder Autor, Titel, ggf. Untertitel, ggf. Titelzusätze, und Seiten von–bis (siehe Abbildung 16).

Beim Feld „In" (1) ist das – sofern bereits angelegte – Sammelwerk auszuwählen. Ist dieses noch nicht angelegt, wird hier der Titel des Sammelwerkes eingegeben. Dadurch wird oberhalb der Link „Übergeordneter Titel" (2) aktiviert. Über diesen Link springt man dann zum eigentlichen Sammelwerk, das nun mit den notwendigen Feldern zu befüllen ist.

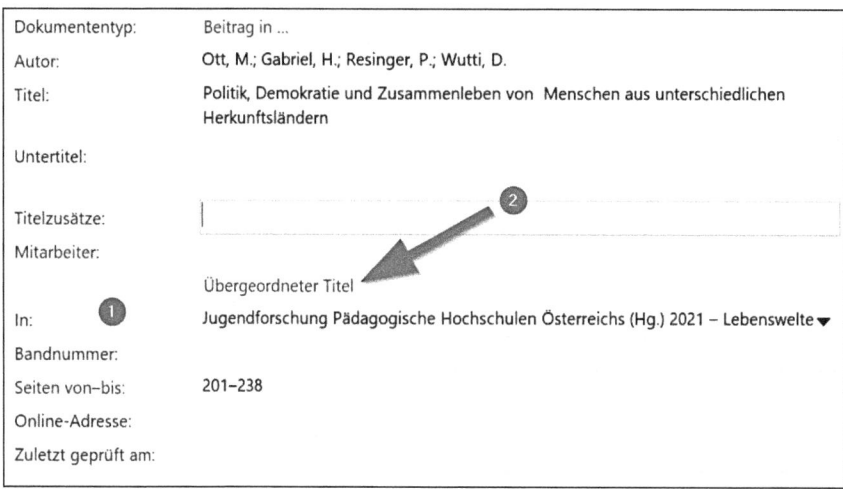

Abbildung 16: Citavi – Beitrag in einem Sammelwerk

Das Ergebnis im Literaturverzeichnis wird wie folgt dargestellt:

> Ott, M., Gabriel, H., Resinger, P. & Wutti, D. (2021). Politik, Demokratie und Zusammenleben von Menschen aus unterschiedlichen Herkunftsländern. In Jugendforschung Pädagogische Hochschulen Österreichs (Hrsg.), *Lebenswelten 2020 - Werthaltungen junger Menschen in Österreich* (S. 201–238). StudienVerlag.

Abbildung 17: Citavi – Ausgabe Beitrag in Sammelwerk

Folgendes vergleichendes Beispiel für einen Tagungsband zeigt, warum es *immer* notwendig ist, die automatisiert übernommenen Einträge zu kontrollieren und ggf. zu ergänzen.

Korrekte händische Eingabe:
Thurn, S. (2008). Schule in Bewegung: Die Laborschule Bielefeld. In P. J. Resinger & M. Schratz (Hg.), *Schule im Umbruch. 2. Innsbrucker Bildungstage* (S. 11–28). innsbruck university press.

Automatisierte Erfassung:
Thurn, S. (2008). Schule in Bewegung: Die Laborschule in Bielefeld. In P. J. Resinger (Hg.), *Conference series. Schule im Umbruch: 2. Innsbrucker Bildungstage* (1. Aufl., S. 11–28). Innsbruck Univ. Press.

Bei der automatisierten Erfassung (Eingabe der ISBN) enthält die Darstellung folgende Ungenauigkeiten:

a. Der zweite Herausgeber (M. Schratz) fehlt.
b. Der Titel der Reihe (conference series) wird angegeben. Dies ist nicht notwendig, wenn das Buch zwar Teil einer Reihe, aber als eigenständiges Werk zu betrachten ist.
c. Anstelle des Doppelpunkts zwischen Titel und Untertitel des Sammelbands ist ein Punkt zu setzen.
d. Die Auflage wird erst ab der 2. Auflage des Sammelbands angegeben.
e. Die Verlagsbezeichnung entspricht nicht genau der Schreibweise auf dem Originalwerk.

Alle „Fehler" lassen sich durch entsprechende Ergänzungen/Änderungen in den Eingabefeldern korrigieren, ausgenommen der Doppelpunkt (c). Dieser könnte durch nachträgliche Korrektur im fertigen Inhaltsverzeichnis durch einen Punkt ersetzt werden.

Beispiel für einen Beitrag in einem Sammelband wo die Angabe der Autorinnen/Autoren in der auf der Publikation angegeben Reihenfolge unverändert übernommen wird.

Stadler-Altmann, U., Herzer, G., Keiner, E., Resinger, P., Saxalber, A., & Videsott, G. (2018). *Hybrid spaces*: forschendes Lernen – Forschen lernen. Kooperation zwischen Universität, Schule und Kindergarten in Südtirol. In L. Pilypaitytė & H-S. Siller (Hg.), *Schulpraktische Lehrerprofessionalisierung als Ort der Zusammenarbeit* (S. 199–204). Springer.

Beispiel für einen Beitrag in einem Sammelwerk wo die Personen des Beitrags gleichzeitig Herausgeber/innen des Sammelbands sind.

Mayr-Keiler, K., Resinger, P., & Windisch, M. (2019). Thematische Hinführung und Evaluationsdesign. In K. Mayr-Keiler, P. Resinger, & M. Windisch (Hg.), *Volksschule im Aufbruch. Evaluation eines Pilotprojekts zur Weiterentwicklung des Elementar- und Primarbereichs* (S. 9–17). Klinkhardt.

Wird ein Beitrag aus einer Anthologie zitiert, wird zusätzlich das Datum des Originalwerkes am Ende der Referenz in runder Klammer angegeben.

Beispiel

Lewin, K. (1999). Group decision and social change. In E. Gold (Ed.), *The complete social scientist: A Kurt Lewin reader* (pp. 265–284). American Psychological Association. https://doi.org/10.1037/10319-000 (Original work published 1948)

Zeitungsartikel
Laut Duden ist eine *Zeitung* eine „täglich bzw. regelmäßig in kurzen Zeitabständen erscheinende (nicht gebundene, meist nicht geheftete) Druckschrift mit Nachrichten, Berichten und vielfältigem anderem aktuellem Inhalt" (Duden, o. D.b, Definition 1).

Zu erfassen sind über den Dokumententyp „Zeitschriftenaufsatz" die Felder Autor, Titel, ggf. Untertitel, Zeitschrift (= Name der Zeitung), Jahr (= Eingabe des Datums mit Jahr, Tag Monat), Seiten von–bis.

Beispiel

Lobe, A. (2015, 17. April). Nehmen Roboter allen Journalisten den Job weg? *Frankfurter Allgemeine Zeitung*, 15.

Zeitungsartikel aus dem Internet werden ohne Seitenangabe veröffentlicht. In diesem Fall folgt nach dem Zeitungsnamen die URL oder der DOI. Da der Inhalt nicht verändert wird und die Version auf Dauer zugänglich bleibt, benötigt es kein Abrufdatum.

Loebe, A. (17. April 2015). Nehmen Roboter Journalisten den Job weg? *Frankfurter Allgemeine Zeitung*. https://www.faz.net/aktuell/feuilleton/medien/automatisierter-journalismus-nehmen-roboter-allen-journalisten-den-job-weg-13542074.html

Abbildung 18: Citavi – Zeitungsartikel online

Oft findet man bei Zeitungsartikeln nur ein Namens- bzw. Autoren-/Autorinnenkürzel. Der volle Name zum Kürzel wird in der Regel im Impressum angegeben. Ist nur eine Presseagentur (APA, dpa, AFP, ANSA. etc.)[16] angegeben, dann wird diese voll ausgeschrieben im Feld „Autor" erfasst. Die Presseagenturen der Länder bieten sich gut als Recherchequellen für Zeitungsartikel an.

Zeitschriften und Magazine
Laut Duden ist eine Zeitschrift eine „meist regelmäßig (wöchentlich bis mehrmals jährlich) erscheinende, geheftete, broschierte o.ä. Druckschrift mit verschiedenen Beiträgen, Artikeln usw. [über ein bestimmtes Stoffgebiet] [*sic*]" (Duden, o. D.a, Definition 1). Für wissenschaftliche Zeitschriften (z. B. Zeitschrift für Pädagogik) wird manchmal auch der Begriff „Journal" (z. B. journal für schulentwicklung) verwendet. Beiträge aus Magazinen (z. B. Profil, Stern, GEO Wissen etc.) sollten vor Verwendung auf Zitierwürdigkeit überprüft werden. Der Name der Zeitschrift bzw. des Magazins wird so erfasst wie er auf dem Cover der zitierten Publikation steht (z. B. journal für lehrerInnenbildung, transfer Forschung ⇔ Schule).

Zu erfassen sind über den Dokumententyp „Zeitschriftenaufsatz" die Felder Autor, Titel, ggf. Untertitel, Zeitschrift (= Name der Zeitschrift), Jahrgang[17], Jahr (nur die Jahreszahl), Heftnummer, Seiten von–bis., ggf. Online-Adresse.

Beispiele

Resinger, P. (2008). Regional school development. *Improving Schools, 11*(2), 157–172.

Schratz, M., & Westfall-Greiter, T. (2010). Das Dilemma der Individualisierungsdidaktik, Plädoyer für Personalisiertes Lernen in der Schule. *journal für schulentwicklung, 14*(1), 5–17.

Zeitschriften können sogenannte *Supplements* (Sonderheft, Beiheft) haben, welche als separate Ausgabe oder als Teil einer regulären Ausgabe veröffentlicht werden. Die *Zeitschrift für Erziehungswissenschaft* gibt beispielsweise Supplements als eigenständige Ausgabe heraus, bei der Zeitschrift *Lernende Schule* ist das so bezeichnete *Extraheft „Werkstatt"* Teil der regulären Ausgabe. Die Kennzeichnung eines *Supplements* wird am Ende des Titels in eckiger Klammer angeführt.

Beispiel

Gold, B., Hellermann, C., & Holodynski, M. (2017). Effekte videobasierter Trainings zur Förderung der Selbstwirksamkeitsüberzeugungen über Klassenführung im Grundschulunterricht [Sonderheft 1]. *Zeitschrift für Erziehungswissenschaft, 20*(1), 115–136. https://doi.org/10.1007/s11618-017-0727-5

---
16 APA = Austria Presse Agentur, dpa = Deutsche Presse Agentur, AFP = Agence France-Presse, ANSA = Agenzia Nazionale Stampa Associata
17 Alle Ausgaben bzw. Heftnummern, die innerhalb eines Jahres erscheinen, werden in ihrer Gesamtheit als Jahrgang (Jg.) bezeichnet. Die Jahrgänge werden beginnend mit dem ersten Erscheinungsjahr fortlaufend gezählt.

Graue Literatur / Bericht / Report
Als *graue Literatur* bezeichnet man in der Bibliothekswissenschaft Bücher und andere Veröffentlichungen, die nicht über den Buchhandel vertrieben werden. *Berichte* sind meistens nicht verlagsgebundene Veröffentlichungen und zählen somit zur grauen Literatur. Sie werden häufig von Institutionen und Organisationen, wie Regierungsstellen, Behörden, Forschungseinrichtungen, Museen, Firmen, Vereinen, Parteien etc. herausgegeben. Zur grauen Literatur zählen auch Arbeiten, die in einem Zusammenhang mit einer Institution stehen (z. B. ein von einer Schule ausgearbeiteter kompetenzorientierter Lehrplan, eine Aussendung einer Schulbehörde etc.) oder Sonderformen wie z. B. eine Informationsbroschüre oder ein Flyer. Graue Literatur ist mitunter schwerer zugänglich, da sie beispielsweise nicht immer über das Internet bezogen werden kann, sondern nur direkt von der herausgebenden Institution.

Zu erfassen sind die Felder Autor, Titel, ggf. Untertitel, ggf. Titelzusätze, ggf. Herausgeber, Datum/Jahr

Ist kein/e Autor/in bekannt, wird stattdessen der/die Herausgeber/in eingetragen.

Beispiele

Deutsches Schulamt. (2008). *Rahmenrichtlinien des Landes für die deutschsprachigen Kindergärten*. http://www.provinz.bz.it/bildung-sprache/deutschsprachige-schule/bildungsverwaltung/rahmenrichtlinien-land-bestimmungen.asp

Rief, D. (o. D.). Im Zeichen des Europäischen Jahres. In Kammer für Arbeiter und Angestellte für Tirol (Hg.), *Armut und soziale Ausgrenzung. Die Lage der Arbeitnehmerinnen und Arbeitnehmer in Tirol 2010* (S. 23–26).
In diesem Beispiel ist die Jahreszahl 2010 Teil des Titels des Sammelbands. Das Erscheinungsjahr ist nicht bekannt. Die herausgebende Instiution ist gleichzeitig Verleger.

Bei *Sonderformen* ist die Art der grauen Literatur zu beschreiben. Diese zusätzliche Angabe erfolgt in eckigen Klammern im Feld „Titelzusätze".

Beispiele

Lions Club Neumarkt – Unterland. (2017). *Laubenweihnacht mit Kinderadvent* [Flyer].

Raich, K., Rinnergschwentner, G., & Teissl, R. (o. D.). *Berufsbildende Gegenstände. Gestaltungskriterium: Rahmen-/Landeslehrpläne der Lehrberufe Metalltechnik, Mechatronik* [Lehrplanentwurf]. HTL Telfs.

Lexika- und Wikipedia-Artikel

Ein Lexikoneintrag bzw. Lexikonartikel aus einem gedruckten Werk wird erfasst, indem man zuerst das Lexikon selbst als *Buch (Sammelwerk)* aufnimmt und dann den Artikel mit dem Dokumententyp *Beitrag in…* (siehe S. 47).

Beispiel

Orth, G. (2001). Dritte Welt, Eine Welt. In N. Mette & F. Rickers (Hg.), *Lexikon der Religionen* (Bd. 1, S. 355–360). Neukirchener Verlag.

Der/Die Autor/in eines Lexikon*artikels* wird manchmal nur durch die Angabe der Initialen angeführt. Im Autoren-/Autorinnenverzeichnis, das sich entweder am Anfang oder am Ende eines Lexikonbandes befindet, sind die Initialen in der Regel aufgeschlüsselt. Kann der/die Autor/in nicht (eindeutig) eruiert werden, ist die herausgebende Institution zu nennen.

Longman Dictionary of English Language and Culture. (1999). Culture. In *Longman Dictionary of English Language and Culture* (2nd ed., Vol. 1, p. 102). Pearson.

Ein digitaler Lexikoneintrag bzw. Lexikonartikel wird erfasst, indem man zuerst das Lexikon selbst als *Buch (Sammelwerk)* aufnimmt und dann den Artikel mit dem Dokumententyp *Beitrag in…* (siehe S. 47). Da sich der Inhalt im Laufe der Zeit ändern könnte, ist ein Abrufdatum anzugeben. Dies gilt nicht, wenn ein *Permalink* vorhanden ist, über welchen die zitierte Version dauerhaft im Internet abrufbar bleibt; siehe unten).

Beispiel

Duden. (o. D.). Zeitung. In *Duden*. Abgerufen am 21. Mai 2021 von https://www.duden.de/rechtschreibung/Zeitung

Für die Erfassung eines Artikels aus einem reinen Online-Lexikon wie der Wikipedia oder das Wiktionary findet man *zwei Varianten*. Damit die Ausgabe im Literaturverzeichnis exakt den Vorgaben im APA Manual entspricht, muss die Quelle (Wikipedia) als Dokumententyp *Buch (Sammelwerk)* angelegt werden. Dabei wird im Feld „Jahr" das Datum der Erstellung des Artikels eingegeben (abzurufen über die Versionsgeschichte). Der zitierte Artikel wird als dazugehöriger Beitrag angelegt.

Bildungssystem in Deutschland. (2021, 27. Jänner). In *Wikipedia*. https://de.wikipedia.org/w/index.php?title=Bildungssystem_in_Deutschland&oldid=208124644

Erfasst man den Artikel mit dem Citavi Picker – so wie von Citavi empfohlen – dann wird er als Internetdokument erfasst. Die Ausgabe sieht wie in diesem Beispiel aus.

> Wikipedia (Hrsg.). (2021, 27. Januar). *Bildungssystem in Deutschland.* https://de.wikipedia.org/w/index.php?title=Bildungssystem_in_Deutschland&oldid=208124644

Abbildung 19: Citavi – Wikipedia Artikel als Internetdokument erfasst

Den *Permalink eines Wikipedia Artikels*, wie im Beispiel oben, erhält man, indem man über die Versionsgeschichte das *Datum der Version* anklickt, aus der das Zitat entnommen worden ist.

> → Wir empfehlen, mit dem/der Betreuer/in der Abschlussarbeit abzuklären, ob Wikipedia bzw. ein bestimmter Artikel daraus als geeignete Quelle zu betrachten ist.

Hochschulschrift – Masterarbeiten und Dissertationen

Bei Abschluss- bzw. Qualifizierungsarbeiten ist zu unterscheiden, ob sie veröffentlicht wurden oder unveröffentlicht sind. Ist die Arbeit *veröffentlicht*, wird nach dem Titel in eckigen Klammern die Abschlussarbeit klassifiziert und die Hochschule/Universität angegeben, an der sie eingereicht wurde. Ist die Arbeit *unveröffentlicht*, wird nach dem Titel in eckigen Klammern die Abschlussarbeit mit der Ergänzung „unveröffentlicht" klassifiziert. Die Angabe der Hochschule/Universität, an der die Abschlussarbeit eingereicht wurde, wird im Anschluss angegeben.

> → Studierende, die eine Bachelorarbeit schreiben, können aus Masterarbeiten und Dissertationen zitieren, für jene, die eine Masterarbeit verfassen, stellen nur Dissertationen geeignete Quellen dar.

Mit dem Dokumententyp Hochschulschrift werden die Felder Autor, Titel, ggf. Untertitel, Art der Schrift, Datum/Jahr und Hochschule erfasst.

Beispiele

Mader, R. (2007). *Metadaten im schulischen Kontext* [Unveröffentlichte Masterthese]. Donau Universität Krems.

Resinger, P. (2004). Schulentwicklung in der Region. Am Beispiel des zweijährigen Pilotprojekts „Schwungrad der Schul- und Unterrichtsentwicklung" im Bezirk Knittelfeld [Dissertation, Universität Innsbruck]. Tectum.

Internetdokument

Dokumente aus dem Internet und Inhalte einer Webseite stellen – ebenso wie Druckwerke und graphische Darstellungen – Werke im Sinne des Urheberrechts dar und sind daher korrekt zu zitieren. Wird ein auf einer Webseite[18] als Download angebotenes Dokument als Zitationsquelle verwendet, wählt man – so wie auch für die Zitation des Inhaltes einer Webseite selbst – den Dokumententyp „*Internetdokument*". Im Feld Online-Adresse wird der genaue Link zum verwendeten Dokument erfasst, die HTML-Kurzbezeichnung genügt nicht. Da solche Adressen oft sehr komplex und lang sind, ist lt. APA 7 auch die Kürzung über ent-

---

18 Man unterscheidet zwischen der Website (der gesamte Internetauftritt, z. B. www.bmbwf.gv.at) und einer Webseite (ein bestimmter HTML Inhalt auf einer Website, z. B. Digitale Schule, www.bmbwf.gv.at/Themen/schule/zrp/dibi.html)

sprechende Programme (*Shortening Service*[19]) erlaubt. Zu bedenken ist, dass der Link nicht mehr verfügbar ist, sollte irgendwann dieser Service eingestellt werden.

Zu erfassen sind:

- Autor: Der/die Autor/in ist auf Webseiten nicht immer einfach zu finden. Ist der Name nicht eruierbar, wird stattdessen die veröffentlichende Institution genannt (z. B. Institut für Bildungsforschung der Wirtschaft). Achtung: Es darf nicht automatisch der „Webmaster" als Urheber angegeben werden.

- Titel, ggf. Untertitel, ggf. Titelzusätze

- Ggf. Herausgeber

- Ggf. Institution: Hier wird die/der Herausgeber/in der Website eingetragen, z. B. Pädagogische Hochschule Tirol, ORF, DiePresse. Sind die Autor/innen bzw. Herausgeber/innen identisch mit dem/der Herausgeber/in der Website bleibt dieses Feld leer (siehe folgendes Beispiel).

- Jahr: Entstehungs- bzw. Aktualisierungsdatum. Ist kein eindeutiges Datum erkennbar, muss „o. D." im Feld „Jahr" eingetragen werden. Bleibt das Feld leer, wird im Literaturverzeichnis bei der Jahresangabe *fälschlicherweise* automatisch das Abrufdatum angezeigt.

- Online-Adresse, ggf. als Kurz-URL (siehe Abbildung 20).

Beispiele Webseiteninhalt, wo Autor und Herausgeber der Website ident sind:

Bundesministerium für Bildung, Wissenschaft und Forschung. (o. D.). *Masterplan für die Digitalisierung im Bildungswesen*. https://www.bmbwf.gv.at/Themen/schule/zrp/dibi/mp.html

Pädagogische Hochschule Tirol. (o. D.). *Elementarpädagogik – Frühe Bildung*. Abgerufen am 26. Mai 2021 von https://ph-tirol.ac.at/elementarp%C3%A4dagogik

Im ersten Beispiel ist anzunehmen, dass sich der Inhalt des Masterplanes nicht ändern wird, weshalb kein Abrufdatum angegeben wird. Wenn sich der Inhalt im Laufe der Zeit ändern könnte und/oder dieser *nicht* archiviert wird, was im zweiten obigen Beispiel anzunehmen ist, dann ist das Abrufdatum anzugeben.

---

19 Z. B. https://peristma.cc oder https://tinyurl.com

→ Standardmäßig wird bei Citavi (APA 7 German Edition) das Abrufdatum – obwohl erfasst – im Literaturverzeichnis nicht ausgegeben. Will man das exakt nach APA 7 umsetzen, muss die Zitationsvorlage entsprechend angepasst werden. Wie das im Detail in Citavi umzusetzen ist, finden Sie auf *www.leitfaden-online.at*. Alternativ könnte der Eintrag im Literaturverzeichnis händisch ergänzt werden. Achtung: Wird bei jeder Aktualisierung wieder entfernt!

Beispiel Webseiteninhalt, Seite archiviert:

Bock, F. (2020, 17. März). *Das gilt es bei E-Learning zu beachten*. ORF. https://orf.at/stories/3158066/

Im nächsten Beispiel wird anstelle der Originaladresse (URL) die über ein Shortening Service erzeugte Kurzadresse (tinyurl) dargestellt.

Abbildung 20: Citavi – Internetdokument

Das Ergebnis im Literaturverzeichnis wird wie folgt dargestellt:

Bundesministerium für Bildung, Wissenschaft und Forschung. (2020). *Masterplan für die Digitalisierung im Bildungswesen*. https://tinyurl.com/5z6e9jyp

Abbildung 21: Citavi – Ausgabe mit Shorten URL

→ Wird lediglich auf eine Website verwiesen, genügt es, die Adresse (URL) der Website im Fließtext anzugeben. Z. B. Eine empfehlenswerte interaktive Website für Kinder ist KidsPsych (http://www.kidspsych.org).

Audiovisuelle Medien

Der Bereich audiovisuelle Medien ist sehr umfangreich und beinhaltet nicht nur audiovisuelle Quellen (z. B. Film, TV-Serien, Nachrichtensendung, YouTube Video, Webinar etc.), sondern auch reine audio (z. B. Rede, Musikstück, Radioprogramm, Hörbuch, Podcast etc.) und reine visuelle Quellen (Kunstwerk, Fotocollage, PowerPoint Präsentation etc.). Im Folgenden werden exemplarisch einige häufig verwendete Quellen besprochen. Weitere Beispiele finden Sie wieder auf *www.leitfadenonline.at*.

(Spiel-)Film
Beim Medientyp „Spielfilm" ist anstelle der Autorin/des Autors die Regisseurin/der Regisseur zu nennen. Die Hauptdarsteller/innen können in einem eigenen Feld erfasst werden. Personen, die im Film zu Wort kommen, *und* in der Bachelor-/Masterarbeit zitiert werden, sind in den Fließtext der entsprechenden Textpassage einzuarbeiten.

Zu erfassen sind Regisseur, Titel, ggf. Originaltitel, ggf. Titelzusätze, ggf. Hauptdarsteller, ggf. Studio/Produzent, Jahr, Verlag, Medium, ISBN/EAN.

In Citavi werden nach Eingabe der ISBN/EAN und Klick auf den Link (1) die Eingabefelder automatisch befüllt. Meistens muss der Medientyp händisch im Feld Medium (2) eingegeben werden. Im Literaturverzeichnis wird er dann hinter dem Titel in eckigen Klammern ausgewiesen.

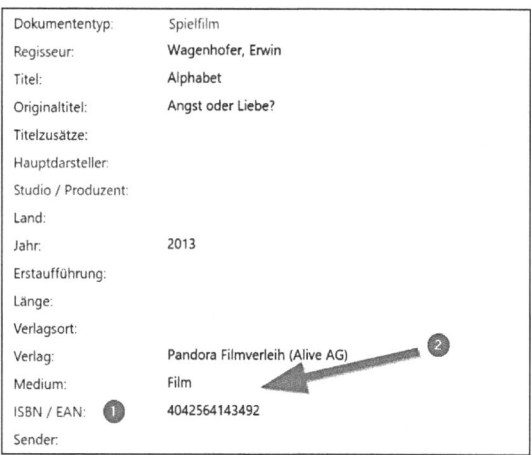

Abbildung 22: Citavi – Spielfilm erfassen

Beispiel

Wagenhofer, E. (Regie). (2013). *Alphabet: Angst oder Liebe?* [Film]. Pandora Filmverleih (Alive AG).

Ton- und Filmdokument – YouTube Video
Bei einem *YouTube Video* oder einem anderen *Streaming Video* ist jene Person oder Institution als Autor/in zu nennen, die das Video hochgeladen hat; und zwar auch dann, wenn der Inhalt nicht von dieser Person oder Institution stammt. In diesem Sonderfall werden die Hersteller des Inhalts bzw. die Beitragenden, die im Video zu Wort kommen *und* in der Bachelor-/Masterarbeit zitiert werden, im Fließtext der entsprechenden Textpassage erwähnt. Beim Datum wird das vollständige Datum angegeben.

Zu erfassen sind über dem Dokumententyp Ton- und Filmdokument die Felder Autor, Titel, ggf. Untertitel, Medium [Video], Jahr, Verlag und Online-Adresse.

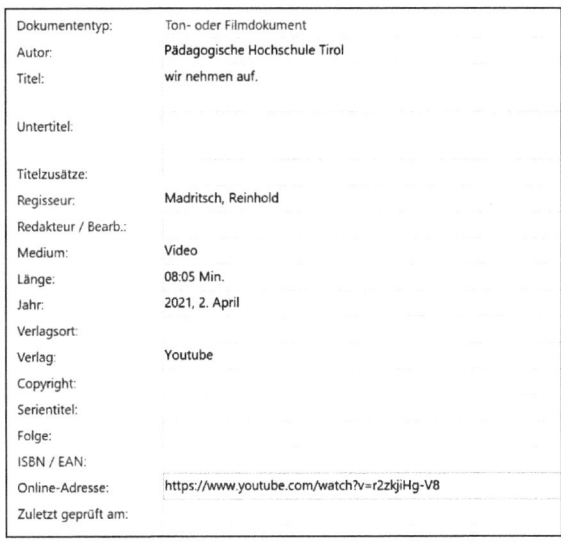

Abbildung 23: Citavi – YouTube Video

Beispiele

Pädagogische Hochschule Tirol. (2021, 2. April). *wir nehmen auf* [Video]. YouTube. https://www.youtube.com/watch?v=r2zkjiHg-V8

Benedict K. (2014, 5. September). *p-Wert, Nullhypothese, Signifikanzniveau – die Idee erklärt* [Video]. YouTube. https://www.youtube.com/watch?v=gSyGVDMcg-U
In diesem Beispiel ist „Benedict K." der Künstlername bzw. das Pseudonym.

Stifterverband. (2011, 26. November). *Reinhard Kahl: Die Individualität des Lernens.* [Video]. YouTube. https://www.youtube.com/watch?v=LaJkBqJcf7U

Hörbuch

Ist der Inhalt des Hörbuchs derselbe wie in der Printfassung des Buchs, erfolgt die Erfassung mit dem Dokumententyp Buch (siehe dort). Weicht der Inhalt allerdings ab, weil es sich z. B. um eine gekürzte Fassung handelt oder es keine Printfassung gibt, ist der Dokumenttyp „Hörbuch" auszuwählen.

Beim Dokumententyp Hörbuch werden die Felder Autor, Titel, ggf. Untertitel, ggf. Titelzusätze, ggf. Regisseur, ggf. Sprecher, Medium, Jahr, Verlag und Online-Adresse erfasst

Beispiele

Cain, S. (2012). *Quiet: The power of introverts in a world that can't stop talking* (K. Mazur, Narr.) [Audiobook]. Random House Audio. http://bit.ly/2G0Bpbl

Engelhardt-Krajanek, M. (2017). *Resilienz – Was die Seele stark macht* [Hörbuch]. ORF-Shop. https://shop.orf.at/de/alle-orf-artikel/oe1/2011/resilienz

Wird das Hörbuch von einer anderen Quelle, z. B. mit dem Citavi Picker von der Website Audible zitiert, dann wird es als Internetdokument und nicht als Hörbuch erfasst und entsprechend dargestellt.

Beispiel Übernahme mit Citavi Picker

Audible. (27. Mai 2021). *Resilienz: Was die Seele stark macht.* www.audible.de/pd/Resilienz-Was-die-Seele-stark-macht-Hoerbuch/B074N5GYXR

Wir empfehlen in diesem Fall den Dokumententyp nach der Erfassung auf *Hörbuch* zu ändern und die Felder Autor, Medium, Jahr und Verlag anzupassen.

Ergebnis nach Anpassung

Engelhardt-Krajanek, M. (2017). *Resilienz – Was die Seele stark macht* [Hörbuch]. Audible. www.audible.de/pd/Resilienz-Was-die-Seele-stark-macht-Hoerbuch/B074N5GYXR

Wurde das Hörbuch in einem anderen Jahr als die Textversion veröffentlicht, dann wird es wie eine Wiederveröffentlichung behandelt.

Beispiel

Rowling, J. K. (2015). *Harry Potter and the sorcerer's stone* (J. Dale, Narr.) [Audiobook]. Pottermore Publishing. http://bit.ly/2TcHchx[20] (Original work published 1997)

Podcast

Zur Erfassung eines Podcasts gibt es in Citavi keinen eigenen Dokumententyp. Er kann entweder als Hörspiel (sofern die Internetadresse nicht bekannt ist, weil z. B. der Zugang über eine App erfolgt) oder als Internetdokument erfasst werden. Beim Dokumententyp Hörspiel werden für einen Podcast folgende Felder erfasst: Autor, Titel, ggf. Untertitel, ggf. Titelzusätze, Medium, Jahr, Verlag.

Beispiel – Erfassung als Hörspiel

Funk, S. & Weghuber, A. (2021, 5. Mai). *Tag der offenen Tür virtuell - wie es gelingt eine Schule digital ...* [Podcast]. EduFunk.

Abbildung 24: Citavi – Podcast, erfasst als Hörspiel

Beim Dokumententyp Internetdokument werden für einen Podcast folgende Felder erfasst: Autor, Titel, ggf. Untertitel, Titelzusätze, Institution, Jahr, Online-Adresse.

---

20 Hinweis: Originaltext übernommen aus dem APA Manual. Der Kurzlink ist jedoch nicht mehr aktuell!

Beispiel – Erfassung als Internetdokument

> Meraji. S. M. & Demby, G. (2016-present). *Code switch* [Audio podcast]. National Public Radio. https://www.npr.org/podcasts/510312/codeswitch

Abbildung 25: Citavi – Podcast, erfasst als Internetdokument

Präsentationen und Lehrveranstaltungsnotizen
Erfasst werden über den Dokumententyp Internetdokument Autor, Titel, Titelzusatz [Medium], Institution (= Herausgeber/in der Website), Jahr, Online-Adresse

Dokumententyp:	Internetdokument
Autor:	Prengel, Annedore
Titel:	Inklusion und Bildung
Untertitel:	
Titelzusätze:	PowerPoint Präsentation
Mitarbeiter:	
Herausgeber:	
Institution:	SlidePlayer
Jahr:	2011, 17. Februar
Erscheinungsort:	
Auflage:	
Reihentitel:	
Nummer:	
Online-Adresse:	https://slideplayer.org/slide/895323
Letzte Aktualisierung:	
Zuletzt geprüft am:	
Sprache:	
Titel in and. Sprachen:	
Quelle der Titeldaten:	slideplayer.org

Abbildung 26: Citavi – PowerPoint Präsentation

Beispiel

Prengel, A. (2011, 17. Februar). *Inklusion und Bildung* [PowerPoint Präsentation]. SlidePlayer. https://slideplayer.org/slide/895323

Kraler, Ch. (2019). *Lernen und formale Bildung im 21. Jahrhundert* [Illustrierende Vorlesungsnotizen]. Institut für LehrerInnenbildung und Schulforschung, Universität Innsbruck. https://www.uibk.ac.at/ils/mitarbeiter/christian-kraler/2019ws/m2_zusatz.pdf

Sonderform Erhebungsinstrumente
Ein bereits entwickeltes, standardisiertes Erhebungsinstrument wird in der Regel zusammen mit einem ausführlichen sogenannten Manual veröffentlich, das als „Buch" klassifiziert und entsprechend zitiert wird.

Beispiele

Mayringer, H., & Wimmer, W. (2014). *SLS 2–9. Salzburger Lese-Screening für die Schulstufen 2–9.* Hogrefe.

Brickenkamp, R. (2002). *Test d2 – Aufmerksamkeits-Belastungs-Test* (9., überarb. und neu normierte Aufl.). Hogrefe. https://www.testzentrale.de/shop/test-d2-aufmerksamkeits-belastungs-test.html

Ein Erhebungsinstrument kann auch in einer Zeitschrift oder in einem Sammelband als eigenständige Publikation veröffentlicht oder im Anhang eines Buchs abgedruckt worden sein.

Beispiel

Resinger, P. (2018). Das Innsbrucker Lesediagnostikum für Berufsschülerinnen und Berufsschüler im ersten Ausbildungsjahr. Entwicklung – Einsatz – Erfahrung. In P. Resinger (Hg.), *Förderung der Lesekompetenz von Jugendlichen in Ausbildung. Grundlagen – Konzepte – Praxisbeispiele* (S. 63–86). Tectum.

Gesetz, Verordnung
APA 7 folgt bei der Zitation von Gesetzestexten und Verordnungen den Richtlinien des *Legal Bluebook* und bezieht sich im eigenen Handbuch ausschließlich auf das komplexe amerikanische Rechtssystem. Wir empfehlen, auf https://www.legalbluebook.com/ den Abschnitt „Foreign Jurisdictions" zu lesen, in welchem für jedes Land eine Kurzzusammenfassung für die landesspezifische Zitation von Gesetzen, Verordnungen etc. im Literaturverzeichnis zu finden ist. Grundsätzlich gilt, dass immer aus dem Gesetz bzw. der Verordnung (Originalquelle) zu zitieren ist. Die folgenden Beispiele beziehen sich auf das österreichische Rechtssystem.

Bei Bundesgesetzen wird das Bundesgesetzblatt mit „BGBl." abgekürzt. Es folgen die Angabe zum entsprechenden Teil des Bundesgesetzblattes (sofern angegeben), die Nummer und die Jahreszahl.

Teile des Bundesgesetzblattes
    I = Gesetze
    II = Verordnungen
    III = Internationale Abkommen

Bei Landesgesetzen wird das Landesgesetzblatt abgekürzt mit „LGBl.". Es folgen die Nummer, die Jahreszahl und die Nennung des entsprechenden Bundeslands (siehe unten).

Sofern die gängige Abkürzung des Gesetzes bekannt ist, wird auch diese erfasst. Grundsätzlich wird der Langtitel der Erstveröffentlichung (= Stammfassung) des Gesetzes angegeben, bei einer Gesetzesnovelle zusätzlich die geltende Fassung.

In Citavi werden über den Dokumententyp Gesetz/Verordnung folgende Felder erfasst:

Gesetzgeb./Behörde, Titel/Name, Fassung, Datum/Jahr, Enthalten in, Seiten von–bis (z. B. BGBl. Nr. 498/1995), ggf. Online-Adresse.

Umsetzungsbeispiele finden Sie auf *www.leitfaden-online.at*.

Beispiele

Anmerkung: In den ersten beiden Beispielen ist der Kurztitel und die Abkürzung Teil des Langtitels, weshalb die Abkürzung des Gesetzes hier zweifach (SchuUG bzw. SchVV) aufscheint.

Bundesgesetz über die Ordnung von Unterricht und Erziehung in den im Schulorganisationsgesetz geregelten Schulen (Schulunterrichtsgesetz – SchUG) [SchUG]. BGBl. Nr. 472/1986, https://www.ris.bka.gv.at/GeltendeFassung.wxe?Abfrage=Bundesnormen&Gesetzesnummer=10009600

Verordnung des Bundesministers für Unterricht und kulturelle Angelegenheiten über Schulveranstaltungen (Schulveranstaltungenverordnung 1995 – SchVV) [SchVV]. BGBl. Nr. 498/1995, in der geltenden Fassung BGBl. II Nr. 90/2017, https://www.ris.bka.gv.at/GeltendeFassung.wxe?Abfrage=Bundesnormen&Gesetzesnummer=10009986

Vereinbarung gemäß Art. 15a B-VG zwischen dem Bund und den Ländern über die Förderung von Bildungsmaßnahmen im Bereich Basisbildung sowie von Bildungsmaßnahmen zum Nachholen des Pflichtschulabschlusses für die Jahre 2018 bis 2021. LGBl. Nr. 122/2017 (Tirol), https://www.ris.bka.gv.at/Dokumente/Landesnormen/LTI40040849/LTI40040849.html

Verordnung des Bundesministers für Bildung, Wissenschaft und Forschung, mit der die Verordnung über die Lehrpläne der Volksschule und der Sonderschulen, die Verordnung der Lehrpläne der Neuen Mittelschulen, die Verordnung über die Lehrpläne der Hauptschulen sowie die Verordnung über die Lehrpläne für Minderheiten-Volksschulen und für den Unterricht in Minderheitensprachen in Volks- und Hauptschulen in den Bundesländern Burgenland und Kärnten geändert werden. BGBL II Nr. 379/2020, https://www.ris.bka.gv.at/eli/bgbl/II/2020/379

Verordnung der Bundesministerin für Bildung über die Lehrpläne für Berufsschulen (Lehrplan 2016). BGBl. II Nr. 211/2016, Anl. 64 Rahmenlehrplan für den Lehrberuf Installations- und Gebäudetechnik, in der geltenden Fassung BGBl. II Nr. 349/2020, https://www.ris.bka.gv.at/Dokumente/Bundesnormen/NOR40225840/NOR40225840.pdf

Weitere Dokumententypen

Die Erfassung der hier nur kurz angeführten weiteren Dokumententypen wird durch konkrete videobasierte Anleitungen auf unserer Website *www.leitfaden-online.at* erklärt.

Soziale Medien

Wenn aus sozialen Medien Inhalte für die Bachelor-/Masterarbeit übernommen werden (z. B. Facebook Eintrag, Tweet, Foto auf Instagram), wird die Originalquelle zitiert, also jene Quelle, wo der Inhalt ursprünglich veröffentlicht wurde und nicht etwa eine Internetseite, von der aus man über einen Link zur Originalquelle kommt. Als Titel werden bis zu 20 Wörter des Inhalts in unveränderter Schreibweise inklusive Hashtags, Emojis (zählt als ein Wort) eingegeben. Sofern die Inhalte nicht ausschließlich in Textform veröffentlicht werden, ist im Anschluss an den Titel in eckiger Klammer eine erläuternde Beschreibung (z. B. Text und Bild, Audionachricht, audiovisueller Post) hinzuzufügen. Ein Abrufdatum ist nicht anzugeben.

Tweet

Achhammer, Ph. [@PhilppAchhammer] (2018, 6. Juni). *Heute haben mir 2 Klassen im Schulzentrum „Fallmerayer" ihr jüngstes Projekt vorgestellt* [Foto hinzugefügt] [Tweet]. Twitter. https://twitter.com/philippachammer/status/1004354287194034176

Facebook-Eintrag

Pädagogische Hochschule Tirol. [@phtirol]. (2021, 22. März). *Studierende coachen Studierende* [Foto hinzugefügt] [Facebook-Seite]. Facebook. https://de-de.facebook.com/pg/phtirol/posts/?ref=page_internal

Beitrag in einem Online-Forum

Resinger, P. [Paul Resinger]. (2020, 10. Februar). *In Ergänzung zur Diskussion „Was kennzeichnet eine Lehrperson, die sich dem Konstruktivismus verpflichtet sieht?" weise ich auf Glasersfelds Unterscheidung* [Online-Forum Beitrag]. Moodle. https://www.eduacademy.at/pht/mod/forum/view.php?id=10773

Computer Software/Mobile Apps

Wird eine Software wie z. B. Microsoft Forms, SPSS (Statistik- und Analyse-Software), MAXQDA (Software für computergestützte qualitative Daten- und Textanalyse) in der wissenschaftlichen Arbeit erwähnt, ohne aus der Programmdokumentation zu zitieren, ist keine Quellenangabe notwendig. Wird aber z. B. eine Mobile App thematisiert und aus der Programmdokumentation zitiert (Beschreibung des Aufbaus, intendierte Lernprozesse, Mehrwert durch den Einsatz etc.) ist die Angabe der Referenz erforderlich.

Beispiele

GoKids! (2019). *LKW-Spiele für Kinder: Hausbau für 3-Jährige* (Version 1.0.16) [Mobile app]. Google Playstore. https://play.google.com/store/apps/details?id=com.gokids.transportbuilding&hl=de

Medienwerkstatt Mühlacker. (2020). *Lernwerkstatt 10 für die Hauptbereiche des schulischen Lernens in Klasse 1 bis 6* (Version 10.0) [Computer Software]. https://medienwerkstatt-online.de/products/lernwerkstatt_gs/index.php

Im Beispiel „Medienwerkstatt Mühlacker" wird der Herausgeber der App nicht mehr genannt, weil die veröffentlichende Institution und der Herausgeber (Publisher) ident sind.

4.4 Zitieren im Text

Zitate im Text führen in einer wissenschaftlichen Arbeit zur notwendigen *Objektivität* (Unterstützung der eigenen Argumentation durch Zitate von anderen Autorinnen/Autoren) und *Kontinuität* (durch die Bezugnahme auf wissenschaftliche Quellen wird auf Bestehendes aufgebaut, d. h. das Rad muss nicht immer neu erfunden werden). Darüber hinaus ist ein zentrales Qualitätsmerkmal einer wissenschaftlichen Abhandlung die *Auseinandersetzung mit anderen Theorien, Modellen, Positionen und Handlungskonzepten*. Auch die Qualität einer Bachelor-/Masterarbeit wird daran gemessen, inwieweit die/der Studierende einschlägige *wissenschaftliche Literatur* kritisch verarbeitet und darstellt.

Dem Sinn der Zitierung im Text entspricht es, den/die *Urheber/in eines Werkes eindeutig zu identifizieren* und den Weg zum genauen Ort und Zeitpunkt der Veröffentlichung bzw. des

Erscheinens eines Werkes oder von Teilen eines Werkes nachvollziehen zu können. Grundsätzlich muss daher stets dann zitiert werden, wenn *fremde Gedanken, Ideen, Texte, Darstellungen und Produkte wörtlich oder sinngemäß* übernommen *werden*, sofern diese nicht als Allgemeingut, Allgemeinwissen oder als bekannte Gegebenheiten angesehen werden können. Beispiele hierfür wären:

- Maria Montessori war eine italienische Reformpädagogin, ihr Leitspruch lautete „Hilf mir, es selbst zu tun."
- In Österreich wird die Einführung einer gemeinsamen Schule der Zehn- bis 14-Jährigen seit Jahrzehnten öffentlich diskutiert.
- Der schulische Lernerfolg von Schülerinnen und Schülern hängt von vielen Faktoren ab.
- Offener Unterricht ist ein Unterrichtsprinzip, das auf eine Öffnung des schulischen Unterrichts abzielt.

Wird fremdes Gedankengut nicht als Zitat gekennzeichnet, unterstellt der/die Verfasser/in, dass es sich um eigene geistige Leistungen, Ideen, entwickelte didaktisch-methodische Materialien, Erhebungsinstrumente etc. handelt und verletzt damit das Urheberrecht. In der Wissenschaft wird in diesem Fall von einem *Plagiat* (Diebstahl geistigen Eigentums) gesprochen, was zur Aberkennung des erworbenen akademischen Grades führen kann.

Beim „Zitieren" wird zwischen dem wörtlichen und dem sinngemäßen Zitat unterschieden. Folgende Richtlinie soll eine *einheitliche* Form der *Zitation im Text* gewährleisten. Insbesondere ist darauf zu achten, dass die einzelnen *Elemente einer Literaturangabe* in gleicher Reihenfolge und die *Satzzeichen zwischen den Elementen* einheitlich gesetzt werden.

4.4.1 Wörtliches Zitat

Darunter ist die *wortwörtliche Übernahme von fremden Gedanken aus einer Quelle* zu verstehen. Wörtlich zitiert werden Definitionen, Begriffe, Thesen und Formulierungen, die einen Sachverhalt pointiert beschreiben, oder sich schwer in eigenen Worten fassen lassen, und wenn die exakte Wiedergabe einer Aussage notwendig erscheint.

> → Damit in MS Word auf die mit Citavi erfasste Literatur zugegriffen werden kann, muss das entsprechende Word Add-In von Citavi installiert sein. Dieses wird bei der Installation von Citavi automatisch mit installiert. In der Menüleiste erscheint dann die zusätzliche Registerkarte „Citavi". Auch eine nachträgliche Installation des Add-In ist möglich.

Die fremden Gedanken sind unter *Anführungszeichen* (Ausnahme bei Blockzitaten, siehe unten) zu setzen. Unmittelbar dahinter wird die Quelle eingefügt, indem man zuerst den Cursor direkt hinter die zitierte Stelle setzt. Dann wählt man über die Registerkarte „*Citavi*" den entsprechenden *Aufgabenbereich* aus. Es werden alle erfassten Titel aufgelistet. Nachdem die zu zitierende Literatur markiert worden ist, fügt man diese über die Schaltfläche „*Einfügen*" bzw. „*Mit Option einfügen*" in das Dokument ein und ergänzt die Zitatquelle mit der entsprechenden Seitenzahl bzw. dem Seitenbereich. Die Beispiele dafür finden Sie auf unserer Website *www.leitfaden-online.at*.

Wird die Zitatquelle am Satzende eingefügt, wird der Punkt nach der Klammer und *nicht* nach dem Anführungszeichen des wörtlichen Zitats gesetzt (Ausnahme Blockzitat, siehe unten).

Die Darstellung ist abhängig von dem gewählten Zitationsstil.

Beispiele

„........Zitat........" (Büeler, 2021, S. 25).

Bei zwei Autorinnen/Autoren

„........Zitat........" (Gasser & Schratz, 2019, S. 126).

Ab *drei* Autorinnen/Autoren wird nur die/der erste Autor/in genannt, gefolgt von „et al." (lateinisch: und andere)

Allein die begründete Entscheidung für eine bestimmte Lernaufgabe „setzt die Fähigkeit voraus, selbst ähnliche Aufgaben für ein effektives Unterrichtsarrangement konzipieren zu können" (Stäudel et al., 2012, S. 27).

Herausgebende Institutionen werden in voller Länge angeführt.

Beispiel

„........Zitat........" (Universität Innsbruck, 2016, S. 79).

Existiert für den Namen der Institution eine offizielle Abkürzung wird bei der ersten Nennung wie folgt zitiert:

Nicht zuletzt auf Grund des Bildungsauftrags, „der Leseerziehung in allen Unterrichtsgegenständen in allen Schularten und auf allen Schulstufen ... besondere Bedeutung zu geben" (Bundesministerium für Bildung [BMB], 2017, S. 1) wurde in den Fallstudien untersucht, wie sich eine gezielte, regelmäßige Förderung der Lesekompetenz als ein integraler Bestandteil des Unterrichts in allen Fachbereichen umsetzen lässt.

Bei einer weiteren Nennung der Publikation in der wissenschaftlichen Arbeit, wird – in Anlehnung an das vorherige Beispiel – nur noch die Abkürzung angegeben:

„........Zitat........" (BMB, 2017, S. 3)

Kurzbezeichnung einfügen
Die Anzeige der Kurzbezeichnung beim Zitat anstelle der Langbezeichnung erreicht man durch die Auswahl „Mit Optionen einfügen" (1), „Nur Jahr" (2) und die Eingabe der Kurzbezeichnung gefolgt von einem Beistrich und einem Leerzeichen beim „Präfix" (3).

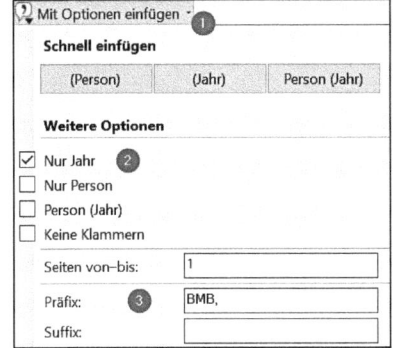

Abbildung 27: Citavi – Mit Option einfügen

Seitenzahl einfügen

Damit die Seitenzahl angegeben werden kann, wählt man „Mit Option einfügen" (1) und trägt im entsprechenden Feld „Seiten von–bis:" die Seitenzahl(en) ein. Die Abkürzung „S." für Seite bzw. „p." für *page* bei englischer Sprachauswahl wird automatisch ergänzt.

Ergebnis

„........Zitat........" (Schürch, 2018, S. 23).

Doppelte Anführungszeichen im Originaltext werden zu einfachen Anführungszeichen im Zitat. Davon ausgenommen sind Zitate als eigenständiges Textelement (Blockzitate).

Beispiel

Originaltext: Das Wort „Lernen" geht auf die gotische Bezeichnung für „ich weiß" (lais) und das indogermanische Wort für „gehen" (lis) zurück.

Zitat: „Das Wort ‚Lernen' geht auf die gotische Bezeichnung für ‚ich weiß' (lais) und das indogermanische Wort für ‚gehen' (lis) zurück" (Wasserzieher, 1974, S. 46).

Die Autorinnen bzw. Autoren des wörtlichen Zitats können auch in den Fließtext integriert werden (*Narrative Citation*). Zwei Autorinnen bzw. Autoren werden im Fließtext mit „und" verbunden, ab drei wird nur der erste Name angeführt ergänzt mit et al. Die Zitation in Citavi erfolgt wie in Abbildung 27, indem die Auswahl „nur Jahr" aktiviert wird und die Seitenangabe ergänzt wird.

Beispiel (siehe auch Kapitel 4.4.2)

Für Hurrelmann und Albrecht (2020, S. 91) agiert die „Generation Greta" recht unkonventionell, „neue Konzepte müssen bei ihr nicht erst alte Überzeugungen widerlegen, um ernsthafte Beachtung zu erfahren. ... Das zeigen auch Fridays for Future mit der Forderung nach mehr Regulierung".

Längere Zitate (ab 40 Wörter) werden als eigenständiges Textelement gekennzeichnet, indem sie mit sichtbarer Einrückung vom linken Rand (1,27 cm) gesetzt werden[21]. Eingerückte Zitate werden *nicht* unter Anführungszeichen gesetzt. Der Punkt wird am Satzende und *nicht* nach der Zitatquelle gesetzt.

Beispiel für ein Blockzitat mit der Zitatquelle in Klammer am Ende des Zitats

Start a block quotation on a new line and indent the whole block 0.5 in. form the left margin. If there are additional paragraphs within the quotation, indent the first line of each subsequent paragraph an additional 0,5 in. Double-space the entire block quotation; do not add extra space before or after it. Either (a) cite the source in parentheses after the quotation's final punctuation or (b) cite the author and year in the narrative before the quotation and place only the page number in parentheses after the quotation's final punctuation. (APA, 2020, p. 272)

Beispiel für ein Blockzitat bei dem die Autorinnen bzw. Autoren des wörtlichen Zitats in den Fließtext eingearbeitet sind

Für Mayr-Keiler et al. (2019) stellen die Transition im Schuleingangsbereich

einen entscheidenden Schritt in der Bildungsbiographie von Kindern dar, da sie mit neuen individuellen, sozialen und leistungsbezogenen Herausforderungen und Erwartungen verbunden ist. Sie als Entwicklungsaufgabe aller beteiligten Bildungsinstitutionen zu verstehen und dabei die Perspektive der Eltern/Erziehungsberechtigten und der Kinder bewusst mit einzubeziehen, trägt entscheidend dazu bei, individuelle Bildungs- und Lernprozesse gezielt zu unterstützen und Kinder bei der Bewältigung möglicher Anpassungsschwierigkeiten zu begleiten. (S. 10)

Überlange Zitate von mehr als einer halben Seite sind zu *vermeiden*. Führt ein wörtliches Zitat im Originaltext bzw. in der Originalquelle *auf die nächste Seite* (z. B. S. 124 unten und S. 125 oben) dann ist das mit „S. 124–125" zu kennzeichnen.

Fehlende Seitenzahlen in der zitierten Referenz werden durch *Absatznummern* ersetzt. Die korrekte Umsetzung wird im Kapitel 4.4.3 beschrieben. Des Weiteren wird dort die In-Text-Zitation bei besonderen Quellen bzw. Dokumententypen (Lexika, Präsentationen, Filmen etc.) erläutert.

Verkürzung eines wörtlichen Zitates und Hervorhebungen
Wörtliche Zitate dürfen inhaltlich nicht verändert werden, damit die/der Autor/in nicht sinnentstellend zitiert wird bzw. die Gedanken nicht inhaltlich verzerrt wiedergegeben werden. Eine Verkürzung ist dann zu erwägen bzw. zulässig, wenn dadurch die Kernaussage besser zum Tragen kommt. Durch die Verwendung von drei Auslassungspunkten „…" in einem Zitat

---

[21] Als Orientierung kann davon ausgegangen werden, dass Sätze mit 40 Wörter über zwei Zeilen Fließtext gehen. Die Formatierungsvorgabe haben wir vereinfacht, sie weicht von den APA-Vorgaben – beschrieben im englischen Blockzitat – marginal ab. Für die praktische Umsetzung sind die Vorgaben der jeweiligen Institution zu beachten.

wird darauf hingewiesen, dass an dieser Stelle des Zitats eine Kürzung erfolgte. Auslassungen zu Beginn oder am Ende eines Zitats werden *nicht* gekennzeichnet.

Sämtliche mit einer Verkürzung verbundenen Änderungen im Satzbau des wörtlichen Zitats sind durch eine eckige Klammer zu kennzeichnen; ebenso Ergänzungen, die für das Verständnis des Zitates wichtig sind, oder nachträgliche Hervorhebungen, um beispielsweise auf eine Textpassage durch Kursiv- oder Fettschrift besonders hinzuweisen.

Beispiel

Originaltext von Müller (fiktiver Name) aus dem Jahr 2020 auf S. 9 (fiktiver Textauszug):

An einer großflächigen Schulreform führt in vielen westlichen Staaten, darunter auch Österreich, kein Weg mehr vorbei. So wie Schule heute in diesen Ländern ist, kann sie sich teuer und ineffizient „auf die Fahnen schreiben", da sie sich durch hohe Kosten, ein hohes Ausmaß an Chancenungleichheit und Kompetenzarmut auszeichnet.

Zulässige Verkürzung des obigen Textauszugs:

„An einer großflächigen Schulreform führt in vielen westlichen Staaten, darunter auch *Österreich* [Hervorhebung hinzugefügt], kein Weg mehr vorbei, ... da sie [Schule] sich durch hohe Kosten, ein hohes Ausmaß an Chancenungleichheit und Kompetenzarmut auszeichnet" (Müller, 2020, S. 9).

Unzulässige Verkürzung des obigen Textauszugs (Verfälschung des Sinngehalts durch eine Verallgemeinerung):

„An einer großflächigen Schulreform führt ... kein Weg mehr vorbei. So wie Schule heute ... ist, kann sie sich teuer und ineffizient ‚auf die Fahnen schreiben'" (Müller, 2020, S. 9).

Werden Zitate in den eigenen Text eingebettet, sind Änderungen im Satzbau des Zitats durch eckige Klammern zu kennzeichnen.

Beispiel (in Anlehnung am obigen fiktiven Beispiel)

Pointiert skizziert Müller (2020, S. 9) den Zustand des Schulsystems in vielen westlichen Staaten, unter anderem in Österreich, indem er ausführt, dass „an einer großflächigen Schulreform ... kein Weg mehr [vorbeiführt]." Seiner Argumentationsschiene folgend, „[zeichnet sich Schule] durch hohe Kosten, ein hohes Ausmaß an Chancenungleichheit und Kompetenzarmut [aus]".

Zitation eines Buchtitels

Korrekt: Wie aus „Der talentierte Schüler und seine Feinde" zu entnehmen ist, zieht Salcher seine Argumentation sogar noch weiter.

Inkorrekt: Wie aus „Dem talentierten Schüler und seine Feinde" zu entnehmen ist, zieht Salcher seine Argumentation sogar noch weiter.

Übernahme von Besonderheiten im Originaltext
Besonderheiten im Originaltext wie z. B. Textformatierungen (Hervorhebungen durch Kursiv- oder Fettschrift), Interpunktionen, Tipp- und Rechtschreibfehler, Besonderheiten im Sprachgebrauch (Verwendung einer nicht mehr zeitgemäßen Schreibweise), „alte" Rechtschreibung, offensichtlich falsche Informationen oder Daten dürfen im Zitat nicht geändert oder korrigiert werden, sondern sind *wörtlich* zu übernehmen *und* im Zitat also solche mit [*sic*] (lat. „so") zu *kennzeichnen.*

Beispiele (fiktiv)

„Volksschullehrer/innen [*sic*] haben eine stetig umfangreichere Ausbildung zu absolvieren, welche dem vielschichtigen Anforderungsprofil entsprechen soll."

Erläuterung: Korrekt müsste es heißen: Studierende des Studiengangs „Lehramt an Volksschulen".

„Bei Maria Montesori [*sic*] stand das Kind und seine Individualität im Mittelpunkt."

Erläuterung: inkorrekte Schreibweise.

„Österreichs Lehrer haben Top-Gagen!!! [*sic*] Das Durchschnittsgehalt von Lehrern liegt bei über 100.000 Euro [*sic*] im Jahr."

Erläuterung zu „sic 1": Auf die Verwendung von drei Ausrufezeichen im Originaltext wird verwiesen.

Erläuterung zu „sic 2": Auf die offensichtliche Fehlinformation bzw. Fehleinschätzung wird verwiesen.

Übernahme eines wörtlichen Zitats, in welchem auf andere wissenschaftliche Arbeiten verwiesen wird
Wird eine Textstelle, in der auf andere wissenschaftliche Arbeiten verwiesen wird, wörtlich zitiert, wird dieser Verweis im Zitat übernommen, die im Text genannten Quellen werden jedoch nicht im Literaturverzeichnis angeführt.

Beispiel: Auszug aus einem Originaltext von Stadler-Altmann et al. (2018, S. 200)

Unterschiedliche Einstellungen, multiple Arbeitsweisen, nicht lineare Abläufe und widersprüchliche Ergebnisse von Forschung sollten für Studierende erfahrbar werden (Huber, 2009), um zum einen den universitären Wissensaufbau transparent zu machen und zum anderen selbstständiges Forschen zu ermöglichen.

Wird dieser Originaltext wörtlich zitiert, so wird der Verweis auf Huber übernommen. Im Literaturverzeichnis scheint jedoch nur Stadler-Altmann et al. auf.

„Unterschiedliche Einstellungen, multiple Arbeitsweisen, nicht lineare Abläufe und widersprüchliche Ergebnisse von Forschung sollten für Studierende erfahrbar werden (Huber, 2009, S. 19), um zum einen den universitären Wissensaufbau transparent zu machen und zum anderen selbstständiges Forschen zu ermöglichen." (Stadler-Altmann et al., 2018, S. 200)

Wird im obigen Beispiel der Originaltext paraphrasiert (sinngemäßes, indirektes Zitat) muss die von Stadler-Altmann et al. verwiesene Quelle „Huber" *nicht* mehr genannt werden.

Sekundärzitat

Ein Sekundärzitat ist ein wörtliches Zitat, welches *nicht* aus einer Originalquelle stammt. In anderen Worten: Die Verfasserin/Der Verfasser einer Bachelor-/Masterarbeit übernimmt aus einer Publikation eine Textstelle, welche nicht von der Autorin/dem Autor selbst stammt, sondern von dieser Autorin/diesem Autor wörtlich zitiert wurde. Wird eine solches Zitat in die eigene Arbeit übernommen, spricht man von einem Sekundärzitat. Solche Sekundärzitate kommen nur dann in Betracht, wenn die Primärquelle nicht mehr verfügbar ist (was selten der Fall ist) oder sie mit einem nicht vertretbaren Aufwand (z. B. Fernleihe aus dem Ausland) beschafft werden müsste.

Im Anschluss an die wörtliche Übernahme des Sekundärzitats folgt folgende Kennzeichnung:

- Nachname der Autorin/des Autors des Originalzitates
- Erscheinungsjahr des Originalzitats
- Hinweis „zitiert nach"
- Nachname der Autorin/des Autors der Publikation, aus welcher das Originalzitat zitiert wurde
- Erscheinungsjahr
- Seitenangabe

Beispiel (fiktiv)

Auszug aus einem Buch von Paul Resinger aus dem Jahr 2013, S. 90, in welchem ein wörtliches Zitat von Hans Brunner zu finden ist:

> Im Projekt „Leseförderung für BerufsschülerInnen" (Schaffenrath, 2009) wurde das Gruppenklima von den Befragten sehr positiv eingestuft. Dieses Ergebnis ist als entscheidend einzustufen, denn „ein wesentlicher Faktor für das Lernen und somit auch das Gelingen einer Förderinitiative ist das atmosphärische Empfinden der Betroffenen" (Brunner, 2008, S. 75). Im Verlauf des Pilotprojekts gelang es dem Kursleiter, durch ein ausgewogenes Verhältnis von Zug (z. B. das Wecken von intrinsischer Motivation) und Druck (z. B. Vorlesen von einer Gruppe, welche ein kritisches Feedback gibt) sowie durch einen wertschätzenden Umgang, eine gelingende Arbeitsbeziehung aufzubauen.
>
> S. 90

In der Bachelor-/Masterarbeit wird das wörtliche Zitat von *Hans Brunner* wie folgt übernommen:

„Ein wesentlicher Faktor für das Lernen und somit auch das Gelingen einer Förderinitiative ist das atmosphärische Empfinden der Betroffenen" (Brunner, 2008, zitiert nach Resinger, 2013, S. 90).

Im Literaturverzeichnis wird die Primärquelle, Brunner, 2008, *nicht* angeführt. Ein Umsetzungsbeispiel mit Citavi finden Sie auf *www.leitfaden-online.at*.

Zitieren von Gesetzen und Verordnungen
Die In-Text-Zitation eines Gesetzes bzw. einer Verordnung erfolgt aufgrund der Komplexität entweder durch von Citavi unabhängige Eingabe direkt in die Textverarbeitung oder durch entsprechende Ergänzung in Citavi. Damit Zitationen im Text auf konsistente Weise erfolgen, soll laut APA wie folgt vorgegangen werden: Titel des Gesetzes bzw. der Verordnung, Jahr (der geltenden Fassung), Paragraph und Absatz bzw. alternativ Seitenzahl. Wir empfehlen, in der In-Text-Zitation den offiziellen Kurztitel zu verwenden, ab der zweiten Zitation die gängige Abkürzung.

Beispiele

„Die Schülervertreter ... sind von den Schülern in gleicher, unmittelbarer, geheimer und persönlicher Wahl zu wählen" (Schulunterrichtsgesetz [SchUG], 2001, § 59a Abs. 1). Ab der zweiten Zitation: (SchUG, 2001, § 59a Abs. 1).

„Die Schülerinnen und Schüler können ein Anlagenkonzept für eine gas- und sanitärtechnische Anlagen [sic] nach den gültigen Richtlinien sowie unter Berücksichtigung der Sicherheits-, Schall- und Brandschutzanforderungen erarbeiten" (Lehrpläne für Berufsschulen (Lehrplan 2016), 2016, S. 16)

Anmerkung: Der offizielle Kurztitel enthält in diesem Beispiel auch die Jahreszahl.

Gemäß der Rechtsvorschrift für die Schulordnung (1974, § 1 Abs. 2) haben sich die Schüler/innen „in der Gemeinschaft der Klasse und der Schule hilfsbereit, verständnisvoll und höflich zu verhalten".

Der zeitliche Geltungsbereich der Aufsichtspflicht in der Schule umfasst den Zeitraum „15 Minuten vor Beginn des Unterrichts, [der] Unterrichtspausen ... und unmittelbar nach Beendigung des Unterrichts beim Verlassen der Schule" (SchUG, 1986, § 51 Abs. 3).

Gängige abgekürzte Rechtsvorschriften:

- Berufsausbildungsgesetz (BAG)
- Bundes-Schulaufsichtsgesetz (B-SchAufsG)
- Bundes-Verfassungsgesetz (B-VG)
- Leistungsbeurteilungsverordnung: LBVO
- Schulorganisationsgesetz: SchOG
- Schulunterrichtsgesetz: SchUG
- Schulveranstaltungsverordnung: SchVV

> → Damit in MS Word beim Zitat im Text bei der ersten Nennung der offizielle Kurztitel und ab der zweiten Nennung die offizielle Abkürzung für einen Gesetzestext aufscheint, werden in Citavi über die Variante „Mit Option einfügen" die erforderlichen Einträge erstellt. Siehe auch *www.leitfaden-online.at*.

4.4.2 Sinngemäßes (indirektes) Zitat

Um ein sinngemäßes Zitat handelt es sich, wenn *fremdes Gedankengut aus einer Quelle in einer eigenen Formulierung bzw. in einer Umschreibung (Paraphrase; siehe Kapitel 6.3)* übernommen wird. Während wörtliche (direkte) Zitate analog zur wörtlichen Rede zu sehen sind, sind sinngemäße (indirekte) Zitate analog zur indirekten Rede aufzufassen. Beim indirekten Zitieren bzw. Paraphrasieren ist besonders darauf zu achten, dass das vom Autor/von der Autorin Gemeinte nicht verfälscht wiedergegeben wird. Das kann ungewollt passieren, indem die gekürzte, sinngemäße Wiedergabe aus dem ursprünglichen Kontext genommen und in den Kontext der Bachelor-/Masterarbeit eingebettet wird.

Wird der übernommene Inhalt vom Originaltext nur marginal verändert – eine Wortumstellung, die Umstellung des Satzbaus, das Verwenden von Synonymen (Lehrerinnen und Lehrer wird durch Lehrpersonen ersetzt), eine kleine Abänderung des Textes (Weglassen oder Hinzufügen eines Adjektivs) – kann von keinem sinngemäßen Zitat ausgegangen werden. In so einem Fall kann die „Deklaration" als sinngemäßes Zitat als Täuschungsversuch (Plagiat) interpretiert werden.

Die sinngemäße Wiedergabe (indirektes Zitat) wird *nicht unter Anführungszeichen* gesetzt. Im Anschluss an die sinngemäße Übernahme fremden Gedankenguts folgt folgende Kennzeichnung in Klammer (zur Umsetzung mit Citavi siehe oben bzw. die Beispiele auf *www.leitfaden-online.at*):

- Nachname der Autorin/des Autors
- Erscheinungsjahr
- Seitenangabe

Die *American Psychological Association* sieht die Angabe der Seitenzahl oder Absatzzahl als Kannbestimmung: „You may include one in addition to the author and year when it would help interested readers locate the relevant passage" (APA, 2020, S. 269). Wir empfehlen Studierenden, in ihrer Bachelor-/Masterarbeit auch bei sinngemäßen Zitaten die Seitenzahl bzw. den Seitenbereich von–bis anzugeben.

> Beispiel
>
> Für die meisten befragten Jugendlichen hat Politik keinen sehr hohen Stellenwert, was aber weder eine Besonderheit im Vergleich zur Gesamtbevölkerung in Österreich (Filzmaier & Perlot, 2015, S. 39), noch im Vergleich zu Jugendlichen in anderen europäischen Ländern darstellt.

Wird die Zitatquelle am Satzende eingefügt, wird der Punkt nach der Klammer gesetzt.

> Beispiel
>
> Internationale Forschungen zeigen darüber hinaus, dass tendenziell die Demokratie als System am meisten Zuspruch bekommt, gefolgt von den wahrgenommenen Situationen innerhalb einer Nation

und der Zufriedenheit mit der nationalen Demokratie. Am schlechtesten fällt die Zufriedenheit mit den (partei-)politischen Akteuren und Akteurinnen aus (Gille et al., 2016, S. 167–171).

Herausgebende Institutionen werden in voller Länge angeführt. Existiert für den Namen der Institution eine offizielle Abkürzung wird bei *der ersten Nennung* der Name in voller Länge ausgeschrieben und die Abkürzung in eckige Klammern gesetzt.

Beispiel

Zur Umsetzung der Grundschulreform erließ das Bundesministerium für Bildung (BMB, 2016) einen Ausführungserlass.

(Anmerkung: In diesem Beispiel wird keine Seitenangabe gemacht, da es sich nicht um eine Paraphrasierung, sondern um einen Verweis auf den gesamten Ausführungserlasses handelt.)

Ab der zweiten Nennung
Zur Umsetzung der Grundschulreform erließ das BMB (2016) einen Ausführungserlass.

Im folgenden Beispiel werden zwei Institutionen genannt. Für das Charlotte Bühler Institut gibt es keine Abkürzung, weshalb auch in einer zweiten Nennung der Name vollständig ausgeschrieben werden muss, das Bundesinstitut für Bildungsforschung, Innovation & Entwicklung des österreichischen Schulwesens wird mit „BIFIE" abgekürzt. Die Abkürzung wird aber der zweiten Nennung verwendet.

Beispiel

Mit dem Ziel, unterstützende Rahmenbedingungen im schulischen Kontext sicherzustellen, werden – insbesondere im Zusammenhang mit der reformierten Einschreibung von Schülerinnen und Schülern (Charlotte Bühler Institut & Bundesinstitut für Bildungsforschung, Innovation & Entwicklung des österreichischen Schulwesens [BIFIE], 2016, S. 67) – Informationen über die Entwicklungsvoraussetzungen der Kinder und ihre Lernfortschritte im elementarpädagogischen Bildungsbereich weitergegeben und für die durchgängige Planung und Umsetzung individueller Fördermöglichkeiten genutzt.

Ab der zweiten Nennung
(Charlotte Bühler Institut & BIFIE, 2016, S. 67)

Die Autorinnen bzw. Autoren des sinngemäßen Zitats können im Fließtext der paraphrasierten Textstelle angeführt werden (*Narrative Citation*). Zwei Autorinnen bzw. Autoren werden im Fließtext mit „und" verbunden, ab drei wird nur der erste Name angeführt ergänzt mit et al.

Beispiele (davon drittes fiktiv)

Hascher (2005, S. 41) weist in Bezug auf die schulpraktischen Studien auf das Phänomen der „Erfahrungsfallen" hin, wie z. B. auf das Missverständnis, dass durch mehr Unterrichtserfahrungen der Unterricht automatisch besser werden wird.

Für die meisten befragten Jugendlichen hat Politik keinen sehr hohen Stellenwert, was nach Filzmaier und Perlot (2015, S. 39) aber weder eine Besonderheit im Vergleich zur Gesamtbevölkerung in Österreich, noch im Vergleich zu Jugendlichen in anderen europäischen Ländern darstellt.

Professionalisierung ist eine Forderung, die gegenwärtig u. a. Huber et al. (2014) und Maier (2013) an die Lehrer/innenbildung richten. (Anmerkung: In diesem Beispiel wird keine Seitenangabe gemacht, da es sich nicht um eine Paraphrasierung, sondern um einen Verweis handelt.)

Bezieht sich eine sinngemäße Wiedergabe auf zwei oder mehrere Seiten, erfolgt die Seitenangabe wie folgt:

Im Folgenden wird das von Teml und Teml (2006, S. 103–131) entwickelte K.I.O.S.K.-Modell mit seinen fünf Unterrichtssituationen „Kontakt", „Information", „Organisation", „Selbstständiges Lernen" und „Kontrolle" zusammengefasst dargestellt.

Erläuterung: Nach diesem einleitenden Satz folgt in der Bachelor-/Masterarbeit eine zusammenfassende Beschreibung des K.I.O.S.K.-Modells. Die zwei Autor/innen Teml und Teml müssen in den folgenden Absätzen nicht mehr genannt werden, sofern eindeutig erkennbar bleibt, dass aus der gleichen Referenz sinngemäß zitiert wird.

Wird in einem paraphrasierten *Absatz* mehrmals auf die zitierten Autorinnen und Autoren verwiesen, kann bei der *narrativen Zitation*[22] die Angabe der Jahreszahl in Klammer entfallen. Wird die Zitatquelle als Ganzes in Klammer angeführt, ist die Jahreszahl *immer* anzugeben.

Beispiel (zur Veranschaulichung in leicht abgewandelter Form entnommen aus Resinger, 2019, S. 28–29)

Beim Vergleich der Ergebnisse der vorliegenden Studie zu den „Gelingensbedingungen" und „Herausforderungen für die Umsetzung" mit jenen der aktuellen Studie von Grillitsch und Stanzel-Tischler (2017, S. 20–22) zur Begleitung der Netzwerkprojekte im Schuleingangsbereich, zeigen sich Parallelen, aber auch Unterschiede. In beiden Studien werden „Ressourcen" am häufigsten genannt. Für die Projektbeteiligten steht die Intensivierung des Austauschs und die Verbesserung der Kooperation ganz oben (zweithäufigste Nennung). Dieser Aspekt wird bei Grillitsch und Stanzel-Tischler unter dem Themenbereich „Ausweitung/Verbesserung der Zusammenarbeit" zusammengefasst. Gar nicht thematisieren die Autorinnen in ihrer Studie das Thema „Elternarbeit", obwohl dies von Pädagoginnen und Pädagogen im Zusammenhang mit dem Reformvorhaben als eine besondere Herausforderung angesehen wird. Des Weiteren wird von den Befragten das Professionsbewusstsein als ein zentrales Element des Gelingens beschrieben. „Im Einzelnen wird dabei auf die Bereitschaft zur Zusammenarbeit und das Engagement der Pädagoginnen und Pädagogen, ihre Offenheit und Neugierde sowie die gegenseitige Wertschätzung hingewiesen" (Grillitsch & Stanzel-Tischler, 2017, S. 28).

---

22 Wenn die Namen der zitierten Autorinnen und Autoren in den Fließtext eingearbeitet werden, wird von *Narrative Citation* gesprochen.

4.4.3 Besonderheiten des Zitierens im Text

Wenn in der zitierten Referenz die *Seitenzahlen fehlen*, wird stattdessen eine der folgenden Angaben gemacht:

Sofern Absatznummern angegeben werden, wird nach der Jahreszahl die Abkürzung „Abs." (für „Absatz") bzw. bei englischsprachiger Literatur „para." (für *„paragraph"*) eingefügt, gefolgt von der entsprechenden Absatznummer (Achtung: nicht zu verwechseln mit den *„location numbers"*, wie sie z. B. bei *Kindle* verwendet werden).

Damit die Abkürzung „S." für Seite in Citavi nicht erscheint, wählt man den Seitentyp „Andere" und gibt die Bezeichnung im Feld „Seiten von–bis:" ein.

> Beispiel
>
> „........Zitat........" (Meyer, 2012, Abs. 164).

Ist keine Absatznummer vorhanden, werden die Absätze ausgehend von einer Überschrift bzw. einem Gliederungspunkt, aus dem das Zitat entnommen wird, gezählt. Nach der Jahreszahl wird die Überschrift bzw. Abschnittsbeschriftung, von der ausgehend die Absätze gezählt wurden, mit dem Hinweis „Abschnitt" eingefügt, gefolgt von der Abkürzung „Abs." und der Absatznummer.

> Beispiel (zur Veranschaulichung adaptiert)
>
> „Erwartungen haben mehr mit einem selbst zu tun, als mit den Schülern" (Jackson, 2009, Abschnitt Das Prinzip in der Praxis anwenden, Abs. 12).

Ist die Überschrift bzw. Abschnittsbeschriftung zu lang, werden nur die ersten Wörter angegeben und unter Anführungszeichen gesetzt.

> Beispiel (zur Veranschaulichung adaptiert)
>
> Das Kapitel, aus dem folgendes Beispielzitat stammt, lautet: „Arbeiten Sie nie härter als ihre Schüler". Diese Kapitelüberschrift wird bei der Zitierung gekürzt angegeben:
>
> „Geben Sie den Schülern ihren Teil der Arbeit zurück, indem Sie die Verantwortung für den Lernprozess auf die Schüler übertragen" (Jackson, 2009, Abschnitt „Arbeiten Sie nie härter", Abs. 36).

Beispiel für ein Zitat aus der Webseite der Kultusministerkonferenz ohne Erscheinungsdatum und ohne erkennbare/n Autor/in. Es wird die herausgebende Institution genannt:

> „Bildungsberichte dienen der Rechenschaftslegung über das Gesamtsystem bzw. seine Stufen auf nationaler Ebene und auf Ebene der Länder" (Kultusministerkonferenz, o. D., Abschnitt Überblick zur Bildungsberichterstattung, Abs. 2).

Wörtlich zitierte Aussagen aus *Filmen, Videos* und *Hörbüchern* werden durch Zeitstempel (*timestamp*) lokalisiert. Der Zeitabschnitt zum wörtlich zitierten Gesprochenen erfolgt mit der Angabe „Stunde", „Minute", „Sekunde".

Beispiel

„……..Zitat…….." (Benedict K., 2014, 00:03:40–00:04:12).

Anmerkung: Benedict K. ist der Künstlername bzw. das Pseudonym.

Zur Lokalisierung von sinngemäßen und wörtlich übernommenen Inhalten in einer *PowerPoint Präsentation* wird in der Referenz in Klammer anstelle der Seitenzahl die Foliennummer angegeben.

Beispiel

„……..Zitat…….." (Prengel, 2011, Folie 9).

Fehlt bei zitierten *Definitionen aus Lexika* die Seitenangabe, wird die entsprechende Ziffer der Gliederung angegeben bzw. werden die Unterbedeutungen gezählt und entsprechend beziffert. Nach der Jahreszahl folgt die Bezeichnung „Definition" und die entsprechende Zahl.

Beispiel

„……..Zitat…….." (Merriam-Webster, n. d., Definition 3).

Wörtlich zitierte *Interviewaussagen* werden unter Anführungszeichen gesetzt, sind sie länger als 40 Wörter, werden sie als Blockzitate geführt. Als Quelle wird eine anonymisierte Kurzbezeichnung angegeben. Zur Lokalisierung der wörtlichen Aussage im Transkript wird nach der Kurzbezeichnung die Zeilennummer angegeben (siehe Kapitel 8).

Quellen, auf die nicht zugegriffen werden kann, werden ausschließlich im Fließtext der Bachelor-/Masterarbeit als *persönliche Kommunikation* zitiert. Darunter fallen Briefe, E-Mails, private Chats, Telefonate und nicht aufgezeichnete Gespräche, Unterrichtseinheiten, Vorträge etc. Vom Vornamen der Person, die (sinngemäß) zitiert wird, wird nur der Anfangsbuchstabe angegeben, das Datum sollte so exakt wie möglich bestimmt werden.

Beispiele (fiktiv)

In einer informellen Diskussionsrunde zum Thema „Bildungsstandards" argumentierte P. Resinger (persönliche Kommunikation, 12. Oktober 2020), dass …

Den Absolventinnen und Absolventen wurde auf der Studienabschlussfeier der Hochschule XY mitgegeben, dass sie sich nicht zum Sklaven ihrer Schüler/innen machen sollen (F. Musterfrau, persönliche Kommunikation, 4. Juli 2019).

Wenn von *denselben* Autorinnen/Autoren Referenzen aus *demselben* Jahr verwendet werden, sind beim Erfassen der Quellen den Jahresangaben Kleinbuchstaben anzuhängen (2016a, 2016b etc.). Dabei erfolgt die Zuordnung der Ergänzungsbuchstaben in alphabetischer Reihenfolge bezogen auf die Titel der Veröffentlichungen.

Beispiel

„…….Zitat……." (Resinger, 2004a).

Werden gleichzeitig zwei oder mehr Referenzen von *denselben* Autorinnen/Autoren bzw. *derselben* Institution zitiert, erfolgt die Angabe in chronologischer Reihenfolge. Die Jahreszahlen werden mit einem Beistrich getrennt.

Beispiel

…….Sinngemäßes Zitat……. (Schulpsychologischer Dienst, 2019, 2020a, 2020b, im Druck)

Als *Ergänzung* zu einem wörtlichen bzw. sinngemäßen Zitat kann auf ähnliche bzw. weiterführende Ausführungen in anderen Referenzen verwiesen werden. In diesem Fall wird nach der Kennzeichnung des Zitats/der Zitatquelle ein Strichpunkt gesetzt. Nach dem Hinweis „siehe" oder „siehe auch" folgt der Verweis auf die weiterführende Quelle. Wird auf eine konkrete Textstelle bzw. auf ein bestimmtes Buchkapitel verwiesen, empfehlen wir, dies durch die entsprechende Seitenangabe oder Kapitelbezeichnung bzw. -nummerierung zu spezifizieren und den Kontext durch eine kurze Beschreibung zu erläutern.

Beispiele (z. T. fiktiv)

Die fachübergreifende Förderung berufsrelevanter Lesekompetenz ist darüber hinaus auch deshalb notwendig, weil davon auszugehen ist, dass das thematische Interesse, die persönliche Bedeutsamkeit des Lerngegenstandes und damit der persönliche Nutzen positive Effekte von Lesekompetenzförderungen erwarten lassen (Schaffenrath, 2008, S. 58; siehe Resinger, 2014, Kapitel 3, für diesbezügliche empirische Befunde).

An den untersuchten berufsbildenden mittleren und höheren Schulen in Tirol verwenden Lehrpersonen zur Unterrichtsplanung bevorzugt das K.I.O.S.K.-Modell von Teml und Teml (2006, S. 103–131; siehe Mader, 2021, S. 129, für ein ausgearbeitetes Stundenbild).

Werden mehrere Referenzen in Klammern gleichzeitig angeführt, sind diese *alphabetisch* zu ordnen und durch einen Strichpunkt zu trennen.

Beispiel (fiktiv)

Forschungsbefunde zur Wirksamkeit der Lehrer/innenbildung (Brunner et al., 2015; Oser & Oelkers, 2011; Zutavern, 2009) weisen darauf hin, dass …

Werden die im vorherigen Beispiel angeführten Referenzen in den Fließtext integriert, kann die Reihung beliebig erfolgen:

> Die in der wissenschaftlichen Literatur zur Wirksamkeit der Lehrer/innenbildung häufig referierten Forschungsbefunde von Oser und Oelkers (2011), aber auch jene von Zutavern (2009) und Brunner et al. (2015) weisen darauf hin, dass …

Ist *kein Urheber* der zitierten Quelle bekannt, wird der Titel der Publikation anstelle einer Autorin/eines Autors genannt. Das Eingabefeld „Autor" bleibt in diesem Fall leer. Wird im Literaturverzeichnis der Titel kursiv geschrieben – wie z. B. bei Büchern – ist dieser auch bei der *Zitation im Text* kursiv zu setzen. Ansonsten wird der Titel unter Anführungszeichen gesetzt. Bei Verwendung von Citavi wird dies korrekt umgesetzt. In beiden Fällen werden, wie von APA 7 vorgegeben, auch automatisch alle Wörter des Titels mit großen Anfangsbuchstaben geschrieben, unabhängig von der Schreibweise im Eingabefeld „Titel". Ist der Titel zu lang, kann er gekürzt werden. *Achtung:* Im Literaturverzeichnis wird die Schreibweise und Länge des Titels nicht verändert.

Beispiel für die Zitation eines Zeitschriftenartikels ohne Urheber/in (Erläuterung: Bei Zeitschriften wird im Literaturverzeichnis der Name der Zeitschrift kursiv gesetzt und nicht der Titel des Artikels.)

> Beispiel (fiktiv)
>
> „……..Zitat……." („Der Didaktische Doppeldecker In Der Berufspädagogik", 2017, S. 21)

Beispiel für die Zitation eines Buchs ohne Urheber/in (Erläuterung: Bei Büchern wird im Literaturverzeichnis der Titel kursiv gesetzt.)

> Beispiel (fiktiv)
>
> „……..Zitat……." (*Eine Theorie Der Erinnerung*, 2017, S. 21)

4.5 Hinweise zum Urheberrecht bei Bildern

Die einzig verbindliche Aussage, die man in Fragen des Urheberrechts bei Bildern bekommt, ist jene, dass letztlich jeder Fall einzeln zu beurteilen ist.

Grundsätzlich gilt: Unwissenheit schützt vor Strafe nicht!

Bei Beachtung einiger grundsätzlicher Regeln und entsprechender Umsicht sollte es jedoch für Bachelor-/Masterarbeiten gut gelingen, keine Urheberrechtsverletzung zu begehen.

Dieses Thema ist sehr umfangreich und kann hier nur rudimentär behandelt werden. Neben dem Urheberrecht sind auch eventuelle Nutzungs- und Verwertungsrechte zu beachten.

Besondere Vorsicht muss man bei der Abbildung von (minderjährigen) Personen walten lassen. Hier kommt zusätzlich zum Urheberrecht das „Recht am eigenen Bild" (Personenrecht bzw. Persönlichkeitsrecht) zum Tragen. In solchen Fällen ist unbedingt das Einverständnis der abgebildeten Person bzw. der Erziehungsberechtigten einzuholen. Sonderfälle sind z. B. Gruppenbilder oder Aufnahmen mit Menschen auf öffentlichen Plätzen.

> *Praxistipp:*
> Wenn Sie selbst auf dem Foto abgebildet wären und Sie Bedenken bei einer allfälligen Veröffentlichung hätten, dann wählen Sie besser ein anderes Bild.

Als *Sonderfall* gilt das sogenannte „wissenschaftliche Bildzitat", also die Übernahme einer Abbildung (Foto, Grafik, Tabelle etc.) aus einem wissenschaftlichen Werk in die eigene Arbeit. Auch hier gelten die allgemeinen Zitatregeln, wie die Eigenständigkeit des zitierten Werkes, die Erkennbarkeit des Zitats, das Vorliegen eines legitimen Zitatzweckes oder die Erforderlichkeit der Quellenangabe. „Bei Bildzitaten müssen der Urheber der Fotografie und die Quelle, der man die Fotografie entnommen hat, vom Zitierenden deutlich angeführt werden" (Dreier, 2019, S. 307). Dabei gilt zu beachten, dass „[Fotos] unverändert übernommen werden; sie zur Erläuterung eigener Gedanken und nicht zur Illustration verwendet werden" (S. 308). Das zitierte Bild dient also explizit und notwendigerweise als Beleg des im Text Erläuterten. Ein Bild aus einem wissenschaftlichen Werk nur zum Zweck der „Auflockerung" oder als „schmückendes Element" zu verwenden, entspräche nicht den oben angeführten Zwecken und wäre daher ohne Vorliegen einer entsprechenden Genehmigung unzulässig.

Wer ist Urheber/in?
Grundsätzlich ist immer der/die Ersteller/in des Fotos (der Grafik, des Bildes) der/die Urheber/in bzw. Autor/in.

> → Aufgrund des bestehenden Urheberrechts ist die reine Quellenangabe bei Fotos/Bildern/Grafiken nicht ausreichend! Ausnahme: Übernahme aus einem wissenschaftlichen Werk.

Es muss unbedingt das Einverständnis der Autorin/des Autors für genau den geplanten Einsatzzweck (z. B. Bachelor-/Masterarbeit) vorliegen! Bei Nichtbeachtung ist unter Umständen mit empfindlich hohen Geldforderungen zu rechnen. Für einige Rechtsanwaltskanzleien ist es inzwischen ein lukratives Geschäft geworden, sich auf diesen Bereich zu spezialisieren.

4.5.1 Bilder mit CC-Lizenz

Da einerseits der Aufwand, ein entsprechendes Einverständnis zu erhalten, oft unverhältnismäßig groß ist, anderseits auf Internetseiten sehr oft nicht oder nur unzureichend erkennbar ist, ob und wie ein Bild verwendet werden darf, eignen sich besonders Quellen mit freien

Bildern und Quellen mit Bildern unter Public Domain-Lizenz[23] (PD) oder Creative-Commons-Lizenz (CC). Beispiele für solche Quellen sind *pixabay.com, pexels.com, commons.wikimedia.org* oder *www.bilderpool.at*. Detaillierte Informationen zu den verschiedenen CC-Lizenzen und deren Bedeutung findet man auf der Webseite *creativecommons.org/licenses*.

Die Bilderdatenbanken *pexcels.com* und *pixabay.com* bieten inzwischen eine eigene Lizenz (*Pexels License* bzw. *Pixabay License*) an die jedoch der CC0 Lizenz entsprechen.

> → Die erweiterte Suche bei Google ermöglicht u. a. eine Einschränkung der Suchergebnisse auf Quellen mit Creative-Commons-Lizenzen.

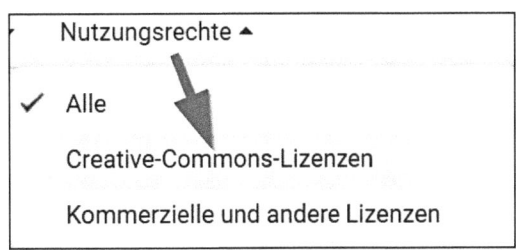

Abbildung 28: Erweiterte Suche bei Google – Lizenzwahl

Auf manchen Webseiten werden frei verwendbare und kostenpflichtige Fotos gemischt angeboten. Daher ist unbedingt auf das jeweils beim Bild angezeigte Lizenzmodell zu achten!

CC0 Lizenz
Inzwischen werden sehr oft auch CC0 (Null) Lizenzen vergeben. Das entspricht der Public Domain Lizenz und bedeutet, dass dieses Werk ohne Einschränkungen der Öffentlichkeit überlassen wird. Es müsste nicht einmal die Quelle oder ein/e Autor/in angegeben werden. Da in Bachelor-/Masterarbeiten grundsätzlich aber nur jene Fotos oder Abbildungen ohne Quellenangabe vorkommen dürfen, die von der Autorin/vom Autor selbst stammen, muss auch bei CC0 Lizenz die Quellenangabe erfolgen.

Beispiel

Bibliothek – jarmoluk, https://pixabay.com/de/photos/bibliothek-b%C3%BCcher-b%C3%BCcherre-gale-gang-488690/, Pixabay License

4.5.2 Quellenangabe bei Bildern

Die Liste mit den Quellenangaben der Bilder kann händisch erstellt werden. Das eröffnet jedoch neben dem Zusatzaufwand auch unnötige Fehlerquellen. Daher könnten hier die von MS Word angebotenen Automatismen genutzt werden. Wo die Quellenangabe erfolgt, ist meistens nicht vorgeschrieben. Idealerweise jedoch erfolgt sie direkt beim Bild. Folgende Vorgangsweise hat sich in der Praxis bewährt:

---

23 Siehe http://de.wikipedia.org/wiki/Gemeinfreiheit

Quellenangabe als Fußnote bei der Beschriftung

Die Angabe der Bildquelle direkt bei der Bildunterschrift wäre möglich, führt aber dazu, dass dadurch das Abbildungsverzeichnis sehr unübersichtlich wird. Sehr gut geeignet ist die Lösung, direkt bei der Bildunterschrift eine Fußnote einzufügen. Dort können dann die Bezeichnung, der Name der Autorin/des Autors und die genaue Internetquelle angegeben werden.

Vorteile:

- Das Abbildungsverzeichnis bleibt schlank.
- Die Quellenzuordnung ist auf derselben Seite mit dem Foto ersichtlich.
- Die Fußnote wird im automatischen Abbildungsverzeichnis nicht angezeigt.

Beispiel

Abbildung 29: Ausgewachsener Höckerschwan[24]

> → Verwenden Sie beim Einfügen von Bildern unbedingt die Zeilenumbruchvorgabe „Mit Text in Zeile" und keinesfalls „Passend"! Sonst lässt sich nämlich die Bildbeschriftung nicht direkt an das Bild koppeln und auch die Fußnoteneingabe funktioniert so nicht.

Praxistipps

Beim Abspeichern der Bilder am lokalen Computer sollte nicht der automatisch vorgeschlagene Dateiname verwendet werden. Es hat sich bewährt, dass zusätzlich auch der Name der Autorin/des Autors und die angegebene Lizenz mitgespeichert werden. Beispiel zu obigem Bild: Anstelle des beim Speichern vorgeschlagenen Dateinamens *Schwan_023.jpg* sollte besser *schwan_Gunnar_Bohnert_pd.jpg* verwendet werden. „pd" steht für „*public domain* = gemeinfrei".

---

24 Ausgewachsener Höckerschwan – Gunnar Bohnert, http://commons.wikimedia.org/wiki/File:Schwan_023.jpg

Weitere Beispiele

schwan_im_wasser_mega_chan-cc-by-sa.jpg
dampfturbine_siemens_pressebild-cc-by-sa.jpg

Zusätzlich sollte in einem eigenen Dokument die genaue Internetadresse zum Bild gespeichert werden, damit bei der späteren Verwendung der Bilder nicht nochmals nach der Quelle gesucht werden muss.

Aus der im Browser angezeigten Bilddatei geht normalerweise nicht hervor, unter welchen Bedingungen das Foto verwendet werden darf. Die direkte Adresse zum oben verwendeten Bild mit dem Schwan lautet:

http://upload.wikimedia.org/wikipedia/commons/6/69/Schwan_023.jpg

Diese Quellenangabe wäre zwar korrekt, stattdessen sollte jedoch auf jene Adresse (URL) verwiesen werden, auf der sich das Schwanenbild inklusive aller Informationen zur Autorin/zum Autor und der vergebenen Lizenz befinden:

http://commons.wikimedia.org/wiki/File:Schwan_023.jpg

4.5.3 Automatisiertes Bildquellenverzeichnis mit MS Word

Soll zur Angabe der Bildquellen als Fußnoten zusätzlich am Ende des Dokumentes ein Bildquellenverzeichnis gewünscht sein, lässt sich das mit MS Word automatisiert umsetzen. Damit das Bildquellenverzeichnis die Inhalte wiedergibt, werden in der Fußnote zuerst die Bildbeschreibung (Titel des Bildes) gefolgt von der/dem Autor/in und der Quelle angeführt. (siehe Abbildung 30).

Index setzen
Damit im Quellenverzeichnis für die Bilder nicht alle im Dokument vorhandenen Fußnoten aufscheinen, werden nur jene Fußnotentexte mit einem Index versehen, bei denen eine Bildquellenangabe vorhanden ist.

- Dazu markiert man zuerst den ganzen Fußnotentext.
- Anschließend in der Registerkarte „*Referenzen*" auf „M*arkieren*" klicken.
- Im nun geöffneten Dialogfenster Indexeintrag festlegen auf „*Markieren*" und anschließend auf „*Schließen*" klicken.

> → Falls die verborgenen Zeichen eingeblendet sind, wird unmittelbar hinter dem Fußzeilentext der erfasste Indextext in geschwungenen Klammern eingeblendet. Dies wird beim Druck jedoch nicht mit ausgedruckt.

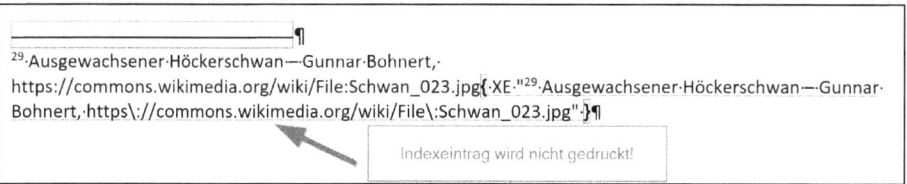

Abbildung 30: Indextext bei der Fußnote mit verborgenen Zeichen

Bildquellenverzeichnis in MS Word anlegen

Nachdem auf diese Weise alle gewünschten Fußnotentexte markiert und als Index erfasst worden sind, kann das Verzeichnis an beliebiger Stelle, z. B. am Ende des Dokuments, angelegt werden (siehe Abbildung 31).

- In der Registerkarte „*Referenzen*" (1.) auf „*Index einfügen*" (2.) klicken.
- Die Einstellung „*Seitenzahlen rechtsbündig*" (3.) wählen.
- Die Einstellung „Fortlaufend" (4.) beim Typ wählen.
- Die Anzahl der Spalten auf „1" (5.) setzen.
- Die Änderungen mit „OK" (6.) bestätigen.

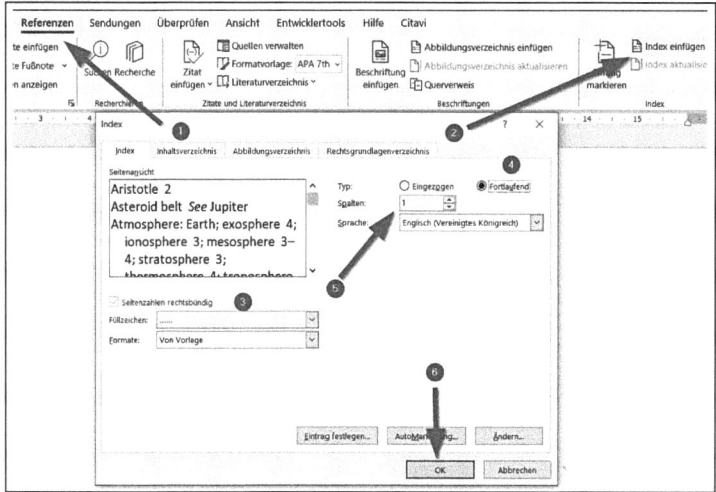

Abbildung 31: Index einfügen

→ Die Darstellung des Quellenverzeichnisses kann über die Formatvorlagen angepasst werden. Aus den vorhandenen Formaten kann z. B. auch ein alphabetischer Index gewählt werden. Die Überschrift könnte beispielsweise „Bildquellenverzeichnis" lauten.

Ergebnis für das Bild aus Abbildung 29

Bildquellenverzeichnis

Ausgewachsener Höckerschwan – Gunnar Bohnert,
http://commons.wikimedia.org/wiki/File:Schwan_023.jpg   70

Themenfindung, Literaturrecherche, Forschungsfrage: der Weg zum Konzeptpapier bzw. Exposé 5

Ziel von (Schul-)Forschung ist es, zu Fragestellungen empirisch fundierte Antworten zu geben, die dazu beitragen, die (pädagogische) Praxis weiterzuentwickeln. Der Ausgangspunkt einer berufsfeldbezogenen Forschungsarbeit ist daher nicht die Vergabe eines Themas durch Dozierende oder die Hochschule, sondern – wie in Kapitel 2 erläutert –, eine persönliche Erfahrung aus dem theoretischen und praktischen Feld der Schulpädagogik.

5.1 Themenfindung und -eingrenzung

Am Beginn einer Abschlussarbeit steht die Themenfindung. Eine der Grundvoraussetzungen für die Wahl eines passenden Themas ist das persönliche Interesse. Wenn über einige Monate hindurch an einer Fragestellung intensiv gearbeitet werden soll, muss ein gewisses Maß an „individueller Neugier" und persönlicher Begeisterung vorhanden sein. Am erfolgversprechendsten ist eine Problem- bzw. Fragestellung, die in der Studierenden/im Studierenden direkte Betroffenheit auszulösen vermag. Natürlich sollten im Themenfindungsprozess auch die individuellen Vorkenntnisse und Erfahrungen eine Rolle spielen. So ist die Wahl eines Themas aus primär „strategischen" Überlegungen (Annahme eines Themas, um eine/n bestimmte/n Betreuer/in zu „erhalten") nicht ratsam. Nur das, was prinzipiell als spannend und reizvoll empfunden wird, spornt auch ausreichend an, um es mit dem nötigen Durchhaltevermögen zu bearbeiten. Das persönliche Interesse an einem Thema (z. B. persönliche Präferenz oder sogar uneingeschränkte Überzeugung für ein didaktisches Modell) darf aber einer sachlichen Bearbeitung nicht im Wege stehen. Auch die Überlegung, persönliche Probleme (z. B. eine Essstörung) oder eine Lebenskrise zum Thema zu machen, in der Hoffnung, eine Lösung zu finden, ist nicht zielführend.

Die grundlegende Intention einer Bachelor-/Masterarbeit ist wissenschaftlich zu arbeiten. Allerdings können bei der Themenwahl auch Überlegungen in Betracht gezogen werden, dass die Arbeit spätere Berufschancen erhöht oder den Berufseinstieg erleichtert. Auch bisher verfasste eigene Arbeiten bieten Ansatzpunkte bei der Themenwahl. Gibt es einen Aspekt einer bereits bestehenden Arbeit, der es Wert ist noch tiefer, noch detaillierter oder aus einem anderen Blickwinkel beleuchtet zu werden?

Impulse für das Finden eines Themas können sich in verschiedenen Lehrveranstaltungen ergeben, sie können aus Gesprächen mit Kolleginnen/Kollegen entstehen, sie können sich auf entsprechenden Listen mit Themenvorschlägen von Lehrveranstaltungsleiterinnen/

Lehrveranstaltungsleitern finden lassen oder ein bestimmter Themenbereich bzw. ein bestimmtes Thema kann ein persönliches Anliegen von Studierenden selbst sein.

Für die Bachelor-/Masterarbeit wird zusammengefasst ein Thema gewählt, von dem der/die Studierende *direkt* oder *indirekt betroffen* ist. Es wird also eine *praxisrelevante Fragestellung* formuliert bzw. ein *berufsfeldbezogenes Thema* gewählt. Wenn es beispielsweise um pädagogische Themen geht, ist dieses Berufsfeld im weiteren und im engeren Sinne die Institution Schule. Zusätzlich soll bedacht werden, für welche Personen(-gruppen) bzw. Institution(-en) die Bearbeitung des Themas von Interesse sein könnte.

Ziel eines Themenfindungsprozesses muss es sein, ein Thema so klar und eindeutig wie möglich aber auch so weit wie notwendig zu formulieren. Als Ergebnis steht zunächst der Arbeitstitel. In der Anfangsphase wird häufig der Fehler gemacht, dass das Thema zu allgemein und daher zu weitläufig formuliert ist. Gründe dafür sind meistens ein zu emotionaler Zugang zu einem Thema, häufig aber auch ein zu geringer Überblick über ein Thema bzw. über einen Themenbereich.

> Beispiele für zu allgemein gehaltene Themen und Alternativvorschläge:
>
> „Die Entwicklung der Volksschullehrer/-innenausbildung". Besser, weil überschaubarer, jedoch insgesamt nach wie vor zu umfangreich: „Die Entwicklung der Volksschullehrer/-innenausbildung in Österreich seit 1945". Noch besser, weil raumzeitlich klarer und enger eingegrenzt: „Die Entwicklung der Volksschullehrer/-innenausbildung in Tirol unter dem Einfluss der Lehrer/-innenbildung NEU".
>
> „Die Sprachentwicklung in der Kindheit". Besser, weil konkreter: „Die Entwicklung der Satzbildung in der Kindheit". Durch eine zusätzliche Eingrenzung kann auch gewährleistet werden, dass das Thema in der zur Verfügung stehenden Zeit bearbeitet werden kann: „Die Entwicklung der Satzbildung in der frühen Kindheit (0 bis 3 Jahre)".

Ein Thema lässt sich eingrenzen, indem man beispielsweise

- einen Aspekt auswählt (die motorische Entwicklung im dritten Lebensjahr),
- eine räumliche/zeitliche Eingrenzung vornimmt (in Deutschland von 1900–1914),
- die Quellen einschränkt (im Spiegel der amerikanischen Forschungsliteratur),
- eine Spezialisierung auf eine Betrachtungsebene vornimmt (aus ethnomethodologischer Sicht),
- einen Schwerpunkt setzt (unter besonderer Berücksichtigung des Frühwerks von Goethe)
- ein Beispiel bzw. Anwendungsfeld in den Vordergrund rückt
  (Kruse, 2018, S. 103–104).

Für den Einstieg in die Thematik ist es unabdingbar, sich zunächst einmal in verschiedenen Quellen einen ersten Überblick zu verschaffen. Dazu eignen sich besonders gut einschlägige wissenschaftliche Zeitschriften sowie Beiträge in Sammelbänden. Sie haben den Vorteil, einen kurzen und in sich abgeschlossenen Überblick zur ins Auge gefassten Thematik zu bieten. Dazu liefern sie auch Vorschläge für weiterführende Literatur. Indem vorhandene

Literatur gesichtet und zusammengetragen wird, entsteht ein klares, verständliches Bild von dem zu untersuchenden Gegenstand bzw. dem anvisierten Themenfeld. Die Literaturrecherche dient demnach der weiteren Klärung des Forschungsausgangspunktes und der näheren Eingrenzung des Themas.

Für den Themenfindungsprozess können Antworten zu folgenden Fragen hilfreich sein:

- Welche Fragestellungen und Themenbereiche interessieren mich besonders?
- Welche grundlegende Fragestellung könnte für meine berufliche Tätigkeit von besonderer Bedeutung sein?
- Welches Thema ist für mich als (angehende/r) Lehrer/in besonders wichtig?
- Welches prägende pädagogische Geschehen möchte ich genauer untersuchen?
- Welche Idee für einen gelingenden Unterricht wollte ich immer schon einmal ausprobieren?
- Welche zwiespältigen Erfahrungen bzgl. des Unterrichts sollten einmal näher betrachtet werden?
- Kann die Bearbeitung dieses Themas dazu beitragen, in einem bestimmten Bereich Unklarheiten zu beseitigen, umsetzbare Konzepte zu entwickeln oder neue Lösungswege aufzuzeigen?
- Ist die Frage- bzw. Problemstellung in wissenschaftlichen Arbeiten schon in einem genügenden Ausmaß bearbeitet worden, damit auf ausreichend Literatur zurückgegriffen werden kann?

Fällt es schwer in den Themenfindungsprozess einzusteigen und/oder das Thema einzugrenzen und zu strukturieren, dann können Methoden wie Brainstorming, Mind-Mapping, Fischbone-Analyse (Ursache-Wirkungs-Diagramm), SWOT-Analyse (Akronym für *Strengths*, *Weaknesses*, *Opportunities* and *Threats*) oder die kreative Walt-Disney-Methode hilfreich sein (zu den hier aufgezählten Methoden siehe Voss, 2020, S. 71–78).

Die im Folgenden angeführten Themenfelder mit Beispielen von Bachelor-/und Masterarbeiten dienen als Ideengeber und veranschaulichen, wie Themen eingegrenzt und strukturiert werden können (für einen umfassenden Überblick über die Forschungsfelder der Schulforschung siehe z. B. Helsper & Böhme, 2008).

Lehren und Lernen

Beispiel zum Thema E-Learning
Einführung der E-Learning-Plattform Moodle an einer höheren technischen Lehranstalt

Beispiel zum Thema Lernmotivation
Multisensorisches Lernen: ein wichtiger Baustein für lustbetontes und freudvolles Lernen

Beispiel zum Thema soziales und persönlichkeitsorientiertes Lernen
Selbstwert und Schule: gezielte Methoden zur Förderung des Selbstwerts bei Schülerinnen und Schülern am Beispiel der Volksschule XY

Beispiel zum Thema Lebensraum Schule
Soziale Spiele im Bewegungsunterricht als elementarer Baustein zur Stärkung der Klassengemeinschaft

Beispiel zum Thema internationale Vergleichsstudien (PISA, IGLU etc.)
PISA – Wo liegen die Chancen? Konkretisierungsvorschläge im Bereich der Lesekompetenz

Beispiel zum Thema Gender
Mädchen Leseratten – Buben Lesemuffel?! Geschlechtsspezifische Unterschiede beim Lesen von Büchern

Beispiel zum Thema Individualisierung
Rhythmik als Förderung für Kinder mit erhöhtem sonderpädagogischem Bedarf

Kinder und Jugendliche

Beispiel zum Thema Aggression und Gewalt
Streit und Versöhnung im Klassenzimmer: eine pädagogische Herausforderung für Sekundarschullehrer/innen

Beispiel zum Thema Freizeitbeschäftigung
Möglichkeiten sinnvoller Freizeitgestaltung im urbanen Raum am Beispiel ...

Beispiel zum Thema Angst
Ängste im Kindes- und Jugendalter: Umgangsmöglichkeiten mit Ängsten anhand konkreter Umsetzungsbeispiele im Unterrichtsfach Bildnerischer Erziehung

Schule als Lebenswelt

Beispiel zum Thema Schulpartnerschaft
Beispiele positiver Kooperation und Kommunikation zwischen Elternhaus und Schule im Sekundarbereich I

Beispiel zum Thema Arbeits- und Kooperationsmodelle
Verbesserungen der Kommunikation zwischen Schule und Betrieb als Ausbildungsstätte für Lehrlinge

Beispiel zum Thema Professionalisierung und Personalförderung
Sicherer Start am Arbeitsplatz Schule: Erste Hilfe für Junglehrer/innen am Beispiel der Volksschule XY

Beispiel zum Thema Schulentwicklung
Schulentwicklung und Schulqualität am Beispiel einer Fachberufsschule für Elektrotechnik in XY

Familie und Erziehung

Beispiel zum Thema Erziehung
Die Bedeutung der Erziehungs- und Beziehungsstile von Eltern und deren Auswirkungen auf die Bewegungsentwicklung des Kindes

Beispiele zum Thema neue Familienformen
Veränderte Familienstrukturen: eine pädagogische Herausforderung für die Lehrperson
Vaterentbehrung in der Kindheit und deren literarische Verarbeitung in Kinder- und Jugendbüchern

Beispiel zum Thema soziokulturelle Aspekte
Der Zusammenhang zwischen soziokulturellem Hintergrund des Elternhauses und Schulleistung von Jugendlichen an Berufsschulen unter besonderer Berücksichtigung der Ergebnisse der PISA-Studie 2009

Religion/Ethik

Beispiele
Der Einfluss der monotheistischen Religionen auf den Friedensprozess im Nahen Osten
Ethik im Lehrberuf und deren Umsetzung in Österreichs Schulen, dargestellt an Unterrichtsbeispielen an einer Handelsakademie

Digitalisierung und Globalisierung

Beispiele
Zur Notwendigkeit nachhaltigen Lernens in der Wissensgesellschaft und in einer global vernetzten Welt am Beispiel des Englischunterrichts in der Mittelschule
Die Auswirkung der Globalisierung auf die beruflichen Perspektiven von Absolventinnen/Absolventen der höheren Lehranstalten für Tourismus

Migration und Mehrsprachigkeit

Beispiele
Schule in der Fremde: Differenzierte Aspekte der Situation von Flüchtlingskindern in Tiroler Grundschulen
Die Vielfalt der Mehrsprachigkeit nutzbar machen am Beispiel des Unterrichtsgegenstands XY an der International School XY

Auf den Punkt gebracht: Vor dem Entschluss, sich in einer Bachelor- oder Masterarbeit einem bestimmten Thema zu widmen, steht die Frage: Für welchen Themenbereich/für welches Thema habe ich ein besonderes, *persönliches Interesse* und wie steht es um mein im Studium erworbenes *Vorwissen* dazu? Daran kann die Frage anschließen, ob das Thema *für das betreffende Institut/die jeweilige Fakultät* von Interesse ist. Und nicht unwichtig: Gibt es dazu genügend (Basis-)Literatur? Liegen zu diesem Thema vielleicht schon Masterarbeiten oder Dissertationen vor? Zentraler Punkt ist die persönliche Einstellung. Es ist die *Begeisterung*, die für ein bestimmtes Thema entwickelt wird, es sind die *Emotionen,* die bei der Arbeit entstehen, es ist die *Neugierde* an dem, was unter der Oberfläche passiert: Nicht nur die Spitze des Eisbergs ist von Interesse, sondern auch das, was darunter liegt.

5.2 Betreuer/in finden

Wichtig ist natürlich auch die Frage, wer die Betreuung der Arbeit übernehmen kann. Häufig bieten einzelne Institute an Hochschulen und Universitäten Themen(-bereiche) mit den jeweiligen Kontaktpersonen entweder elektronisch und/oder über Anschlag an. Dies kann die einfachste und schnellste Möglichkeit sein, um zu einem klar abgegrenzten Thema und die entsprechende Betreuungsperson zu kommen.

Ein in vielen Fällen erfolgversprechender Weg ist, Lehrveranstaltungsleiter/innen direkt anzusprechen. Dabei ist es wichtig, dass diese Person Expertin/Experte in jenem Bereich ist. Zusätzlich sollte eine potentielle Betreuerin/ein potentieller Betreuer die Bearbeitung eines bestimmten Themas sinnvoll und interessant finden.

Der erste Gesprächstermin wird für beide Seiten umso erfolgreicher verlaufen, je klarer ein Themenvorschlag formuliert ist. Es ist unumgänglich, dass schon eine gewisse Vorarbeit von Seiten der/des Studierenden geleistet wurde (siehe Kapitel 6).

In bestimmten, zeitlichen Abständen ist es empfehlenswert, mit der betreuenden Person einen Gesprächstermin zu vereinbaren. Dabei können inhaltliche Abweichungen, entstandene Unklarheiten oder eventuell auftretende Schwierigkeiten zeitnah besprochen werden. Ein solches Gesprächen bietet die Möglichkeit, seinen jeweiligen Wissensstand genauer darzulegen, was dazu beiträgt, sich schrittweise einen Expertenstatus in Bezug auf ein bestimmtes Thema zu erarbeiten. Zusätzlich steigt durch solche Gesprächssituationen die eigene Übersicht im Themenbereich und die Sicherheit in der Argumentation. Weiters bietet sich die Chance, einzelne Teilbereiche genauer zu reflektieren und in der Folge exakter zu formulieren.

Es macht durchaus Sinn, sich während des Gesprächs mit einer Betreuerin/einem Betreuer Notizen zu machen und möglichst unmittelbar danach ein Gesprächsprotokoll (Ort, Datum, wichtigste Punkte des Gesprächs) anzulegen und zu archivieren. Für die nächste Sitzung kann ein solches Papier einerseits als Unterlage für die Vorbereitung und andererseits dem entsprechenden Einstieg dienen.

5.3 Literaturrecherche

Die Literaturrecherche ist dank ausgeklügelter Bibliothekssoftware und Meta-Suchmaschinen einfacher denn je. Die Zeiten, in denen Studierende die Bestände ihrer Hochschul- und Institutsbibliothek mittels Karteikarten recherchierten, sich mit unterschiedlichen Entlehnsystemen konfrontiert sahen und Fernleihe eine Hürde darstellte, sind vorbei.

Die Universitäts- und Hochschulbibliotheken verwenden heutzutage moderne Bibliothekssoftware wie „Alma", um den Bibliotheksbestand zu verwalten und die Entlehnung zu organisieren. Kommt bereits ein Discovery-System wie die neue Software „Primo" zum Einsatz und ist die entsprechende Lizensierung vorhanden, kann auf dem Campus im Hochschulnetz bzw. von zu Hause über VPN oder Proxy direkt auf die digitalen Volltextdokumente (z. B. Aufsatz in einer Zeitschrift) zugegriffen werden.

Bei der Literaturrecherche ist die erste Anlaufstelle in der Regel die Bibliothek der Hochschule, an der studiert wird. Häufig befinden sich am jeweiligen Studienort weitere tertiäre Bildungseinrichtungen mit eigenen Bibliotheken. Auch diese sollten gezielt genutzt werden.

Gängige Quellen
- Monographien[25]
- Sammelbände, Tagungsbände[26]
- Schriftreihen
- Zeitschriften
- Zeitungen
- Elektronische Medien (CD, DVD, Datennetze)
- Audiovisuelle Medien (Video, Tonband, Fotografie)
- Hochschulschriften (Masterarbeiten, Dissertationen)
- Nicht veröffentlichte Literatur (z. B. Forschungszwischenberichte)
- Schulspezifische Dokumente (z. B. Jahresberichte, Lehrpläne, Schulleitbilder, Schüler/innenarbeiten)
- Graue Literatur (z. B. Flugzettel, Plakate, Postwurfsendungen)

Hinweise für die Literaturrecherche

Als Einstieg in die Literatursuche empfehlen wir die Nutzung des Online-Suchsystems der Ausbildungsinstitution, welches fast immer in einem Verbund mit anderen Institutionen zusammengeschlossen ist, sodass gleichzeitig die Bestände mehrerer Bibliotheken durchsucht werden. Unabhängig davon gelten die folgenden *Recherchetipps* generell für Online-Bibliothekskataloge:

- Sofern ein Benutzerkonto angelegt ist, vor Beginn der Recherche anmelden, da im eingeloggten Zustand das Sucherergebnis oft auch Dokumente umfasst, die nur für registrierte Benutzer/innen zugänglich sind.

- Bei der Schnellsuche bzw. Freitextsuche (Funktion „Einfache Suche") werden Stichwörter unverbunden ins Suchfeld eingegeben. Es wird nach Literaturnachweisen gesucht, die alle Suchwörter (UND-Verknüpfung) enthalten. Dabei werden je nach Suchsystem die wichtigsten bzw. alle Suchfelder gleichzeitig durchsucht (z. B. Titel, Titelwörter, Abstract, Schlagwörter etc.). Die Begriffe „Stichwort" und „Schlagwort" werden oft verwechselt. Ein Stichwort findet sich irgendwo in der gesamten bibliographischen Beschreibung, das Schlagwort bzw. die Schlagwörter beschreiben den Inhalt der Publikation. Ein Schlagwort

---
25 Eine Monographie ist ein in sich vollständiges Einzelwerk einer einzelnen Autorin/eines einzelnen Autors oder mehrerer Verfasser/innen zu einem bestimmten Thema, einer bestimmten Problem- bzw. Fragestellung.
26 Ein Sammelband/Tagungsband ist ein Buch, in dem zu einem eher breiten Thema mehrere Einzelbeiträge meist verschiedener Autorinnen/Autoren veröffentlicht werden. Dies geschieht durch eine Herausgeberin/einen Herausgeber bzw. mehrere Herausgeber/innen.

kann, muss aber nicht im Titel vorkommen, da es sich dabei um einen standardisierten Begriff handelt, der beim Katalogisieren von der Bibliothekarin/vom Bibliothekar eingeben wird.

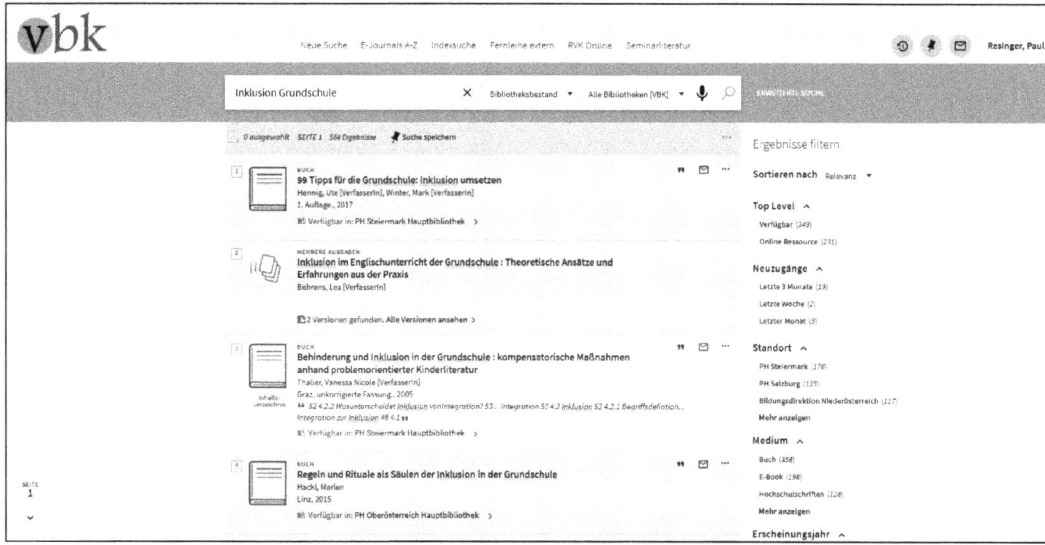

Abbildung 32: Beispiel für Freitextsuche ohne weitere Auswahlkriterien

Im Beispiel in Abbildung 32 wird nach Literatur gesucht, die die Stichwörter „Inklusion" und „Grundschule" beinhalten. Damit die Bestände in allen Verbundbibliotheken durchsucht werden, muss als Suchbereich „Alle Bibliotheken" ausgewählt sein. Für den gesamten Bibliotheksverbund werden 564 Ergebnisse angezeigt. Wird beispielsweise nur der Bestand der Bibliothek der Pädagogischen Hochschule Tirol durchsucht, ist das Suchergebnis mit 296 Auflistungen weniger umfangreich.

- Bei großer Trefferanzahl Ergebnisse filtern, in der Fachsprache *Facettieren* genannt, z. B. nach dem Erscheinungsjahr (von – bis) oder dem Medium bzw. der Publikationsform (z. B. nach Büchern, E-Books, Artikeln, Hochschulschriften, Lehrmittel etc.).

- Keine Artikel und Stoppwörter wie „und" bzw. „oder" bei der Suche verwenden.

- Komposita trennen: Leistungsbeurteilungsverordnung ist eine Wortbildung, die aus drei selbstständigen Substantiven besteht. Wird im Online-Bibliothekskatalog nach „Leistungsbeurteilungsverordnung" gesucht, erhält man weniger Treffer, als wenn „Leistung Beurteilung Verordnung" eingegeben wird. Wird Literatur zu Unterrichtsmethoden gesucht, sollte im Suchfeld „Unterricht Methoden" eingegeben werden.

- Stichwörter in der Einzahl und Mehrzahl suchen.

- Mit Trunkierung arbeiten: pädagog* findet pädagogisch, pädagogisches, Pädagogik etc.

- Die „Erweiterte Suche" ist in drei Fällen zu empfehlen: Ist der Titel der gesuchten Publikation bekannt, kann über „Erweiterte Suche" der Suchbereich auf „Titel" eingegrenzt werden. Mehrere Titelwörter werden automatisch mit UND verknüpft (UND-Verknüpfung).

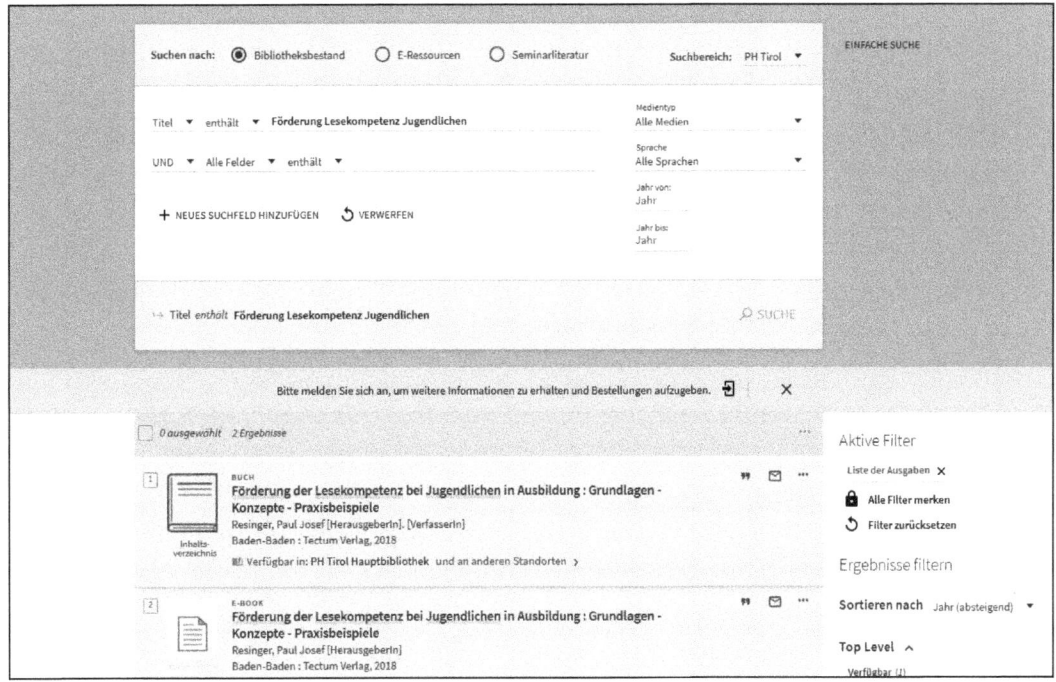

Abbildung 33: Beispiel für die erweiterte Suchfunktion

Im Beispiel in Abbildung 33 wird nach einem konkreten Titel mittels Eingabe von drei Stichwörtern gesucht. Durch die Eingrenzung des Suchbereichs auf „Titel" wird das gesuchte Buch an erster Stelle angezeigt. Dieselbe Suche mit der Funktion "Einfache Suche" bringt 150 Ergebnisse. Über „Erweiterte Suche" kann des Weiteren nach Hochschulschriften gesucht werden, welche an einem bestimmten Institut verfasst wurden, oder von einer bestimmten Person betreut wurden. Schließlich kann gezielt nach Autorinnen/Autoren eines Buches und den Verfasserinnen/Verfassern von Zeitschriften- und Buchbeiträgen gesucht werden. Für eine vollständige Suche sollten Vor- und Nachname eingegeben werden.

- Indexsuche verwenden: Zu jeder Publikation werden Schlagwörter vermerkt. Für eine erfolgreiche Recherche ist es entscheidend, die standardisierten Schlagwörter zu kennen. Dazu bietet sich das Blättern in alphabetischen Listen an. Mit der Funktion „Indexsuche", Durchsuchen nach „Schlagwort", kann nach einem alphabetischen Schlagwortindex gesucht werden.

- Wird zum Beispiel als Suchbegriff „Schulentwicklung" eingegeben, wird eine alphabetisch sortierte Schlagwortliste ausgeworfen: „Schulentwicklung", „Schulentwicklungsplanung", „Schulerfolg", „Schulevaluation" etc. Zu jedem Eintrag ist auch die Zahl der verknüpften Titel angegeben, die mit einem Mausklick alphabetisch geordnet angezeigt werden.

- Mit Schlagwörtern arbeiten: Wurde relevante Literatur gefunden, können die dazugehörigen Schlagwörter über die Titelvollanzeige abgefragt werden. So sind zum Beispiel der Publikation „SchülerInnen in den Mittelpunkt. Kompetenzen mit offenen Unterrichtsformen praktisch erwerben" die Schlagwörter „Offener Unterricht" und „Lehrerbildung" zugeordnet. Die/Der Recherchierende kann schlussfolgern, dass in dieser Publikation der Erwerb von Kompetenzen mit offenen Unterrichtsformen auch aus der Perspektive der Lehrer/innenbildung thematisiert wird. Sie/Er erhält mit den Schlagwörtern somit eine zusätzliche Entscheidungshilfe für eine treffsichere Literaturauswahl. Darüber hinaus kann mit Hilfe der Schlagwörter die Literaturrecherche fortgesetzt werden: Durch Klicken auf ein zugeordnetes Schlagwort wird gezielt nach weiteren Publikation mit demselben Schlagwort gesucht.

- Nach E-Ressourcen suchen: Sofern die Hochschule Lizenzen für elektronische Zeitschriften besitzt, haben Studierende direkten Zugang zu umfangreichen E-Ressourcen: In der EZB (Elektronische Zeitschriftenbibliothek) kann nach elektronischen Zeitschriften gesucht werden, in den Systemen der Provider (z. B. *Taylor & Francis Social Science and Humanities Library*) sind einzelne, primär englischsprachige Artikel suchbar. Vielfach haben Hochschulen mittlerweile auch Lizenzen mit Wissenschaftsverlagen (z. B. BELTZ, Springer, UTB etc.) abgeschlossen, sodass direkt auf die E-Bookangebote dieser Verlage zugegriffen werden kann. Für den Zugriff auf die lizensierten Volltextdokumente müssen Studierende über den Proxyserver oder das VPN-System der Hochschulbibliothek einsteigen. Das ist vor allem dann wichtig, wenn von außerhalb des Hochschulcampus zugegriffen wird.

  Bücher oder Aufsätze in einer gedruckten Zeitschrift, die auch digital als Volltext zur Verfügung stehen, dürfen nicht mit elektronischen Büchern (E-Books) oder Zeitschriften (E-Journals) verwechselt werden. Wird z. B. nach E-Journals gesucht, werden Aufsätze in einer gedruckten Zeitschrift, die auch digital als Volltext zur Verfügung stehen, *nicht* angezeigt. Oder: Ein gedrucktes Buch muss auch als E-Book erscheinen, damit es bei einer reinen E-Book-Suche angezeigt wird.

- Bei nicht zufriedenstellendem Suchergebnis Kreativität bei der Formulierung der Suchanfrage entwickeln, z. B. Synonyme finden.

In die Ferne blicken: Literatursuche in Bibliotheksverbünden und Literaturdatenbanken

Die meisten Universitäts- und Hochschulbibliotheken sind in regionale und/oder überregionale Bibliotheksverbünde zusammengeschlossen. Im Zuge einer Literaturrecherche werden bei der Volltitelanzeige in der Regel auch jene Bibliotheksverbundstandorte angegeben, wo die gefundene Publikation über Fernleihe entlehnbar ist. Zur Erweiterung des Suchbereichs muss ggf. eine entsprechende Einstellung vorgenommen werden (z. B. Auswahl „Suche im gesamten Bibliotheksverbund").

Es empfiehlt sich jedenfalls auch andere Suchportale für die Literaturrecherche zu verwenden. Der *Österreichische Bibliothekenverbund* (https://search.obvsg.at) beispielsweise ist ein Zusammenschluss aller wichtigen Bibliotheken in Österreich. Die Verbundsuchmaschine bietet einen zentralen, einfachen Einstieg für die Recherche in den Beständen der über 90 teilnehmenden Einrichtungen. Nach der Auswahl eines Suchergebnisses werden die verfügbaren Standorte angezeigt (siehe Abbildung 34). Durch Anklicken eines Standortes erfolgt die Prüfung der Verfügbarkeit. In einem neuen Tab öffnet sich die Bibliotheksseite der ausgewählten Einrichtung mit dem entsprechenden Suchergebnis.

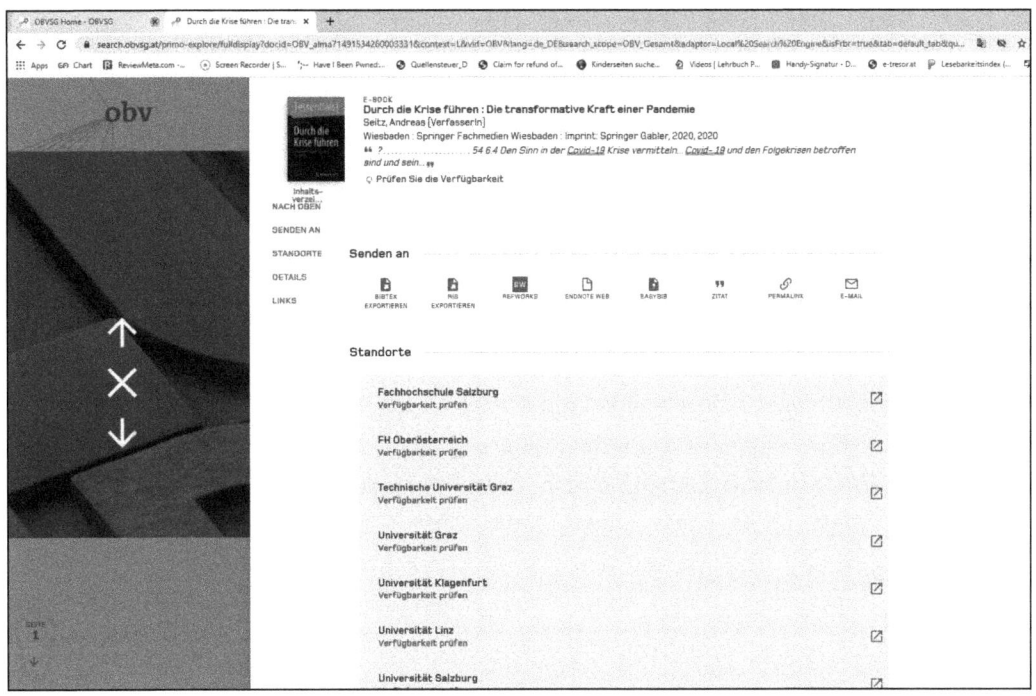

Abbildung 34: Recherche im Österreichischen Bibliothekenverbund

Das Fachportal Pädagogik (http://www.fachportal-paedagogik.de) hat mit *FIS Bildung* (FachInformationsSystem Bildung) eine Literaturdatenbank zu allen Teilbereichen des Bildungswesens. *FIS Bildung* weist Monografien, Sammelwerksbeiträge und Aufsätze aus Fachzeitschriften nach. Diese Literaturdatenbank ist vor allem für die Zeitschriften-Artikelsuche hilfreich. In Abbildung 35 wird das Ergebnis zur Stichwortsuche „Lesekompetenz", „Förderung" und „Berufsschule" dargestellt. Es werden insgesamt 20 wissenschaftliche Quellen angezeigt, davon mehrere, die als Volltext frei zugänglich sind (Open Access).

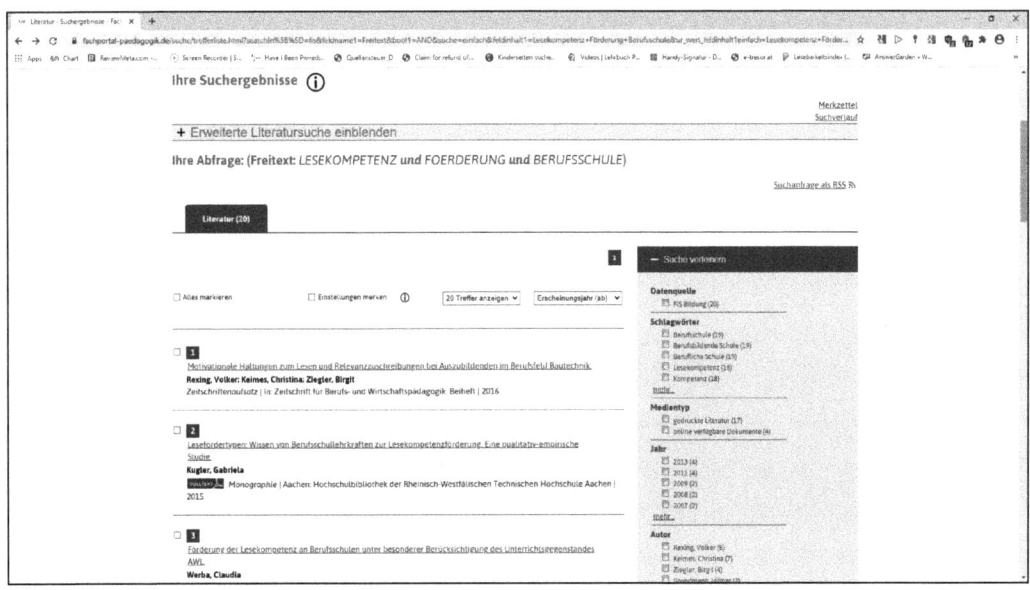

Abbildung 35: Recherche im FachInformationsSystem Bildung (FIS Bildung)

Der *Karlsruher Virtuelle Katalog* (https://kvk.bibliothek.kit.edu/) ist eine Meta-Suchmaschine (wie etwa Google), die weltweit in Bibliotheks- und Buchhandelskatalogen nach Publikationen sucht und nach eigenen Angaben mehr als 500 Millionen Bücher, Zeitschriften und anderen Medien recherchieren kann. Der KVK besitzt *keine eigenständige* Datenbank, d. h. die Suchanfrage wird an jene beteiligten Bibliotheks- und Buchhandelskataloge weitergereicht, die in der Suchmaske markiert wurden (siehe Abbildung 36). Auf der Startseite befindet sich oberhalb der Suchmaske, welche die gängigen Suchfelder und Auswahloptionen beinhaltet, der Link „Mehr", der zur Seite „Hilfe und Infos" führt. Dort erhält man neben allgemeinen Informationen, Hilfe zur Suche sowie eine Anleitung zu den Einstellungsmöglichkeiten.

Beispiel für eine Literatursuche im KVK

Zum Thema !Umgang mit Schülerinnen und Schülern mit besonderen Bedürfnissen! sind Ländervergleiche – unter anderem England – vorgesehen. Gesucht wird daher gezielt nach Literatur im englischsprachigen Raum. In der Freitextsuche werden die Stichwörter „inclusive education", „learning", „teaching" sowie „England" und das normierte Schlagwort „special educational needs" eingegeben (siehe Abbildung 36). Gesucht wird weltweit, u. a. im Britischen Verbundkatalog (siehe ausgewählte Bibliotheks- und Buchhandelskataloge). Nach einer kurzen Suchzeit (ca. eine halbe Minute) erscheint die Trefferliste (siehe Abbildung 37) mit den recherchierten Kurztiteln, die mit den Original-Volltitelanzeigen der einzelnen Bibliotheks- und Buchhandelskataloge verknüpft sind. Durch Anklicken eines Links wird man direkt zum jeweiligen Zielsystem weitergeleitet (siehe Abbildung 38), aus dessen Datenbank die Titelaufnahme stammt. Mit dem „Zurück/Back"-Befehl kommt man wieder zur Suchmaske des KVK.

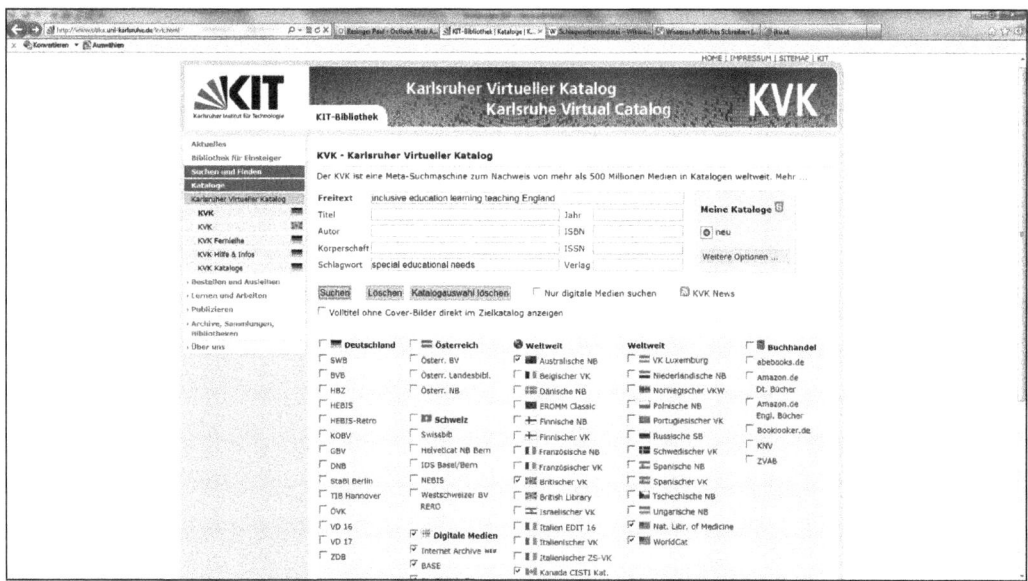

Abbildung 36: Suchmaske Karlsruher Virtueller Katalog

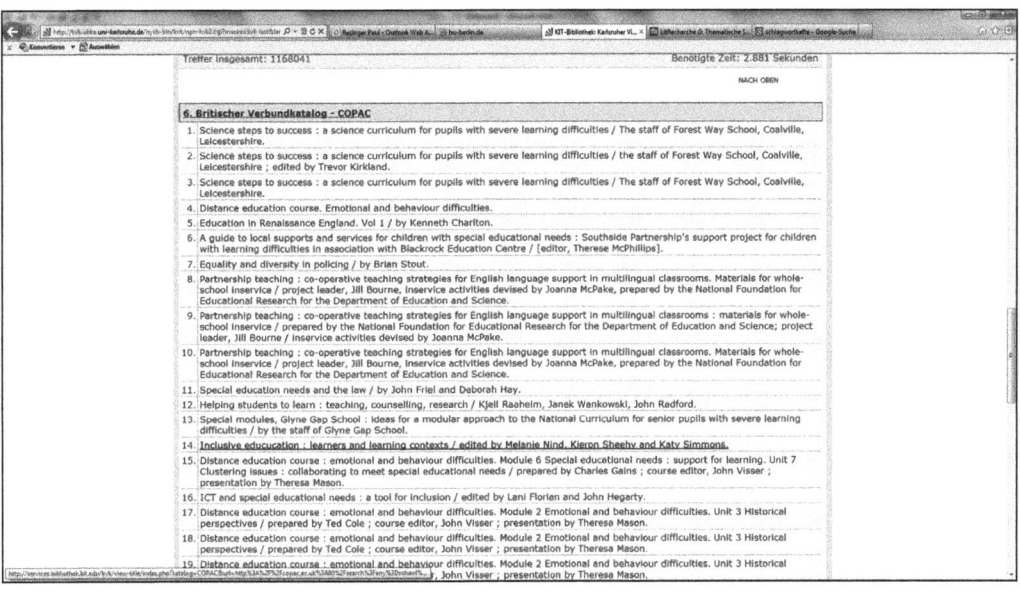

Abbildung 37: Trefferliste mit Kurztiteln geordnet nach Bibliotheks- und Buchhandelskatalogen

Abbildung 38: Volltitelanzeige im jeweiligen Zielsystem

Die Suche im KVK funktioniert wie in einem Bibliothekskatalog, allerdings mit Einschränkungen. So sind z. B. Schlagwortketten nicht recherchierbar oder es kann nur gezielt nach einem Erscheinungsjahr gesucht werden. Die Freitextsuche allein eignet sich bei einer gleichzeitigen Abfrage in mehreren Bibliotheks- und Buchhandlungskatalogen nicht, da in der Regel ein unüberschaubares Ergebnis mit nicht wenigen irrelevanten Treffern angezeigt wird. Die Suche im KVK ist für Studierende dann am sinnvollsten, wenn gezielte Abfragen gemacht werden. D. h. es wird z. B. eruiert, ob an einem Bibliotheksstandort ein bekannter Titel vorhanden ist und/oder dort eine Publikation von einer für ein Spezialgebiet anerkannten Autorin über Fernleihe entlehnbar ist.

Schritt-für-Schritt-Literatursuche anhand dreier weiterer Beispiele

Eine Studentin sucht im Bibliothekskatalog nach Literatur zum Thema „Der Einsatz von Rätseln und Spielen im Mathematikunterricht". Dazu wird das Thema in die Schnellsuche/Freitextsuche eingegeben. Diese Suchkombination ergibt keinen Treffer.

Ein zweiter Versuch startet mit der Eingabe von unverbundenen Stichwörtern in der Schnellsuche. Die Stoppwörter „der", „von", „im", „und" werden weggelassen. Wird im Suchfeld: „Rätsel Spiele Mathematikunterricht" eingegeben, so erhält man zwei Buchempfehlungen.

Die Studentin ist damit noch nicht zufrieden und startet einen dritten Versuch. Jetzt wird die Hauptwortgruppe „Mathematikunterricht" getrennt und es wird mit Trunkierungen gearbeitet (Spiel* findet Spiele, Spielformen, spielerisch etc.). Eingabe im Suchfeld: „Rätsel* Spiel* Mathematik Unterricht". Im Suchergebnis werden drei Empfehlungen angezeigt.

Damit die Literaturrecherche noch effizienter wird, wird die Eingabe reduziert.

Eingabe im Suchfeld: „Rätsel* Mathematik*" Diese Suche ist erfolgreich. Es werden 23 Literaturempfehlungen angezeigt.

Soll die Empfehlungsliste eingeschränkt werden, können die Publikationen nach bestimmten Auswahlkriterien wie Medium (z. B. E-Book), Form (z. B. Lehrmittel), Erscheinungsjahr (von – bis) gefiltert werden.

Das zweite Beispiel soll veranschaulichen, wie Literatur im Gesamtkatalog des *Österreichischen Bibliothekenverbundes* gesucht werden kann.

Ein Student sucht nach Literatur zur Förderung von Schülerinnen/Schülern mit besonderen Bedürfnissen. Im Suchfeld werden die Stichwörter „Inklusion" und „Begabung" eingegeben. Es wird *kein* Treffer angezeigt. Der Benutzer lässt sich nicht irritierten und arbeitet im zweiten Versuch mit Trunkierungen. Er gibt „inkl* *begabung" im Suchfeld ein. In der Ergebnisliste werden sieben Treffer angezeigt. Das Buch „Diagnostische Pädagogik als Grundlage für die (innere) Differenzierung zwischen Lernbehinderung und Hochbegabung" von Markus Wolfer klingt vielversprechend. In der Vollanzeige (durch Anklicken der Publikation) erscheint die Information zu den Entlehnungsmöglichkeiten. Das Buch kann in der Pädagogischen Bibliothek beim Landesschulrat für Niederösterreich sowie an der Universitätsbibliothek der Alpen-Adria-Universität Klagenfurt (über Fernleihe) entlehnt werden.

Im letzten Beispiel wird demonstriert, wie Studierende durch die Nutzung von E-Ressourcen zu themenspezifischer Literatur kommen, wenn im Bibliotheksbestand der eignen Hochschule dazu wenig zu finden ist.

Eine Studentin sucht nach Publikationen vom bekannten schottischen Erziehungswissenschaftler John MacBeath zum Thema „Lehrpersonen und Leadership", um die internationale Perspektive in ihrer Masterarbeit miteinzubeziehen. Zunächst sucht sich im Bibliotheksbestand der eigenen Hochschule. In „Erweiterte Suche" wählt sie den Suchbereich „Verfasser/Ersteller" aus und gibt den Namen des Autors ein. Es werden zwei Publikationen angezeigt, die beide nicht dem gesuchten Thema entsprechen. Die Studierende erweitert daher den Suchbereich auf „Alle Bibliotheken" im Bibliothekenverbund, erhält aber keine weiteren Ergebnisse. Die Master-Studentin gibt nicht auf und such jetzt gezielt nach E-Ressourcen. Die Suche ist erfolgreich, das Ergebnis listet 52 verfügbare Volltextdokumente auf (siehe Abbildung 39), von denen 36 in einem *peer-reviewed journal*[27] veröffentlicht wurden. Um mehr über den Artikel „Collective leadership: the role of teacher unions in encouraging teachers to take the lead in their own learning and in teacher policy" zu erfahren, liest die Studentin in der Titelvollanzeige das Abstract[28]. Der Zeitschriftenartikel, erschienen im *Journal Professional Development in Education*, ist interessant, die Studentin klickt auf „Volltext verfügbar" und wird direkt zum Volltextdokument auf der *Taylor & Francis Social Science and Humanities Library* weitergeleitet. Der Artikel von John MacBeath kann am Bildschirm gelesen und als PDF-Version gespeichert werden (siehe Abbildung 40).

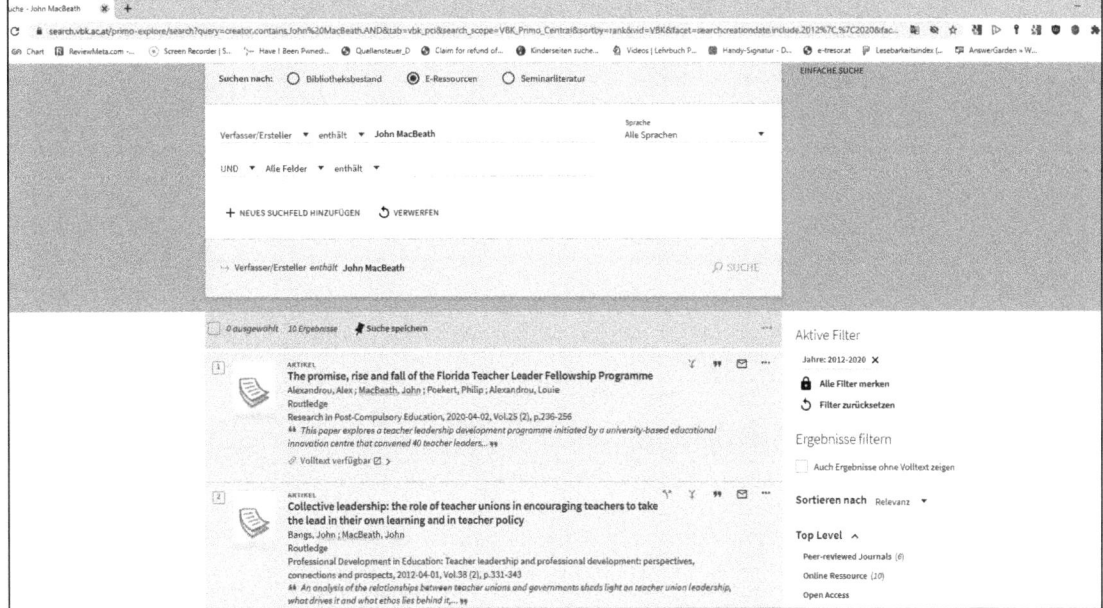

Abbildung 39: Beispiel für die Suche nach E-Ressourcen

---

27 Ein Peer-Review ist ein Verfahren zur Qualitätssicherung von wissenschaftlichen Publikationen. In der Regel beurteilen zwei unabhängige Gutachter/innen aus dem gleichen Fachgebiet die Qualität des Beitrags.
28 In der Titelvollansicht stehen weitere Funktionen zur Verfügung, wie z. B. eine Print- und Mailfunktion. Auch bestünde die Möglichkeit, die Publikation nach einem bestimmten Zitierstil als Quellenangabe für das Literaturverzeichnis anzeigen zu lassen. Wir raten davon jedoch ab, da Angaben zum Teil nicht vollständig und/oder formal richtig dargestellt werden.

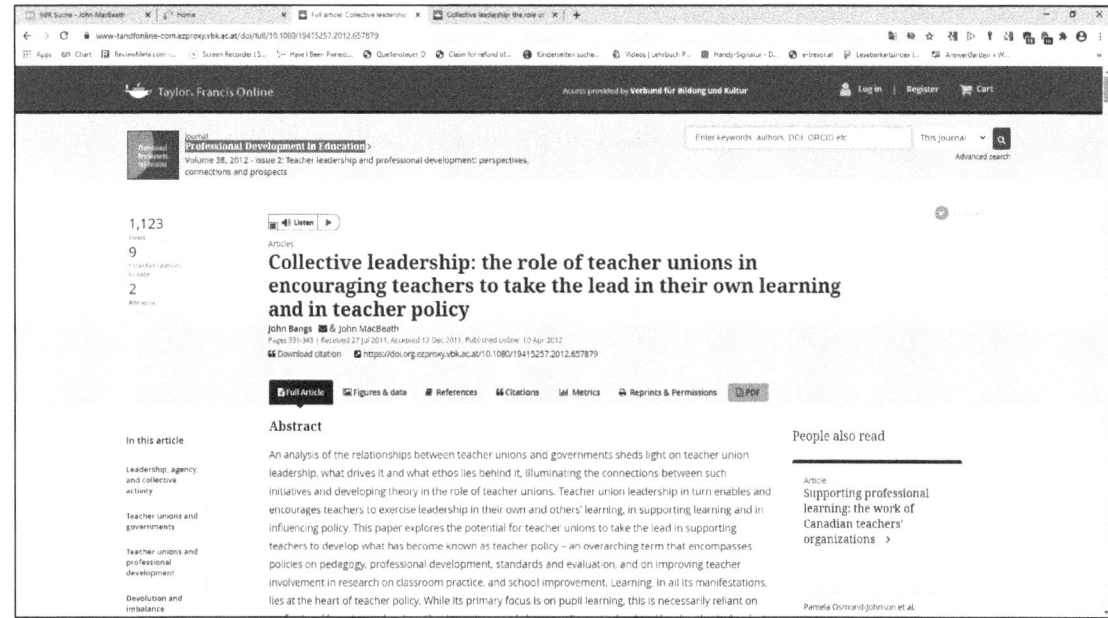

Abbildung 40: Beispiel für ein verfügbares Volltextdokument

Und noch drei Hinweise

Wird bei der Entlehnmöglichkeit „Freihand", „Lesesaal", „Selbstbedienung", o.ä. angeführt, ist die Publikation frei entlehnbar, d. h. sie muss nicht bestellt werden, sondern kann vor Ort eingesehen, gelesen und entlehnt werden. Bücher und Zeitschriften im Freihandbereich sind systematisch nach Fachgruppen aufgestellt (in der Regel nach der Regensburger Verbundklassifikation). Die Signatur der gewünschten Publikation führt am Bibliotheksstandort zum richtigen Regal und zum gesuchten Werk. Einige Titel (meistens solche im Handapparat der Bibliothek) können nur für eine sehr kurze Zeit (meistens einen Tag) oder überhaupt nur zum Kopieren entlehnt werden.

Immer öfter ist das Inhaltsverzeichnis und/oder Abstract Teil der umfassenden Angaben zur recherchierten Literatur. Durch diese Informationsquelle ist es oftmals möglich zu entscheiden, ob das gefundene Dokument für ein bestimmtes Thema von Interesse ist. In der Titelvollanzeige scheinen oft Schlagwortketten auf, die den Inhalt gut zusammenfassen. Auch diese sollten auf jeden Fall berücksichtigt werden.

Schließlich sei zur thematischen Vertiefung auf die Publikation von Klaus Niedermair (2010) verwiesen, die anhand von konkreten Beispielen Techniken und Fertigkeiten des Recherchierens und Dokumentierens vermittelt.

5.4 Typen und Formulierung von Forschungsfragen

In jeder Bachelor-/Masterarbeit werden in der Einleitung bzw. im thematischen Aufriss Forschungsfragen formuliert. In einem berufsfeldbezogenen Forschungsvorhaben ist ein sich aus dem Studium, insbesondere ein sich aus persönlichen Schul- und Unterrichtserfahrungen ergebender Sachverhalt ein Ausgangspunkt, aus dem sich die *Forschungsfrage(n)* logisch ableitet/ableiten. In der *Einleitung* einer Bachelor-/Masterarbeit wird die *Ausgangslage (Problemstellung)* mit Bezug zur vorhandenen Literatur beschrieben, aus der sich die *zentralen Fragestellungen* ergeben. Die zwingend notwendige Darstellung der Ausgangssituation in der Einleitung der Bachelor-/Masterarbeit dient der Klärung der Problem- und Fragestellung.

Die Klärung des Forschungsausgangspunktes hilft, ein klares, verständliches Bild von der zu untersuchenden Situation zu zeichnen. Das *Formulieren einer guten Forschungsfrage* ist ein aufwendiger aber notwendiger Prozess, denn über die Forschungsfragen wird der Verlauf des Forschungsprozesses bestimmt. Außerdem wird durch konkrete Fragestellungen verhindert, dass eine Arbeit zu allgemein gehalten wird.

Wissenschaftliches Arbeiten hat immer ein „*handlungsleitendes Interesse*" als Basis (lat. *interesse* = dazwischen sein). Über die Forschungsfrage kann das Forschen zu einer „leidenschaftlichen" Tätigkeit werden. Gute Forschungsfragen sind als „W-Fragen" formuliert. Karmasin und Ribing (2019, S. 21–22) unterscheiden zwischen *fünf Grundtypen von Forschungsfragen*, die in der folgenden Tabelle aufgelistet und mit Beispielen angereichert wurden:

Fragetyp	Leitfrage	Beispiel
Beschreibung	Was ist der Fall? Wie sieht die Wirklichkeit aus?	Wie hat sich das Anforderungsprofil des Lehrer/innenberufs in den vergangenen zwei Jahrzehnten verändert?
Erklärung	Warum ist etwas der Fall? Warum tritt ein Ereignis (unerwartet) ein bzw. nicht ein? Was sind die Einflussfaktoren für eine bestimmte unterrichtliche Begebenheit?	Warum hat sich das Anforderungsprofil des Lehrer/innenberufs in den vergangenen zwei Jahrzehnten auf bestimmte Art und Weise verändert?
Prognose	Wie wird etwas künftig aussehen? Welche Veränderungen werden eintreten?	Wie wird sich das Anforderungsprofil des Lehrer/innenberufs verändern? Wie wird das Anforderungsprofil des Lehrer/innenberufs im Jahr 2030 aussehen?
Gestaltung	Welche Maßnahmen sind geeignet, um ein bestimmtes Ziel zu erreichen?	Welche Maßnahmen sind in der Pädagoginnen-/Pädagogenausbildung zu setzen, damit zukünftige Lehrer/innen dem neuen Anforderungsprofil entsprechen? Wie ist die schulpraktische Ausbildung zu gestalten, damit zukünftige Lehrer/innen jene Kompetenzen erwerben, die dem neuen Anforderungsprofil entsprechen?
Kritik/ Bewertung	Wie ist ein bestimmter Zustand vor dem Hintergrund explizit genannter Kriterien zu bewerten?	Wie ist die derzeitige Lehrer/innen -aus-, -fort-, und -weiterbildung im Hinblick auf das zukünftige Anforderungsprofil zu bewerten?

Tabelle 3: Fünf Grundtypen von Forschungsfragen nach Karmasin und Ribing (2019, S. 21)

Forschungsfragen in Bachelor-/Masterarbeiten sind in der Regel den Fragetypen „Beschreibung", „Erklärung" und „Gestaltung" zuzuordnen und zeichnen sich neben dem Kriterium „W-Frage" vor allem durch eine präzise Formulierung sowie einer klaren Eingrenzung des Forschungsgegenstands aus. Weitere konkrete Beispiele hierfür sind:

- Wie wirkt sich die Teilnahme am Schulentwicklungsprojekt „Leadership for Learning" bei den aktiv involvierten Lehrer/innen der Neuen Mittelschule Lauterbach hinsichtlich ihrer Professionalisierung aus?

- Welcher Zusammenhang besteht zwischen der Lesemotivation sowie dem Lesekonzept und der Lesekompetenz bei Salzburger Lehrlingen des „Lehrberufs Maler/in und Beschichtungstechniker/in"?

- Welche Steigerung der Lesekompetenz kann durch einen gezielten, regelmäßigen Einsatz von Leseaufgaben bei Schülerinnen und Schülern der vierten Schulstufe der Grundschule Rohrbach nach einem Schuljahr festgestellt werden?

- Wie lässt sich ein gezielter, regelmäßiger Einsatz von kompetenzorientierten Lernaufgaben im Mathematikunterricht der Sekundarstufe I umsetzen?

Fragestellungen, die in einer Bachelor-/Masterarbeit im empirischen Teil gestellt werden, sind so zu formulieren, dass sie beantwortet und auch überprüft werden können. In einer wissenschaftlichen Untersuchung werden systematisch Daten gewonnen, um Forschungsfragen zu beantworten bzw. Hypothesen zu prüfen.

Im Folgenden wird basierend auf einem Aktionsforschungsprojekt von einer Mathematiklehrperson die Schärfung einer Forschungsfrage veranschaulicht.

Zunächst gilt es, die *Ausgangslage* bzw. die *Problemstellung* zu formulieren. Die Lehrperson formulierte diese in einer Ad-hoc-Aussage wie folgt:

> Meine Schüler/innen vergeuden im Mathematikunterricht zu viel Zeit.

In der Beschreibung der *Problemstellung* bzw. *Ausgangslage* geht es darum, die komplexe soziale Situation, die sich hinter einem Ereignis verbirgt bzw. zu verbergen scheint, ausführlich darzulegen. Im oben angeführten Beispiel ist dies nicht der Fall. Es muss also zunächst die Problemstellung konkretisiert werden. Was sind die *wichtigen Merkmale* der zu erforschenden Situation, was sind die *weniger wichtigen* Merkmale der zu erforschenden Situation? Was geschieht in dieser Situation? Welche Ereignisse, Handlungen, Situationsmerkmale sind von Bedeutung? Welche Personen setzen welche Handlungen?

So können folgende Fragestellungen zur Schärfung der Problemstellung beitragen:

Was bedeutet der Begriff „Vergeudung bzw. vergeuden"?
Begriffsbestimmung: „etwas erfolglos, sinnlos, planlos, unrationell aufwenden" („vergeuden", 2020, Definition 1)

Was machen Schüler/innen, wenn sie „Zeit vergeuden"?
Mögliche Situationsbeschreibung: Die Schüler/innen erledigen eine Arbeitsaufgabe nicht oder nur unvollständig in dem dafür vorgesehenen Zeitrahmen.

Gibt es unterschiedliche Formen von „Zeit vergeuden"?
Mögliche Situationsbeschreibungen:
Die Schüler/innen schwätzen und stören den Unterricht, indem sie …
Die Schüler/innen beschäftigen sich nicht bzw. nicht intensiv mit der Arbeitsaufgabe.
Die Schüler/innen lassen sich von der Arbeit der anderen Gruppen ablenken.

Welche Schüler/innen vergeuden Zeit?
Mögliche Situationsbeschreibung: Vor allem die Leistungsschwachen.

Vergeuden Schüler/innen bei ähnlichen oder sehr verschiedenen Tätigkeiten Zeit?
In welchen Phasen des Unterrichts vergeuden Schüler/innen häufig Zeit?
Mögliche Situationsbeschreibung: Vor allem beim Verteilen von Arbeitsaufträgen in der Gruppe, weniger beim Ausführen und Zusammentragen der Ergebnisse, wird nicht konzentriert gearbeitet.

Nachdem von der Mathematiklehrperson das zu untersuchende Ereignis klar beschrieben und abgegrenzt wurde, wurde gemeinsam folgende präzise *Forschungsfrage* formuliert:

Warum beschäftigen sich leistungsschwächere Schüler/innen im Mathematikunterricht in Gruppenarbeitsphasen, die der gemeinsamen Übung und Vertiefung dienen, weniger intensiv und ausdauernd mit den gestellten Rechenaufgaben als ihre Mitschüler/innen?

Von Interesse sind nicht nur einzelne *Merkmale der Situation* (also das Beschreiben), sondern auch deren *Zusammenhänge* (also das Erklären). Es geht nicht nur um die *Analyse der Situation*, sondern auch um das *Finden einer Erklärung* für die Situation. Wie kommt es zu dieser Situation? Die Beantwortung dieser Warum-Frage wäre das Ziel der Forschungsarbeit in diesem Beispiel.

Der Weg von einer Forschungsfrage zum Erkenntnisgewinn ist kein direkter. Oft werden auf dem Weg zu Forschungsergebnissen auch Um- und Irrwege gegangen, d. h. es wird nicht immer zielgerichtet gearbeitet und es werden nicht immer brauchbare bzw. zufriedenstellende Daten erhoben, sondern es wird auch „Datenmüll" produziert. Dies sollen sich forschende Lehrer/innen bewusst machen und sich in solchen Fällen daher nicht entmutigen lassen.

5.5 Mögliche Erklärungen und Annahmen – die Hypothese

Menschen treffen täglich Aussagen allgemeiner Art wie etwa folgende: „Langzeitarbeitslose sind arbeitsunwillige Menschen." Sie äußern Vermutungen über Zusammenhänge – hier Langzeitarbeitslosigkeit und Arbeitsunwilligkeit – über Unterschiede oder über das Eintreffen von Ereignissen. Eine Hypothese kann sich bei näherer Betrachtung als zutreffend herausstellen. Anders ausgedrückt: Eine Hypothese stellt eine noch nicht belegte Vermutung dar, auf deren Grundlage bestimmte Phänomene erklärt werden können. Um herauszufinden, ob eine Hypothese „richtig" oder „falsch" ist, muss sie überprüft werden. Dies ist bei *Alltagshypothesen* in der Regel schwer bis gar nicht möglich. Die Problematik beginnt häufig bereits bei ihrer umgangssprachlichen, unpräzisen Formulierung. Hauser und Humbert (2009, S. 15) geben diesbezüglich ein anschauliches Beispiel, welches wir hier modifiziert aufgreifen und in weiterer Folge mit einer Klassifizierung von Hypothesen verbinden:

Aussage: „Lehrer/innen sind faule Säcke."

Welche Bedeutung hat diese Aussage?

a) *Alle* Lehrer/innen sind faule Säcke. Wenn ja, würde es genügen, genau eine/n fleißige/n Lehrer/in zu finden und die Aussage (Hypothese) wäre widerlegt. Solche *universellen Hypothesen* mit generellem Gültigkeitsanspruch (ohne Einschränkungen) sind nicht verifizierbar.

b) *Es gibt* Lehrer/innen, die faule Säcke sind. In anderen Worten: Es gibt mindestens eine Lehrperson, die faul ist. Solche „Es-gibt-Sätze" (Bortz & Döring, 2016, S. 40) lassen sich bestätigen, in diesem Beispiel muss eine faule Lehrperson gefunden werden und die Aussage (Hypothese) wäre verifiziert. *Existenzhypothesen* sind ebenfalls keine wissenschaftlichen Hypothesen.

c) *Mehr als ein Drittel* der *Grundschullehrpersonen* im *Bezirk XY* sind faule Säcke. Im Vergleich zur vorherigen Hypothese wird in diesem Beispiel eine Einschränkung vorgenommen. Solche *beschränkt universelle Hypothesen* beziehen sich auf einen eingegrenzten Wirklichkeitsbereich, d. h. sie werden eingeschränkt auf einen bestimmten Zeitraum und/oder einen bestimmten Ort und/oder eine bestimmte Personengruppe und/oder auf einen festgelegten Grenzwert, der sich aus der (Forschungs-)Literatur ableitet. Dadurch wird der Sachverhalt empirisch messbar. Können alle Fälle der Gesamtheit (Grundschullehrpersonen im Bezirk XY) untersucht werden, was im gegebenen Beispiel durchaus möglich wäre, wäre die wissenschaftliche Hypothese vorläufig verifiziert. „Da aber auch hier das Argument gilt, dass in Zukunft ein widersprechender Fall auftreten kann, bleibt es auch für die beschränkt universelle Hypothese dabei, dass sie zwar falsifizierbar, aber nicht verifizierbar ist" (Hussy et al., 2013, S. 33). Bei den *beschränkt-universellen Hypothesen* kann nicht generalisiert werden, d. h. die Ergebnisse gelten nur für die untersuchten Personen im definierten Wirklichkeitsbereich (für ein konkretes Beispiel siehe Kapitel 9.2.6)

d) *Im Mittel* sind Lehrer/innen fauler als Personen in anderen Berufen des öffentlichen Diensts. Diese Hypothese enthält die Aussage über einen Durchschnitt. Ausnahmen, extreme Abweichungen, (Ausreißer), fehlende Werte werden bis zu einem gewissen

Grad in Kauf genommen. Bei der Hypothesenprüfung wird erhoben, mit welcher Wahrscheinlichkeit der Sachverhalt zutrifft. Solche *quasiuniverselle Hypothesen* (auch *probabilistische Hypothesen* genannt) enthalten Aussagen über Unterschiede, Zusammenhänge oder Durchschnitte, mit denen die Gesamtheit von Ereignissen zu einer gewissen Wahrscheinlichkeit gekennzeichnet ist.

Wird eine wissenschaftliche Hypothese zu Beginn einer Untersuchung aufgestellt mit dem Ziel sie zu prüfen, wird von einer *hypothesenprüfenden Studie* gesprochen; wird sie als Ergebnis am Ende einer Untersuchung formuliert, dann wird eine *hypothesengenerierende Studie* (zumeist qualitativ) durchgeführt. In der quantitativen Forschung werden zu Beginn des Forschungsprozesses in der Regel *probabilistische Hypothesen* auf theoretischer Grundlage formuliert.

Wissenschaftliche Hypothesen zeichnen sich durch drei wesentliche *Merkmale* aus (z. B. Hussy et al., 2013, S. 31–32; Kirchmair et al., 2005, S. 29):

Für Studierende, die im Rahmen ihrer Masterarbeit (seltener Bachelorarbeit) eine hypothesenprüfende Studie planen, ist die theoretische Rahmung der Hypothese ein zentrales Qualitätsmerkmal. D. h. die *Hypothese* ist *durch theoretisches und empirisches Wissen begründet*. Nicht selten leiten Studierende ihre Hypothese von einer gemachten Unterrichtserfahrung ab oder argumentieren, dass es zum gegenständlichen Bereich kaum Literatur und Studien gäbe. Es gibt natürlich neue Forschungsfelder. Wir empfehlen jedoch, solche nicht zum Gegenstand einer Bachelor- bzw. Masterarbeit zu machen.

Des Weiteren ist eine wissenschaftliche Hypothese so zu formulieren, dass sie *widerlegbar* ist. Die Widerlegbarkeit durch empirische Daten setzt voraus, dass die Hypothese bzw. die darin vorkommenden Begriffe *messbar* gemacht werden. Im obigen Beispiel ist der zentrale Begriff „Faulheit von Lehrer/innen". Dieser wird *operationalisiert*, indem der Begriff zunächst exakt definiert und anschließend geklärt wird, welche Merkmalsausprägungen sich davon ableiten und wie diese gemessen werden. Ein Merkmal für „Faulheit von Lehrer/innen" kann z. B. der Aufwand sein, den eine Lehrperson außerhalb des Unterrichts für schulische und unterrichtsrelevante Tätigkeiten leistet. Die Merkmalsausprägung könnte wie folgt bestimmt werden: *Faulheit ist, wenn eine Lehrperson außerhalb des Unterrichts für schulische und unterrichtsrelevante Tätigkeiten auf Wochenbasis weniger als 120 Minuten aufwendet.*

Zusammenhangs- und Unterschiedshypothesen
Einfach ausgedrückt steckt in einer wissenschaftlichen Hypothese häufig ein *„Wenn-dann-Satz"* oder ein *„Je-desto-Satz"*.

Beispiele

Wenn Buben in der Sekundarstufe I über einen Zeitraum von einem Jahr täglich 15 Minuten lesen, dann erhöht sich die Lesekompetenz um mindestens eine Kompetenzstufe.

Die Lernmotivation bei Schülerinnen und Schülern korreliert signifikant positiv mit der erzielten Note bei einer Schularbeit.

Einfach ausgedrückt:
Je besser die Note bei einer Schularbeit, desto größer die Lernmotivation bei Schülern und Schülerinnen.

Aus der im vorherigen Kapitel 5.4 exemplarisch formulierten Forschungsfrage aus einem Aktionsforschungsprojekt „Warum beschäftigen sich leistungsschwächere Schüler/innen im Mathematikunterricht in Gruppenarbeitsphasen, die der gemeinsamen Übung und Vertiefung dienen, weniger intensiv und ausdauernd mit den gestellten Rechenaufgaben als ihre Mitschüler/innen?" könnte folgende Hypothese hergeleitet werden:

Wenn leistungsschwächere Schüler/innen das relevante Vorwissen zum Lösen der gestellten Rechenaufgaben nicht bzw. unzureichend abrufen können, dann beschäftigen sie sich weniger lange damit.

Die Hypothese in diesem Beispiel wird als *Zusammenhangshypothese* bezeichnet, d. h. zwischen zwei oder mehreren Merkmalen (Variablen) wird ein Zusammenhang vermutet. Demgegenüber steht die *Unterschiedshypothese*, d. h. zwischen zwei oder mehreren Merkmalen (Variablen) wird ein Unterschied vermutet:

Leistungsschwache Schüler/innen beschäftigen sich in Gruppenarbeitsphasen im Mittel weniger Minuten mit den gestellten Rechenaufgaben als leistungsstarke Schüler/innen.

Die in einem Zusammenhang stehenden Merkmale werden *Variablen* (*variabel*: verändern, schwanken, variieren) genannt. Im obigen Beispiel ist „Beschäftigungsdauer in Minuten" eine metrisch skalierte Variable, das Merkmal „leistungsschwach bzw. leistungsstark" eine ordinalskalierte Variable (siehe Kapitel 9.1.2). Die Variable „Beschäftigungsdauer in Minuten" wird als *abhängige Variable* bezeichnet, da sie in Abhängigkeit von der Variablen „leistungsschwach bzw. leistungsstark" *(unabhängige Variable)* variiert.

Weitere Beispiele

Beschränkt universelle *Zusammenhangshypothese*:
„Bei mehr als der Hälfte der über 50-jährigen Lehrer/innen (unabhängige Variable[29]) besteht die Gefahr an Burnout (abhängige Variable) zu erkranken."

Einfach ausgedrückt:
„Wenn Lehrer/innen über 50 Jahre alt sind, dann besteht bei mehr als der Hälfte die Gefahr, an Burnout zu erkranken."

Quasiuniverselle *Zusammenhangshypothesen*:
„Das Alter von Lehrer/innen (unabhängige Variable) korreliert signifikant positiv mit der der Burnout-Rate (abhängige Variable)."
„Der Bildungsabschluss (unabhängige Variable) korreliert signifikant positiv mit dem Einkommen (abhängige Variable)."

---

29 Annahme: Die Variable hat zwei kategoriale Ausprägungen, nämlich „bis 50 Jahre" und „über 50 Jahre".

Einfach ausgedrückt:
„Je höher der Bildungsabschluss, desto höher das Einkommen."

Quasiuniverselle *Unterschiedshypothesen*:
„Die Lesemotivation von Mädchen ist signifikant höher als die Lesemotivation von Buben."
(Abhängige Variable: Lesemotivation; unabhängige Variable: Geschlecht)
„Es besteht ein signifikanter Unterschied zwischen der in der Eingangserhebung gemessenen Lesekompetenz der Lehrlinge und der in der Abschlusserhebung gemessenen Lesekompetenz."

5.6 Ein Konzeptpapier erstellen

Vor der Erstellung eines Konzeptpapiers ist es unumgänglich eine ausführliche Literaturrecherche durchzuführen. So darf zum Beispiel die Fragestellung, „Warum ist die Auseinandersetzung mit diesem Thema von pädagogischem, schulrelevantem Interesse?" nicht nur durch das Eingehen auf die eigenen Erfahrungen beantwortet werden.

Voraussetzung für die Vergabe eines Themas ist in der Regel das Einreichen eines Konzeptpapiers und/oder eines Exposés[30]. Das Konzeptpapier als kurze „Vorhabensbeschreibung" ist im Antragsverfahren/Genehmigungsprozess dem Exposé (siehe Kapitel 5.7) vorgelagert. Mit der Vorlage eines Konzeptpapiers, das im Gegensatz zum Exposé noch nicht elaboriert ist (z. B. keine Beschreibung des Forschungsstands), zeigen Studierende, dass ihr Themenvorschlag gut vorbereitet ist.

Es kommt nicht selten vor, dass eingereichte Themen zu allgemein (Folge: die Arbeit bleibt oberflächlich) oder zu breit in den Fragestellungen sind (mögliche Folge: die Arbeit ist in ihrem Anspruch zu hoch). Daher muss ein Thema eingegrenzt werden, indem im Untertitel z. B. auf einen konkreten Sachverhalt, ein Fallbeispiel oder auf eine zeitliche Einschränkung verwiesen wird.

Beispiel für eine zu allgemeine Themenstellung: „Schule im Wandel der Zeit"

Dieses Thema könnte wie folgt eingegrenzt werden: „Die Berufsschule im Zeitalter der Technologisierung am Beispiel der Tiroler Fachberufsschule für Schönheitsberufe"

Mit dem Konzeptpapier wird das Fundament für eine erfolgreiche Bachelor-/Masterarbeit gelegt. Daher ist es sinnvoll, dafür ausreichend Zeit zu investieren. Im Folgenden werden zwei Konzeptpapiere („Vorhabensbeschreibung") vorgestellt, die im Antragsverfahren/Genehmigungsprozess den ersten Schritt darstellen[31].

---

30 Die Vorgaben bzgl. Antragsstellung und das Genehmigungsverfahren variieren von Hochschule zu Hochschule. Für die Bachelorarbeit reicht meistens ein Konzeptpapier, bei Masterarbeiten wird in der Regel ein Exposé verlangt. Es gibt auch die Variante, wo zur Antragsstellung ein Konzeptpapier einzureichen ist, auf dessen Grundlage ein Exposé verfasst wird. Anstelle der Begriffe „Konzeptpapier" bzw. „Exposé" wird auch die Bezeichnung „Bachelor-/Mastervereinbarung" oder „Proposal" (aus dem Englischen) verwendet.
31 An dieser Stelle bedanken wir uns bei Kollegin Klaudia Kröll für das Bereitstellen des zweiten Beispiels.

Konzeptpapier – Beispiel

Arbeitstitel

Kompetenz mit offenen Unterrichtsformen im Lehramtsstudium entwickeln

Motive zur Themenwahl/persönliches Interesse sowie Kurzbeschreibung der Ausgangslage

> Hier wird mit einer kurzen Begründung des Arbeitsvorhabens begonnen. Folgende Fragen könnten hilfreich sein:
>
> Wie bin ich zu diesem Thema gekommen?
> Warum gerade dieses Thema?
> Was interessiert mich besonders an diesem Thema?
> Warum ist die Auseinandersetzung mit diesem Thema von pädagogischem, schulrelevantem Interesse?

Wenn ich Aussagen der Studienkolleginnen und Studienkollegen höre, scheint es, dass Schulerfahrungen in der Sekundarstufe noch immer primär durch traditionelle Formen des Unterrichts geprägt sind. Die wenigen Erfahrungen der Lehramtsstudierenden mit offenen Unterrichtsformen sind sehr unterschiedlich: Einige erlebten die Öffnung des Unterrichts als etwas Besonderes, das positiv in Erinnerung geblieben ist, andere wiederum als ineffizient und als einer **T**oll-**E**in-**A**nderer-**M**achts-Arbeit. Meine Erfahrungen mit offenen Unterrichtsformen waren durchwegs positiv, jedoch auf einen projektähnlichen Unterricht, der einmal im Jahr stattfand, beschränkt.

Die Forderung nach offeneren Unterrichtsformen ist nicht neu. Sie ist aber gestützt durch wichtige (empirische) Erkenntnisse der Lehr-Lernforschung und durch neue pädagogische Konzepte in den vergangenen zehn Jahren auf stärkere Resonanz bei den Lehrerinnen und Lehrern gestoßen. Die Lehrer/innenbildung hat einen wesentlichen Beitrag dazu geleistet. Vor allem die schulpraktische Ausbildung ist gefordert, eine lebendige Anschauung von dem, was Unterricht sein kann, bei den Studierenden zu hinterlassen und es ihnen zu ermöglichen, offene Formen des Unterrichts selbst zu erproben.

Als zukünftiger Lehrer bin ich daran interessiert zu untersuchen, wie die unterschiedlichen Erfahrungen der Studierenden im Zuge der Lehramtsausbildung nutzbar gemacht und wie Kompetenzen mit offenen Unterrichtsformen erworben werden können.

Erste grundlegende Fragestellung(en) zum Thema

> Welche Fragen sollen in der Bachelor-/Masterarbeit beantwortet werden?
>
> Was möchte ich herausfinden?

Welche Erfahrungen haben Lehramtsstudierende der Sekundarstufe mit offenen Unterrichtsformen bisher gesammelt?

Wie werden diese Erfahrungen im Zuge der theoretischen und praktischen Ausbildung nutzbar gemacht?

Wie können Lehramtsstudierende unter den gegebenen Rahmenbedingungen Kompetenzen mit offenen Unterrichtsformen entwickeln?

Persönliche Erwartungen

> Was erwarte ich mir persönlich von der Bachelor-/Masterarbeit?
>
> Wo liegt mein persönlicher Mehrwert?
>
> Was könnte/sollte am Ende erreicht werden?
>
> Welche Ziele verfolge ich mit meiner Arbeit?

Ich möchte mit dieser Arbeit die Bedeutung von offenen Unterrichtsformen für die kognitive, motivationale und emotionale Entwicklung der Schüler/innen herausarbeiten, die Herausforderungen bei der Umsetzung im Regelschulwesen benennen und begründen, warum Lehramtsstudierende Kompetenz mit offenen Unterrichtsformen (bereits) in der Lehrer/innenausbildung erwerben sollen und unter welchen Voraussetzungen dies möglich ist.

Erste Auswahl an (Grundlagen-)Literatur und Quellen

> Bei der Entscheidung für ein bestimmtes Thema ist es notwendig, sich einen ersten Überblick über vorhandene relevante wissenschaftliche Literatur und etwaige andere Quellen (z. B. Bücher, Zeitschriften, Projektdokumente, Vorgängerarbeiten, Internetseiten etc.) zu verschaffen.
>
> Zusätzlich sollte abgeklärt werden, ob die vorhandene Literatur ausreicht, das Thema fundiert zu bearbeiten.
>
> Eine erste Literaturauswahl sollte mindesten drei Bücher bzw. Beiträge in einem Sammelband oder einer Zeitschrift umfassen.
>
> Besonders zu achten ist auf eine korrekte Quellenangabe.

Beispiel

Lipowsky, F. (2007). Was wissen wir über guten Unterricht? Im Fokus: Die fachliche Lernentwicklung. *Friedrich Jahresheft*, 25, 26–30.

Messner, R. (2004). Selbstständiges Lernen und PISA – Formen einer neuen Aufgabenkultur. In D. Bosse (Hg.), *Unterricht, der Schülerinnen und Schüler herausfordert* (S. 29–47). Klinkhardt.

Peschel, F. (2009). *Offener Unterricht 1 und 2: Idee, Realität, Perspektive und ein praxiserprobtes Konzept zur Diskussion*. Schneider.

Konzeptpapier – Beispiel 2

Arbeitstitel

Konstruktive Konfliktlösung und gewaltfreie Kommunikation und ihre Konkretisierungsmöglichkeiten in der Grundschule

Motive zur Themenwahl/persönliches Interesse sowie Kurzbeschreibung der Ausgangslage

Aufgrund meiner Praxiserfahrungen in einer Time-Out-Klasse habe ich mich dazu entschieden, vermehrt Kenntnisse über pädagogische Möglichkeiten sowie Kompetenzen in den Bereichen konstruktive Konfliktlösung und gewaltfreie Kommunikation zu erwerben.

In Zeiten des schnellen gesellschaftlichen Umbruchs sind Schulen in vielen Bereichen gefordert. Bildung bedeutet nicht nur Wissensvermittlung, sondern sie soll den Kindern und Jugendlichen auch Werte vermitteln und Orientierung geben.

Lehrer/innen sind als Partner/innen, als Elternersatz, als Coach, Erzieher/innen und als Entertainer/innen gefordert, um den Schülern und Schülerinnen Teamfähigkeit, sozial verantwortliches Handeln, demokratisches Denken und eine neue Konflikt- und Kommunikationskultur zu vermitteln.

Konflikte und Streit gehören zum schulischen Alltag. Die zahlreichen Veranstaltungen, Weiterbildungsmöglichkeiten, Bücher und Projekte zu Konfliktbearbeitung und Gewaltprävention weisen darauf hin, wie bedeutend diese Thematik ist. Auf die verschiedenen Möglichkeiten der Konfliktregelung im „System" Schule wird der Hauptfokus in dieser Bachelorarbeit gelegt.

Erste grundlegende Fragestellung(en) zum Thema

Wie können kooperative Konfliktlösungsmodelle im Schulalltag einer Grundschule umgesetzt werden?

Welche Konfliktlösungsprogramme eignen sich besonders für die angesprochene Zielgruppe?

Persönliche Erwartungen

Ich möchte mit dieser Bachelorarbeit die verschiedenen Möglichkeiten der Konfliktregelung in der Volksschule aufzeigen. Anhand eines Streitschlichtungsprogramms soll die praktische Umsetzung und Evaluierung in der Grundstufe 2 erfolgen.

Erste Auswahl an (Grundlagen-)Literatur und Quellen

Faller, K., Kerntke, W., & Wackmann, M. (2009). *Konflikte selber lösen: Trainingshandbuch für Mediation und Konfliktmanagement in Schule und Jugendarbeit.* Verlag an der Ruhr.

Holler, I. (2016). *Trainingsbuch Gewaltfreie Kommunikation. Abwechslungsreiche Übungen für Selbststudium, Seminare und Übungsgruppen.* Junfermann.

Rosenberg, M. B. (2016). *Gewaltfreie Kommunikation. Eine Sprache des Lebens. Gestalten Sie Ihr Leben, Ihre Beziehungen und Ihre Welt in Übereinstimmung mit Ihren Werten.* Junfermann.

5.7 Ein Exposé verfassen

Sofern Studierende zur Beantragung einer Bachelor-/Masterarbeit ein Konzeptpapier verfasst haben, ist das Einreichen eines Exposés[32] der nächste Meilenstein auf dem Weg zur Abschlussarbeit. Aufbauend auf das Konzeptpapier hat das umfangreichere Exposé das Ziel, sich verbindlich über das Vorhaben Bachelor-/Masterarbeit zu verständigen. Den Betreuerinnen/Betreuern und ggf. der zuständigen Genehmigungsebene (z. B. Rektorat) ist es mit Hilfe des Exposés möglich einzuschätzen, ob Studierende mit ihrem Vorhaben einerseits die Bildungsziele der Abschlussarbeit erreichen können und ob sie andererseits die Machbarkeit (z. B. bezüglich des Umfangs des Forschungsvorhabens) realistisch eingeschätzt haben. Von Seiten der Betreuerin/des Betreuers kann eine treffsicherere Begleitung ermöglicht und einer „Fehlentwicklung" frühzeitig entgegengesteuert werden. Für Studierende schafft das Exposé einen verbindlichen Rahmen, der die Grenzen und den Umfang der Abschlussarbeit bestimmt. Bezüglich des Umfangs sind die Vorgaben der jeweiligen Institution zu beachten.

Inhalt und Aufbau eines Exposés

- *Arbeitstitel* mit einer präzisen Themeneingrenzung

- *Ausführliche Darstellung der Ausgangslage und Beschreibung des Forschungsstands*: Welche (schul-)praktische Erfahrung, welches empirische und/oder theoretische Problem, welcher Sachverhalt ist Ausgangspunkt der Abschlussarbeit? In den darauf aufbauenden

---
32 Die Vorgaben bzgl. Antragsstellung und das Genehmigungsverfahren variieren von Hochschule zu Hochschule. Für die Bachelorarbeit reicht meistens ein Konzeptpapier, bei Masterarbeiten wird in der Regel ein Exposé verlangt. Es gibt auch die Variante, wo zur Antragstellung ein Konzeptpapier einzureichen ist, auf dessen Grundlage ein Exposé verfasst wird. Anstelle des Begriffs „Exposé" wird auch die Bezeichnung „Bachelor-/Mastervereinbarung" oder „Proposal" (aus dem Englischen) verwendet.

Ausführungen (Fließtext) wird auf den aktuellen Forschungsstand eingegangen: Welche aktuellen Studien liegen vor? Welche darin beschriebenen Erkenntnisse sind für das Thema besonders relevant und wie soll darauf Bezug genommen werden? Welche Theorie bzw. theoretischen Zugänge zur Thematik gibt es und welche sollen in der Arbeit behandelt werden? Bei der Darlegung des Forschungsstands ist auf die korrekte Zitation zu achten.

- *Forschungsfrage(n)*: Spätestens im Exposé muss die Fragestellung entwickelt sein. Wie lauten die präzisen Forschungsfragen, auf die in der Bachelor-/Masterarbeit mittels Theorie und/oder Daten aus einer Untersuchung und/oder einer entwickelten und erprobten Maßnahme eine Antwort gegeben wird?

- *Hypothese(n)*: Ist eine hypothesenprüfende Untersuchung geplant, wird die zentrale Forschungsfrage in empirisch überprüfbare Hypothesen ausdifferenziert.

- *Erwartete Ergebnisse/Ziele*: Obgleich die konkreten Ergebnisse erst am Ende der wissenschaftlichen Arbeit vorliegen, ist es dennoch hilfreich, sich zu Beginn Gedanken zum Erkenntnisinteresse zu machen. Dadurch wird das Ziel, das erreicht werden soll deutlich, und man beugt zugleich der Gefahr vor, sich in Nebensächlichkeiten zu verlieren.

- *Forschungsdesign:* Im *Untersuchungsansatz* wird konkret beschrieben und nachvollziehbar begründet, wie die Stichprobe gezogen wird bzw. wie die Fallauswahl erfolgt, mit welcher empirischen Methode Daten erhoben werden (z. B. mittels Beobachtung) und wie dabei verfahren wird (z. B. Durchführung der teilnehmenden Beobachtung in zwei Klassen in der Volksschule „X" zu drei Erhebungszeitpunkten). Auch werden Angaben zum Verfahren der Datenauswertung gemacht.

- *Grobgliederung:* Eine grobe Gliederung dient als Orientierung und stellt ein logisches Gerüst der Abschlussarbeit dar. In der Grobgliederung werden die einzelnen Abschnitte im Theorie- und im Forschungsteil skizziert und Angaben zum geplanten Umfang der einzelnen Themenblöcke gemacht. Es ist empfehlenswert, auch die (bisher recherchierte) Literatur zu benennen, die in die jeweiligen geplanten Kapitel einfließen sollen. Dies hilft, die Grenzen der Literatur- und Quellenarbeit festzulegen.

- *Zeitplan:* Einen Zeitplan zu erstellen, der die einzelnen Arbeitsschritte und den dafür vorgesehenen Zeitbedarf angibt, unterstützt dabei, eine realistische Sichtweise auf das Vorhaben zu gewinnen und mit dem (knappen) Zeitbudget ökonomisch umzugehen (siehe dazu Kapitel 5). Wir empfehlen, einen Zeitplan auch dann anzufertigen, wenn er nicht zwingend Bestandteil des Exposés ist. Sofern relevant, ist auch ein Ressourcenplan (Sach- und Reisekosten) zu erstellen.

- *Literaturverzeichnis* über die bislang recherchierte und verwendete Literatur.

Als Zeichen der Verbindlichkeit wird das Exposé an einigen Hochschulen von der/dem Studierenden und der/dem Betreuer/in unterschrieben.

Zwei anschauliche Beispiele für ein gelungenes Exposé sowie einen Selbsteinschätzungsbogen, der sowohl als Checkliste zum Verfassen als auch zur kritischen Reflexion des eigenen Exposés eingesetzt werden kann, finden Sie auf unserer Website *www.leitfaden-online.at*.

Lesen und Verfassen wissenschaftlicher Texte 6

Das Schreiben wissenschaftlicher Arbeiten ist nicht mühelos; auch nicht für Wissenschafter/innen. Selbstverständlich haben sie sich im Laufe ihres beruflichen Karriereweges Schreibkompetenz angeeignet und eine gewisse Routine erworben. Trotzdem haben auch Wissenschafter/innen zu Beginn und während ihres Schreibprozesses Hindernisse zu überwinden, mit denen sich auch Studierende gleichermaßen auseinanderzusetzen haben.

6.1 Keine überhöhten Ansprüche an sich selbst stellen

Im Studium ist die Seminararbeit die wichtigste Textform für Studierende, sie „bildet die didaktische Paralleltextart zum Wissenschaftlichen Artikel" (Ehlich, 2003, S. 20). Das Schreiben einer Seminararbeit soll daher von Anfang an ernst genommen werden, d. h. auf den roten Faden, die Formulierungen, die Klarheit der Argumentation, die formalen Kriterien etc. ist zu achten. Darüber hinaus werden Studierende im Verlauf ihres Studiums mit weiteren Textsorten konfrontiert. Einen Überblick inklusiver kompakter Leitfäden finden Sie auf unserer Website *www.leitfaden-online.at*.

Wenn also der Zeitpunkt für das Verfassen der Bachelor-/Masterarbeit gekommen ist, haben die Studentinnen und Studenten vielfältige Schreiberfahrungen gesammelt und wissenschaftliche Schreibkompetenz erworben. Das Verfassen einer Abschlussarbeit ist vor allem wegen des Umfangs eine besondere Herausforderung, für manche stellt sie eine nicht überwindbare Hürde dar: „Wie soll ich jemals 70 Seiten schreiben? Ich bin doch kein Schriftsteller!"

Da das Verfassen wissenschaftlicher Arbeiten jedoch *nichts mit Schriftstellerei* zu tun hat, in der es neben dem Aufbau eines Spannungsbogens auch um das künstlerische Formulieren und Anwenden der Sprache ankommt, kann das Erstellen einer Bachelor-/Masterarbeit durchaus mit einem *Handwerk* verglichen werden und ist deshalb *erlernbar* (Franck, 2013, S. 111). „Kein Weiser fällt vom Himmel", heißt es in einem alten Sprichwort und Analoges gilt für wissenschaftliches Schreiben. Der Erwerb von Schreibkompetenz geht nicht von einem Tag auf den anderen, dieses Handwerk ist nur mit Übung, Ausdauer und Geduld über die Dauer des Studiums erlernbar. Auch professionell Schreibende haben irgendwann einmal mit dem Schreiben begonnen und erst nach einem längeren Zeitraum ihren Weg gefunden.

Dozierende setzen bei Studierenden das Wissen über den Schreibprozess und das Formulieren von Gedanken und Argumenten nach wissenschaftlichen Standards oft voraus. Wie an das Abfassen wissenschaftlicher Texte heranzugehen ist, welche Hürden und Probleme dabei entstehen (können) und besonders, wie diese erfolgreich vermieden werden, ist zwar Thema in Lehrveranstaltungen zum wissenschaftlichen Arbeiten, jedoch wird nicht selten der Fokus primär auf formale Aspekte gelegt. Eine Sensibilisierung für diese Problematik ist erfreulicherweise festzustellen. Immer öfter finden sich in den Lehrveranstaltungsverzeichnissen österreichischer und deutscher Hochschulen und Universitäten konkrete, gezielte Angebote für jenen Bereich, den amerikanische Universitäten schon seit Jahrzehnten integriert haben und der sich unter dem Begriff *Scientific Writing* subsummieren lässt.[33]

6.2 Vor dem Schreiben kommt das Lesen

Das Lesen wissenschaftlicher Literatur ist eine Basistätigkeit im Studium. Es erfolgt zielgerichtet entlang spezifischer Aufgabenstellungen und unterscheidet sich daher wesentlich vom Lesen von Belletristik, dem primär ein unterhaltsamer Wert zukommt. Wissenschaftliche Literatur wird gelesen, um sich Wissen anzueignen, um komplexe Sachverhalte zu verstehen, um sich auf eine Prüfung oder die Unterrichtspraxis vorzubereiten, um das Studium erfolgreich zu meistern. Das Lesen für die Bachelor-/Masterarbeit orientiert sich an der spezifischen Forschungsfrage. Zur Beantwortung dieser ist das sorgfältige Recherchieren von Literatur unabdingbar (siehe Kapitel 5.3). Jede wissenschaftliche Arbeit bedient sich wissenschaftlicher Literatur aus unterschiedlichen Quellen: Bücher, Sammelbände, Zeitschriften, Zeitungen etc. Als *Einstieg* eignen sich besonders Beiträge in wissenschaftlichen Zeitschriften. Diese behandeln einen Teilaspekt der übergeordneten Thematik und sind in der Regel kompakt verfasst. Die/Der Studierende erhält somit rasch einen Überblick über die Breite der Thematik, aber auch über ausgewählte Teilaspekte. Außerdem wird sie/er durch die in den Artikeln zitierte Literatur angeregt, mögliche zusätzliche Quellen für die eigene Abschlussarbeit zu lesen.

Vor dem Lesen wissenschaftlicher Literatur ist die Zielsetzung zu formulieren: Welche Antworten auf welche an den Text gestellte Fragen werden erwartet? Welche Buchabschnitte, welche Kapitel, welche Überschriften sind vielversprechend in Bezug auf diese Fragen? Nach welchen Ausführungen soll gezielt im Text gesucht werden? Wer einfach ohne Struktur zu lesen beginnt, jede Literatur zur Gänze liest, alle Inhalte für relevant erklärt, und erst am Ende einer Lesephase aktiv das Gelesene mit der eigenen Forschungsarbeit in Beziehung setzt, arbeitet wenig effektiv und effizient. „Die Fragen, die an einen wissenschaftlichen Text gestellt werden, sind davon abhängig, nach welchem Grund gelesen wird … . Entsprechend den Phasen des Textproduzierens, können sich auch die Fragen ändern, die an die zu bearbeitende Literatur gestellt werden" (Felbinger & Mikula, 2012a, S. 26).

---

33 Zusätzlich zur zitierten Literatur finden sich zur Vertiefung der im Folgenden beschriebenen Prozesse des Lesens und Schreibens weitere nützliche Hinweise bei Bohl, 2018 und Obermaier, 2017.

In der Phase der Themenfindung werden die Fragen anders lauten, als wenn es um die Konkretisierung der Forschungsfrage bzw. um die Aufstellung der Hypothesen geht oder wenn nach Argumenten bzw. Gegenargumenten für eine These gesucht wird.

Vor dem Lesen ist des Weiteren noch zu klären, welche Lesestrategie eingesetzt wird. Ist eine intensive Auseinandersetzung mit den Inhalten geplant, eignet sich z. B. die „SQ3R-Methode", eine von Francis P. Robinson entwickelte Methode zum aktiven bzw. verstehenden Lesen. SQ3R steht für die Abfolge, in der ein wissenschaftlicher Text gelesen wird: *Survey* (Überblick gewinnen), *Question* (Fragen an den Text stellen), *Read* (Lesen), *Recite* (Rekapitulieren auf Basis der gestellten Fragen, Exzerpieren) und *Review* (Gesamtzusammenfassung schreiben). Wird hingegen nach einem gezielten Inhalt gesucht, ist „Scanning" die bessere Lesemethode. Beim „Scanning" wird der wissenschaftliche Text gezielt nach bestimmten Inhalten durchsucht. Um diese rasch zu finden, wird z. B. nach bestimmten Stichwörtern oder Schlagwörtern gesucht.

Die an den Text gestellten Fragen sind die Richtschnur während des Lesens. Die diesbezüglichen wichtigen Textstellen werden mit einem Textmarker hervorgehoben und mit Markierungssymbolen versehen[34]. Eine zusätzliche Notiz hilft, die Textstelle zu kontextualisieren. In Tabelle 4 werden Beispiele für Markierungssymbole vorgestellt.

! F1	Wichtig für Forschungsfrage 1
! Def.	Wichtige Definition
! E	Wichtige Ergänzung bzw. nähere Erläuterung
→	Schlussfolgerung stimmig/mit empirischen Daten untermauert
×→	Schlussfolgerung nicht stimmig/unzureichend belegt
?	Unklar
×	Widerspruch (z. B. in der Argumentation)
= Mustermann, H	entspricht/ähnelt der Aussage/Position von Mustermann; für Hypothese relevant
≠ Musterfrau, F2	Konträre Aussage/Position zu Musterfrau, für Forschungsfrage 3 relevant
+ H	Argument untermauert Hypothese
+ T	Argument stützt These
+ UB	Gutes, nachvollziehbares Unterrichtsbeispiel
„"	Übernahme eines wörtlichen Zitats
⇔	Beschreibung einer Wechselwirkung, -beziehung

Tabelle 4: Beispiel für verbale und nonverbale Markierungssymbole

Im Anschluss an das vertiefte Lesen werden die für die eigenen Fragestellungen herausgearbeiteten Informationen verdichtet. Der Vorgang der Textverdichtung wird *Exzerpieren* genannt und im nächsten Kapitel erläutert.

---

[34] Bei digitalen Texten erfolgt dies mit einem Highlight-Text-Tool und dem Einfügen von Kommentarfeldern.

6.3 Exzerpte als Sprungbrett zum eigenen Text

In einem *Exzerpt* werden jene herausgearbeiteten Inhalte des gelesenen Textes durch das sinngemäße Wiedergeben (paraphrasieren) sowie durch wörtliche Zitate (siehe Kapitel 4.4.1) zusammengefasst, die für die eigene Bachelor-/Masterarbeit *verwertbar*[35] sind. Ergänzt wird die Zusammenfassung mit eigenen Kommentaren. Diese sind verständlich und nachvollziehbar zu formulieren, damit sie auch zu späteren Zeitpunkten brauchbar bleiben. Beim Exzerpieren geht es darum, „die Position des Autors bzw. der Autorin wiederzugeben, seine/ihre zentralen Aussagen herauszuarbeiten und die für Fragestellungen notwendigen Argumentationsmuster zu referieren. Auch kann dabei die Position der Autorin/des Autors kritisiert, in Frage gestellt und in den wissenschaftlichen Kontext gestellt werden" (Felbinger & Mikula, 2012a, S. 33).

Die Frage, welche Inhalte paraphrasiert und welche wörtlich übernommen werden, lässt sich pauschal wie folgt beantworten: Definitionen sind exakte Formulierungen, werden also wörtlich wiedergegeben und nicht umschrieben. Dasselbe gilt auch für zentrale Begriffe und Thesen. Markante Formulierungen, die einen Sachverhalt pointiert beschreiben, oder sich schwer in eigenen Worten fassen lassen, werden auch wörtlich übernommen, Argumentationsketten, ausführliche Erläuterungen zu Thesen oder die Darlegung von Anwendungsbeispielen werden hingegen sinngemäß zitiert.

Die reflexive Auseinandersetzung mit einem wissenschaftlichen Text mündet in ein *Exzerpt* und *nicht* in ein „fertiges" Kapitel der Abschlussarbeit. Es kommt immer wieder vor, dass aus *einem* Exzerpt ein *ganzes* Kapitel der Abschlussarbeit entsteht, dass also für die Bearbeitung eines Themenschwerpunkts nur eine wissenschaftliche Quelle herangezogen wird. Eine vergleichende Analyse von Literatur, eine Darstellung von kontroversiellen theoretischen Positionen oder konträren Forschungsergebnissen, ein gelungener Argumentationsaufbau wird dadurch verunmöglicht. Die ersten Textentwürfe für die Bachelor-/Masterarbeit entstehen *nach dem* Lesen und Exzerpieren von grundlegender wissenschaftlicher Literatur.

> Eine wissenschaftliche Arbeit schreibt sich nicht auf Anhieb. Sie entdecken mit jedem weiteren Text, den Sie lesen, neue, interessante Aspekte Ihres Themas, die Sie unbedingt berücksichtigen wollen. Wenn Sie jeden gelesenen Text in Ihrer Literaturdatenbank erfassen und davon Exzerpte anfertigen, erhalten Sie relativ rasch einen realistischen Überblick über die einzelnen Komponenten, und Ihre Arbeit entfaltet sich Schritt für Schritt – ein bisschen wie ein kompliziertes Puzzle. Nur mit dem Unterschied, dass Sie die einzelnen Teile auch wieder verschieben können und müssen. (Pyerin, 2019, S. 97)

---

35 Nicht alles was verwertbar ist bzw. verwertbar erscheint, fließt in die Abschlussarbeit ein. Es gibt Studierende, die es als „Leerlauf" empfinden, wenn gelesene und exzerpierte Literatur letztlich keine bzw. nur eine marginale Verwendung findet. Dabei ist es völlig normal, dass in wissenschaftlichen Arbeiten Vorläufiges produziert wird und sich Relevantes erst im Laufe der Zeit herauskristallisiert. Anfänglich Bedeutsames erscheint dann mitunter in einem anderen Licht und wird daher nicht oder in einer anderen Form für die wissenschaftliche Arbeit verwendet.

Es gibt keine formalen Kriterien, wie ein Exzerpt zu gestalten ist, jedoch drei Grundregeln, die zwingend zu verfolgen sind, um in der Bachelor-/Masterarbeit die formalen wissenschaftlichen Standards einhalten zu können:

- *Das Exzerpt beginnt mit einer vollständigen und korrekten Quellenangabe.* Dadurch ist zum einen beim Öffnen des Dokuments sofort ersichtlich, um welche wissenschaftliche Publikation es sich handelt, zum anderen kann die Quellenangabe für das Literaturverzeichnis direkt übernommen werden.

- *Wörtliche Zitate, sinngemäße Wiedergaben und eigene Kommentare sind eindeutig unterscheidbar.* Es hat sich bewährt, wörtliche Zitate – so wie in wissenschaftlichen Arbeiten vorgesehen – durchgängig unter Anführungszeichen zu setzen und in einer Klammer die Seitangabe zu machen. Die eigenen Kommentare werden durch eine andere Schriftfarbe hervorgehoben.

- *Alle paraphrasierten Textstellen sind mit den entsprechenden Seitenangaben versehen.* Die Einstellung „Das Zitieren mache ich dann später" ist nicht effizient, da dies mit einem nachträglichen sehr zeitaufwendigen Suchen einhergeht und mitunter auch dazu verleitet, fremde Gedanken ohne korrekte Zitation in die eigne Abschlussarbeit zu übernehmen. Um sich nicht dem Vorwurf des Plagiats auszusetzen, ist daher gewissenhaft auf vollumfängliche Quellenangaben zu achten. Dazu zählt u. a. Folgendes: Befinden sich die Textteile, die in eine Paraphrase münden, auf unterschiedlichen Seiten, ist *für jeden sinngemäß übernommenen Textteil* die entsprechende *Seitangabe* zu machen. Nicht selten fließen in die Bachelor-/Masterarbeit nur Auszüge einer Paraphrase ein. In diesem Fall ist dann sofort nachvollziehbar, auf welche Textstelle/n im Originalbeitrag sich die letztlich übernommenen Teile einer Paraphrase beziehen.

Die Struktur des Exzerpts kann sich an den spezifischen Forschungsfragen orientieren oder am Aufbau des gelesenen Textes. Einige Studierende bevorzugen Fließtext (Beispiele finden Sie auf *www.leitfaden-online.at*), andere hingegen präferieren eine tabellarische Form. Bei letzterem Zugang finden sich häufig wenige vollständige Sätze, wodurch die Gefahr größer wird, dass das vom Autor/von der Autorin Gemeinte verfälscht wiedergegeben wird, oder dass wichtige Zusammenhänge verloren gehen bzw. zu einem späteren Zeitpunkt nicht mehr korrekt erinnert werden.

Die folgende Besprechung eines Auszugs aus einem Exzerpt einer Studentin (Tabelle 5) veranschaulicht die oben angeführten Punkte. Positiv hervorzuheben ist die vollständige Quellenangabe und dass die Studierende versucht, entlang ihrer Fragestellung aus dem Beitrag Erkenntnisse zu gewinnen. Im hier dargestellten Auszug interessiert sie sich insbesondere für von Eltern und Fachkräften beeinflussbaren Faktoren, die den Spracherwerb bei mehrsprachigen Kindern begünstigen. Beim Lesen der stichwortartig zitieren Textteile wird deutlich, dass einige Aussagen nicht kohärent bzw. nicht stringent sind. Z. B. die Aussage bzw. Aufzählung „Erfahrungen mit allen Sinnen": Argumentiert die Autorin im Originaltext, dass Eltern und Fachkräfte gezielt Erfahrungen mit allen Sinnen ermöglichen sollen und/oder allgemein, dass das Erlernen von Sprache durch Erfahrungen mit allen Sinnen beeinflusst wird? Oder die Aufzählung „Unterschiedliche Sprachpersönlichkeiten und je individuelle Lernstrategien": Wird diesbezüglich im Originaltext auf die Kinder und/oder auf die Eltern und/oder Fachkräfte Bezug genommen?). Ein weiterer Kritikpunkt ist, dass die einzelnen Aussagen nicht mit Seitenangaben versehen wurden, sodass bei Übernahme einer paraphrasierten Textstelle oder einer wörtlichen Aussage diese erneut recherchiert werden muss.

Gold, B., Hellermann, C., & Holodynski, M. (2017). Effekte videobasierter Trainings zur Förderung der Selbstwirksamkeitsüberzeugungen über Klassenführung im Grundschulunterricht. *Zeitschrift für Erziehungswissenschaft, 20*(Suppl 1), S. 115–136.

Fragestellung der Bachelorarbeit: Welche Faktoren begünstigen den Spracherwerb mehrsprachiger Kinder?

Kapitel 3: Sprachentwicklung und Sprachförderung mehrsprachiger Kinder (S. 14–30)

Faktoren	Aussagen	Anmerkungen
Von Eltern und Fachkräften beinflussbar	• Erfahrungen mit allen Sinnen • Die Kinder lernen auch durch das „Anhören von Sprache und Selbersprechen". • Sprachentwicklung ist vor allem auf Selbstbildung zurückzuführen, denn nur durch das aktive Lernen, Strukturieren und Entwickeln kann es die Sprache erlernen. • Unterschiedliche Sprachpersönlichkeiten und je individuelle Lernstrategien • Die Sprache der Erwachsenen und die Kommunikation mit den Kindern wirkt sich auf deren Sprachstruktur aus. • „Reichhaltigkeit und Differenz der Sprache" der Vorbilder • Die Erwachsenen stimmen das Niveau auf die Kinder ab und sollten eine „vertraute, emotional positiv besetzte Bezugsperson bilden, um auf die Belange des Kindes eingehen zu können".	Autorin zählt mehrere Punkte auf, wie Kinder Sprachen lernen und was sie darin beeinflusst. Es sind sicher wichtige Punkte im Umgang mit Kindern im Kindergarten, vor allem in der heutigen Zeit, in der immer mehr Sprachen aufeinandertreffen.

Tabelle 5: Auszug aus einem Exzerpt

Nach dem Erstellen der ersten Exzerpte gewinnt die geplante Ausgestaltung der einzelnen Kapitel stärker an Kontur, der ganzheitliche Blick auf die Bachelor-/Masterarbeit wird klarer und mit den ersten erfolgreichen Textentwürfen steigt erfahrungsgemäß die Motivation. Die Rohfassung der Bachelor-/Arbeit schreitet zügig voran. Nicht immer ist dieser Prozess so fließend, wie hier dargestellt. Studierende tun sich oftmals schwer ins Schreiben zu kommen. Wie damit umgegangen werden kann, wird im nächsten Kapitel aufgezeigt.

6.4 Mit Free Writing ins Schreiben kommen und Blockaden abbauen

Wenn es einem schwerfällt, mit dem Schreiben zu beginnen oder im Schreibfluss zu bleiben, muss nicht gleich eine Schreibblockade vorliegen. Viele Verfasser/innen einer umfangreichen wissenschaftlichen Arbeit kennen Unlust und Zeiten, in denen das Weiterschreiben vor sich hergeschoben wird, kennen Phasen, in denen sie den „Kopf nicht freibekommen", da der äußere Druck, bis zu einer Deadline abschließen zu müssen, oder Versagensängste belasten. Manche erreichen sogar einen Punkt, wo der Abschluss infrage gestellt wird. Solche Krisen werden in den meisten Fällen mit individuellen Bewältigungsstrategien überwunden. Erst wenn Schreibende gar nicht weiterkommen oder wenn sie das Schreiben gar nicht erst in Angriff nehmen, kann eine Schreibblockade die Ursache sein.

Die Gründe hierfür sind vielfältig. Im Austausch mit betroffenen Studierenden findet sich folgendes Muster am häufigsten: Die/der Betroffene liest wissenschaftliche Literatur und leitet aus den Formulierungen einen zu hohen Anspruch ab. Hinzukommt mangelndes Wissen über Lese- und Schreibstrategien. Verunsicherung ist die Folge: Schon die ersten Sätze werden immer wieder gelesen, umformuliert und korrigiert; und bleiben dennoch holprig. Die ersten eigenen Textbausteine werden mit den gelesenen Texten kritisch verglichen; und halten dem Vergleich nicht stand. Freude und Motivation am Schreiben gehen verloren.

Pyerin (2019, S. 46) beschreibt weitere Ursachen für Schreibblockaden: wenn Studierende zu viel auf einmal wollen, ihre Zeitplanung unrealistisch ist, sie sich wenig über das Schreibvorhaben austauschen und nicht über Schreibprobleme sprechen – insbesondere nicht mit ihrer Betreuung – und sie nicht zuletzt deshalb zu wenig konstruktive Kritik und Ermutigung erfahren.

> Es ist bei Schreibblockaden wichtig, den unüberwindlichen Berg vor uns in lauter kleine Brocken zu zerschlagen. Statt der großen Angst vor dem leeren Blatt sehen wir uns dann realen Schwierigkeiten beim wissenschaftlichen Schreiben gegenüber, Schwierigkeiten, die man nach und nach angehen und bewältigen kann. (Esselborn-Krumbiegel, 2017b, S. 204)

Ein sinnvoller Weg, um die Angst vor dem leeren Blatt zu überwinden oder um aktiv in den Schreibprozess einzusteigen, ist die Methode des *Free Writing*.

Dazu nimmt man ein leeres Blatt Papier und schreibt handschriftlich mindestens zehn Minuten nieder, was einem zu einem bestimmten Teilbereich, einer möglichen Kapitelüberschrift, einem Teilaspekt der Arbeit etc. einfällt. Wichtig dabei ist, dass nicht auf einzelne Formulierungen und die Sinnhaftigkeit des Textes geachtet wird. Nicht das Resultat ist bedeutsam, sondern das Tun: den sich entwickelnden Gedanken und Ideen freien Lauf lassen.

Die Methode kann adaptiert werden, um erste Gedanken zu einem spezifischen Thema zu bündeln und zu strukturieren. Spontane Einfälle zur Thematik werden in einem fünfminutigen Free Writing niedergeschrieben. Auch hier steht der Prozess des Schreibens und nicht das Resultat im Vordergrund der Schreibhandlung. Der auf diese Weise produzierte

Text enthält vermutlich viel Unbrauchbares, bei genauer Betrachtung finden sich wohl auch Ideen für die Bearbeitung der Thematik, Hinweise für Fragestellungen oder Thesen oder Ansätze für die Argumentation. Zum Bündeln und Strukturieren des Niedergeschriebenen wird in einem zweiten Schritt eine Mind-Map erstellt. Durch diese adaptierte Methode des *Free Writing* wird es möglich, von einem ungeordneten Wust an Gedanken und Argumenten bezüglich eines bestimmten Themas zu einer gewissen Ordnung zu kommen und parallel dazu bestehende Schreibhemmungen abzubauen.

Eine Ausdifferenzierung der Methode schlagen Felbinger und Mikula (2012b, S. 49) vor. Zu einer These bzw. theoretischen Position werden einige Minuten lang spontan alle Argumente niedergeschrieben, die einem durch den Kopf gehen, gefolgt von den Gegenargumenten, die auf die gleiche Weise zu Papier gebracht werden.

Ein weiterer bewährter Weg ist, einen aus Sicht der Verfasserin/des Verfassers „leichten" Teil der Bachelor-/Masterarbeit zu wählen und rasch mit dem Schreiben dieses Kapitels zu beginnen. Es muss nicht die ganze Literatur gelesen sein, bevor mit dem Schreiben begonnen werden kann. Entlang der Fragestellung wird mit irgendeinem *Gedanken,* irgendeiner *Idee,* irgendeinem Argument begonnen, die eigenen Worte werden durch *direkte* bzw. *indirekte Zitate* erweitert. Aus einzelnen Sätzen werden Absätze, Textfragmente entstehen und fügen sich so zu einem größeren Ganzen, bis eine Rohfassung des Kapitels geschrieben ist. Die Erstfassung wird nicht annähernd perfekt formuliert sein und „holprige" Textbausteine beinhalten. An dieser Stelle ist es wichtig, konstruktives Feedback einzuholen. Die erste Ausarbeitung wird in einem Seminar zur Bachelor-/Masterarbeit oder in einer Schreibwerkstatt diskutiert und mit wertvollen Anregungen zur Überarbeitung und Erweiterung versehen.

6.5 Klar und verständlich formulieren

Ein zentrales Qualitätsmerkmal einer Abschlussarbeit ist, dass Formulierungen eindeutig, klar verständlich und gut nachvollziehbar sein müssen. Die im Folgenden gegebenen Anhaltspunkte tragen dazu bei, dass die Bachelor-/Masterarbeit dieses Qualitätsmerkmal erfüllt.

Auf Klarheit *und* Nachvollziehbarkeit achten

Einen Argumentationsgang klar verständlich zu formulieren, macht ihn noch nicht nachvollziehbar für die Leser/innen. Nachvollziehbarkeit wird durch eindeutige Fakten, genaue Daten und konkrete Beispiele erreicht. In einer wissenschaftlichen Arbeit sind diese Angaben mit Quellen zu belegen, und im Kontext der Aussage bzw. des Arguments zu präzisieren.

> Beispiel
> „Die hohen Bildungsausgaben in Österreich stehen zum mageren Output in keinem Verhältnis."
> Besser:
> „Österreich gab 2015 in der Sekundarstufe I pro Schüler/in 15.514 USD aus. Diese kaufkraftbereinigten Gesamtausgaben pro Schüler/in sind im Vergleich zu 35 OECD-Ländern die zweithöchsten (OECD,

2018, S. 332). Bei den Ergebnissen der PISA-Studie 2018 hingegen liegen die Schüler/innen in den drei getesteten Kompetenzbereichen Lesen, Mathematik und Naturwissenschaften ähnlich wie bei der letzten Erhebung 2015 nicht im Spitzenfeld, sondern in etwa im Schnitt der OECD-Staaten (Suchań et al., 2019, S. 95–96)."

Verben wie „haben, beinhalten, wirken, beitragen" etc. fehlt es an Klarheit in Bezug auf die Art und Weise. Es bedarf daher einer Konkretisierung oder eines alternativen Verbs.

Beispiel
„Offene Lernformen haben einen Einfluss auf die Entwicklung von Teamfähigkeit."
„Offene Lernformen wirken sich auf die Lernmotivation der Schüler/innen aus."
Besser:
„Offene Lernformen haben einen positiven Einfluss auf die Entwicklung von Teamfähigkeit."
„Durch offene Lernformen wird die Lernmotivation der Schüler/innen gesteigert."

Das Verb „behaupten" richtig gebrauchen

Das Verb „behaupten" wird im wissenschaftlichen Kontext als Sprachmittel zur kritisch-distanzierenden Darstellung von Thesen, Positionen, Modellen, Handlungsansätzen oder Forschungszugängen bzw. -ergebnissen eingesetzt. In der Gebrauchsweise „versichern, ohne es beweisen zu können", wird das Verb also dann verwendet, „wenn der Verfasser gegenüber dem Referierten eine zweifelnde oder sogar ablehnende Haltung einnimmt" (Steinhoff, 2008, S. 8).

Keine Füllwörter verwenden

Franck (2013, S. 122) zählt dazu beispielhaft Wörter auf, die in wissenschaftlichen Arbeiten wenig zur exakten Formulierung und/oder Klärung eines Sachverhaltes beitragen: „ausgerechnet, bekanntlich, eigentlich, gemeinhin, gewissermaßen, hinlänglich, immerhin, in der Tat, keineswegs, letztlich, meistenteils, schlichtweg, überaus, ungemein, zuweilen."

Beispiel
„Wir brauchen in Zukunft schlichtweg immer mehr Lehrpersonen, die fähig sind, ihre Schülerinnen und Schüler individuell zu fördern."
Hier tragen die Füllwörter „schlichtweg" und „immer" nicht zu einer tieferen Klärung des Sachverhalts bei.

Umgangssprache, Übertreibungen und bedeutungsverstärkende Wörter vermeiden

Übertreibungen sind emotionsbeladen und wertend, und sind daher ebenso zu vermeiden wie bedeutungsverstärkende Wörter (z. B. nie, immer, alle, sämtliche, keine etc.), welche einer

Aussage einen absoluten Charakter verleihen. Auch Wörter wie „sehr, viele, einige, wenige" sollten mit Vorsicht verwendet werden, weil sie den Kriterien Genauigkeit und Klarheit nicht genügen und aus empirischer Sicht nicht messbar sind.

> Beispiel
> „Die Schulleitung hat primär darauf zu schauen, dass die Schule läuft."
> „Mit dieser Regierung wird es keine Bildungsreform geben."
> „Jedoch ist es in der Praxis immer so, dass auf das Mitarbeitergespräch viel zu wenig Wert gelegt wird."
> „Schulen unterliegen seit einigen Jahren sehr vielen Veränderungsprozessen."
> „Die Längsschnittstudie lief über einen extrem langen Zeitraum."

Wortwiederholungen reduzieren

> Beispiel
> „In Kapitel 1 wird ... beschrieben. In Kapitel 2 erfolgt eine Beschreibung von ... . In Kapitel 3 wird schließlich beschrieben, ..."
> Besser:
> „In Kapitel 1 wird auf ... eingegangen und hinsichtlich ... analysiert. Die Frage nach ... wird im zweiten Kapitel diskutiert. Im abschließenden Kapitel erfolgt eine zusammenfassende Bewertung ... ."

(Schachtel-)Sätze entflechten

Reihen sich Schachtelsätze aneinander, verwässert dies eine klare Aussage und macht das Lesen mühsam.

> Beispiel
>
> „Die Studie zeigt, dass eine eher konservative Grundorientierung unabhängig von den aktuellen parteipolitischen Linien unter Umständen dazu führen kann, dass man sich in engeren Denkmustern wiederfindet und dass, je konservativer das persönliche Grundmuster ist, umso undifferenzierter, unintegrierter und damit problemdistanzierter die Erkenntnis- und Denkprozesse vollzogen werden."
>
> Besser:
>
> „Die Studie zeigt, dass eine eher konservative Grundorientierung unabhängig von den aktuellen parteipolitischen Linien dazu führt, dass man sich in engeren Denkmustern wiederfindet. Je konservativer das persönliche Grundmuster ist, umso undifferenzierter, unintegrierter und damit problemdistanzierter werden Erkenntnis- und Denkprozesse vollzogen."

Aufzählungen durch einen Doppelpunkt klar herausarbeiten oder durch erstens, zweitens etc. verbinden:

Beispiel
„Stellen wir uns eine Schule vor, bei der unsere Kinder und Jugendlichen tatsächlich nachhaltig lernen, eine Schule, bei der wir nicht von 100 Prozent Wissensstoff ein paar Jahre später noch ein Prozent in Erinnerung haben, eine Schule in der wir so lernen, dass wir statt losen Brocken und toten Phrasen tatsächlich Zusammenhänge behalten und eine Schule, in der das Erlernte Teil unserer Bildungsbiographie geworden ist."
Besser:
„Einer guten Schule von heute gelingt Folgendes: Kinder und Jugendliche lernen nachhaltig. Der Wissensstoff bleibt zu einem Großteil auch Jahre später abrufbar. Anstelle von losen Brocken und toten Phrasen behalten wir die verschiedenen Zusammenhänge. Das Erlernte ist Teil unserer Bildungsbiographie geworden."

Passivformulierungen bevorzugen

In wissenschaftlichen Texten wird das Passiv bevorzugt, „weil oft nicht der Akteur einer Handlung interessiert, sondern allein das Verfahren und/oder das Ergebnis. [Das Passiv wird deshalb dort eingesetzt], wo ein Vorgang oder ein Ergebnis im Zentrum steht und der Handelnde zurücktritt" (Esselborn-Krumbiegel, 2017a, S. 58).

Beispiel
„71 Prozent der Befragten motivierten sich durch das Lesetraining für weitere Übungen."
„Ein standardisiertes Verfahren erhebt die Lesekompetenz der Jugendlichen."
„Die Lehrpersonen setzen Teamteaching ein, um eine personalisierte Förderung der Schülerinnen und Schüler zu begünstigen."
Besser:
„71 Prozent der Befragten wurden durch das Lesetraining für weitere Übungen motiviert."
„Die Lesekompetenz der Jugendlichen wird durch ein standardisiertes Verfahren erhoben."
„Teamteaching wird von den Lehrpersonen eingesetzt, um eine personalisierte Förderung der Schülerinnen und Schüler zu begünstigen."

In all jenen Fällen, in denen es vordergründig um menschliches Handeln geht (z. B. Beschreibung des Lernverhaltens einer Schülerin/eines Schülers), sind aktive Verben sinnvoller, da sie den spezifischen Kontext leichter verständlich machen.

Beispiel
„Vom befragten Lehrer wird gesagt, dass er sich besonders für Kinder mit Migrationshintergrund einsetzt."
„Von der Hochschülerinnen- und Hochschülerschaft wird die Abschaffung der Studiengebühren gefordert."
„Vom Schüler/Von der Schülerin wird das schadhafte Teil des Steuerungsmoduls konzentriert gesucht."

Besser:

„Im Interview sagt der befragte Lehrer: ‚Ich setze mich besonders für Kinder mit Migrationshintergrund ein'."

„Die Hochschülerinnen- und Hochschülerschaft fordert die Abschaffung der Studiengebühren."

„Der/Die Schüler/in sucht konzentriert das schadhafte Teil des Steuerungsmoduls."

Das Personalpronomen „ich"

Es wird nach wie vor mehrheitlich empfohlen, die Verwendung des Personalpronomens „ich" zu vermeiden, da auch die Sprache der Wissenschaft den Geboten „Objektivität" und „Neutralität" folgen soll. „Die sprachlichen Mittel müssen folglich eine sachliche, eindeutige, neutrale Darstellung erlauben. Das Ich-Verbot hat sich, in den letzten dreißig Jahren [jedoch] vor allem unter dem Einfluss anglo-amerikanischer Wissenschaftstexte erheblich gelockert" (Esselborn-Krumbiegel, 2017a, S. 14). Sparsam eingesetzt macht es durchaus Sinn, auch in wissenschaftlichen Arbeiten das „Ich" zu verwenden, sofern es um den persönlichen Bezug geht.

Beispiele für das Herstellen eines persönlichen Bezugs

„Ich unterrichte im lehrgangsmäßigen Unterricht seit drei Jahren als Berufsschullehrer an der XY. Zu meinen Tätigkeiten zählt u. a. die Übernahme einer Klassenvorstandschaft einmal pro Schuljahr."

„Ich setze mich seit Beginn des Studiums besonders mit der Frage der Heterogenität im Unterricht auseinander."

„Aus meinen bisherigen Beobachtungen im Rahmen kollegialer Unterrichtsbesuche an unserer Schule ergibt sich, dass Lehrpersonen dem Problem XY eher hilflos gegenüberstehen."

6.6 Den roten Faden sichtbar machen

Das Inhaltsverzeichnis ist die „Visitenkarte" einer Bachelor-/Masterarbeit. Es gibt die Gliederung der Arbeit wieder und ist somit ein wichtiger Orientierungspunkt für die Leser/innen. Zentral für den roten Faden ist die Forschungsfrage, sie gibt die Richtung vor. In die Arbeit fließen nur Inhalte ein, die zur Beantwortung der Forschungsfrage(n) nötig sind. In weiterer Folge wird der rote Faden sichtbar gemacht, indem

- zu Beginn eines neuen Kapitels zum Inhalt hingeführt wird,

- an wichtigen Gelenkstellen der Arbeit auf das Ziel der inhaltlichen Auseinandersetzung bzw. der zentralen Fragestellung erinnert wird,

- wo nötig, mit Querverweisen gearbeitet wird („Wie bereits in Kapitel 3 thematisiert, ist … .", „Dies wird im empirischen Teil der Arbeit untersucht.") und indem

- am Ende eines Kapitels die zentralen Aussagen und/oder wichtigsten Ergebnissen zusammengefasst werden sowie in einem Satz auf das nächste Kapitel **über**geleitet wird (siehe die entsprechenden Formulierungshilfen im nächsten Unterkapitel). Alternativ kann das Folgekapitel auch mit einem Rückblick auf das vorherige Kapitel beginnen und anschließend auf das neue Thema eingegangen werden.

Des Weiteren sind Überblicksgrafiken hilfreich, z. B. zur Visualisierung einer Abfolge oder zur Darstellung von im Fließtext erläuterten Zusammenhängen. Beim Einfügen nicht-linearer Texte (Tabellen, Abbildungen, Grafiken etc.) ist darauf zu achten, dass die darin enthaltenen Informationen von der Leserin/vom Leser kontextualisiert werden können. Es kommt in Abschlussarbeiten öfters vor, dass Visualisierungen im Fließtext nicht aufgegriffen und damit zusammenhangslos abgebildet werden und/oder, dass sie inhaltsleer sind (z. B. zwei Fotos von der Außenansicht der Schule, an der ein Studierender sein Praktikum absolvierte) und somit keinen Mehrwert darstellen.

Auf inhaltlicher Ebene hält der rote Faden das Textgewebe zusammen, d. h. die einzelnen Aussagen werden durch sogenannte Konnektoren miteinander verbunden (siehe die entsprechenden Formulierungshilfen im nächsten Unterkapitel), um den Leserinnen und Lesern die logische Abfolge zu verdeutlichen. Ein neuer Textabschnitt beginnt mit einem bereits bekannten Inhalt, oder der Inhalt wird in irgendeiner Form eingeleitet. Darauf aufbauend erfolgt die Verknüpfung mit neuen Inhalten. Im folgenden Beispiel fehlt der inhaltliche Zusammenhang, die Sätze hängen lose zusammen:

Beispiel
„Eine Massenquarantäne wurde in Österreich staatlich verordnet. COVID-19 löste eine Pandemie aus. Universitäten waren im Frühjahr 2020 geschlossen. Zoom ist ein Online-Service für Webinare. Für den Lehrbetrieb brauchte es Lösungen."
Besser[36]
„*Aufgrund* der COVID-19-Pandemie wurde in Österreich eine Massenquarantäne staatlich verordnete, *weshalb* die Universitäten im Frühjahr 2020 geschlossen waren. *Folglich* brauchte es für den Lehrbetrieb Lösungen. *In Bezug auf* die Abhaltung von Webinaren, bot sich Zoom als Online-Service an."

Studierende werden beim Schreiben – vor allem zu Beginn des Studiums – dadurch verunsichert, dass sie wissenschaftliche Beiträge lesen und in Bezug auf Aufbau, Formulierung und Argumentation dann die Meinung vertreten, niemals die Qualität der entsprechenden Autorinnen und Autoren erreichen zu können. Sie sind sich nicht bewusst, dass ein wissenschaftlicher Text bis zur Veröffentlichung kritische Reflexionsschleifen (z. B. durch ein Peer-Review) durchläuft und im Zuge dessen mehrmals umgeschrieben und ergänzt wird. Auch mühsam verfasste Textteile können in diesem Prozess wieder gestrichen werden. „Schreiben erfordert häufiges Umschreiben, um die angemessene Form und den treffenden Ausdruck zu finden. Wer viel schreibt, weiß das und bringt einen ersten, zweiten (dritten) Entwurf zu Papier, aus dem ein gelungener Text werden kann" (Franck, 2013, S. 114).

Jede/Jeder, die/der sich der Arbeit unterzieht, nach wissenschaftlichen Standards einen Text zu verfassen, muss sich bewusst sein, dass diese Art des *Schreibens* ein *Prozess* ist, der ständig

---
36 Die Konnektoren sind kursiv hervorgehoben.

des *kritischen Überprüfens, Dokumentierens, permanenten Überarbeitens* und letztlich auch *Korrigierens* bedarf und daher eine längere Zeit in Anspruch nimmt.

6.7 Wissenschaftlich argumentieren, Kontroversen darstellen

Betreuer/innen von Abschlussarbeit werden von Studierenden immer wieder gefragt, ob das Äußern von Kritik von Seiten einer/eines Auszubildenden überhaupt erlaubt und/oder, ob dies denn in ihrer Abschlussarbeit notwendig sei. Beide Fragen sind uneingeschränkt mit „Ja" zu beantworten. In der empirischen Forschung gibt es keine absoluten Gewissheiten, verschiedene Untersuchungen in einem Themenfeld können zu abweichenden Ergebnissen kommen, aktuelle und künftige Entwicklungen stellen Bestehendes infrage. Abgesehen davon kommt es vor, dass in wissenschaftlicher Literatur Thesen aufgestellt werden, die unzureichend oder nicht schlüssig belegt werden, dass Forschungsdesigns mangelhaft sind, Daten nicht korrekt ausgewertet und/oder ungenau dargestellt werden, oder dass nicht zulässige Schlüsse gezogen werden. Daher gehört, „die kritische Bezugnahme auf Forschungsergebnisse zu den ungeschriebenen Gesetzen wissenschaftlicher Kommunikation" (Esselborn-Krumbiegel, 2017a, S. 11).

Um Studierende zu ermutigen und zu befähigen wissenschaftliche Literatur kritisch zu diskutieren, entwickelte Steinhoff (2008, S. 9–10) „Das Minimalmodell des wissenschaftlichen Streits". Der hier modifizierte Ablauf der Übung erfolgt in fünf Schritten:

1. Die Studentin/der Student liest zum Thema der Bachelor-/Masterarbeit zwei Texte, die sich zumindest durch zwei Positionen/Argumentationen unterscheiden. Aus beiden Texten werden absatzweise die Hauptaussagen erschlossen und schriftlich festgehalten. „Hier geht es vorwiegend um den fachlichen Inhalt der Texte, d. h. um die Frage, *was die Verfasser/innen sagen*" (Steinhoff, 2008, S. 10).

2. Die Hauptaussagen werden *einzeln* in Form eines Fließtextes zusammengefasst. „Hier geht es nun auch um die wesentlichen Texthandlungen, d. h. um die Frage, *was die Verfasser tun*" (Steinhoff, 2008, S. 10). Die Texthandlungen der Autorin bzw. des Autors werden herausgearbeitet (er/sie beschreibt, veranschaulicht, erklärt, begründet, postuliert, kritisiert) und in den jeweiligen Zusammenfassungen benannt.

3. Im dritten Schritt werden beide Zusammenfassungen zusammengeführt und in einer vergleichenden Gegenüberstellung aufbereitet, die die Gemeinsamkeiten und Unterschiede der Positionen klar herausstreicht. „Die Studierenden setzen die Inhalte der Texte und die Handlungen der Verfasser zueinander in Beziehung, sie stellen also heraus, *was die Verfasser im Vergleich sagen und tun*" (Steinhoff, 2008, S. 10–11).

4. Die vergleichende Gegenüberstellung wird durch kritische Kommentare ergänzt. „Die Studierenden beziehen … gezielt und begründet Position, indem sie sich z. B. der Position eines der beiden Verfasser anschließen oder eine eigene, dritte Position entwickeln. Sie stellen dar, *was sie vom Sagen und Tun der Verfasser halten*" (Steinhoff, 2008, S. 11).

5. Als Erweiterung bietet sich an, die vergleichende Gegenüberstellung in einem Seminar zur Bachelor-/Masterarbeit, in einer Schreibwerkstatt oder vor Kommilitoninnen und Kommilitonen zu präsentieren. Im anschließenden Austausch werden im Idealfall verschiedene Perspektiven in einen Dialog gebracht. Durch kritische (Selbst-)Reflexion verändert bzw. erweitert sich die Position der Verfasserin/des Verfassers.

In der Forschung werden die meisten Themen kontrovers diskutiert. Das hängt, wie oben angeführt, u. a. damit zusammen, dass es in der empirischen Forschung keine absoluten Gewissheiten gibt. Die wissenschaftliche Kontroverse ist daher nichts Ungewöhnliches, sie ist „Keimzelle im Erkenntnisprozess". Bei der Auseinandersetzung mit einem Thema steht das wissenschaftliche Argumentieren im Vordergrund. Es geht darum, ein Thema von unterschiedlichen Standpunkten zu beleuchten. In der Bachelor-/Masterarbeit wird zur Beantwortung der Forschungsfrage ein Netz aus gut begründeten Argumenten gewoben. Die wissenschaftliche Argumentation folgt dabei dieser Grundstruktur:

1. These, Position, Modell, Handlungsansatz beschreiben
2. Argument mit Beispiel anführen, auf Forschungsbefunde verweisen
3. Gegenargument mit Beispiel anführen, auf Forschungsbefunde verweisen
4. Position beziehen, Folgerung ableiten
5. Überleitung zum nächsten Argumentationsstrang formulieren

Die Argumentationskette muss widerspruchsfrei sein, die Position der/des Studierenden sollte ersichtlich sein.

6.8 Formulierungshilfen

Studierende entwickeln im Verlauf des Studiums ihren persönlichen wissenschaftlichen Schreibstil. Die eigene Schreibtechnik verbessert sich durch regelmäßiges Schreiben. Auch gezielte Übungen helfen, am Schreibprozess und an der Schreibkompetenz zu arbeiten. Die TU Darmstadt hat als Unterstützung eine Beratungsstelle für alle Bereiche des akademischen Schreibens eingerichtet (https://www.owl.tu-darmstadt.de/). Das *SchreibCenter* bietet ein *Online Writing Lab* an, wo vielfältige Unterlagen und Übungen als Downloads zur Verfügung gestellt werden.

Die folgenden gängigen, auch von den Autoren dieses Leitfadens verwendeten Formulierungen – im Aufbau orientiert an Esselborn-Krumbiegel (2017a) und Schreibcenter der Technischen Universität Darmstadt (o. D.) – verstehen sich nicht als nur noch zu ergänzende Copy-and-paste-Phrasen, sondern als Hilfe für die Weiterentwicklung der eigenen Schreibkompetenz.

Einleitung

In das Thema einleiten
- Gegenstand/Schwerpunkt dieser Bachelor-/Masterarbeit ist …
- In der vorliegenden Bachelor-/Masterarbeit wird … thematisiert.
- Hintergrund für das Thema der Bachelor-/Masterarbeit ist …
- In dieser Bachelor-/Masterarbeit wird das Thema … behandelt.
- Die aktuellen breit diskutierten Forschungsbefunde … sind Anlass für diese Bachelor-/Masterarbeit.
- Die hier skizzierte Unterrichtserfahrung ist Ausgangspunkt für die Bachelor-/Masterarbeit.
- Dieses Fallbeispiel führt zum Thema/Kern/Schwerpunkt dieser Bachelor-/Masterarbeit.

Begriffe definieren (ggf. auch im Hauptteil)
- Bezugspunkt/Ausgangspunkt ist der von … entwickelte Begriff.
- XY definiert … wie folgt/folgendermaßen: …
- Unter … wird … verstanden.
- Die …forschung/…didaktik beschreibt/definiert … als …
- Die Definition … ist dem … entnommen.
- Der Begriff … wird im Kontext von … benutzt/verwendet.
- Die gängigste Definition von … stammt von/leitet sich her …
- Den Begriff … hat … eingeführt.
- Der Begriff … von … geht zurück auf Arbeiten von …

Zur Forschungsfrage hinführen
- Im Mittelpunkt der Arbeit steht folgende Forschungsfrage:
- Folgende Fragestellungen werden untersucht/genauer betrachtet: …
- Aus der hier skizzierten Problemstellung/Ausgangslage leitet sich folgende Forschungsfrage ab: …
- Daraus ergibt sich folgende zentrale Fragestellung:
- Daher wird untersucht/beleuchtet/der Frage nachgegangen, …
- Unter Berücksichtigung der aktuellen Forschungsbefunde steht die Frage, …, im Fokus dieser Arbeit.

Das Thema einordnen/begründen, auf das Ziel der Arbeit eingehen
- Die Frage (nach) … ist für … von besonderem Interesse, weil …
- Die Relevanz/Aktualität des Themas ergibt sich aus/durch …
- Der Berufsfeldbezug/Praxisbezug wird hergestellt durch/ergibt sich aus …
- Im Rahmen der Arbeit werden insbesondere die Befunde/Studien/Ergebnisse von …
- Im Zentrum der Arbeit steht die Theorie/das Paradigma …
- Der Schwerpunkt der Betrachtung/der Untersuchung/der Arbeit liegt auf …
- Mit der Arbeit wird das Ziel verfolgt, …
- Ziel der vorliegenden Arbeit ist …
- Die Arbeit leistet einen Beitrag zu/zur …

Den Aufbau der Bachelor-/Masterarbeit skizzieren
- Die Arbeit gliedert sich wie folgt/in ... Teile.
- Im ersten Teil/Im Theorieteil/Im empirischen Teil der Arbeit wird/werden ...
- Daran anschließend wird gezeigt/untersucht/überprüft, ...
- Im Kapitel ... wird beschrieben/beleuchtet/erörtert.
- In Kapitel ... wird der Frage nachgegangen, ...
- Im Mittelpunkt von Kapitel ... steht ...
- Zunächst wird untersucht/darauf eingegangen, genau beschrieben ...
- Anschließend wird thematisiert/erläutert/erörtert ...
- Abschließend wird dargestellt/diskutiert ...

Hauptteil

Beschreiben, darstellen und schlussfolgern
- Der Überblick über die aktuellen Forschungsbefunde zeigt, ...
- XY vertritt die These, dass ...
- Im Forschungsprojekt der Universität/Hochschule ...
- In der Untersuchung von ... wird angenommen, dass ...
- Die Studienautor/innen gehen davon aus, dass ...
- Die Annahme beruht auf ...
- Begründet wird ... durch/mit ...
- In der Argumentation ... stützt sich ... auf ...
- Die Argumentation von ... überzeugt durch ...
- Die angeführten Argumente sind stichhaltig.
- In ... weist ... nach, dass ...
- In diesem Zusammenhang lässt sich sagen, dass ...
- Dafür lassen sich mehrere Gründe/Punkte anführen:
- Am Beispiel ... wird erörtert, ...
- An diesem Beispiel lässt sich zeigen, ...
- Anhand der folgenden Beispiele wird illustriert/veranschaulicht, ...
- Die Tabelle ... zeigt/beschreibt ...
- Die Grafik verdeutlicht ...
- Eine zusammenfassende Darstellung findet sich in Abbildung ...
- Im Diagramm/Schaubild werden Zusammenhänge sichtbar gemacht/in Beziehung gesetzt.
- Allerdings weist ... darauf hin, ...
- Durch ... lässt sich belegen/begründen/schlussfolgern, ...
- Schlussfolgernd lässt sich sagen, dass ...
- Zusammenfassend kann darauf verwiesen/hingewiesen werden, dass ...

Einige gängige Konnektoren zur Verknüpfung der Argumente:
- Folglich/Infolgedessen ...
- Des Weiteren ...
- Abgesehen davon ...
- Aus diesem Grund ...

- Gleichermaßen ...
- Ungeachtet dessen ...
- Im Unterschied dazu ...
- In Anlehnung dazu ...
- Jedoch ...
- Allerdings ...
- Einerseits ... andererseits ...
- Zum einen ... zum anderen ...
- Sowohl ... als auch ...
- Nicht nur ... sondern auch ...
- Insofern ...
- Demzufolge ...
- Dementsprechend ...

Kritik üben, widersprechen, einschränken
- Dagegen spricht/ist kritisch einzuwenden, dass ...
- In Bezug auf ... lässt sich einwenden ...
- Dem kann entgegengehalten werden, dass ...
- Dem steht ... entgegen.
- Es scheint zunächst plausibel, anzunehmen, dass ...
- Bei näherer Betrachtung wird ersichtlich/deutlich, dass ...
- Insoweit ist der These von ... zuzustimmen.
- Fraglich ist ...
- Hier/An dieser Stelle ist zu fragen ob ...
- Daraus geht nicht hervor/lässt sich nicht ableiten, dass ...
- In diesem Zusammenhang ist darauf hinzuweisen, dass ...
- Damit ist aber nicht belegt, dass ...
- Eine abweichende Position/Auffassung vertritt ...
- Gegenteiliger Ansicht ist ...
- In Übereinstimmung mit ... argumentiert ...
- Ähnlich wie ... kritisiert auch ...
- In dieselbe Richtung argumentiert auch ..., wenn er/sie darauf hinweist, dass ...
- Im Gegensatz zu ... vertritt ... die Auffassung, dass ...
- Im Widerspruch zu ... weist ... nach, dass ...
- Die These bedarf einer kritischen Analyse/einer genaueren Betrachtung.
- Die These wird u. a. mit ... zu belegen versucht.
- Die angeführten Argumente sind nicht stichhaltig.
- Die Annahme, dass ... erscheint im Licht der jüngsten Forschungsergebnisse überholt/als nicht mehr stimmig.
- Die Aussage lässt sich entkräften durch ...
- Aktuelle Forschungsergebnisse/Studien widersprechen/stehen im Widerspruch zu ...
- Gegen die These ... kann angeführt werden, dass ...
- Folgende Punkte/Aspekte/empirische Befunde bleiben unberücksichtigt/wurden nicht mitgedacht:
- Unter Berücksichtigung/Einbindung von ... zeigt sich jedoch, dass ...

Forschungsdesign beschreiben und begründen
- Zur Beantwortung der Forschungsfrage wird die Methode/der Ansatz von … gewählt, da …
- In der Arbeit wird die Methode/das Instrument/der Fragebogen aus der Studie von … verwendet.
- Der Forschungsansatz von … wird gewählt, weil …
- Der Einsatz der Methode … ergibt sich aus …
- Das Erhebungsinstrument/Der Fragebogen/Der Leitfaden lehnt/orientiert sich an …
- Anhand dieser Methode wird erhoben/gemessen/geprüft, ob/wie …
- Zur Messung von … wird das Verfahren/Instrument von … verwendet/in adaptierter Form eingesetzt.
- Um die Hypothese … zu prüfen, wurde die Methode … gewählt.
- Daten zur Hypothesenprüfung werden mittels … erhoben.
- Die Stichprobe setzt sich aus … zusammen.
- Folgende Stichprobe wurde gezogen:
- Der Stichprobenplan basiert auf …
- Der Untersuchungsansatz nimmt methodisch Anleihe an der Studie von …
- Das Forschungsdesign variiert den methodischen Ansatz/das Verfahren von …
- Die Datenauswertung erfolgt mit/entlang/durch die Technik …
- Der Datensatz wird mit … ausgewertet.
- Die Interviews/qualitativen Daten werden nach … analysiert/unter Anwendung von … ausgewertet.

Forschungsbefunde beschreiben und diskutieren
- Die Auswertung der Daten kommt zu folgenden Ergebnissen:
- Die ausgewerteten Tests legen dar/legen nahe, dass …
- Die Ergebnisse der Untersuchung/der Befragung zeigen, dass …
- Das Item … beschreibt …
- Die Ergebnisse/Daten lassen sich wie folgt interpretieren:
- Die Daten untermauern/legen den Schluss nahe, dass …
- Die Prüfung des Items … auf Zusammenhänge mit …
- Es besteht ein signifikanter Zusammenhang zwischen … und …
- Die Gruppe … unterscheidet sich in ihrer Selbsteinschätzung signifikant von …
- Die Hypothese … wurde bestätigt/angenommen/abgelehnt.
- Entgegen der Hypothese … wurde kein Zusammenhang/Unterschied ermittelt.
- Die Hypothese … fand keine empirische Unterstützung.
- Die Gegenüberstellung von … und … stützt die Annahme, dass …
- Die Analyse bestätigt/verdeutlicht …
- Es konnte (nicht) belegt werden, dass …
- Kritisch hinsichtlich der durchgeführten Erhebung muss angemerkt werden, dass …
- In Bezug auf die Aussagekraft der Ergebnisse ist einschränkend festzuhalten, dass …[37]
- Probleme/Schwierigkeiten im Rahmen der Untersuchung ergaben sich bei …
- Aufgrund dieser Zahlen/Daten/Ergebnisse kann (nicht) gesagt werden, …

---

37 Diese Phrase ist ein Beispiel für das sogenannte „Hedging" bei der Beschreibung von Forschungsergebnissen: „Relativierend apostrophieren die Autoren ihre Ergebnisse als bedingt vorläufig, offen für Kritik und spätere Korrekturen" (Esselborn-Krumbiegel, 2017a, S. 18).

- Die Ergebnisse der Befragung lassen (nicht) den Schluss zu, dass …
- Die Ergebnisse der Untersuchung/Erhebung belegt die These …
- Die Auffassung von … lässt sich durch die vorliegende Untersuchung (nicht) stützen.
- Die Auswertung der Daten lässt den Schluss zu/belegt, dass …
- Zusammenfassend sind folgende zentralen Ergebnisse anzuführen:

Kapitel überleiten
- Das folgende Kapitel/Der nächste Abschnitt untersucht/beleuchtet/erörtert/diskutiert …
- Im Folgenden/Im nächsten Kapitel/Abschnitt wird …
- Aufbauend auf diesen Ausführungen wird im nächsten Teil …
- Die XYtheorie wird im Folgenden an einem Fallbeispiel verdeutlicht.
- Ein Unterrichtsbeispiel veranschaulicht im nächsten Kapitel das oben beschriebene didaktische Modell.
- Das in diesem Kapitel diskutierte Paradigma wird in Kapitel XY …
- Anhand der hier erörterten These wird nunmehr gezeigt/untersucht/überprüft, …
- Die unterrichtspraktische Anwendung/Theorie von … steht im Fokus des nächsten Kapitels.
- Im nächsten Kapitel … wird der Frage nachgegangen, …
- Im Mittelpunkt des nächsten Kapitels … steht …

Schlussteil

Zusammenfassung/Fazit/Ausblick
- Die Bachelor-/Masterarbeit ist der Frage nachgegangen, …
- In Bezug auf die zentrale Fragestellung dieser Bachelor-/Masterarbeit …
- Zusammenfassend sind folgende zentralen Ergebnisse zur Forschungsfrage anzuführen:
- Die Ergebnisse der Bachelor-/Masterarbeit lassen sich wie folgt zusammenfassen:
- Zusammenfassend sind folgende Ergebnisse wesentlich für …
- Als zentrales Ergebnis dieser Bachelor-/Masterarbeit ist … anzusehen.
- Das Fazit dieser Arbeit ist zusammengefasst wie folgt:
- Den Mehrwert für … belegen die Fallstudien/Daten/Schüler/innen-Feedbacks.
- Aus den Ergebnissen der Arbeit lassen sich folgende Schlüsse ziehen: …
- Daraus lassen sich folgende Schlüsse (für die praktische Arbeit) ableiten:
- Abschließend lässt sich feststellen, dass …
- Schlussfolgernd kann gesagt werden, dass …
- In einem weiteren Forschungsprojekt wäre es interessant, der Frage nachzugehen, …
- Die Weiterführung … wäre in einer umfangreicheren/adaptierten Untersuchung sinnvoll.
- Weiterer Forschungsbedarf ergibt sich durch/aus …
- Die im Rahmen der Datenanalyse aufgeworfene Frage … ist Anknüpfungspunkt für eine weitere Erhebung.
- Ausgehend von den diskutierten Ergebnissen, ist weiterführend zu fragen, …
- Eine auf diesen Befunden/Ergebnissen aufbauende Forschungsarbeit …
- Der im … diskutierte/erörtere Zusammenhang zwischen … und … ist in einem Folgeprojekt einer empirischen Prüfung zu unterziehen.

- Das praxiserprobte Modell/Unterrichtsbeispiel ist in einer breit angelegten Studie zu evaluieren.
- Es ist lohnenswert, das entwickelte/vorgestellte Konzept ... in der Praxis einzusetzen/anzuwenden.

6.9 Tipps, um zügig und erfolgreich zum Abschluss zu kommen

Regelmäßig, am besten täglich zu fixen Schreibzeiten, an der Bachelor-/Masterarbeit *schreiben*. Nach einer gewissen Zeit kommt man in einen *Schreibflow* und wird dadurch routinierter und vor allem produktiver. Bei längeren Unterbrechungen kann es sein, dass es schwerfällt, beim Letztstand anzuknüpfen: „Was genau wollte ich mit diesem Argument untermauern? Was meinte ich mit diesem eingefügten Memo? Welches Zitat sollte an dieser Stelle kommen?" etc.

Arbeitsschritte trennen: Das Schreiben entkoppeln von anderen Tätigkeiten wie dem Strukturieren, Formatieren, Korrigieren und Recherchieren.

Regelmäßig hinterfragen, ob die Ausführungen fundierte, schlüssige *Antworten auf die gestellte Forschungsfrage* liefern. Ist das nicht der Fall, ist ggf. die Rahmung der Abschnitte und Kapitel noch unscharf, sind die Ausführungen zu einseitig oder zu weitläufig und/oder zu oberflächlich.

Feedback einholen: Wenn das erste Kapitel abgeschlossen ist, sollte der/die Betreuer/in der Bachelor-/Masterarbeit um eine erste Einschätzung gebeten werden, um sicherzustellen, dass man auf dem richtigen Weg ist. Die Erstfassung ist nicht die Endfassung, d. h. von einem erwartbaren eher kritischen Feedback sollte man sich nicht entmutigen lassen. Außerdem ist es empfehlenswert, von einer Kommilitonin bzw. einem Kommilitonen eine Rückmeldung zur inhaltlichen und sprachlichen Verständlichkeit einzuholen.

Sich belohnen: Eine Belohnung für die erfolgreiche Abfassung eines Kapitels wirkt motivierend und geht mit positiven Erinnerungen einher.

Für die Korrektur die Arbeit ausdrucken, denn das Lesen am Bildschirm ist anstrengender und in der Regel werden formale Fehler leichter übersehen. Für manche Studierende ist es hilfreich, sich den Text selbst laut vorzulesen.

Daten gewinnen – Forschungsmethoden 7

7.1 Auf einen Blick: Schematisches Ablaufdiagramm einer empirischen Abschlussarbeit

Die folgende Abbildung 41 zeigt die einzelnen Ablaufschritte für eine empirische Bachelor-/Masterarbeit.

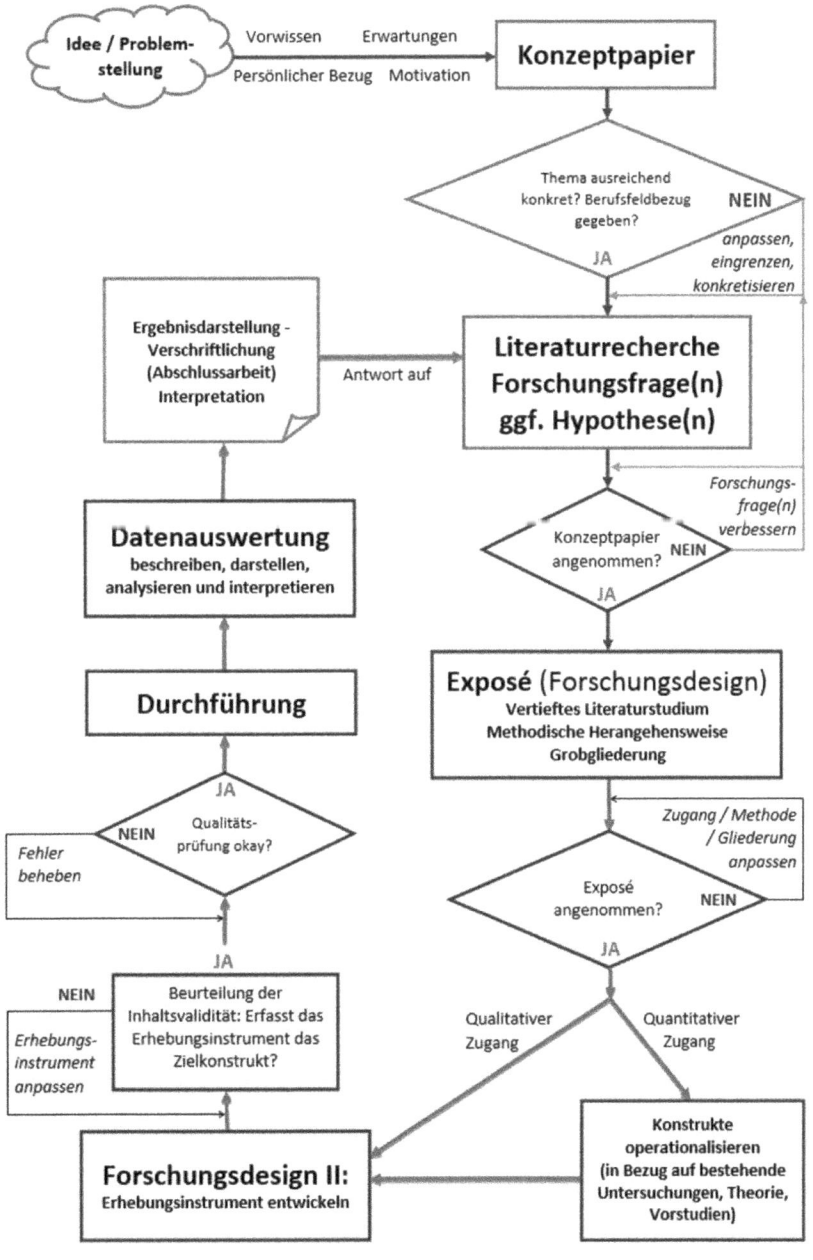

Abbildung 41: Schematisches Ablaufdiagramm einer empirischen Abschlussarbeit

7.2 Stichproben in qualitativen und quantitativen Untersuchungen

Das Thema „Stichprobe" ist sehr komplex. Auf Basis unserer langjährigen Erfahrung in der Betreuung von Bachelor-/Masterarbeiten ist die Thematik im Folgenden so aufbereitet, dass sie den Bedürfnissen von Studierenden und den Anforderungen an Qualifizierungsarbeiten in Bachelor- und Masterstudien entsprechen.

Grundsätzlich lässt sich zwischen einer *Vollerhebung* und einer *Teilerhebung* (Stichprobe) unterscheiden. In einer Vollerhebung werden alle Personen einer definierten Zielgruppe befragt. Wenn es sich bei der Zielgruppe um eine begrenzte Anzahl von Personen handelt, die auch erreichbar sind (z. B. alle Lehrpersonen einer kleinen bis mittelgroßen Schule), dann empfiehlt sich bei *schriftlichen Erhebungen* eine Vollerhebung durchzuführen. In einem Aktionsforschungsprojekt kann die definierte Zielgruppe z. B. zwei Unterrichtsklassen umfassen, in denen im Rahmen des eigenen Unterrichts eine Erhebung durchgeführt wird. Eine Vollerhebung ist in diesem Fall dann zielführend, wenn mittels *schriftlicher Erhebung* (Fragebogen) untersucht wird, wie Schüler/innen ein neues didaktisch-methodisches Setting beurteilen oder wie punktuelle Maßnahmen (z. B. Auflockerungs- und Konzentrationseinheiten im Unterricht) nach der subjektiven Einschätzung der Schüler/innen wirken. Bei einer *mündlichen Erhebung* zu derselben Thematik – allerdings mit einer anderen Fragestellung – würden hingegen auch bei dieser kleinen Zielgruppe nicht alle Betroffenen befragt, sondern gezielt Schüler/innen ausgewählt werden.

Stichproben in qualitativen Studien

In der qualitativen Forschung werden Personen, die an einer Studie teilnehmen sollen, entlang der Forschungsfrage gezielt ausgewählt (Fallauswahl). Man spricht daher von einer *bewussten bzw. absichtsvollen Stichprobenziehung* (Hussy et al., 2013, S. 194) Im Vordergrund steht nicht der Umfang der Stichprobe, sondern die Zusammensetzung, welche die typischen, abweichenden oder sogar extremen Fälle aus der Grundgesamtheit repräsentieren (damit ist nicht das Erreichen einer Repräsentativität im statistischen Sinn gemeint). Die Fallauswahl erfolgt auf Basis von festgelegten Kriterien. Wird dies unterlassen und ein Fall per Zufall bzw. lediglich nach dem Kriterium „Erreichbarkeit" gezogen, bedeutet das für den weiteren Forschungsprozess, dass „der Fall nur noch als Fall untersucht wird und jegliche Form der Generalisierung auf andere Fälle nicht möglich ist" (Merkens, 1997, S. 98).

Grundsätzlich wird bei der Stichprobenziehung bzw. Fallauswahl in qualitativen Studien (Hussy et al. 2013, S. 194–195) unterschieden zwischen Bottom-up-Strategien (die Kriterien für die Fallauswahl ergeben sich im Verlauf des Untersuchungsprozesses) und Top-down-Strategien, bei denen die Kriterien vor Untersuchungsbeginn festgelegt werden. Die Zusammensetzung der Fälle ist homogen (Schüler/innen mit Fluchterfahrung aus einem bestimmten Kriegsgebiet) oder, dem Prinzip der Varianzoptimierung entsprechend, heterogen (Schüler/innen, Eltern, Lehrpersonen, externe Schulpartner/innen)

Bottom-up-Verfahren, wie z. B. das *Theoretcial Sampling* im Rahmen der *Grounded Theory*, sind aufwendig und zeitintensiv. Da Bachelor-/Masterarbeiten auf ein Semester bzw. wenige

Monate begrenzt sind, wird dieses Verfahren daher von Studierenden selten gewählt (zur Vertiefung in das *Theoretcial Sampling* siehe z. B. Strübing, 2019). Beim Top-down-Verfahren wird auf Basis des theoretischen Vorwissens und der Kenntnisse über relevante Ähnlichkeiten und Unterschiede in der zu untersuchenden Population ein Stichprobenplan erstellt. Die Auswahl von Fällen erfolgt systematisch und ist gut begründet. So wird z. B. nachvollziehbar erläutert, welcher Fall bzw. welche Fälle als typische Vertreter einer Schulklasse angesehen werden und daher im Auswahlverfahren berücksichtigt werden. Der Stichprobenplan in Tabellenform bietet einen guten Überblick über die relevanten Merkmale und ihre Ausprägungen sowie die notwendige Anzahl an Fällen. Tabelle 6 zeigt einen Stichprobenplan für eine heterogene Stichprobe (n = 48) im Rahmen einer umfangreichen Forschungsarbeit.

	VS 1	VS 2	NMS 1	NMS 2
Schulleiter/in	1	1	1	1
Projektleiter/in	1	1	1	1
Lehrperson *mit aktiver Funktion*, Unterricht in den Klassen der befragten Schüler/innen	1	1	1	1
Lehrperson *ohne Funktion*, Unterricht in den Klassen der befragten Schüler/innen	1	1	1	1
Je ein/e Schüler/in der Schulstufe 2 bzw. 6, die/der von der Klassenlehrperson bzw. dem Klassenvorstand als leistungsstärker, durchschnittlich und leistungsschwächer eingeschätzt wird	3	3	3	3
Je ein/e Schüler/in der Schulstufe 3 bzw. 7, die/der die von der Klassenlehrperson bzw. dem Klassenvorstand als leistungsstärker, durchschnittlich und leistungsschwächer eingeschätzt wird	3	3	3	3
Vater/Mutter von Schüler/innen der Schulstufe 2 bzw. 6 (bevorzugt von den befragten Schüler/innen), die von der Klassenlehrperson bzw. dem Klassenvorstand als „aktive am Schulleben mitwirkend" eingeschätzt wurde	1	1	1	1
Vater/Mutter von Schüler/innen der Schulstufe 3 bzw. 7 (bevorzugt von den befragten Schüler/innen), die von der Klassenlehrperson bzw. dem Klassenvorstand als „aktive am Schulleben mitwirkend" eingeschätzt wurde	1	1	1	1

Tabelle 6: Stichprobenplan für eine heterogene Stichprobe in einer qualitativen Studie

Da qualitative Verfahren zeitintensiv sind, wäre eine Untersuchung wie im obigen Beispiel mit 48 Personen für eine Bachelor-/Masterarbeit zu umfangreich. Wir empfehlen, das qualitative Forschungsdesign so zu gestalten, dass der Stichprobenumfang in einer Bachelorarbeit nicht größer als 7 und in einer Masterarbeit nicht größer als 15 ist.

Für die Fallauswahl bei typischen qualitativen Untersuchungen in Bachelor-/Masterarbeiten sind folgende Hinweise hilfreich. Die zu befragenden und/oder zu beobachtenden Personen:

- zeigen Bereitschaft, an der Untersuchung teilzunehmen,
- nehmen sich für die Untersuchung Zeit,

- verfügen über Erfahrung/Wissen zum Untersuchungsgegenstand
- und haben die Fähigkeit zu reflektieren (nach Merkens, 1997, S. 101).

Für Untersuchungen an Schulen werden von Studierenden in der Regel Schulleiter/innen oder Lehrer/innen als sogenannte *Gatekeeper* genutzt. Sie ermöglichen die Untersuchung und können bei der Fallauswahl unterstützend mitwirken. Zu bedenken ist, dass die Gatekeeper mitunter eigene, unausgesprochene Auswahlkriterien heranziehen, sodass die Auswahl einseitig wird. In einem vor Jahren durchgeführten Forschungsprojekt zu E-Learning wurde einem Schulleiter der Stichprobenplan für sein Gymnasium vorgelegt. Unter anderem sollten Lehrpersonen und Eltern befragt werden, die dem E-Learning skeptisch bis ablehnend gegenüberstehen. In den Interviews zeigten sich diese Personen alles andere als skeptisch, sie waren überzeugt vom Mehrwert des E-Learnings und betonten die vorbildliche Umsetzung am Standort. In einem Forschungsprojekt zu Transition vom Kindergarten in die Schule war das Forscherteam mehrmals damit konfrontiert, dass die Schul- bzw. Kindergartenleitungen Personen für die Befragung bestimmten, die zur Thematik nichts sagen konnten.

Wenn es schwerfällt, für das Forschungsvorhaben Personen zu finden, kann das *Schneeballprinzip* angewandt werden. Ist eine Person gefunden, die sich an der Untersuchung beteiligt, wird diese nach möglichen weiteren gefragt. Da bei dieser Vorgehensweise von einer starken Homogenität auszugehen ist, eignet sie sich gut für homogene Stichproben. Was auch immer wieder vorkommt und von dem wir jedenfalls abraten, ist die Auswahl von Fällen aus dem persönlichen Umfeld. Studierende wählen gelegentlich diesen Weg, weil sie indirekt von einer Thematik betroffen sind und diese im Rahmen der Abschlussarbeit „aufarbeiten" möchten und/oder weil sie unmittelbar Zugang zu diesen Personen haben.

Stichproben in quantitativen Studien

Ist die Grundgesamtheit (N) für eine Vollerhebung zu groß, wird eine *Stichprobe*/werden *Stichproben* gezogen, d. h. aus der Grundgesamtheit (auch Population genannt) wird eine (möglichst) repräsentative Anzahl von Personen ausgewählt.

Repräsentativ bedeutet, dass die ausgewählten Personen die Merkmale der Grundgesamtheit widerspiegeln *und* dass die Verteilung dieser Merkmale (Quotenverteilung) der Grundgesamtheit entspricht. Um dies zu gewährleisten, müssen bestimmte *Merkmale in der Stichprobe mit jenen in der Population mit der entsprechenden Quote übereinstimmen* (z. B. Merkmale wie Geschlecht, Alter, berufliche Ausbildung, Einkommen in der entsprechenden Quote 60 % Männer, 40 % Frauen, 25 % unter 20 Jahre etc.). Die Repräsentativität einer Stichprobe ist wesentlich davon abhängig, wie genau die *untersuchungsrelevanten Merkmale und die Verteilung dieser Merkmale* in ihr abgebildet werden. Repräsentativität hängt demnach nicht einfach von der Größe der Stichprobe ab.

Beispiel

Es soll untersucht werden, wie die österreichischen Lehrer/innen zum Thema „Gesamtschule" stehen. Alle Lehrer/innen in Österreich bilden die Grundgesamtheit (*Population*). Kirchmair et al. (2005, S. 113) nennen diese Grundgesamtheit *„die große Welt"*. Wenn alle Lehrer/innen in Österreich, das sind über 100.000, um ihre Einschätzung gebeten werden würden, dann wäre der zeitliche und finanzielle Aufwand zu groß. Da es also kaum möglich ist, mit dieser „großen Welt" zu arbeiten, greift man zum Hilfsmittel der *Stichprobe – „kleine Welt"*. Wenn jetzt die Stichprobe alle jene Merkmale aufweist, die auch die Grundgesamtheit kennzeichnen *und* die Verteilung dieser Merkmale (Quotenverteilung) der Grundgesamtheit entspricht, dann ist sie „repräsentativ" und erlaubt u. U. eine *Generalisierung* (Verallgemeinerung) der Ergebnisse. Mit anderen Worten: Merkmale wie z. B. Alter, Geschlecht, Dienstalter, Schultype, Fächerkombination etc. sind in der Stichprobe im selben Verhältnis enthalten wie in der Grundgesamtheit. Wird eine Stichprobe klug ausgewählt, so lassen die Ergebnisse der Untersuchung den Schluss zu (schließende Statistik, siehe unten), dass in Bezug auf eine Befragung, z. B. zum Thema „Gesamtschule", auch die nicht befragten Lehrer/innen sehr ähnlich denken bzw. handeln.

Ein weiterer Punkt bei quantitativen Erhebungen ist die *Rücklaufquote*: Auch wenn eine repräsentative Stichprobe gezogen oder eine Gesamterhebung angestrebt wurde, kann das Befragungsergebnis durch den Rücklauf verzerrt werden. Ein Student zog im Rahmen einer außerordentlich umfangreichen Masterarbeit zum Thema „Einführung eines eigenen Ausbildungszweigs ‚Holzbau' an der höheren technischen Lehranstalt," eine repräsentative Stichprobe (780 Unternehmen in Österreich, die sich u. a. auch auf Holzbau spezialisiert haben). Von 780 ausgesandten Fragebögen wurden nur 38 retourniert. Dass von diesen Befragten 83,8 % für eine vertiefte bzw. eigenständige Holzbauausbildung an höheren technischen Lehranstalten stimmten, hängt vermutlich damit zusammen, dass die Zielpopulation über das Thema der Befragung informiert war und nur diejenigen mit einem großen Interesse daran teilnahmen. Aufgrund des geringen Rücklaufs ist davon auszugehen, dass es bei dieser Untersuchung zu einer deutlichen inhaltlichen Verzerrung des Befragungsergebnisses gekommen ist.

Bei der Auswahl der Stichprobe gibt es verschiedene Verfahren, die im Folgenden erläutert werden (Atteslander, 2010, S. 274–282):

Reine (oder einfache) Zufalls-Stichprobe: Die Wahrscheinlichkeit, in die Stichprobe aufgenommen zu werden, ist für jede Person gleich. Wenn jedes Element der Grundgesamtheit mit der gleichen Wahrscheinlichkeit in die Stichprobe gelangen kann, dann wird ab einer bestimmten Stichprobengröße die Verteilung der Merkmale in der Grundgesamtheit repräsentativ abgebildet. Damit für alle Personen die Wahrscheinlichkeit gleich groß ist, in die Stichprobe aufgenommen zu werden, muss die Erhebung ggf. zu unterschiedlichen Zeitpunkten und/oder an unterschiedlichen Orten stattfinden. Wenn z. B. an einer Pädagogischen Hochschule Studierende aller Studienrichtungen befragt werden sollen, muss die Erhebung an unterschiedlichen Tagen durchgeführt werden. Würde sie nur an einem Tag stattfinden, wären jene Studierenden von der Erhebung ausgeschlossen, die an diesem Tag keine Lehrveranstaltung haben oder ihren Praxistag an einer Schule absolvieren (beides kann u. U. auf einen ganzen Studiengang zutreffen). In diesem Fall würde eine *Ad-hoc- bzw. Gelegenheitsstichprobe* gezogen (Befragung von gerade zur Verfügung stehenden Personen). In einer Bachelorarbeit wurden bei einer größeren Veranstaltung der Österreichischen Hochschülerinnen- und Hochschülerschaft von den anwesenden Studierenden 30 per Zufall für eine Befragung ausgewählt. Die Studentin nahm fälschlicherweise an, dass diese Befragten die Studierenden der Universität repräsentieren würden.

Geschichtete Zufallsstichprobe: Die Grundgesamtheit wird anhand relevanter und bekannter Merkmale in Schichten (Gruppen) aufgeteilt. Die einzelnen Schichten in der Stichprobe müssen den prozentualen Anteilen in der Grundgesamtheit entsprechen, d. h. die Quoten, die durch eine Zufallsstichprobe gezogen werden, müssen die einzelnen Gruppen in der Grundgesamtheit widerspiegeln.

Mehrstufige Zufallsauswahl: Aus der Grundgesamtheit werden zwei oder mehrere Zufallsstichproben nacheinander gezogen. Beispielsweise werden auf der ersten Stufe Schulklassen, auf der zweiten Stufe die Unterrichtsgegenstände und auf der dritten Stufe die Schüler/innen gezogen. Als Verfahren kommen sowohl die reine Zufallsstichprobe als auch ein gewichtetes Verfahren in Frage.

Klumpenauswahl (Cluster): Zuerst wird eine reine Zufallsstichprobe gezogen (z. B. eine bestimmte Anzahl von Schulklassen). Danach werden alle Personen, die den gezogenen Gruppen angehören, in die Untersuchung aufgenommen. Bei dieser Form der Stichprobenziehung kann es zum sogenannten Klumpeneffekt kommen: Das Antwortverhalten von Schüler/innen innerhalb einer Klasse ist ähnlicher als zwischen den Klassen, sodass die Daten aus der Stichprobe eine niedrigere Varianz aufweisen als in der Grundgesamtheit.

Für die Stichprobengröße bei typischen quantitativen Untersuchungen in Bachelor-/Masterarbeiten sind folgende Hinweise hilfreich (Rost, 2013, S. 111–112):

- Der Stichprobenumfang muss mindestens eine Größe von 30 Fällen annehmen.
- Der Umfang der kleinsten Untergruppe (Zelle) darf zehn Fälle nicht unterschreiten. Beispiel: Wenn altersspezifische Unterschiede zwischen Lehrerinnen und Lehrern untersucht werden, müssen jeder Altersgruppe mindestens zehn Lehrer/innen angehören.
- Wenn zwei unabhängige Gruppen auf Mittelwertsunterschiede geprüft werden, sind pro Gruppe mindestens 35 Personen auszuwählen (zusammen also n = 70).

Ist eine umfangreiche quantitative Erhebung geplant, wird die Stichprobengröße berechnet (siehe dazu auf unserer Website *www.leitfaden-online.at*.)

Schluss von der Stichprobe auf die Grundgesamtheit

Eine Stichprobe kann eine Merkmalsverteilung einer Population nicht exakt wiedergeben. Dennoch ist es wichtig, eine sorgfältige Stichprobe zu ziehen. Im Rahmen einer Signifikanzprüfung wird unter Akzeptanz eines gewissen Fehlers eine Aussage darüber gemacht, ob die Ergebnisse der Stichprobe auf die Grundgesamtheit (Population) übertragen werden können, oder ob die Ergebnisse allein durch Zufall zustande gekommen sind und daher nicht in der Grundgesamtheit vorkommen. Signifikanztests sind Verfahren der *schließenden Statistik*. „Die schließende Statistik hilft bei der Prüfung, ob ein Unterschied ein echter Unterschied ist oder ein Zusammenhang ein echter Zusammenhang. Mithilfe der Wahrscheinlichkeitsrechnung (Stochastik) erfasst die schließende Statistik zufällig zustande gekommene Unterschiede oder Zusammenhänge" (Hauser & Humpert, 2009, S. 18).

Es wird, vereinfacht ausgedrückt, erfasst, wie wahrscheinlich es ist, dass die Ergebnisse allein durch Zufall zustande gekommen sind. Da es keine hundertprozentige Sicherheit gibt, ist ein Irrtum nicht ausgeschlossen, d. h. beim Ergebnis wird von keinem Zufall mehr ausgegangen, obwohl es in Wirklichkeit ein zufällig zustande gekommenes Ergebnis ist. In der Forschung wird in diesem Zusammenhang von Irrtumswahrscheinlichkeit gesprochen und meint damit das *Festsetzen des Signifikanzniveaus* (Schwetz et al., 2016, S. 102–106). Das Signifikanzniveau gibt an, wie hoch das Risiko ist, das man bereit ist einzugehen, eben diese falsche Entscheidung zu treffen. In der empirischen Sozialforschung wird die Irrtumswahrscheinlichkeit mit fünf Prozent festgelegt. Ist der Wert kleiner, wird von einem *signifikanten Ergebnis* gesprochen, zwischen fünf und zehn Prozent von einer Tendenz zur Signifikanz.

Einen wesentlichen Einfluss auf die Irrtumswahrscheinlichkeit haben die Varianz der Merkmale in der Stichprobe sowie die Größe der Stichprobe. Mit zunehmender Stichprobengröße verringert sich die Irrtumswahrscheinlichkeit, wobei ab einer bestimmten Größe der Einfluss der Stichprobe insgesamt geringer wird.

Nicht jedes Ergebnis, das statistisch signifikant ist, ist auch inhaltlich signifikant, d. h. es wird ein statistisch signifikantes Ergebnis festgestellt, das jedoch für die Schul- und Unterrichtswirklichkeit keine praktische Relevanz hat bzw. für die praktische Anwendung nicht bedeutsam ist. Auch kann es vorkommen, dass ein Testergebnis signifikant ist, die Zusammenhänge zwischen Variablen jedoch nur indirekt in Beziehung stehen (Scheinkorrelation). Als Vertiefung zu dieser Thematik finden Sie auf unserer Website *www.leitfaden-online.at* den spannenden Artikel „Der Storch bringt die Babys zu Welt".

Bei der qualitativen Datenauswertung fehlt die Möglichkeit, „eine *Bestätigung für Hypothesen* [sic] zu erreichen, die ähnlichen Erfolg wie im quantitativen Paradigma verspricht" (Brühl & Buch, 2006, S. 3). Begründet wird dies – vor allem von Kritiker/innen der qualitativen Forschung – mit „der mangelnden Standardisierung der eingesetzten Verfahren oder der praktisch nicht möglichen Generalisierbarkeit der berichteten Befunde" (Brühl & Buch, 2006, S. 3). Auch Verfahren der schließenden Statistik lassen sich nur eingeschränkt auf qualitatives Datenmaterial anwenden. Zwar können qualitative Daten durch das Verfahren der Kategorisierung in numerische Daten transformiert werden (z. B. Kategorie „Zufriedenheit" = 1, „Unzufriedenheit" = 2), diese besitzen jedoch keine metrischen Eigenschaften (siehe Kapitel 8). Außerdem ist der Stichprobenumfang aufgrund der aufwendigen Verfahren meistens zu gering. In der qualitativen Forschung wird daher „das Konzept der ‚exemplarischen Verallgemeinerung'" (Bortz & Döring, 2006, S. 335) basierend auf repräsentativ ausgewählten Einzelfallbeschreibungen verfolgt. Bortz und Döring (2006, S. 336–337) stehen diesem Prinzip kritisch gegenüber. Sie vertreten die Auffassung, dass Generalisierbarkeit durch Auswählen vermeintlich typischer Fälle nicht begründet werden kann und schlagen ergänzende Maßnahmen bzw. alternative Zugänge vor.

7.3 Mündliche Befragung (Interview)

Die Befragung ist die *häufigste Methode* in der empirischen Sozialforschung. Grundsätzlich gibt es zwei Arten von Befragungen: die *mündliche* Befragung und die *schriftliche* Befragung.

7.3.1 Interviewformen

Die *mündliche Befragung* kann – grob eingeteilt – in Form eines *Einzelinterviews*, eines *Paarinterviews* oder in Form eines *Gruppeninterviews* (z. B. Helfferich, 2021; Mayring, 2016) erfolgen und ermöglicht eine persönliche Interaktion zwischen dem/der Interviewer/in und der interviewten Person. Darin liegt ein wesentlicher *Vorteil* von mündlichen gegenüber schriftlichen Befragungen. Bei einem Interview ist es möglich, die gestellten Fragen an die Interviewsituation anzupassen. Außerdem kann bei einer mündlichen Befragung mehr in die Tiefe gegangen werden als bei einer Fragebogenerhebung. Den Antworten wird dadurch mehr Substanz verliehen. Der Prozess der Datenauswertung ist allerdings sehr arbeitsintensiv und damit zeitaufwendig.

Ein *Nachteil* der mündlichen Befragung ist, dass sich die Analyse und Interpretation der Daten schwieriger gestaltet. Qualitative Daten sind nicht so einfach gegenüberzustellen. Sie müssen zunächst kategorisiert werden. Des Weiteren sind Verallgemeinerungen (Generalisierungen) problematisch, da die Stichprobe eher klein ist. Kritiker/innen argumentieren, dass die häufig geringe Anzahl an mündlich Befragten nicht repräsentativ sein kann.

Bei mündlichen Befragungen wird zwischen *unstrukturierten* und *strukturierten* Interviews unterschieden. Mit den Dimensionen „unstrukturiert" (auch „offen") und „strukturiert" ist der Grad der Interviewstrukturierung gemeint, d. h. wie viel Freiheit dem/der Interviewer/in beim Stellen der Fragen und der/dem Interviewten beim Antworten gewährt wird.

Für ein *strukturiertes Interview* wird ein Fragenkatalog erstellt, die Fragen müssen nach einer vorgegebenen Reihenfolge und im exakten Wortlaut abgefragt werden. Eine strukturierte Befragung begrenzt den Horizont möglicher Antworten auf die abgefragten Themenbereiche, über die bereits fundiertes Wissen vorhanden sein muss. Fehlt der/dem Forscher/in das notwendige Vorverständnis über den Untersuchungsgegenstand, können keine spezifischen Fragen gestellt werden. Das folgende Beispiel ist ein Auszug aus einem strukturierten Interview mit Lehrerinnen und Lehrern zum Thema „Schulentwicklung" (Resinger, 2004, S. 220):

> Sie nehmen an einer Untersuchung teil, die von der Universität Innsbruck im Zuge der Evaluierung des regionalen Schulentwicklungsprojekts im Bezirk Knittelfeld durchgeführt wird. Wir, das Innsbrucker Evaluationsteam, freuen uns, dass Sie sich für die heutige Befragung die Zeit genommen haben.
>
> Mit dem dritten und zugleich letzten Interview möchten wir herausfinden, was das Projekt in den vergangenen zwei Jahren innerhalb und außerhalb der Schule bewirkt hat. Bevor wir mit dem Interview beginnen, möchten wir Sie daran erinnern, dass für uns die Vielfalt der Meinungen wichtig ist, d. h. es gibt keine „richtigen" oder „falschen" Antworten. Wir sind an Ihrer persönlichen Einschätzung und an Ihren Erfahrungen im Projekt interessiert. Die Auswertung Ihres Interviews erfolgt anonym.
>
> **Frage 1**: Beschreiben Sie die derzeitige Stimmung an der [*Name der Schule*]!
>
> **Frage 2**: Seit Herbst 2003 werden die ersten gemeinsam beschlossenen Maßnahmen an der Schule umgesetzt. Berichten Sie von der bisherigen Arbeit!
>
> **Frage 3**: Welche der geplanten Maßnahmen wurden in der Aktionsphase nur zum Teil umgesetzt oder gar nicht umgesetzt? Was sind die Gründe dafür?
>
> **Frage 4**: Wie erfolgte die Zusammenarbeit der einzelnen Verantwortlichen bei der Umsetzung der Maßnahmen?
>
> **Frage 5**: Wie zufrieden sind Sie mit der bisherigen Entwicklungsarbeit?

> **Frage 6**: Wie ist die allgemeine Zufriedenheit mit der bisherigen Entwicklungsarbeit?
>
> **Frage 7**: Welche Schritte werden aufgrund der Ergebnisse der Evaluation der bisherigen Entwicklungsarbeit als nächstes gesetzt?
>
> **Frage 8**: Wie haben Sie Ihre Rolle im Projekt erlebt?
>
> *Achtung bei Frage 9! Bitte die Frage 9a nur Lehrer/innen mit einer tragenden Rolle im Projekt stellen. Bitte die Frage 9b der Schulleiterin bzw. dem Schulleiter stellen!*
>
> **Frage 9a**: Wie haben Sie die Rolle der Schulleiterin bzw. die Rolle des Schulleiters im Schwungrad-Projekt erlebt?
>
> **Frage 9b**: Wie haben Sie jene Lehrerinnen und Lehrer erlebt, die eine tragende Funktion im Schwungrad-Projekt innehatten?
>
> **Frage 10**: Wie haben Sie die einzelnen Rollen der Bezirksschulinspektoren im Projekt erlebt?
>
> **Frage 11**: Wie zufrieden waren Sie mit der externen Begleitung durch das Innsbrucker Team?

In einem *halbstrukturierten Interview* wird ein *Leitfaden* erstellt. Dieser leitet den/die Interviewer/in durch die Befragung. Sie/Er hat hinsichtlich des Interviewverlaufs mehr Spielraum. Nach-, Zwischen- und Zusatzfragen sind nicht nur erlaubt, sondern bilden die Essenz dieser Interviewform. Dem Prinzip der Offenheit entsprechend, kommt es an punktuellen Stellen des Interviews zu individuellen thematischen Schwerpunktsetzungen, die die spezifische Erfahrungswelt der befragten Person abdecken. Offenheit in diesem Kontext meint also, dass die befragten Personen „den Raum haben, das zu sagen, was sie sagen möchten, dass sie z. B. das aussprechen können, was ihnen selbst wichtig ist" (Helfferich, 2019, S. 672). Der/die Interviewer/in ist gefordert, sich darauf adäquat einzulassen. Dass dabei der rote Faden nicht verloren geht, stellt der Leitfaden sicher.

Im folgenden Beispiel besteht der Interviewleitfaden aus drei Leitfragen und möglichen vertiefenden Fragen – alle in Form von „Erzählaufforderungen" ausformuliert. Die drei Leitfragen verstehen sich als Pflichtfragen, die vertiefenden Fragen können neben weiteren je nach Verlauf des Interviews gestellt werden. Das halbstrukturierte Interview wurde mit Schülerinnen und Schülern zum Thema „Lernplattformen/E-Campus" geführt (Mayr et al., 2009, S. 151–152). Ein weiterer, umfangreicher Interviewleitfaden, der im Rahmen der Evaluation eines Pilotprojekts zur Grundschulreform in Österreich (Mayr-Keiler et al., 2019) entwickelt wurde, findet sich auf *www.leitfaden-online.at*.

> *Lernplattformen/E-Campus*
>
> - Was gefällt dir besonders gut beim Lernen mit der Plattform/im E-Campus?
> - Was gefällt dir weniger gut beim Lernen mit der Plattform/im E-Campus?
> - Wie unterscheidet sich für dich der normale Unterricht vom Unterricht, bei dem du mit der Plattform/im E-Campus lernst?
>
> *Mögliche vertiefende Fragen*
>
> - Wie verständlich findest du die Arbeitstexte?
> - Wie nützlich sind die empfohlenen Links?
> - Wie findest du das *Discussion Board* (Diskussionsforum)?
> - Wie oft tauschst du dich mit deinen Mitschülerinnen und Mitschülern und deinen Lehrpersonen im Discussion Board aus?
> - Wie oft hattest du bzw. hatte eure Klasse Kontakt mit anderen Schulen auf der E-Plattform? Welche Erfahrungen hast du damit gemacht?
> - Wie findest du dich im E-Campus zurecht?
> - Wer hilft dir, wenn du Probleme mit der Arbeit mit der Plattform/im E-Campus hast?
> - Wie gut kennen sich deine Lehrpersonen mit der Plattform/im E-Campus aus?

In einem *unstrukturierten Interview* werden nur das Thema und die Einstiegsfrage vorgegeben. Eine Sonderform des unstrukturierten Interviews ist das *narrative Interview*. Es dient vor allem zur Beschreibung von Biographien und/oder Lebensabschnitten zu einem eher weit definierten Themenbereich. „Lebensgeschichtliche Erzählungen, wie sie mit dem narrativen Interview hervorgebracht werden, eröffnen *den Blick auf individuelle und kollektive Lern- und Bildungsprozesse* [sic]" (Jakob, 2013, S. 220). Narrative Interviews werden kurz zusammengefasst wie folgt geführt (Hug & Poscheschnik, 2020, S. 129; Lamnek & Krell, 2016, S. 338–343): Die Interviewpartnerin/Der Interviewpartner wird nicht mit vorgegebenen Fragen konfrontiert, sie/er soll möglichst frei von seiner/ihrer Lebensgeschichte erzählen. Daher sind sowohl Thema als auch die Einstiegsfrage bzw. *Erzählaufforderung* breit formuliert, d. h. konkrete Fragen nach Motiven, Zuständen, oder konkreten Handlungen und Routinen sind zu vermeiden. In der *Erzählphase* ist die Interviewerin/der Interviewer dazu angehalten, möglichst passiv zu bleiben und nur den Gesprächsfluss aufrechtzuerhalten, denn „bereits kleine Nachfragen oder Bitten um Präzisierungen von Daten oder Orten können den Erzähler vom Bezug ... abbringen" (Küsters, 2019, S. 690). Weicht eine befragte Person allerdings völlig vom Thema ab, muss sie/er darauf zurückgeführt werden. Das Erzählen erfordert von der/dem Interviewten ein gewisses Maß an Übersicht und vor allem Eloquenz, Pausen und auch längeres Schweigen sind von beiden Seiten „auszuhalten", es soll kein Druck entstehen, damit der zwanglose Charakter der Befragung nicht verloren geht. Im Anschluss an die Erzählphase werden *Nachfragen* („immanente Fragen") formuliert, die z. B. an Stellen mangelnder Nachvollziehbarkeit anknüpfen, auf Lücken oder Brüche verweisen (etwas Angefangenes wurde nicht zu Ende erzählt), oder auf besonders interessante Teilaspekte in der Erzählung eingehen. Im letzten Interviewschritt wird die befragte Person gebeten, Sachverhalte, Probleme oder das Agieren in bestimmten Situationen zu deuten bzw. zu begründen und die Gesamterzählung zu bilanzieren. Außerdem wird noch auf offene Aspekte, die zur Beantwortung der Forschungsfrage relevant sind („exmanente Fragen"), eingegangen.

Beispiel

Thema: Positive und/oder negative Schulerfahrungen in der Grundschule und an der Nahtstelle zur Sekundarschule

Einstiegsfrage: Erzählen Sie über Ihre Zeit als Schüler/in in der Grundschule. Beginnen Sie möglichst mit Ihren Erfahrungen am ersten Schultag bis hin zum Wechsel in die nachfolgende Schultype.

Beispiele für Nachfragen nach der Erzählphase: Wie ging es nach dem Wechsel der Klassenlehrerin in der 2. Schulstufe mit dem Projekt „Waldwichtel" weiter? Sie haben erwähnt, dass Ihnen die Phase des Übertritts in das Gymnasium besonders schwergefallen ist. Bitte beschreiben Sie diese Phase. Gesamt betrachtet, wie zufrieden sind sie mit ...

Eine besonderes Verfahren der mündlichen Befragung ist das *Fokus-Gruppen-Interview,* das mit offenen Leitfragen geführt wird. In der Regel besteht eine Fokus-Gruppe aus sechs bis zehn Personen. Bei einer zu kleinen Gruppe kann der Diskussionsbedarf bald erschöpft sein, bei zu großen Gruppen kommen die Teilnehmer/innen kaum zu Wort. Von den Teilnehmerinnen und Teilnehmern einer Fokus-Gruppe wird angenommen, dass sie zu ein und demselben Thema ein breites Meinungsspektrum abdecken: So diskutieren zum Beispiel in einer Gruppendiskussion zehn Studierende des ersten Semesters eines Studiengangs ihre Erfahrungen in einem Lehrveranstaltungsmodul (Inhalt, Aufbau, Anforderungen etc.). Ziel ist entweder das Herausarbeiten von Einzelmeinungen oder einer vom Individuum losgelösten Gruppenmeinung.

Ein wesentlicher Vorteil des Fokus-Gruppen-Interviews liegt darin, dass mit einem geringen personellen und zeitlichen Aufwand eine größere Personengruppe zu einem bestimmten Thema um ihre Meinung gebeten werden kann. Im Idealfall gehen die Aussagen in die Tiefe, nämlich dann, wenn die Befragten die eigene Meinung benennen und ihren Standpunkt begründen bzw. vertreten können, und es der Gruppe gelingt, die Aspekte des Themas von allen Seiten zu „beleuchten". „Im Prozess der Auseinandersetzung mit Anderen mag sich die Meinung zwar ändern, dafür zeichnet sie sich aber deutlicher und besser durchdacht ab. ... [Es kommen] tieferliegende Einstellungen und ein größerer Bereich an Reaktionsweisen zum Vorschein" (Vogl, 2019, S. 696).

Das Führen eines Fokus-Gruppen-Interviews verlangt vom/von der Interviewer/in hinsichtlich der *Diskussionsleitung* eine besonders hohe Kompetenz. Der/Die Diskussionsleiter/in regt zur Meinungsabgabe an, ohne die Teilnehmer/innen zu beeinflussen, er/sie entschleunigt, um Details sichtbar zu machen oder beschleunigt, um noch offene Punkte ausführlich diskutieren zu können. Sie/Er muss aufpassen, dass es zu keiner Verwicklung in Einzelgespräche kommt, dass einzelne Personen die Diskussion der Gruppe nicht in eine bestimmte Richtung lenken, dass nur einige wenige Personen ihre Meinung äußern können oder dass ein Klima des gegenseitigen Misstrauens entsteht. Zusätzlich erschwert wird die Situation dadurch, dass die jeweiligen Aussagen einer Person zugeordnet werden sollen. Daher ist es am zielführendsten, das Fokus-Gruppen-Interview mit einer Videokamera aufzuzeichnen. Schließlich ist zu bedenken, dass in einem Fokus-Gruppen-Interview die Anonymität fehlt, sodass die Methode für sensible Themen bzw. Fragestellungen nicht geeignet ist – die Meinungsäußerung zu einem „privaten Thema" wird durch die Aufhebung der Anonymität verhindert.

Welche Personen, nach welchen Kriterien (Merkmalen) in eine Fokus-Gruppe aufgenommen werden, hängt vom Zweck der Untersuchung ab. Sie sollten nach Kriterien ausgewählt werden, die eine *gewisse Repräsentativität* der geäußerten Meinungen, Wünsche und Kritikpunkte gewährleisten (zur Fallauswahl sie Kapitel 7.2). Natürlich besteht auch die Möglichkeit, zu ein und demselben Thema mehrere Fokus-Gruppen zu befragen und die erhobenen Daten aus den verschiedenen Gruppen miteinander zu vergleichen.

Um die Gültigkeit der Analyse und Interpretation zu erhöhen, können im Rahmen einer *kommunikativen Validierung* die Transkripte und/oder die ausgewerteten Ergebnisse des Interviews den Fokus-Gruppen vorgelegt werden, um festzustellen, ob diese den tatsächlich geäußerten Ansichten entsprechen (Schratz et al., 2002, S. 194; siehe auch Kapitel 3.5).

In den vergangenen Jahren kommen in empirischen Bachelor-/Masterarbeiten immer öfter Fachexpertinnen und Fachexperten zu Wort, weshalb abschließend auf das *Experteninterview* als weitere Interviewform eingegangen wird. *Voraussetzung* für das Gelingen eines *Experteninterviews* ist, dass Studierende ein grundlegendes Wissen über den Untersuchungsgegenstand *und* elementare *Kenntnis der System- und Organisationsstrukturen* (z. B. Hierarchie, Kompetenzverteilung, Abläufe, Entscheidungsträger/innen etc.), in welchen die Expertin/der Experte tätig ist, haben. Das Experteninterview stellt demnach hohe Anforderungen an die Interviewerin/den Interviewer. Dies ist Studierenden nicht immer bewusst, und so kommt es vor, dass sie *aus der Voraussetzung* für das Führen eines Experteninterviews *eine Zielformulierung* machen, indem sie erwarten, dass beispielsweise die Interviewten die als bekannt anzusehenden System- und Organisationsstrukturen erläutern und/oder Grundlagenwissen stellvertretend beantworten.

Negativbeispiel

Für ihre Abschlussarbeit interviewte eine Studentin einen Soziologen zum Thema „Zukunftstrends und deren Auswirkungen auf das Arbeitsfeld von Pädagoginnen und Pädagogen" mit folgender Leitfrage: *Mit welchen gesellschaftlichen Trends werden wir zukünftig konfrontiert werden?*

Mit dieser Leitfrage wird der Experte aufgefordert, grundlegendes Wissen über den Untersuchungsgegenstand zu vermitteln, das die Studierende als Voraussetzung für das Führen dieses Experteninterviews bereits mitbringen müsste.

Besser: *Wie wird Ihrer Einschätzung nach der von „XY" postulierte Zukunftstrend „Digitalisierung des Wissens" die zukünftige Arbeit von Lehrpersonen beeinflussen?*

In einem gelungenen Experteninterview richtet sich das Interesse auf die Besonderheiten, auf das situationsbedingte spezifische Erfahrungswissen, z. B. auf das Insiderwissen über (inter-)institutionelle Abläufe und Zusammenhänge, auf die nicht verschriftlichten „Faustregeln", die sich aus den alltäglichen Handlungsroutinen herauskristallisieren oder auf das Wissen über die Bedingungen, die zu systematischen Fehlern und verkrusteten Strukturen in einem System führen. In der Regel wird das Experteninterview mit einem Leitfaden geführt, wobei die Fragen weniger als allgemeine Erzählaufforderung (wie im obigen Beispiel), sondern konkret fach- bzw. sachbezogen formuliert werden. „Aufforderungen zu unspezifischen Narrationen entsprechen diesen Regeln nicht" (Helfferich, 2019, S. 682). Eine Möglichkeit, implizites Wissen von Expertinnen und Experten zu erheben, ist die „Vorlage einer Fallvignette oder einer Problemkonstellation mit der Bitte um eine Kommentierung aus Expertensicht" (Helfferich, 2019, S. 682). Im Falle des Gelingens hebt die befragte Expertin/der befragte Experte in der Befragung „den Vorhang – wenigstens ein bisschen und kontrolliert, [lässt] sich in die Karten gucken, [lüftet] Geheimnisse" (Meuser & Nagel, 2013, S. 465). Für unerfahrene Forscher/innen „bergen Experteninterviews (mehr als qualitative Interviews mit anderen Populationen) die Gefahr des Misslingens, da spezifische Steuerungsprobleme auftreten können" (Lamnek & Krell, 2016, S. 690): z. B. wenn die Expertin/der Experte ihre/seine Überlegenheit zur Schau stellen möchte.

7.3.2 Führen eines Interviews

Die Vorbereitung auf ein Interview

Vorbereitend sollte die Frage überlegt werden, *warum* und worüber man etwas *von einer bestimmten Person* bzw. Gruppe wissen möchte. Bei der Formulierung der Interviewfragen ist es zwingend notwendig, sich von den Forschungsfragen leiten zu lassen (siehe dazu die Ausführungen zum Thema „Inhaltsvalidität" in Kapitel 3.5). Durch die *Verschriftlichung* der Interviewfragen wird in der Interviewsituation professioneller und sicherer agiert. In einem Leitfadeninterview genügt es, sich einen *Interviewleitfaden* zurechtzulegen, der das „Generalthema" selbst und die aus der Sicht der/des Forschenden wichtigen „Unterthemen" enthalten soll.

Weiters ist in dieser Phase zu entscheiden, ob ein *Einzel-, Paar- oder ein Gruppeninterview* zielführender ist, was von der Intention der mündlichen Befragung (Erkenntnisinteresse) und der befragten Zielgruppe abhängt. Biographien von einzelnen Personen werden in Einzelinterviews nachgegangen, Kinder werden häufig zu zweit befragt, da sie sich in dieser Konstellation mehr zutrauen.

Wichtig ist die *Auswahl von Ort und Zeit* für das Interview, wobei hier hauptsächlich die Wünsche der/des Interviewten zu berücksichtigen sind. Bei der Auswahl des Intervieworts sollte beachtet werden, dass die Befragung in Ruhe – ohne Lärmbelästigung oder andere Störungen – geführt werden kann.

Vor dem Interview sollte auch überprüft werden, ob das Aufnahmegerät einwandfrei funktioniert. Zusätzlich kann der entsprechende Tonträger schon vorher beschriftet werden: Befragungsnummer, Person, Ort, Zeit etc.

Beginn eines Interviews

Zu Beginn wird *Sinn und Zweck* eines Interviews dargestellt und es werden die Aspekte *Datenhoheit und Anonymität* erläutert. Zusätzlich sollte die befragte Person darüber aufgeklärt werden, dass das Interview auf einem *Tonträger* gespeichert wird, um für die Auswertung das vollständige Interview zur Verfügung zu haben. In den meisten Fällen sind die Betroffenen damit einverstanden. Ist die betroffene Person damit nicht einverstanden, muss ein schriftliches Protokoll über das Gespräch angefertigt werden. Allerdings besteht dadurch die Gefahr, dass die Qualität der erhobenen Daten eingeschränkt wird. Wichtig ist es weiters, den *ungefähren Zeitrahmen* zu erwähnen und um *Offenheit* gegenüber der Forscherin/dem Forscher zu bitten.

> *Hilfreiche Formulierungen zum Einstieg könnten sein:*
> Bitte geben Sie offene und ehrliche Antworten!
> Bitte teilen Sie uns Ihre Meinungen/Ansichten etc. mit!
> Ihre Meinung zu diesem Thema ist uns besonders wichtig.

Fragetechniken

Das Interview wird mit offenen Fragestellungen begonnen, damit es der/dem Befragten leichter fällt, in einen Redefluss zu kommen. Besonders geeignet sind sogenannte Eisbrecher-Fragen, die so gestellt sind, dass sie auch in einem Alltagsgespräch die Gesprächspartner/innen zum Reden bringen würden.

> Beispiel
> *„Was hat sich an Ihrer Schule seit der Implementierung des Schulprogramms ereignet?"*

In einem Interview ist es entscheidend, Fragen so zu stellen, dass von der befragten Person klare, inhaltsreiche Antworten mittlerer Länge kommen. Fragen sollen das Tor zum Gespräch „öffnen": „W"-Fragen fordern in der Regel zum Sprechen auf, dichotome Fragen verleiten eher dazu, kurz – in der Regel mit „ja" oder „nein" – zu antworten.

> Negativbeispiel
> Würdest du sagen, dass in deiner Schule auf deine Leseinteressen eingegangen wird?

Auf letztere Frage wird vermutlich kurz mit „ja", „nein" oder „es geht so" geantwortet werden. Die/Der Befragte wird nicht aufgefordert, von ihren/seinen Erfahrungen zu berichten. Folgende alternative Formulierung bietet sich daher an:

> Positivbeispiel
> Beschreibe anhand eines konkreten Beispiels, wie in deiner Schule auf deine Leseinteressen eingegangen wird.

Ein weiterer Kritikpunkt am obigen Negativbeispiel ist, dass die Frage im Konjunktiv formuliert wurde. In der Regel werden *hypothetische Fragen* im Konjunktiv gestellt. *Hypothetische Fragen* ermöglichen es, u. a. alternative Herangehensweisen und Lösungsansätze herauszuarbeiten oder unterschiedliche Perspektiven zu ergründen. Voraussetzung für das Gelingen von hypothetischen Fragen ist, dass diese nahe an der realen Situation der Befragten sind.

> Beispiele
> Angenommen, die Initiative „Bewegte Pause" wird ab nächsten Monat umgesetzt. Wie würde die große Vormittagspause ablaufen?
> Wenn du morgen einen ganzen Tag lang Lehrer/in sein könntest, was würdest du tun?

Eine besondere Form sind sogenannte Wunderfragen, in denen angenommen wird, dass sich ein Problem durch ein Wunder auflöst. Im Zentrum des Interesses bei dieser Fragetechnik steht nicht das „Wie", sondern das „Was-ist-danach?"

> Beispiel
> Angenommen, die von Ihnen beschriebene chronische finanzielle Unterversorgung des Schulsystems wäre über Nacht verschwunden? Was wäre an Ihrem Schulstandort danach anders?

Im Verlauf des Interviews können durch solche Fragen auch neue Sichtweisen herausgearbeitet werden und es kann zu einem Perspektivenwechsel kommen.

Mit Hilfe der *zirkulären Fragetechnik* werden Personen nicht direkt auf ihr Verhalten oder ihre Einstellungen, Gefühle oder Reaktion zu einem Sachverhalt angesprochen (Was ist Ihre Einschätzung …? Wie bewerten Sie…?), sondern indirekt.

> Beispiel
> Wenn ich beim Elternabend Deine Lehrerin treffe, was wird sie über dich erzählen?

Mit *zirkulären Fragen* erhält man von einer interviewten Person auch Einblicke über die Wirkungen, die bei der befragten Person durch die Verhaltensweisen anderer ausgelöst werden.

> Beispiel
> Eine Englischlehrerin ist von einem Konflikt innerhalb der Fachgruppe betroffen und zieht sich zurück. Anstelle der direkten Frage „Welche Rolle nehmen Sie und welche die anderen in diesem Konflikt ein?" wird indirekt gefragt: „Angenommen, Sie sind jetzt Schulleiterin. Wie beschreiben Sie als Schulleiterin die Rollen der Beteiligten in diesem Konflikt?"

Weitere Fragetechniken

Übereinstimmungsfragen geben Einblicke in die soziale Struktur einer Gruppe bzw. eines Systems.

> Beispiel
> Welche Eltern sind für die neue Verhaltensvereinbarung, welche sind unentschlossen und welche stehen der neuen Verhaltensvereinbarung ablehnend gegenüber?

Klassifikationsfragen zielen auf qualitative Unterschiede ab, sie machen Unterschiede in Sichtweisen und Beziehungen sichtbar.

> Beispiel
> Wer hat Ihrer Einschätzung nach das größte Interesse an der Umsetzung der „Pädagog/innenbildung Neu"? Wer am wenigsten?
> Bitte erstellen Sie eine Rangfolge in Bezug auf die bei Schülerinnen und Schülern beliebtesten Lernspiele im Unterricht. Begründen Sie Ihre Einschätzung.

In einem Leitfadeninterview können auch *geschlossene Fragen* gestellt werden. Das sind Fragen mit einem gebundenen Antwortformat. Sie machen dann Sinn, wenn sich die/der Befragte festlegen soll. Zum Beispiel könnten nach Abschluss eines Schulentwicklungsprojekts folgende Aussagen zur Einschätzung vorgegeben werden:

> Beantworten Sie die folgenden Aussagen mit „ja", „teilweise" oder „nein"!
> Rückblickend betrachtet:
> Das Projekt hat zur Weiterentwicklung meines Unterrichts beigetragen.
> Das Projekt hat zur Weiterentwicklung der Schule beigetragen.
> Das Projekt hat zur Weiterentwicklung des Schulbezirks beigetragen.

Werden wie in diesem Beispiel verbale Marken (Antwortmöglichkeiten) verwendet, müssen sie sich leicht merken lassen. Die verbalen Marken „gar nicht", „kaum", „mäßig", „ziemlich", „außerordentlich" sind zwar differenzierter, aber nicht sehr einprägsam. Erinnert werden tendenziell die zuletzt genannten Antwortmöglichkeiten, sodass es zu ungewollten Verzerrungen kommen kann. Alternativ bietet sich eine numerische Skala an, z. B. eine Punkte-/Sternewertung von „1" bis „6". Gesamt betrachtet kommen befragte Personen mit weniger Kategorien besser zurecht.

Paradoxe Fragen unterstützen bei der Einordnung von Problemen und dem Herausarbeiten von Lösungsstrategien.

> Beispiel
> Was müssten Sie tun, damit das Förderprogramm scheitert?
> Wie gelänge es der Schulleitung, Ihre Vorschläge zur Unterrichtsentwicklung nicht aufzugreifen?
> Was müsste dein Lehrer tun, damit du im Unterricht gar nicht mehr mitarbeitest?

Paradoxe Fragen beinhalten ein Überraschungselement, was zum Antworten anregt, sie können für die Befragten aber auch irritierend sein.

Ertragreich sind auch *Stimuli* (z. B. Foto, Filmausschnitt, Kurzgeschichte, Fallbeispiel) und *kreative Fragen*:

> Beispiele
> Welchen Filmtitel oder welche Filmmusik würdest du über den heutigen Schultag legen?
> Bitte vergleichen Sie den Prozess, den Sie durchlaufen, anhand einer Metapher.

Eine kreative Form der Fragetechnik ist der Word-Rap. Der/Die Interviewer/in benennt ein Thema in einem Schlagwort, die befragte Person hat kurz Zeit, stichwortartig zu antworten.

> Beispiel
> Welche Stichwörter fallen Ihnen zum Thema „Schulnoten" ein?

Inhaltlich spannende Antworten können (und sollen) zur Vertiefung genutzt werden. Durch *Nachfragen* wird der/dem Interviewten signalisiert, dass bezüglich einer bestimmten Fragestellung *ein besonderes Interesse* besteht. Durch Nachfragen können Details herausgearbeitet bzw. Merkmale oder Eigenschaften *konkretisiert* werden. Zusätzlich besteht die Möglichkeit, *Widersprüche aufzulösen* und *Unklarheiten* zu beseitigen.

Einige Beispiele sollen das verdeutlichen:

Aussage konkretisieren
- Bitte beschreiben Sie eine Situation, bei der Sie ähnliche Gefühle entwickelt haben.
- Bitte illustrieren Sie die Vorfälle anhand von Beispielen.
- Seit wann zeigen sich die beschriebenen Verhaltensauffälligkeiten beim Kind?
- Vorhin hast du gesagt, dass du dich im Pausenhof sehr wohl fühlst. Der Pausenhof deiner Schule ist sehr groß. An welchem konkreten Platz im Pausenhof fühlst du dich besonders wohl?

Widerspruch auflösen
- Vorhin haben Sie gesagt, dass die Schüler/innen im traditionellen Unterricht mehr gelernt hätten. Gerade haben Sie dasselbe für den durchgeführte Projektunterricht gesagt, der zu den offenen Unterrichtsformen zählt. Bitte konkretisieren Sie noch einmal, was Sie diesbezüglich gemeint haben.

Unklarheit beseitigen
- Sie haben vorhin gesagt, dass die Mehrheit im Kollegium für die Fortführung des Schulversuchs sei. Welche Position nehmen Sie ein?
- Ich gehe noch einmal auf die neu entwickelten Lernaufgaben ein. Bezieht sich Ihre Einschätzung pauschal auf alle Lernaufgaben oder auf bestimmte?

In Interviews ist beim Nachfragen bzw. beim Stellen von Zusatzfragen darauf zu achten, dass diese nicht als *Suggestivfragen* gestellt werden. *Suggestivfragen* legen die Antworten in eine bestimmte Richtung vorher fest und könnten die erhobenen Aussagen verfälschen.

> Beispiele
> Könnte es sein, dass die neue Bezirksschulinspektorin dem Projekt gegenüber negativ gesinnt ist?
> Glauben Sie nicht auch, dass Bildung einen höheren politischen Stellenwert genießen sollte?

Abschließend soll noch auf die Technik des *aktiven Zuhörens* eingegangen werden. Der/Die Interviewer/in wiederholt die getätigten Aussagen bzw. fasst sie zusammen. Es wird zurückgemeldet, welche Botschaft beim Empfänger angekommen ist. Anders ausgedrückt: die Güte der Verständigung wird überprüft mit dem Ziel, die *Sendeabsicht zu bestätigen und Missverständnisse sowie Widersprüche aufzulösen*.

Nachbereitung eines bereits geführten Interviews

Nach dem Interview ist es empfehlenswert, aus der Erinnerung alles das niederzuschreiben, was direkt *vor* und *während* der Gesprächssituation wichtig wurde (z. B. Datum, Zeit, Ort, Raum, Dauer des Interviews), ergänzt durch die Beschreibung der *Befindlichkeit der/des Interviewpartnerin/Interviewpartners* (z. B. äußere Erscheinung, emotionale Befindlichkeit, Grad der Aufmerksamkeit etc.) und von *Auffälligkeiten* (Störungen bzw. Unterbrechungen durch Telefonate, hereinkommende Personen, Pausenlärm etc.). Die Gesprächsnotizen (siehe Abbildung 42) sind für die Validitätsbeurteilung (siehe Kapitel 3.5) des Datenmaterials wichtig und werden deshalb dem transkribierten Interview (siehe Kapitel 8) beigefügt.

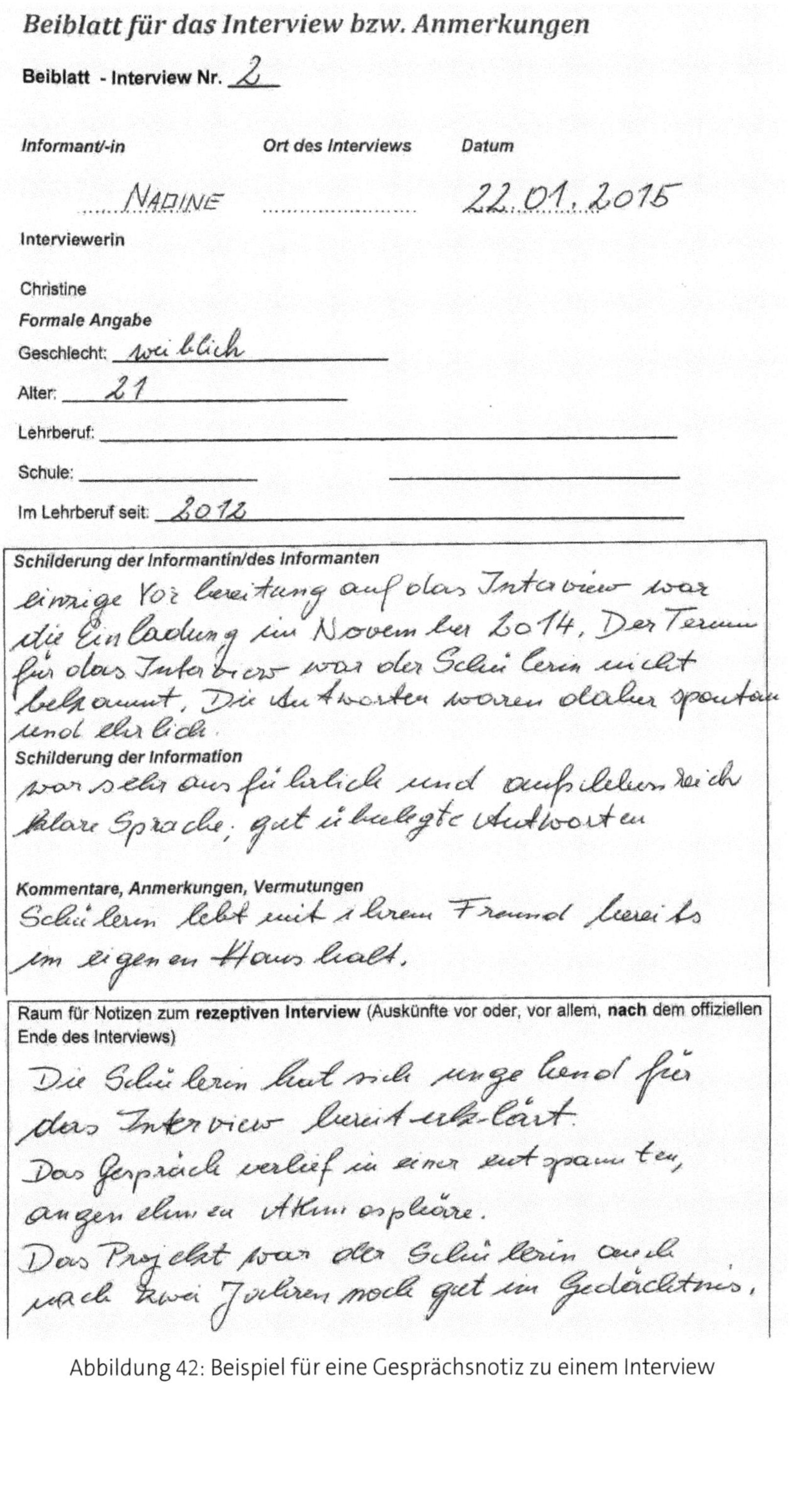

Beiblatt für das Interview bzw. Anmerkungen

Beiblatt - Interview Nr. 2

Informant/-in NADINE
Ort des Interviews
Datum 22.01.2015

Interviewerin

Christine

Formale Angabe

Geschlecht: weiblich

Alter: 21

Lehrberuf:

Schule:

Im Lehrberuf seit: 2012

Schilderung der Informantin/des Informanten

einzige Vorbereitung auf das Interview war die Einladung im November 2014. Der Termin für das Interview war der Schülerin nicht bekannt. Die Antworten waren daher spontan und ehrlich.

Schilderung der Information

war sehr ausführlich und aufschlussreich klare Sprache; gut überlegte Antworten

Kommentare, Anmerkungen, Vermutungen

Schülerin lebt mit ihrem Freund bereits im eigenen Haushalt.

Raum für Notizen zum **rezeptiven Interview** (Auskünfte vor oder, vor allem, **nach** dem offiziellen Ende des Interviews)

Die Schülerin hat sich umgehend für das Interview bereit erklärt.
Das Gespräch verlief in einer entspannten, angenehmen Atmosphäre.
Das Projekt war der Schülerin auch nach zwei Jahren noch gut im Gedächtnis.

Abbildung 42: Beispiel für eine Gesprächsnotiz zu einem Interview

Es kommt immer wieder vor, dass der befragten Person nach dem Interview noch etwas einfällt, was sie gerne ergänzend erzählen möchte, oder dass im anschließenden Smalltalk noch neue, interessante Aspekte angesprochen werden. Nicht selten nutzt die interviewte Person den informellen Rahmen, um sich zu einem bestimmten Themenbereich in einer anderen Weise zu äußern; z. B. dass sie sich im informellen Gespräch weitaus kritischer zu einem Sachverhalt äußert oder nunmehr offen eine Zustimmung oder Ablehnung artikuliert. In diesem Fall kommt der/die Forscher/in in ein forschungsethisches Dilemma: Die ergänzenden Aussagen wären für die Datenauswertung wichtig, wurden aber (bewusst) außerhalb des Interviews getätigt und dürfen daher nicht ohne Zustimmung verwendet werden. Es empfiehlt sich, dieses Dilemma direkt anzusprechen, indem auf die Wichtigkeit der zusätzlichen Informationen hingewiesen und erneut die absolute Anonymität zugesichert wird. Bei Einwilligung sollen die Ergänzungen wiederholt und dabei aufgezeichnet werden.

7.3.3 Mündliche Befragung von Kindern

Aufgrund der Offenheit und Flexibilität von qualitativen Methoden ist es einfacher, ein Interview mit Kindern zu führen als mit ihnen eine schriftliche Befragung durchzuführen. Die mündliche Befragung von Kindern ist dennoch herausfordernder als die Interviewführung mit Erwachsenen. Die Durchführbarkeit hängt im Allgemeinen von der sprachlichen Entwicklung, der Konzentrationsfähigkeit, der Wahrnehmung und dem Abstraktionsvermögen (Kinder nehmen die Wirklichkeit anders wahr als Erwachsene, sie haben beispielsweise ein anderes Raum- und Zeitverständnis oder nehmen Häufigkeiten von Ereignissen anders wahr) ab, sowie im Besonderen vom Erinnerungsvermögen. Kinder erinnern sich an konkrete Situationen und erlebte Momente, aber sie „haben kein kontinuitätsbewusstes und ausgeprägtes autobiografisches Gedächtnis; sie unterliegen häufiger Fehlererinnerungen [sic] und Erinnerungs-Suggestionen als Erwachsene" (Rath, 2009, S. 100).

Da eine mündliche Befragung im Gegensatz zu einer schriftlichen auch schon im Kindergarten durchgeführt werden kann, kommen noch besondere Aspekte hinzu: Aussagen von Kindern müssen im entwicklungspsychologischen Kontext interpretiert werden. Kinder verwenden Begriffe und Wörter z. T. anders, umschreiben Dinge, verniedlichen, neigen aber auch zu Übertreibungen, und es fehlt ihnen noch die Sicherheit bei der Unterscheidung von realen und fiktiven Erlebnissen. „Verstehen von Kindern ist ein hochkomplexer und oft mühevoller Prozess. Das vom Kind Gesagte muss nicht das Gemeinte sein, das Erinnerte nicht das Erlebte. Der gute Wille zum Verstehen beim Erwachsenen garantiert kein Verständnis" (Rath, 2009, S. 104). Des Weiteren ist die hierarchisch-kommunikative Schieflage in der Befragungssituation zu bedenken: Ein/e Erwachsene/r sitzt einem Kind bzw. einer Gruppe von Kindern gegenüber. Diese Konstellation kann Kinder verunsichern. Auch bei Älteren, die schon die Schule besuchen, kann sich das Autoritätsgefälle zwischen den Lehrpersonen und den Schülerinnen und Schülern auf die Erhebungssituation übertragen (Lamnek & Krell, 2016, S. 674): Bin ich in einer Prüfungssituation?

Kinder werden in der Befragung u. U. zurückhaltend, vertreten nicht ihre Meinung (Tendenz zum Ja-Sagen unabhängig vom Inhalt) oder geben unter Umständen das wieder, was Erwachsene hören wollen. „So wünschenswert qualitative Interviews mit Kindern über ihre subjektive Lebenswelt sind, so schwierig gestaltet sich die methodische Umsetzung wissenschaftlicher Forschungsgespräche mit Kindern" (Fuhs, 2012, S. 87).

Ein zentrales Element beim Führen von Interviews mit Kindern ist, ihre Erfahrungswelt anzusprechen und sie dabei „als aktiv Handelnde in den Forschungsprozess einzubeziehen" (Wagner, 2014, S. 200). Folgende hier beispielhaft aufgezeigten methodischen Zugänge bauen darauf auf (Fuhs, 2012, S. 94–99):

Situationsnahes, unmittelbares Erinnern: Das Interview wird in dem Raum geführt, wo die zu erinnernde Situation eintrat bzw. die Handlungen stattfanden. Die konkrete Lebenswelt des Kindes, die konkreten Handlungen werden zum Erzählgegenstand. Der Raum und die sich darin befindenden Gegenstände (insbesondere Spielsachen) sowie ggf. die Personen, mit denen das befragte Kind unmittelbar zuvor interagiert hat, dienen als Erinnerungshilfen und als Stütze für das Sagbare und Unsagbare, d. h., das was Kinder nicht beschreiben, aber vorzeigen bzw. nachahmen können (Handhabung eines Gegenstands, das Spielen mit einem Spielzeug oder das Nachstellen einer sozialen Szene mit Figuren etc.). Diese Form des Interviewführens kann gut mit der wissenschaftlichen Methode der teilnehmenden Beobachtung (siehe Kapitel 7.6) kombiniert werden. Während der Beobachtung verwickelt der/die Forscher/in das beobachtete Kind in ein Gespräch über einzelne unmittelbar stattgefundene Erlebnisse. Dadurch kann das beobachtete Geschehen in einem breiten Kontext verortet werden, in dem z. B. die Vorgeschichte und/oder die Handlungsmotive erfragt werden.

Symbolische Interviewformen: Von Kindern geschaffenen Produkte – Zeichnungen, Werkstücke, mit Lego®/Duplo® gebaute (fantasievolle) Spielsachen – oder von Kindern verwendete Gegenstände sind Ausgangspunkt für das Interview: z. B. ein Kind erklärt seine Zeichnung oder sein mit Bausteinen konstruiertes Objekt. Oft werden Kinder gebeten, zum forschungsgegenständlichen Thema eigens ein Produkt zu schaffen: etwas zu malen, szenisch darzustellen, eine Situation oder einen bestimmten Ort zu fotografieren oder mit Spielfiguren, Plüsch- und Stofftieren ein Rollenspiel durchzuführen (siehe Kapitel 7.7.3 und 7.7.4 sowie 7.7.5).

Zum Erinnern von kurzen Zeitspannen wie von Tagesabläufen (ein ganzer Tag, Unterrichtsphasen oder die Freizeitgestaltung) kann bei älteren Kindern ein *Sequenz-Interview* geführt werden. Das Tagesprotokoll (z. B. Aufzeichnung mittels Smartphone durch Anklicken von Symbolen die Handlungen, Personen, Orte und Zeiten symbolisieren) wird am Folgetag besprochen.

Generell gilt, dass Interviewfragen für Kinder erzähl-aktivierend sein müssen. Beispielsweise erhält man auf die Frage, „Wie gefällt es Dir in der Schule?", eher eine kurze Antwort wie „Eh okay", „Es geht", „Nicht so schlimm". Solche oder ähnlich kurze Antworten erhalten mitunter auch Eltern, wenn sie ihre Kinder fragen, wie es heute in der Schule war. Die Mutter und Lehrerin Liz Evans erdachte sich die Liste „25 Wege, dein Kind zu fragen, wie es in der Schule war, ohne zu fragen: ‚Wie war's in der Schule?'" (Mezler-Andelberg, 2015, S. 34). In Anlehnung an diesen Fragenkatalog könnten beispielsweise Fragen an Kinder zum sozialen Leben und Klima an der Schule wie folgt lauten:

Erzähl mir etwas, was dich heute in der Schule zum Lachen gebracht hat.

Sag mir ein verrücktes Wort, das du heute in der Schule gehört hast.

Sag mir einen verrückten Satz, den jemand kürzlich in der Schule gesagt hat.

Womit hast du heute jemandem geholfen?

Womit hat dir heute jemand geholfen?

Wann warst du heute am fröhlichsten?

Wenn du in deiner Klasse mit jemanden den Platz tauschen könntest, mit wem würdest du tauschen und warum?

Wenn ein Raumschiff in deiner Klasse landen würde, wen sollte es mitnehmen?

Was ist der coolste Platz in der ganzen Schule?

Abschließend ist noch wichtig, darauf hinzuweisen, dass vor der Durchführung einer mündlichen Befragung u. a. die Eltern zu informieren sind und das Einverständnis einzuholen ist. Beispiele für Elternbriefe finden Sie auf unserer Website *www.leitfaden-online.at*.

7.4 Schriftliche Befragung (Fragebogen)

Bei einer schriftlichen Befragung können eine *Vielzahl von Personen* einer Zielgruppe aber auch verschiedener Zielgruppen in relativ *kurzer Zeit* befragt werden. Zusätzlich ist es möglich, eine *breite Einschätzung zu einer Problemstellung* zu erhalten oder das *Meinungsspektrum zu einem Thema* zu erfassen. Da in der Regel auch *sozio-demographische Daten* wie Geschlecht, Alter, Familienstand, Ausbildung, Einkommen etc. erhoben werden, ist es darüber hinaus möglich, Analysen von Personengruppen mit unterschiedlicher sozio-demographischer Herkunft durchzuführen. Außerdem hat der Fragebogen den Vorteil der *Anonymität*.

Eine Herausforderung bei der schriftlichen Befragung ist der *Rücklauf*, welcher mitunter recht gering sein kann, sodass die Ergebnisse nicht das Meinungsspektrum der gesamten Zielgruppe (Stichprobe bzw. Population) widerspiegeln. Inwieweit es bei einer Fragebogenerhebung möglich ist, auch in die *Tiefe* zu gehen, hängt vom Umfang des Fragebogens ab und unter anderem auch davon, wie groß die Anzahl der offenen Fragen ist bzw. in welchem Ausmaß die Befragten bereit sind, diese zu beantworten.

Zu den *Nachteilen* des Fragebogens gehört, dass die Situation, in der die Befragten den Fragebogen ausfüllen, oft nicht kontrollierbar ist, sodass es zu *Verzerrungen bei der Datenerhebung* kommen kann (z. B. oberflächlich ausgefüllte Fragebögen). Weiters gibt es keine sichere Kontrolle, ob die Fragen auch so verstanden werden, wie sie die/der Forschende verstanden haben möchte, es sei denn, es werden Pretests durchgeführt. Außerdem ist zu bedenken, dass Einstellungen und Gefühle eng mit dem Selbstbild und der Selbsteinschätzung der/des Befragten verbunden sind. Dies kann zur bewussten oder unbewussten Tendenz führen, bei Antworten ein positives Bild der eigenen Person zu zeichnen und negative Eindrücke möglichst zu vermeiden.

Für den Einsatz des Fragebogens im schulischen Kontext siehe z. B. Schratz und Radnitzky (2000) und Schratz et al. (2002). Ein umfangreicher Fragebogen der im Rahmen der Lebensweltstudie Jugendlicher in Österreich (Jugendforschung Pädagogische Hochschulen Österreichs, 2021) entwickelt wurde, findet sich auf unserer Website *www.leitfaden-online.at*. Zur Recherche von standardisierten diagnostischen Verfahren – u. a. für den schulischen Anwendungsbereich – finden Sie dazu bei „Testzentrale" (https://www.testzentrale.de/) eine ausführliche Sammlung (kostenpflichtig). *Voraussetzung* für die diagnostische Anwendung von Testverfahren ist die fachliche Qualifizierung der/des Studierenden und die fachliche Begleitung durch die Betreuungsperson der Abschlussarbeit. Deshalb empfehlen wir den Einsatz solcher Verfahren grundsätzlich erst im Rahmen von Masterarbeiten. Vor dem Kauf eines diagnostischen Erhebungsinstruments ist es ratsam zu überprüfen, ob das zum Einsatz kommende Instrument über die eigene Hochschulbibliothek entlehnt werden kann.

7.4.1 Merkmale, Merkmalsausprägungen und Konstrukte

Am Beginn der Erstellung des Erhebungsinstruments (zur Konstruktion eines Fragebogens siehe z. B. Kirchhoff et al., 2010; Mummendey & Grau, 2014) ist auf Basis der Forschungsfrage(n) und Hypothese(n) zu klären, *welche Merkmale* (Variablen) wie z. B. Geschlecht, Schulform etc. erhoben werden sollen und welche *Merkmalsausprägungen* (Merkmalswerte) diese haben. Für die Erhebung und Auswertung ist des Weiteren zu definieren, ob es sich um qualitative Merkmale (die Merkmalsausprägung zeigt sich in ihrer Eigenschaft) oder um quantitative Merkmale (die Merkmalsausprägung zeigt sich in einem quantifizierten Ausmaß) handelt (vertiefend dazu Kapitel 9.1.2). Die Tabelle 7 zeigt die Verwendung der Begrifflichkeiten:

Merkmale (Variable)	Merkmalsausprägung	
Geschlecht	weiblich, männlich, divers	Qualitative Variable
Schulform	Grundschule, Mittelschule, Gymnasium etc.	Qualitative Variable
Bildungshintergrund der Eltern	Kein Schulabschluss, Pflichtschulabschluss, Schulabschluss ohne Matura etc.	Qualitative Variable
Semesterzahl	Semester X	Quantitative Variable
Schulnote	1, 2, 3, 4, 5	Quantitative Variable
Reaktionszeit	X Sekunden	Quantitative Variable
Alter	X Jahre	Quantitative Variable

Tabelle 7: Beispiele für qualitative und quantitative Merkmale und Merkmalsausprägungen

Die genaue Bestimmung eines zu erhebenden bzw. zu messenden Merkmals wird „*Operationalisierung*" genannt. Von der Qualität der Merkmalsausprägungen hängt die Qualität der Messung ab. Die in Tabelle 7 angeführten Merkmale gehören zur Gruppe der *manifesten Variablen*. Sie sind direkt erfass- bzw. beobachtbar. *Latente Merkmale* hingegen sind nicht direkt erfass- bzw. beobachtbar. Dazu zählen z. B. Teamfähigkeit, Hilfsbereitschaft, Konzentrationsfähigkeit, Intelligenz. Zur Messung von latenten Merkmalen (sogenannten Konstrukten) müssen diese der Beobachtung zugänglich gemacht werden. Um Intelligenz zu erfassen, wird eine Person in eine Testsituation gebracht, in der sie intelligentes Verhalten zeigen muss. In anderen Worten: Intelligenz wird nicht gemessen, indem eine Person gefragt wird, wie intelligent sie sich einschätzt. Ein weiteres Beispiel für ein latentes Merkmal ist „Zufriedenheit". Die Zufriedenheit einer Kundschaft wird durch ihre Einkaufserfahrung zugänglich gemacht. Mögliche *manifeste* Items zur Erhebung sind:

Begrüßung: Ich wurde beim heutigen Einkauf freundlich begrüßt.
Produktangebot: Ich konnte zwischen mehreren Produkten wählen. Das gewünschte Produkt war lagernd.
Beratung: Meine Fragen zum Produkt wurden vollständig beantwortet.
Weiterempfehlung: Wie wahrscheinlich ist es, dass Sie unser Geschäft einer Freundin bzw. einem Freund weiterempfehlen?

Um eine Aussage über die Zufriedenheit der Kundschaft (latentes Merkmal bzw. Konstrukt) machen zu können, werden alle inhaltlich zusammengehörenden Items zur einer neuen Variablen zusammengeführt[38]. Diese neue gewonnene Variable drückt den Grad der Zufriedenheit der befragten Kundinnen und Kunden in Form eines Wertes aus.

Zur weiteren Veranschaulichung wird im Folgenden ein Auszug aus einem Selbsteinschätzungsbogen vorgestellt, der im Zuge des Forschungsprojekts „Sprachfit – Radiofit" der Arbeiterkammer Tirol und der Pädagogischen Hochschule Tirol entwickelt wurde (Resinger & Brunner, 2009, S. 9–12). Das *latente Merkmal bzw. Konstrukt* „Lesemotivation" wird durch sechs Items gemessen, die jeweils auf einer *sechsteiligen Ratingskala* von „stimme überhaupt nicht zu" bis „stimme völlig zu" zu bewerten sind:

Item 1: Ich mag Bücher.
Item 2: Ich finde Lesen langweilig.
Item 3: Ich möchte eine gute Leserin/ein guter Leser werden, weil ich dadurch im Leben und im Beruf erfolgreich sein werde.
Item 4: Ich lese nur etwas, wenn ich muss.
Item 5: Wenn ich ein Buch zu lesen beginne, kann ich selten aufhören.
Item 6: Ich lese auch in meiner Freizeit, weil es mir Spaß macht.

Das *latente Merkmal bzw. Konstrukt* „Interesse an Diskussionen" wird durch fünf Items gemessen, die ebenfalls auf einer *sechsteiligen Ratingskala* von „stimme überhaupt nicht zu" bis „stimme völlig zu" zu bewerten sind:

Item 1: Ich spreche gerne vor anderen Menschen.
Item 2: Ich diskutiere gerne mit anderen Menschen.
Item 3: Ich mag Fernsehdiskussionen.
Item 4: Ich mag Diskussionen im Internet (Chatroom, Foren).
Item 5: Ich möchte gut diskutieren können, weil ich dadurch im Leben und im Beruf erfolgreich sein werde.

---

38 Korrekterweise kann erst dann von einem validen Konstrukt gesprochen werden, wenn eine konfirmatorische Prüfung erfolgte.

Alle der zum latenten Merkmal bzw. Konstrukt „Interesse an Diskussionen" gehörenden Items werden zu einer neuen Variablen zusammengeführt, indem sie addiert und in einer neuen *fünfteiligen Ratingskala* von „Interesse sehr schwach ausgeprägt" bis „Interesse sehr stark ausgeprägt" dargestellt werden (siehe Tabelle 8)[39]. Mit dieser Berechnung wird das Konstrukt „Interesse an Diskussionen" gebildet.

Interesse sehr schwach ausgeprägt	Interesse schwach ausgeprägt	Interesse im mittleren Bereich	Interesse stark ausgeprägt	Interesse sehr stark ausgeprägt
Punktescore: 5 bis 9	Punktescore: 10 bis 14 Punkte	Punktescore: 15 bis 20 Punkte	Punktescore: 21 bis 24 Punkte	Punktescore: 25 bis 30 Punkte

Tabelle 8: Fünfteilige Ratingskala zum Konstrukt „Interesse an Diskussionen"
(Resinger & Brunner, 2009, S. 11)

Bezugspunkte für die Festlegung der Trennwerte (Cut-off-Werte) können u. a. sein:

- Normalverteilung und Standardabweichungen
- Perzentile der Häufigkeitsverteilung
- Definitionen: Zur Berechnung des Migrationshintergrunds beispielsweise werden die Items „Geburtsland Jugendliche/r", „Geburtsland Vater" und „Geburtsland Mutter" abgefragt. Der „Migrationshintergrund" wird z. B. nach der OECD-Definition (hier nicht weiter ausgeführt) berechnet.
- Begründete und nachvollziehbare Überlegungen.

Trennwerte werden nicht immer nach strengen Richtlinien gesetzt, sie haben daher mitunter einen etwas willkürlichen Charakter. Im obigen Beispiel sind die Grenzen mit 5 „Interesse sehr schwach ausgeprägt" und 30 „Interesse sehr stark ausgeprägt" festgelegt. Die Verteilung der Punkte und damit die Festlegung der Trennwerte erfolgt gleichmäßig auf die fünf Kategorien. Zur Interpretation der Skala ist es wichtig zu wissen, wie die Trennwerte gewählt und wie die Kategorien entsprechend inhaltlich benannt wurden.

Ein weiteres Beispiel für ein Konstrukt ist dem Selbsterkundungsbogen *„Fit für den Lehrerberuf"* von Herlt und Schaarschmidt (o. D.) entnommen. Im Beispiel in Abbildung 43 wird das Konstrukt „Verantwortungsbereitschaft" gemessen.

---

[39] Durch die Addition der Werte entstehen sogenannte Summenscores. Anstelle von Summenscores können auch Mittelwertberechnungen durchgeführt werden.

Konstrukt „Verantwortungsbereitschaft"

> **3. Verantwortungsbereitschaft**
> *Der Lehrerberuf setzt voraus, dass man Freude daran hat, sich für andere Menschen verantwortlich zu fühlen und zu engagieren.*
> *Wie ist das bei Ihnen?*
>
> ..überhaupt nicht / ...überwiegend nicht / ...teils/teils / ...überwiegend / ...völlig
>
> 7. Ich übernehme gern Verantwortung für andere Menschen. ☐ ☐ ☐ ☐ ☐
> 8. Es ist mir zu viel, wenn ich stets noch für andere da sein soll. ☐ ☐ ☐ ☐ ☐
> 9. Ich setze mich oft für andere ein. ☐ ☐ ☐ ☐ ☐

Abbildung 43: Konstrukt Verantwortungsbereitschaft (Herlt & Schaarschmidt, o. D., S. 2)

Dieses Beispiel eignet sich gut, um die Frage der *Unverfälschbarkeit* anzusprechen: Ist das Erhebungsinstrument so konstruiert, dass die Fragebogenersteller/innen das Ergebnis gezielt steuern? Würde es sich nicht um einen *Selbsterkundungsbogen* handeln, wäre die Antwort „ja"; und zwar deshalb, weil in einem einleitenden Satz suggeriert wird, dass „Verantwortungsbereitschaft" bedeutsam für den Lehrer/innen/beruf ist.

Eine Verzerrung kann auch durch antwortende Personen erfolgen, indem sie das Messprinzip erkennen und ihr Antwortverhalten bewusst in eine bestimmte Richtung steuern, d. h. nicht wahrheitsgemäß oder im Sinne einer sozialen Erwünschtheit antworten. Dieser Problematik kann u. a. mit *Kontrollfragen* begegnet werden, die an anderen Positionen im Fragebogen gestellt werden.

7.4.2 Items formulieren

Items sind die Bausteine eines Erhebungsinstruments. Inhalt eines Items können Fragen, Aussagen oder Aufgaben sein. Die Merkmalsausprägungen werden entweder durch das Beantworten von Fragen oder durch das Bewerten von Feststellungen bzw. Statements gemessen.

> Beispiele für Fragen
> Wie viele Arbeitsminuten wenden Sie auf Wochenbasis außerhalb des Unterrichts für schulische und unterrichtsrelevante Tätigkeiten auf?
> Sollen Zeugnisnoten in der Primarstufe abgeschafft werden?
> Wie zufrieden sind Sie mit dem Reformmodell „Neue Mittelschule"?
>
> Beispiele für das Bewerten von Aussagen (Statements)
> Auf Wochenbasis wende ich außerhalb des Unterrichts für schulische und unterrichtsrelevante Tätigkeiten mehr als 150 Minuten auf.
> Zeugnisnoten sollen in der Primarstufe abgeschafft werden.
> Ich bin mit dem Reformmodell „Neue Mittelschule" zufrieden.

Ein Item ist verständlich zu formulieren, d. h. die Befragten müssen eine Fragestellung eindeutig verstehen und mit den Antworten auch Ähnliches meinen.

Offene Fragen (freies Antwortformat)
Bei einer offenen Frage können die *Befragten frei antworten*, d. h. sie müssen nicht aus bereits vorher festgelegten Antwortmöglichkeiten wählen. Die gegebene Antwort hängt davon ab, was die/der Befragte in Bezug auf die Fragestellung als relevant betrachtet. „Offene Fragen aktivieren vor allem kürzlich gespeichertes, situiertes oder subjektiv bedeutsames Wissen. Sie sind geeignet zur Sondierung eines Forschungsfeldes, zur Hypothesengewinnung in der Feldforschung oder für intensive Fallstudien" (Hauser & Humpert, 2009, S. 25).

> Beispiel
> Eine offene Frage könnte folgendermaßen lauten:
> Wie gehen Sie mit Konflikten im Unterricht um?

Eine solche Frage lässt einer befragten Lehrperson sehr viel Spielraum bei der Beantwortung. Es ist völlig offen, welche Antworten formuliert werden. Daher spricht man auch von einer *offenen Antwortkategorie*. Der Vorteil in diesem Beispiel ist, dass – so die Annahme – Fälle detailliert beschrieben werden, die zum besseren Verständnis der verschiedenen Formen der Konfliktbewältigung in der Klasse beitragen. Der Nachteil in diesem Beispiel ist, dass die Antworten – so die Annahme – vielschichtig sein werden, da es vielfältige Konfliktformen gibt, welche im Unterricht auftreten können. Eine *genauere Bestimmung (Operationalisierung)* des zu messenden Merkmals (Konflikt) ist in diesem Beispiel daher notwendig.

> Beispiel
> Beschreiben Sie, wie Sie in der Regel bei verbalen Drohgebärden von Schülerinnen/Schülern, welche gegen Mitschüler/innen gerichtet sind, reagieren!

Der *Vorteil* von offenen Fragen ist, dass bei der Erstellung des Fragebogens die mitunter schwierige Formulierung von Antwortalternativen entfällt.

Der *Nachteil* ist, dass die Antworten oft nicht zwingend mit der Fragestellung zu tun haben; d. h., dass mitunter nicht die erwarteten Daten gewonnen werden. Außerdem sind offene Fragen schwieriger auszuwerten, da sie zu einer Vielzahl von Antworten führen, welche in der Auswertungsphase zuerst kategorisiert werden müssen (siehe Kapitel 8). Dies erschwert die Analyse im Vergleich zu vorgegebenen Antworten.

Weitere Beispiele für offene Fragen:

> Beschreibe, wie du dir einen guten Physikunterricht vorstellst!
> Beschreibe, welche beruflichen Möglichkeiten du nach dem Abschluss der HTL hast!
> *Einen begonnenen Satz fertig schreiben:* Wenn ich sehe, dass mein Kind am PC Gewaltspiele spielt, dann...
> *Offene Frage zum Abschluss einer schriftlichen Befragung:* Was ich sonst noch zum Projektunterricht sagen möchte: ...

Geschlossene Antwortkategorien (gebundenes Antwortformat)

Bei *geschlossenen Antwortkategorien* wird der befragten Person in der Beantwortung einer Frage *wenig Freiraum* zugestanden. Die befragte Person soll eine Auswahl aus vorgegebenen Antwortmöglichkeiten treffen. Geschlossene Antwortkategorien werden daher auch *„forced choice"* (erzwungene Wahl) genannt. Da die Antwortmöglichkeiten vorgegeben sind, muss der/die Forscher/in vorab sicherstellen, dass die Antwortmöglichkeiten *eindeutig* sind, sich *nicht überlappen* (z. B. Auswahlmöglichkeit „manchmal" und „gelegentlich") und dass die Skala *das ganze Spektrum* an Antwortmöglichkeiten abdeckt. Dies erfordert (theoretisches) Wissen, aber auch praktische Erfahrung im Feld, und nicht selten hat die/der Fragebogenentwickler/in einen blinden Fleck.

> Beispiel
> Bei einer Erhebung zur Zufriedenheit mit dem Schulbuffet wurde im Fragebogen bei der Personenzuordnung auf das nicht lehrende Personal vergessen oder bei einer Umfrage unter Studierenden an einer Hochschule wurden nicht alle Studiengänge aufgelistet.

Der *Vorteil* von *geschlossenen Fragen* liegt darin, dass die Antwortmöglichkeiten bereits vorgegeben sind und die Befragten nur noch ihre persönliche Einschätzung abgeben müssen. Die Bedeutung/Gewichtung einzelner Variablen zur Erklärung eines Ereignisses lässt sich somit leichter analysieren. Dahinter verbirgt sich aber auch eine *Gefahr*, nämlich anzunehmen, dass es sich dabei um eine genaue Messung handelt. Bei der Analyse der Daten ist zu bedenken, dass die Wertung innerhalb einer Skalierung subjektiv erfolgt. Die auszuwählenden Werte können unterschiedlich interpretiert werden: Wann ist etwas „gut"? Wie oft ist „manchmal"? Es kann also durchaus sein, dass es zu unterschiedlichen Interpretationen innerhalb einer Skalierung kommt. Daher ist darauf zu achten, dass eine Schätzskala nicht zu abstrakt ist. Je komplexer eine Skala, desto weniger werden die Befragten dasselbe mit ihren Antworten meinen.

Folgende Möglichkeiten geschlossener Fragen können unterschieden werden:

Dichotome Fragen

Dichotom bedeutet *Zweiteilung* oder konkret, die Teilung in zwei Begriffspaare. Bei dichotomen Fragen wird die Frage so gestellt, dass für die Beantwortung *nur zwei Optionen* zur Auswahl stehen. Die Optionen sind im Allgemeinen zwei konträre Alternativen:

☐ ja	☐ nein
☐ richtig	☐ falsch
☐ stimme zu	☐ stimme nicht zu

Der *Vorteil* von dichotomen Antwortkategorien ist, dass die/der Befragte sich zu einer Aussage bzw. Frage eindeutig positionieren muss. Dies trägt zur Schärfung des Ergebnisses bei. Der *Nachteil* liegt in der Einschränkung der möglichen Antworten. Zwischen „stimme zu" und „stimme nicht zu" liegen Nuancen wie z. B. „stimme eher zu" oder „stimme weniger zu". In einer Welt, in der die Probleme immer komplexer werden, ist ein „Entweder-oder" (im Sinne von Eindeutigkeit) in vielen Bereichen eher abzulehnen bzw. nicht möglich.

Folgendes Beispiel aus einem Fragebogen veranschaulicht, dass der Schätzskala (siehe dazu weiter unten) eine dichotome Antwortkategorie vorzuziehen ist, da (zumindest bei Item 1) eine eindeutige Zuordnung möglich ist.

	stimmt nicht	stimmt kaum	stimmt eher	stimmt genau
Ich habe in meiner vorherigen Schule bilingualen Unterricht kennen gelernt.				
Würde ich noch einmal vor derselben Entscheidung stehen, würde ich mich wieder für diese Schulform mit bilingualem Unterricht entscheiden.				

Item 1 lässt nur zwei Optionen zu: Ich habe bilingualen Unterricht kennen gelernt oder eben nicht. Item 2 mit dichotomer Antwortkategorie würde die Befragten auffordern, sich klar zu positionieren.

Die Mehrfachantwortkategorie

Die/Der Befragte muss aus einer vorgegebenen Anzahl von möglichen Antworten jene wählen, die laut persönlicher Einschätzung zutrifft bzw. am ehesten passt *(Multiple Choice)*. Im folgenden Beispiel ist die Frage so gestellt, dass sich die/der Befragte festlegen muss.

Welche Person konsultieren Sie bei Konflikten im Unterricht zuerst?
- einen engen Vertrauten
- Fachkoordinator/in
- Schulleiter/in
- Schulpsychologin/Schulpsychologe
- Mitarbeiter/in des schulpsychologischen Dienstes
- Vertreter/innen der Schulbehörde
- Fachexpertinnen/Fachexperten außerschulischer Einrichtungen
- keine Konsultation

Wie bereits am weiter oben beschriebenen Beispiel einer offenen Frage ist auch in diesem Fall das zu messende Merkmal (Konflikte im Unterricht) zu unspezifisch. Aufgrund der Vielfalt an möglichen Konflikten ist es offen, an welche konkrete(n) Konfliktsituation(en) die befragte Person beim Beantworten dieses Items denkt. Entsprechend unterschiedlich wird das Antwortverhalten sein. Da der Personenkreis, welcher bei Konflikten im Unterricht konsultiert werden kann, vermutlich umfangreich und vor allem größer sein wird als jener, der hier zur Auswahl steht, ist es zum einen sinnvoll, *Mehrfachnennungen (Multiple Answers)* zu ermöglichen und zum anderen eine *offene Antwortkategorie hinzuzufügen*.

Alternativvorschlag

> *Welche Personen konsultieren Sie bei wiederholten Unterrichtsstörungen, die aus Eigenschaften und Verhaltensweisen von Schülerinnen und Schülern resultieren?*
> *(Mehrfachnennungen möglich)*
> ☐ einen engen Vertrauten im Lehrer/innenkollegium
> ☐ Fachkoordinator/in
> ☐ Schulleiter/in
> ☐ Schulpsychologin/Schulpsychologe
> ☐ Mitarbeiter/innen des schulpsychologischen Diensts
> ☐ Vertreter/innen der Schulbehörde
> ☐ Fachexpertinnen/Fachexperten außerschulischer Einrichtungen
> ☐ keine Konsultation
> ☐ andere ....

Bei Test-Items mit Mehrfachantworten wird in der Regel kein Hinweis gegeben, ob es sich um Fragen der Kategorie *Multiple Choice* oder *Multiple Answer* handelt. Folgendes Beispiel stammt aus einer Erhebung zur Messung von schulrechtlichem Wissen von Lehrpersonen in der Induktionsphase.

> *Wann sprechen Sie eine Frühwarnung aus?*
> ☐ Wenn die Leistungen der Schülerin/des Schülers über mehrere Wochen nachlassen.
> ☐ Wenn der/die Schüler/in ein „Nicht genügend" in einer Schularbeit schreibt.
> ☐ Wenn die Mitarbeit der Schülerin/des Schülers „Nicht genügend" ist.
> ☐ Wenn aufgrund der bisherigen Leistungen der Schülerin/des Schülers zum Ende des Semesters eine Beurteilung mit „Nicht genügend" droht.

Eine Antwortskala kann auch nonverbal gestaltet werden, wie folgendes Beispiel (siehe Abbildung 44) veranschaulicht, wobei hier kritisch anzumerken ist, dass die nonverbalen Merkmale nicht ausreichend trennscharf sind: Wie sich Antwortmöglichkeit 1 von Antwortmöglichkeit 4 unterscheidet, bleibt der Interpretation der Befragten überlassen.

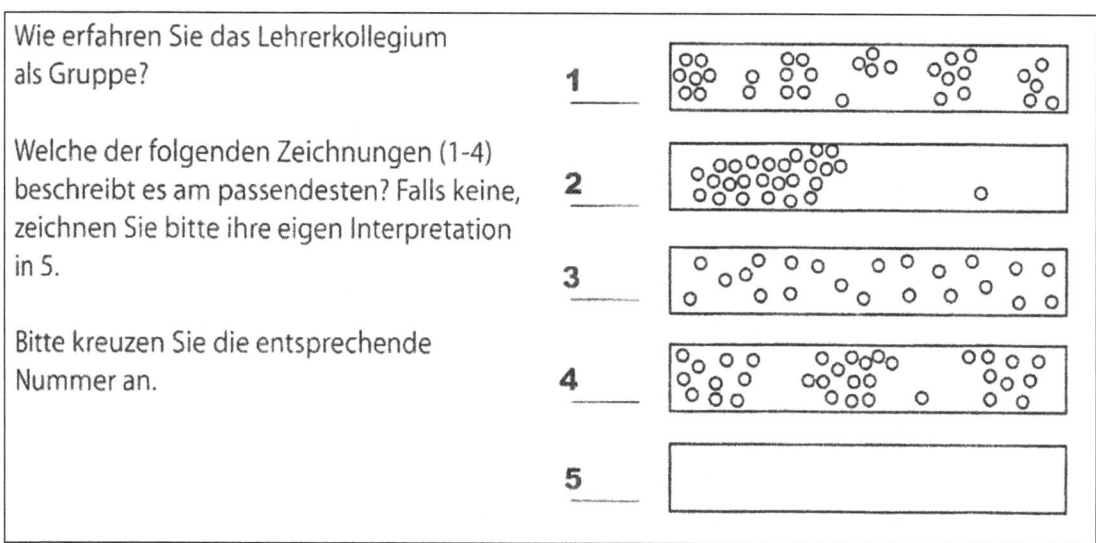

Abbildung 44: Beispiel für eine nonverbale Antwortkategorie (Schratz et al., 2002, S. 169)

Schätzskalen (Ratingskalen)

Bei *Schätzskalen* sind die möglichen *Antworten in Form von Werten vorgegeben*. Die Werte können verbalisiert sein (*verbale Marken*) und zum Beispiel von „stark" bis „schwach", von „hoch" bis „tief", von „positiv" bis „negativ" etc. reichen. Wird einer Aussage auf einer vorgegebenen Antwortskala mehr oder weniger stark zugestimmt bzw. diese abgelehnt entspricht dies einer Likert-Skala.

Wie bei dichotomen Fragen werden *zwei konträre Ausprägungen* angeboten. Die/Der Befragte muss sich aber nicht eindeutig festlegen, sondern kann sich innerhalb einer *Ratingskala* positionieren: Zwischen den zwei konträren Werten liegen Ausprägungen, deren Abstände in der Regel gleich sind oder zumindest subjektiv so eingeschätzt und interpretiert werden können. Die einzelnen Abstufungen müssen sich gegenseitig ausschließen und sind so zu gestalten, dass die befragte Person sie erkennen und differenzieren kann. Die in den folgenden Beispielen verwendeten sprachlichen Merkmale für Ratingskalen weisen nach einer Untersuchung von Rohrman (1978, zitiert nach Schnell et al., 2018, S. 303) annähernd gleiche Abstände auf. Die meisten Skalen sind bipolar, d. h. die sprachliche Abstufung ist zweidimensional mit jeweils Gegensatzpaaren.

> *Wie wahrscheinlich ist es, dass Sie bei der diesjährigen Sommerhochschule ein Fortbildungsangebot nutzen werden?*
> ☐ ganz sicher
> ☐ ziemlich wahrscheinlich
> ☐ vielleicht
> ☐ ziemlich unwahrscheinlich
> ☐ keinesfalls

Im nächsten Beispiel aus einem Evaluierungsbogen für Schüler/innen sind die zwei verbalen Marken „immer" und „nie" im Kontext der zu bewertenden Aussage ungeeignet, da es sehr unwahrscheinlich ist, dass Schüler/innen eine dieser beiden Antwortmöglichkeiten wählen. Eine Skala von „sehr oft" bis „sehr selten" ist in diesem Fall angebrachter.

> *Ich kann meine Lehrerin/meinen Lehrer um Erklärung im Unterricht bitten.*
> ☐ immer
> ☐ oft
> ☐ gelegentlich
> ☐ selten
> ☐ nie

Im folgenden Beispiel wird die/der Befragte um die Bewertung eines Sachverhalts (Qualität der Berufs- und Bildungsberatung) gebeten. Dabei wird bewusst auf die Verwendung von Schulnoten verzichtet, da diese von den Befragten nicht als gleichabständig wahrgenommen werden und gemäß Leistungsbeurteilungsverordnung auch nicht gleiche Abstände aufweisen.

> *Der/Die Berufs- und Bildungsberater/in an unserer Schule hat mich*
> ☐ sehr gut
> ☐ gut
> ☐ durchschnittlich
> ☐ schlecht
> ☐ sehr schlecht *beraten.*

Das nächste Beispiel demonstriert, wie eine Frage zur Wichtigkeit eines Sachverhalts auf einer fünfstufigen sprachlichen Ratingskala (unipolar: eindimensional Abstufung) und auf einer vierstufigen (bipolar: mit einem Gegensatzpaar) gestaltet werden kann:

Wie wichtig ist es für Sie, dass der Klassenvorstand einmal im Semester über den schulischen Erfolg Ihres Kindes einen schriftlichen Bericht verfasst?	
Unipolare Skala	*Bipolare Skala*
▫ außerordentlich wichtig ▫ ziemlich wichtig ▫ mäßig wichtig ▫ kaum wichtig ▫ gar nicht wichtig	▫ wichtig ▫ eher wichtig ▫ eher unwichtig ▫ unwichtig

Die Effekte der Skalenpolarität sind wenig untersucht, erfahrungsgemäß sind bipolare Antwortskalen leichter verständlich. Untenstehendes Beispiel zeigt, wie die Antwortmöglichkeiten zu einer Frage bzw. einer Aussage mit unterschiedlicher Skalenpolarität formuliert werden können.

Wie angespannt fühlen Sie sich in der jetzigen Situation?	Im Augenblick fühle ich mich
▫ sehr angespannt ▫ ziemlich angespannt ▫ mittelmäßig angespannt ▫ wenig angespannt ▫ gar nicht angespannt	▫ sehr angespannt ▫ ziemlich angespannt ▫ weder angespannt noch gelöst ▫ ziemlich gelöst ▫ sehr gelöst

Weitere typische verbale Antwortkategorien:

- Zustimmungsfragen: „stimme zu", „stimme eher zu", „stimme eher nicht zu" und „stimme nicht zu".
- Bewertungsfragen: „trifft völlig zu", „trifft ziemlich zu", „trifft teils-teils zu", „trifft wenig zu" und „trifft gar nicht zu".

In den vorherigen Beispielen liegen zwischen den zwei konträren Werten Ausprägungen, deren Abstände als gleich groß angenommen werden können. Das folgende Item stammt aus einem Fragebogen einer Bachelorarbeit und soll das *Interesse am Unterrichtsgegenstand* „Mathematik" messen:

Wie beliebt ist das Fach „Mathematik"? Wo würdest du dich auf der Skala positionieren?
sehr unbeliebt   *sehr beliebt* -- 0 --

In diesem Beispiel sind sowohl Validität des Items als auch die Skalierung zu hinterfragen: Der Student möchte erfragen, wie sehr sich die Schüler/innen für den Unterrichtsgegenstand „Mathematik" interessieren, abgefragt wird aber die (persönliche) Beliebtheit des Faches. Außerdem kommt es zur Vermischung zweier Fragen in einem Item. Die erste Fragestellung zielt auf eine *allgemeine Einschätzung* ab, während in der zweiten die *persönliche Wertung* abgefragt wird. Schließlich fehlt eine Skalierung mit Werten, sodass die erhobenen Daten lediglich eine Stimmungsabfrage darstellen.

Alternativ wird daher folgendes Item vorgeschlagen:

Wie sehr interessierst du dich für das Fach „Mathematik"? Positioniere dich auf der folgenden Skala!
1   2   3   4   5   6   7 kein Interesse   großes Interesse

Diese Schätzskala zählt zu jenen Formen, in denen zwischen zwei konträren Optionen Zahlenwerte (*numerische Marken*) angeordnet werden. Auf den ersten Blick erscheint es, dass mit dieser Darstellungsform eine präzise, trennscharfe Abstufung möglich ist, „empirische Studien zeigen aber, dass die semantische Kennzeichnung der einzelnen Antwortkategorien zu einer besseren Reliabilität führt" (Franzen, 2019, S. 849). Beim Entwickeln der Items wird oft diskutiert, ob zuerst die positiven bzw. zustimmenden Antwortmöglichkeiten genannt werden sollten oder ob mit den negativen bzw. ablehnenden Alternativen begonnen werden sollte. Bei Ratingskalen, so die Schlussfolgerung von Franzen, scheint „die Reihenfolge für das Antwortverhalten keine Rolle zu spielen" (S. 850). Für die Analyse und Interpretationen ist es verständlicher, wenn, wie im obigen Beispiel, ein niedriger Wert geringes Interesse und ein hoher Wert großes Interesse ausdrückt, sodass das Ergebnis besagt: Je größer der Summenwert, desto größer das Interesse und nicht umgekehrt.

„Skalen mit weniger als fünf Antwortkategorien [verfügen] paradoxerweise über eine geringere Reliabilität" (Franzen, 2019, S. 847). Bei numerischen Schätzskalen raten wir zu maximal sieben Zahlenwerten bzw. Antwortkategorien. Zum einen können die Befragten ansonsten kaum noch zwischen den Zahlenwerten differenzieren, zum anderen haben Bachelor-/Masterarbeiten in der Regel kleine Stichproben, sodass bei der Auswertung die Kategorien erst wieder zusammengefasst werden müssen.

Abbildung 45 ist ein Auszug aus einem Erhebungsinstrument zur Ausbildungsqualität in der Lehrausbildung. Die befragten Lehrlinge bewerten die Aussagen zu ihrer Ausbildung auf einer Likert-Skala.

Abbildung 45: Beispiel für eine Likert-Skala[40]

Anstelle der *numerischen Likert-Skala* kann auch eine *graphische* verwendet werden.

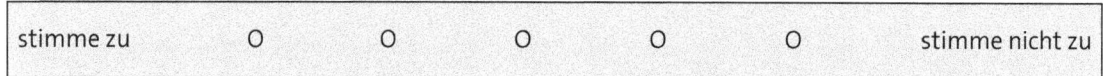

Im folgenden Beispiel (siehe Abbildung 46) werden die Befragten gebeten, die Innovationsbereitschaft an ihrer Schule anhand eines *Polaritätsprofils* (Semantisches Differenzial) einzuschätzen. Dabei sind nicht einzelne Aussagen auf einer numerischen oder verbalen Ratingskala zu bewerten, sondern es ist der Satz „Die Entwicklungsarbeit an der Schule ..." mit verschiedenen, zueinander konträr stehenden *Aussagen bzw. Beschreibungen* zu „vervollständigen". Zwischen den zum Teil fragwürdigen konträren Aussagenpaaren *sind graphische Zahlenwerte* für ein Rating mit Abstufungen angeordnet.

Die Entwicklungsarbeit an der Schule ...

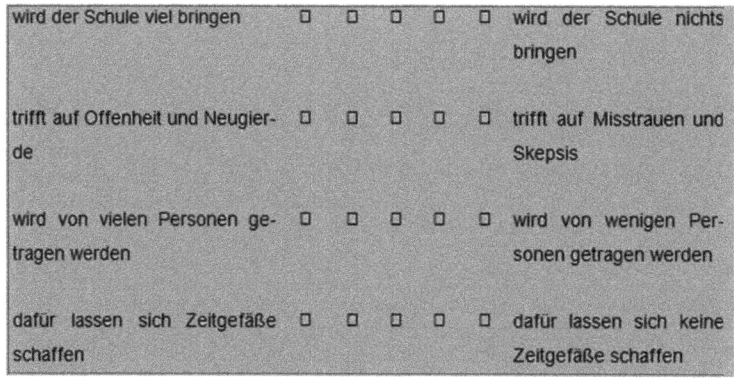

Abbildung 46: Beispiel für eine verbal verankerte Schätzskala
(Schratz & Radnitzky, 2000, S. 78)

---

40 Österreichisches Institut für Berufsbildungsforschung, https://oeibf.at/

Eine weitere Form von Schätzskalen sind *kombinierte Formen* (siehe Abbildung 47): Zu *einem Item* werden gleichzeitig *zwei Einschätzungen* abgefragt. Bei genauerer Betrachtung der Antwortkategorien ist in diesem Beispiel zu bemängeln, dass es an Trennschärfe fehlt und die Ausprägungen nicht stimmig sind.

Schätzskala 1: Der Gegenpol von „stimme überhaupt nicht zu" müsste „stimme voll und ganz zu" sein. Alternativ bietet sich folgende Abstufung an: „stimme zu", „stimme eher zu", „stimme eher nicht zu", „stimme nicht zu".

Schätzskala 2: Bei der Frage nach der Wichtigkeit stehen einer negativen Antwortkategorie drei positive Antwortoptionen gegenüber.

Aussage	Inwieweit stimmen Sie folgender Aussage über Ihre Schule zu?					Wie wichtig ist das für Sie?			
	1. Stimme überhaupt nicht zu	2. Stimme nicht zu	3. Stimme zu	4. Stimme sehr zu	5. Weiß nicht	1. Nicht wichtig	2. Eher wichtig	3. Sehr wichtig	4. Entscheidend
Das Kollegium beteiligt sich aktiv bei Entscheidungsfindungen auf Schulebene.									
Bereits Junglehrerinnen und Junglehrer bekommen die Möglichkeit, Führungsaufgaben zu übernehmen.									

Abbildung 47: Beispiel für kombinierte Formen von Schätzskalen[41]

Bei folgendem Beispiel bewertet die/der Befragte eine Aussage bzw. ein Statement auf einer fünfstufigen Ratingskala (*bipolar*). Die Einschätzung erfolgt entlang von ausformulierten sprachlichen Merkmalen.

Ich erlebe das Mitarbeitergespräch mit meiner Schulleiterin als wertschätzend.
☐ völlig richtig
☐ ziemlich richtig
☐ unentschieden
☐ ziemlich falsch
☐ völlig falsch

In dieser Skala entspricht die Antwortkategorie „unentschieden" der Mitte. Diese ist, psychologisch betrachtet, ein *interessanter Punkt*: Menschen, die sich nicht gerne eindeutig für etwas entscheiden wollen/können, kreuzen am häufigsten die Mitte an. In der Psychologie wird dieses Phänomen *„Tendenz zur Mitte"* genannt. Durch die Verwendung einer mehrstufigen Antwortskala mit ungerader Kategorienzahl oder das Hinzufügen einer „mittleren" Antwortkategorie mit dem Label „neutral" wird den Befragten (bewusst) die Möglichkeit eingeräumt, in die Mitte auszuweichen.

Die Möglichkeit, in die Mitte auszuweichen (entspricht der Antwortkategorie „neutral"), kann bei der Interpretation der Ergebnisse zu Problemen führen, nämlich dann, wenn zu viele Personen die mittlere Antwortposition wählen und sich somit keine klare Tendenz

---
[41] Ausschnitt aus einem Fragebogen erstellt im internationalen Projekt Leadership for Learning, Faculty of Education, Cambridge University, 2001, Übersetzung: Institut für LehrerInnenbildung und Schulforschung, Universität Innsbruck

herauskristallisiert (Z. B. Zustimmung bzw. Ablehnung). Außerdem kann ein Zustimmen zur mittleren Antwortkategorie für einzelne Befragte ganz Unterschiedliches bedeuten:

- Die/Der Befragte ist in einem mittleren Maß dafür bzw. dagegen.
- Die/Der Befragte ist zu keinem endgültigen Urteil gekommen („Weiß nicht"-Antwort).
- Die/Der Befragte hält die Frage für nicht (besonders) wichtig, und entscheidet sich daher für die Mitte („Irrelevanz-Antwort")
- Die/Der Befragte will keine Einschätzung abgeben oder hat einen Einwand gegenüber der Frage und entscheidet sich aus „Protest" für die Mitte etc.

Aus den genannten Gründen ist es *bei* einer *ungeraden Kategorienzahl* daher besser, eine bipolare Skala zu *verwenden*.

Die Alternative, eine gerade Kategorienzahl, hat den Nachteil, dass jene Befragten, die tatsächlich eine „neutrale" Meinung zu einer Aussage haben, oder, bei denen die mittlere Kategorie die eigene Einschätzung am besten wiedergibt, diese Meinung/Einschätzung nicht zum Ausdruck bringen können. Diese Befragten müssen sich für eine Antwortmöglichkeit entscheiden, wobei sie im Zweifelsfall eher zur Zustimmung neigen.

Neben der *„Tendenz zur Mitte"* gibt es auch eine *„Zustimmungs-"* bzw. *„Ablehnungstendenz"* (Antworttendenz). Damit ist gemeint, dass nach einer Reihe von Items, die alle in dieselbe Richtung gepolt sind (z. B. „stimme zu" drückt immer eine positive Meinung aus), Personen dazu tendieren, fortlaufend zuzustimmen bzw. abzulehnen, ohne noch über eine Aussage genauer nachzudenken. Dieses Phänomen kann durch verschieden gepolte Antwortrichtungen abgeschwächt werden: Die Einschätzung „stimme zu" zur Aussage „Ich fühle mich in meiner Stammklasse wohl" und die Einschätzung „stimme nicht zu" zur Aussage „Ich möchte meine Stammklasse wechseln" drücken jeweils eine positive Haltung zur Stammklasse aus. Letztere dient als sogenannte *Kontrollfrage*.

Geht man davon aus, dass bei bestimmten Items die Befragten sich nicht festlegen wollen, keine Meinung haben bzw. keine Einschätzung geben können, so kann man eine zusätzliche Antwortkategorie „keine Angabe" anbieten. Damit kann auch gewährleistet werden, dass ein Item nicht übersehen wurde. Diese Ausweich-/Fluchtkategorie erhöht in der Regel den Anteil an Befragten, die angeben, keine Meinung zu einem Thema zu haben, bzw. die keine Einschätzung zu einem Sachverhalt treffen können bzw. wollen. Dies kann zu Problemen bei der Interpretation führen. In einer von Studierenden durchgeführten Meinungsumfrage zu einer geplanten Lehrer/innendienstrechtsreform in Österreich haben beispielsweise die Befragten bei der Entscheidungsfrage, ob Lehrer/innen bei gleicher Bezahlung zwei Stunden pro Woche mehr unterrichten sollen, mehrheitlich die Fluchtkategorie „keine Angabe" gewählt.

Als Beispiel für einen Fragebogen, der im Rahmen einer umfangreichen Erhebung zu „Lebenswelten Jugendlicher in Österreich" entwickelt und eingesetzt wurde, verweisen wir auf unserer Website *www.leitfaden-online.at*.

7.4.3 Schriftliche Befragung von Kindern

Schriftliche Befragungen bei *Kindern und Jugendlichen* stellen eine besondere *Herausforderung* dar. Die Durchführbarkeit hängt einerseits von der sprachlichen Entwicklung, der Lesekompetenz, dem Erinnerungsvermögen, der Konzentrationsfähigkeit, und dem Abstraktionsvermögen der Kinder ab. Mit Letzterem ist gemeint, dass jüngere Kinder aufgrund ihrer kognitiven Entwicklung eine Einschätzung zu einem aus dem Alltag abstrahierten, schriftlich formulierten Sachverhalt gar nicht oder nur schwer treffen können. Hinzu kommt, dass sie ihre Einschätzung in einer abstrakten Werteskala eintragen müssen, die etwa von „stimme völlig zu" bis zu „stimme gar nicht zu" oder von „häufig" bis „selten" reicht. Des Weiteren gilt es zu bedenken, dass Kinder ein anderes Raum- und Zeitverständnis haben und auch Häufigkeiten von Ereignissen anders wahrnehmen. Entscheidend für eine erfolgreiche schriftliche Befragung ist es, mit den Items die Erfahrungswelt der Kinder und Jugendlichen in der frühen Adoleszenz zu treffen: Interesse an Unterrichtsgegenständen, Lernen in der Nachmittagsbetreuung, Lernpräferenzen, Lese- und Musikvorlieben, Hobbys, bevorzugte Fernsehsendungen, Gaming-Favoriten, genutzte Internetseiten, Social Media Apps etc.

> Wird hingegen nach Merkmalen gefragt, die außerhalb ihrer unmittelbaren Erfahrung liegen, sind ungültige Antworten zu erwarten. So können Kinder i. d. R. keine validen Auskünfte über soziodemografische Kennzeichen ihrer Eltern geben. … Dagegen können Fragen zur Anzahl der im Haushalt lebenden Personen oder zum Alter sowie zum Geschlecht des Heranwachsenden bereits früher richtig beantwortet werden, da sie auf den direkten Lebensbereich des Kindes Bezug nehmen. (Nachtsheim & König, 2019, S. 931)

Von Seiten der Forscherin bzw. des Forschers verlangt die Befragung von Kindern und Jugendlichen in der frühen Adoleszenz die Fähigkeit, sich in deren Lebens- und Gedankenwelt hineinzuversetzen. Beim Erstellen eines Fragebogens ist neben den allgemeinen Kriterien wie z. B. Verständlichkeit und Klarheit auch der begrenzte Wortschatz zu berücksichtigen. Die Fragen bzw. Aussagen sind kurz zu fassen. Bei Schätzskalen sollen die Aussagen positiv formuliert und drei bis maximal fünf Antwortmöglichkeiten angeboten werden. Der Umfang des Fragebogens sollte bei Kindern in der Grundschule bei zehn bis 15 Items (Befragungsdauer ca. zehn Minuten) und bei Kindern und Jugendlichen bis 14 Jahre bei 30 bis 40 Items liegen. Die Durchführung eines Pre-Tests ist unerlässlich (siehe Kapitel 7.5).

Als Ergänzung bzw. Alternative zu verbalen und numerischen Marken bietet sich die Verwendung von gängigen *Symbolen an* (siehe Abbildung 48, Abbildung 49 und Abbildung 50) bzw. der Einsatz *kreativer Formen der Itemgestaltung* (siehe Abbildung 51) an.

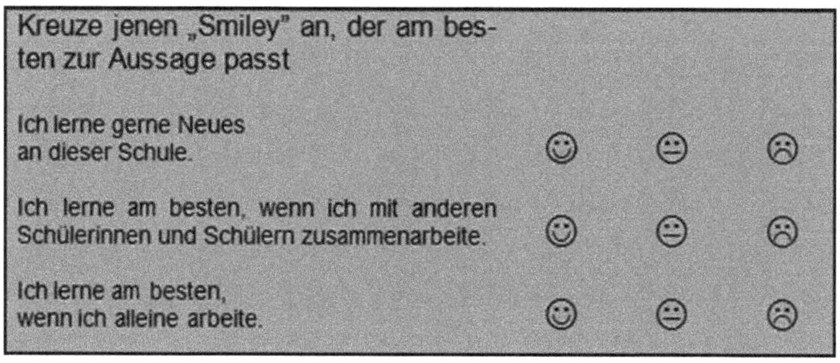

Abbildung 48: Auszug aus einem Fragebogen für Kinder mit Smileys als Antwortkategorien

Abbildung 49: Auszug aus einem Fragebogen für Kinder mit Wettersymbolen als Antwortkategorien

Bei genauerer Betrachtung des Fragebogens für Kinder in Abbildung 48 wird ersichtlich, dass durch die sprachliche Vereinfachung die Validität kritisch zu sehen ist: Alle drei Items sind kurz und verständlich formuliert jedoch zu *unspezifisch*, wodurch das Ergebnis in Bezug auf die intendierte Fragestellung vermutlich verfälscht wird und sich schwer interpretieren lässt. Die Lernpräferenzen hängen z. B. vom Lerninhalt (z. B. Vokabeln), dem Lernkontext (Freiarbeit, lehrerzentrierter Unterricht, Nachmittagsbetreuung) und dem Lernziel (zur Wiederholung, Mitarbeitsüberprüfung, Prüfungsvorbereitung) ab. Je nach Forschungsfrage müssten die Items konkreter formuliert werden.

Beispiel für eine spezifischere Fragestellung
Ich lerne in der Schule in der Freiarbeit am besten, wenn ich alleine arbeite.

In Bezug auf Antwortkategorien in Fragebögen für Kinder ist die Verbindung von verbalen Marken mit Smileys ein empfehlenswerter Weg (siehe Abbildung 50): Zur Beantwortung der Frage „Wenn du in der Schule etwas machst, bei dem du rechnen kannst, wie viel Spaß macht dir das?" wählen die Kinder aus vier verbalen Antwortmöglichkeiten „sehr gerne", „ein bisschen gerne", „weniger gerne" oder „gar nicht gerne", die farblich abgestuften Smileys (von dunkelrot über hellrot zu hellblau und dunkelblau) in unterschiedlichen Größen aus.

Abbildung 50: Verbale Antwortkategorien mit Smileys unterlegt[42] (Schröter, 2006, S. 106)

Die Verwendung der Zielscheibe zur Meinungsäußerung (Abbildung 51) wird von Kindern in der Regel auch gut verstanden. Wichtig ist, darauf hinzuweisen, dass die einzelnen Kreise exakt „getroffen" werden müssen, um Interpretationsspielräume bei der Auswertung zu verringern.

Abbildung 51: Beispiel für eine kreative Form der Antwortmöglichkeit bei der Befragung von Kindern

Einer *Zielscheibe ähnlich*, jedoch nicht für Kinder sondern *für Erwachsene* konzipiert, ist folgender *Feedbackbogen* (siehe Abbildung 52), der im Rahmen einer Fortbildungsveranstaltung der ARGE „Bildungsforschung an Hochschulen" eingesetzt wurde. In einem Raster ist auf der x-Achse der „Lernertrag/Kompetenzzuwachs" auf einer Skala von 1 bis zu 10 zu bewerten, auf der y-Achse „Lernatmosphäre/Rahmenbedingungen" auf einer Skala von 1 bis 10. Der entsprechende Wert wird im Raster eingetragen; hier der Wert 6 für „Lernertrag/Kompetenzzuwachs" und der Wert 8 für „Lernatmosphäre/Rahmenbedingungen".

---

42 Die farbliche Abstufung ist aufgrund des Abdrucks in Graustufen leider nicht ersichtlich.

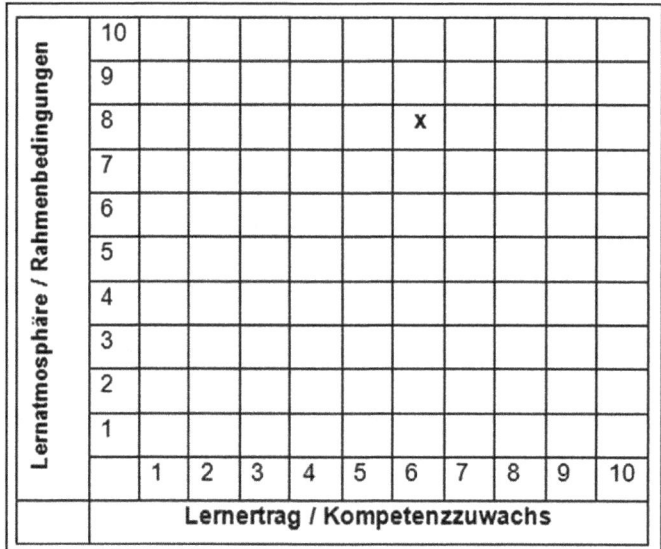

Abbildung 52: Feedbackbogen aus einer Fortbildungsveranstaltung

Anstelle einer standardisierten Befragung können bei Kindern und Jugendlichen auch sogenannte *Impulsplakate* eingesetzt werden: Dazu werden die Impulse (Leitfragen und/oder Aussagen) einzeln auf Plakatpapier geschrieben und im Raum auf Tischen aufgelegt. Die Befragten werden gebeten, sich im Raum zu verteilen und zu den Impulsen eine schriftliche oder graphische Stellungnahme (zu graphischen und gestalterischen Zugängen siehe auch Kapitel 7.7.5) abzugeben.

> Beispiel
> Im Klassenraum sind verschiedene Impulsplakate verteilt. Die Schüler/innen werden aufgefordert, die Satzanfänge fortzusetzen:
> Zu Hause lerne ich am besten …
> Im Unterricht lerne ich am besten …
> Was fällt dir zum Schlagwort „Hausübungen" ein?
> Was fällt dir zum Schlagwort „Lernzielkontrollen" ein?
> Ein schönes Lernerlebnis war …
> Ein schlimmes Lernerlebnis war …

Dass eine schriftliche Befragung zu einem komplexen Thema sogar dann möglich ist, wenn Kinder noch nicht lesen und schreiben und noch nicht mit Zahlen umgehen können, demonstriert das Forschungsprojekt „Demokratie leben lernen" (Rathke, 2007, S. 35–38). Den Kindern der ersten Klasse Grundschule wurde ein Fragebogen ausschließlich mit Symbolen vorgelegt (Kinderversion, siehe Abbildung 53). In der „Interviewerversion" wurden die einzelnen Fragen ausformuliert (Interviewerversion, siehe Abbildung 54). In der Befragungssituation wurde jede einzelne Frage gemeinsam bearbeitet, indem sie nacheinander der Schulklasse visuell mittels Projektion der Kinderversion und zusätzlich verbal – durch langsames und deutliches Vorlesen der zu den Bildern gehörenden Formulierung – präsentiert wurden. Es wurde gewartet, bis jedes Kind eine individuelle Antwort auf seinem Fragebogen angekreuzt hatte.

Abbildung 53: Befragung von Grundschulkindern: Beispielitem Kinderversion (Rathke, 2007, S. 38)

Abbildung 54: Befragung von Grundschulkindern: Beispielitem Interviewerversion (Rathke, 2007, S. 38)

Abschließend ist noch wichtig darauf hinzuweisen, dass vor der Durchführung einer schriftlichen Befragung u. a. die Eltern zu informieren sind und das Einverständnis einzuholen ist. Beispiele für Elternbriefe finden Sie auf unserer Website *www.leitfaden-online.at*.

Online-Befragungen

Die klassische Erhebungsmethode mittels Paper-Pencil-Befragung, bei der handschriftlich ein Papierbogen ausgefüllt wird, wurde mittlerweile weitgehend durch die Online-Befragung abgelöst. Die *Vorteile* einer Online-Befragung sind u. a:

- zeitliche und räumliche Unabhängigkeit
- größere Reichweite (in Abhängigkeit der Zielpopulation)
- geeignet für PC und Mobile Devices
- kein nachträgliches Eingeben/Einscannen der Ergebnisse
- tlw. automatisierte Auswertungen
- einfache Übernahme der digitalen Ergebnisse in andere Programme

Die *Nachteile* einer Online-Befragung können u.a sein:

- unzureichende technische Ausstattung der Zielpopulation
- „Untergehen" der Anfrage zur Teilnahme in der täglichen E-Mailflut
- Einstufung der Anfrage als Junk- bzw. Spam-Mail
- Unterscheidung zwischen seriöser Anfrage und Missbrauchsversuch (z. B. Phishing)
- Herausforderung, Adressdaten (E-Mail) datenschutzkonform zu erhalten

Die Frage der Repräsentativität ist bei Online-Befragungen besonders in den Fokus zu rücken. Da es aus Datenschutzgründen nicht einfach ist, an Adressdaten zu kommen, behelfen sich Studierende oftmals mit dem Schneeballprinzip (Kontaktanbahnung über Social Media). Bei dieser Vorgehensweise wird nur eine Gelegenheitsstichprobe gezogen, die nicht repräsentativ ist (siehe Kapitel 7.2). Außerdem könnten Mehrfachteilnahmen zu einem verzerrten Ergebnis führen. Um Letzteres auszuschließen, kann man z. B. mit TAN-Codes arbeiten.

Musste man früher über Programmierkenntnisse verfügen, um einen Onlinefragebogen zu erstellen, gibt es inzwischen eine Reihe von – teilweise kostenlosen – Programmen. Für einfach gehaltene Umfragen bieten sich z. B. Google Forms (*docs.google.com/forms*) oder Microsoft Forms (*forms.office.com*) an. Beide Programme erlauben bereits nach kurzer Einarbeitungszeit Onlinefragebögen mit den üblichen Fragetypen anzulegen. Eine einfache Auswertung der Ergebnisse im PDF-Format ist ebenso gegeben[43], wie die Möglichkeit, die Daten als CSV-Datei zur weiteren Bearbeitung, z. B. nach Excel zu exportieren. Für komplexere Umfragen findet man zahlreiche professionelle Programme, die dann auch entsprechende Einarbeitungszeit bzw. Fachkenntnisse erfordern. Exemplarisch seien hier LimeSurvey (*www.limesurvey.org/de*), SurveyMonkey (*www.surveymonkey.de*), SoSci Survey (*www.soscisurvey.de*) oder evasys (*evasys.de*) genannt.

Auch wenn die technische Erstellung des Fragebogens durch solche Programme einfach geworden ist, müssen die Techniken der Fragebogenkonstruktion beachtet werden. Darüber hinaus sind die Besonderheiten des Mediums Internet sowie der verwendeten Eingabegeräte zu berücksichtigen (z. B. Eintippen von offenen Fragen ohne Tastatur, Darstellung auf kleinen Bildschirmen – *Responsive Design*).

Es ist zu empfehlen, nur ein Item pro Seite anzulegen. Den Befragten bleibt damit das Scrollen erspart und die Gefahr, dass einzelne Items übersehen werden, wird dadurch verringert. Bei umfangreichen Erhebungen ist es sinnvoll, eine Fortschrittsanzeige einzublenden, um eine Einschätzung über die Restdauer der Befragung zu erhalten. Ebenso gehören Hilfstexte, Hinweise zur Eingabe, eine automatische Filterführung, der Einsatz von Platzhaltern, die Kennzeichnung von Pflichtfeldern etc. zu einem nutzerfreundlichen Online-Fragebogen. Kompatibilitäts- und Darstellungsprobleme führen häufig zum Abbruch der Befragung durch den User. Vor der Veröffentlichung des Online-Fragbogens sind Testläufe mit Feedbackschleifen dringend zu empfehlen (Wagner-Schelewsky & Hering, 2019, S. 794).

Beispiele und Links zu Anleitungen zum Erstellen von Onlinefragebögen finden Sie auch auf *www.leitfaden-online.at*.

7.5 Allgemeine Richtlinien zur Erstellung von Befragungsinstrumenten

Wird ein Erhebungsinstrument (erstmals) erstellt, ist man unweigerlich mit einigen Herausforderungen konfrontiert.

Folgende praktische *Regeln* sollen bei der *Erstellung eines Erhebungsinstruments für eine mündliche oder schriftliche Befragung* helfen:

---

[43] Geeignet, um sich einen Überblick zu verschaffen. Für eine wissenschaftliche Auswertung jedoch nicht ausreichend!

1. *Literaturstudium:* Bevor man beginnt, selbst ein Erhebungsinstrument zu erstellen, ist zu recherchieren, ob es in wissenschaftlichen Publikationen bereits derartige zu demselben bzw. zu ähnlich gelagerten Forschungsvorhaben gibt. Diese dürfen mit entsprechender Quellenangabe (auch in adaptierter Form) verwendet werden.

2. Die Fragen sollen thematisch zusammengefasst werden, damit sich die Befragten auf das gerade behandelte (Sub-)Thema konzentrieren können. Die bedeutsamsten Themenkomplexe werden nicht gleich zu Beginn abgefragt, besonders sensible Themen, die mitunter zu einem Abbruch der Befragung führen können, werden gegen Ende der Befragung behandelt. An dieser Stelle sei auf die Positionseffekte von Fragen hingewiesen. Damit ist gemeint, dass die Reihenfolge Einfluss auf das Antwortverhalten hat (siehe dazu z. B. Fietz & Friedrichs, 2019, S. 817–818).

3. Fragen sind möglichst *einfach, klar und kurz zu formulieren*. Es ist auf sprachliche und inhaltliche Verständlichkeit zu achten. Um die sprachliche Verständlichkeit zu gewährleisten, müssen die Fragen so formuliert werden, dass sie dem Sprachniveau der Befragten entsprechen (z. B. keine Fachausdrücke bei einer Straßenbefragung).

    Negativbeispiel
    Wie wird sich Ihrer Ansicht nach § 25 Abs. 1 „Berechtigung zum Aufsteigen mit einem ‚Nicht genügend' in einem Pflichtgegenstand" (SchUG), welcher durch den Nationalrat in seiner letzten Sitzung vor der Sommerpause novelliert wurde, auf die Lernmotivation der leistungsschwachen Schüler/innen auswirken?

    Inhaltliche Verständlichkeit bedeutet auch, dass eine Frage keine Unklarheiten bzw. unterschiedlichen Interpretationen zulässt. Mehrdeutige Begriffe, unklare Formulierungen oder Gliedsätze sind ebenso zu vermeiden wie doppelte Verneinungen. Erläuternde Beispiele tragen ggf. zur Verdeutlichung bei.

    Negativbeispiel
    „Haben Sie im letzten Jahr eine neue Beschäftigung aufgenommen?" In diesem Beispiel eröffnet die Formulierung „im letzten Jahr" Interpretationsspielraum: Ist damit das Kalenderjahr oder sind die vergangenen zwölf Monate gemeint? Außerdem ist die Zieldimension nicht eindeutig (siehe Punkt 4): Beschäftigung als Erwerbstätigkeit und/oder als Hobby und/oder als ehrenamtliche Tätigkeit?

    Zur Überprüfung des inhaltlichen Verständnisses werden in einem Fragebogen Kontrollfragen eingebaut.

4. Fragen sind *spezifisch* zu formulieren, damit eine *eindeutige (zeitlich und/oder örtlich) eingegrenzte Zieldimension* angesprochen wird.

Beispiele

Keine eindeutige Zieldimension:	Ehrlichkeit zahlt sich aus. (Der situative Bezug fehlt: z. B. im Bewerbungsgespräch, in der Prüfungssituation oder an der Supermarktkassa, wenn der Mitarbeiter bzw. die Mitarbeiter zu viel Wechselgeld herausgibt).
	Wie viele Fortbildungsveranstaltungen haben Sie letztes Jahr besucht? (Die Zieldimension ist nicht eindeutig: Fortbildung für den Beruf und/oder für eine ehrenamtliche Tätigkeit und/oder für ein Hobby; auch ist der zeitliche Bezug ist u. U. nicht eindeutig: z. B. Schuljahr versus Kalenderjahr)
Keine eindeutige Zieldimension:	Ich fühle mich in der Rolle als Lehrer/in wohl.
Eindeutige Zieldimensionen:	Ich fühle mich in der Rolle der Wissensvermittlerin/des Wissensvermittlers wohl.
	Ich fühle mich in der Rolle der Lernexpertin/des Lernexperten wohl.
	Ich fühle mich in der Rolle der Lernbegleiterin/des Lernbegleiters wohl.

5. Das Abfragen von *zwei Aspekten in einem Item* ist zu *vermeiden*.

Beispiel
Sind Sie für oder gegen die Einführung der „Neuen Mittelschule" zur Verbesserung der Schüler/innenleistungen in Österreich und zum Abbau von sozialen Selektionsmechanismen?

Bei dieser Frage werden *zwei Aspekte* abgefragt: Neue Mittelschule zur Verbesserung von Schüler/innenleistungen *und* Neue Mittelschule zum Abbau sozialer Selektion. Zudem wird ein Zusammenhang zwischen den Variablen suggeriert.

Soll erhoben werden, *ob* jemand gerne auf Partys geht, wäre folgendes Item nicht zulässig, weil wiederum zwei Aspekte abgefragt werden:

Ich gehe gerne auf Partys, um neue Bekanntschaften zu machen.

Sollen hingegen die Gründe für den Besuch einer Party abgefragt werden, dann wäre das obige Item zulässig. Eine alternative Fragestellung könnte wie folgt lauten:

Ich gehe gerne auf Partys, um
☐ Freunde zu treffen
☐ mich in Szene zu setzen.
☐ ...

6. *Suggestivfragen* sind zu *vermeiden*.

    Suggestivfragen: Soll das erfolgreiche Leseprojekt weitergeführt werden? Bist du etwa auch der Meinung, dass Mädchen im Unterricht bevorzugt werden? Sind Sie als Lehrerin für Geschichte und Sozialkunde für eine zusätzliche Unterrichtsstunde pro Woche?

    Suggestivaussage: Prügel als Erziehungsmittel sollen wieder eingeführt werden, weil eine „g'sunde Watschn" noch niemanden geschadet hat.

    Jedes Kind soll in der Schule ein Notebook erhalten, weil Kinder mit diesem Medium gerne spielen.

7. Fragen/Aussagen, die von fast allen in eine bestimmte Richtung beantwortet bzw. eingeschätzt werden (z. B. von fast allen bejaht oder verneint werden) sind nicht sinnvoll.

    Beispiele
    Man kann sich auf mich verlassen.
    Kinder machen häufig Lärm.
    Ich lehne Rassismus ab.

8. Wenn einzelne Items für den Befragten nicht relevant sind (*Bedeutsamkeit der Items*) oder nicht eindeutig beantwortet werden können (z. B. weil sie über zu wenig Informationen zur Beantwortung der Frage verfügen), erhält man mehrheitlich „neutrale" Antworten (Tendenz zur Mitte) oder gar keine. Es ist daher abzuwägen, bei welchen Items eine zusätzliche Antwortmöglichkeit wie „keine Angabe", „nicht zutreffend/relevant" etc. angeboten wird.

9. Mit *dichotomen Antwortkategorien* ist „sparsam" umzugehen.

10. Eine Befragung beginnt mit einer *exakt formulierten Einleitung*.

    Die Befragten sollen persönlich angesprochen und über den Zweck der Befragung aufgeklärt werden. Falls notwendig, muss den Befragten Anonymität zugesichert werden.

    Ggf. ist die Einreichfrist (bis wann der Fragebogen ausgefüllt und retourniert werden soll) anzugeben und ein adressiertes und frankiertes Rücksendekuvert beizulegen.

11. Eine schriftliche Befragung kann mit einer offenen Fragestellung abgeschlossen werden, damit die Befragten weitere Anmerkungen und ggf. eine Rückmeldung geben können.

12. *Sozio-demographische Angaben* sind einfach zu beantworten und werden daher eher am Ende des Fragebogens abgefragt, da die Aufmerksamkeit mit fortlaufender Dauer der Befragung nachlässt.

13. Auf ein *klares Layout* und einen logischen Aufbau ist zu achten.

14. Das Erhebungsinstrument sollte mit einer kritischen Freundin/einem kritischen Freund (Betreuer/in der Abschlussarbeit) besprochen werden, um die Fragestellungen ggf. zu schärfen. Am besten – aber auch zeitaufwendig – ist die Durchführung eines *Pretests*. Für einen inhaltlichen Pretest (sprachliche Verständlichkeit) reichen drei bis fünf Personen, ein Pretest zur Entwicklung eines Fragebogens (explorative Faktorenanalyse) muss mit mindestens 40 Personen durchgeführt werden.

7.6 Beobachtung

7.6.1 Formen der Beobachtung

Menschen verarbeiten mit Hilfe ihres Wahrnehmungssystems permanent unzählige „Daten" (Reize). Wir beobachten die Umwelt, welche uns umgibt, wir beobachten Handlungsabläufe und das Verhalten von uns selbst (*Selbstbeobachtung*) oder von anderen Personen (*Fremdbeobachtung*). Beobachtung wird definiert als eine bewusste Wahrnehmung von Verhaltensweisen und Ereignissen. Eine wissenschaftliche Beobachtung unterscheidet sich von einer Alltagsbeobachtung durch ihr planvolles, zielgerichtetes Vorgehen.

Um das Handeln und Interagieren von Menschen in einem bestimmten Lebensbereich zu untersuchen, bestehen grundsätzlich zwei Möglichkeiten. Zum einen können die zu Untersuchenden zu ihren Verhaltensweisen *mündlich* oder *schriftlich befragt* werden, zum anderen besteht die Möglichkeit, *selbst als Forscher/in* das Handeln einer bestimmten Personengruppe in einem spezifischen Lebensbereich über einen kürzeren oder längeren Zeitraum *zu beobachten*. Ein solches Unterfangen wird *als teilnehmende Beobachtung* bezeichnet und hat die „Beschreibung bzw. Rekonstruktion sozialer Wirklichkeit vor dem Hintergrund einer leitenden Forschungsfrage" (Atteslander, 2010, S. 73) zum Ziel.

Historisch betrachtet reichen die Ansätze der wissenschaftlichen Beobachtung in das 19. Jahrhundert zurück, wo sie zunächst bei amerikanischen und britischen Forscherinnen/Forschern in der Ethnographie zum Einsatz kam. Die Ethnographie geht auf die Sozialreformbewegungen dieser Zeit zurück, in der in den städtischen Industriezentren Menschen unter slumähnlichen Bedingungen ihr Leben fristeten. Damals begann man das Zusammenleben ethnischer Gruppen nach wissenschaftlichen Standards zu erforschen (Lüders, 2017, S. 384–385; siehe auch Breidenstein et al., 2020). Auch in die Kolonien der damaligen Seemächte (insbesondere Spanien, Portugal, Frankreich und England) zog es Wissenschaftler/innen, die durch direkte, oftmals auch längere Teilnahme am Leben der Menschen anderer Kulturen zu erforschen suchten. Sie beobachteten offen oder verdeckt Alltagssituationen und erwarteten, dadurch gehaltvolle Einblicke in das zu erforschende Lebensumfeld zu erhalten. Die teilnehmende Beobachtung hat aber auch eine lange Tradition im deutschen Sprachraum. Die Marienthal-Studie (Jahoda, 1976) zu den Folgen von Arbeitslosigkeit während der Wirtschaftskrise in den 30er-Jahren des 20. Jahrhunderts gilt als Meilenstein in der Entwicklung der empirischen Sozialforschung.

Allgemein betrachtet sind menschliche Verhaltensweisen in sozialen Situationen Gegenstand der wissenschaftlichen *Beobachtung*. Die Beobachtung findet im sogenannten Feld statt, d. h. im natürlichen sozialen Umfeld der zu beobachtenden Personen. Davon abzugrenzen ist die Laborbeobachtung, wo eine Beobachtungssituation künstlich hergestellt wird. Bei der wissenschaftlichen Beobachtung wird „tatsächlich stattfindendes (soziales) Handeln" erhoben, werden „Begebenheiten oder Abläufe im Vollzug" (Thierbach & Petschick, 2019. S. 1165) beobachtet. Die Beobachtung von Verhaltensweisen von Kindern, Schüler/innen, Jugendlichen in Vereinen, Menschen mit Migrationserfahrung, Besucher/innen von Massenveranstaltungen etc. ist vor allem dann von Vorteil, wenn unbewusstes, nicht verbalisiertes Verhalten (z. B. Körpersprache), wenn nicht bzw. schwer verbalisierbares Verhalten (z. B. bei Kindern), oder wenn sensibles bzw. normabweichendes Verhalten untersucht wird und davon auszugehen ist, dass diesbezüglich Personen in einer Befragung im Sinne der sozialen Erwünschtheit antworten würden. Außerdem ist die teilnehmende Beobachtung besonders dann „indiziert, wenn die Studie eher explorativ ausgerichtet ist, der Forschungsgegenstand in soziale Kontexte eingebettet ist oder aus sozialen Kontexten besteht und von außen nur schwer beobachtbar ist" (Hug & Poscheschnik, 2020, S. 142).

In Schule und Unterricht ist die (teilnehmende) Beobachtung einerseits ein wichtiger *Bestandteil der schulischen Qualitätsentwicklung und -kontrolle*, andererseits ein bedeutendes Instrument in der immer wichtiger werdenden *pädagogischen Diagnostik* (siehe z. B. Ingenkamp & Lissmann, 2008). Um die individuellen Stärken und Schwächen von Lernenden zu diagnostizieren und diese in ihren jeweiligen Kompetenzen zu fördern, müssen Lehrende permanent ihre Beobachtungskompetenz weiterentwickeln. Immer wichtiger wird auch die *(kollegiale) Unterrichtsbeobachtung* mit anschließendem *Feedback* (*Critical Friend*), um die Qualität des Unterrichts von verschiedenen Seiten her (Sprache, Kommunikation, Verhalten etc.) zu betrachten und weiterzuentwickeln. Erprobte und wirksame Methoden der kollegialen Unterrichtsbeobachtung stellen u. a. Kempfert und Ludwig (2014) in ihrem Buch „Kollegiale Unterrichtsbesuche" vor.

Eine Beobachtung auf Basis wissenschaftlicher Standards unterscheidet sich deutlich von einer Beobachtung im Alltag. Die nach *wissenschaftlichen Kriterien durchgeführte Beobachtung* ist geplant, zielgerichtet und wird methodisch reflektiert, beschrieben und dokumentiert (Topsch, 2014, S. 45–48).

„*Geplant*" heißt in diesem Zusammenhang: Ort, Zeitdauer und zu beobachtende Zielgruppe sind genau beschrieben.

Unter „*zielgerichtet*" ist zu verstehen: Forschungsfragen und Hypothesen sind exakt definiert.

„*Methodisch reflektiert*" bedeutet in diesem Zusammenhang: Die Entscheidung für eine bestimmte Herangehensweise wird begründet und deren Vor- und Nachteile werden diskutiert.

„Beschrieben und dokumentiert" bedeutet, dass die erhobenen Daten von der Forscherin bzw. dem Forscher in einem Forschungsbericht dargestellt, analysiert und interpretiert werden.

Wissenschaftliche Beobachtungen lassen sich in *drei Dimensionen* klassifizieren (Atteslander, 2010, S. 86–93).

Dimension: Strukturierungsgrad

Zunächst einmal geht es – wie bei der Befragung – um die Klärung, inwieweit eine Beobachtung *unstrukturiert* oder *strukturiert* sein soll. Ist das Beobachtungsinstrument *wenig strukturiert* oder *unstrukturiert* (in diesem Fall wird kein Beobachtungsbogen verwendet, sondern ein Feldprotokoll angefertigt), geht man *explorativ* vor. Es steht weniger die Häufigkeit und Verteilung von Ereignissen im Vordergrund (numerische Daten), sondern mehr *das Beschreiben der Vorgänge*, z. B. das Verhalten der beobachteten Personen (verbale Daten[44]). Das heißt, ein Geschehen, ein Verhalten, eine bestimmte Situation, bestimmte Vorgänge werden in ihrer Gesamtheit zu erfassen versucht, um daraus spezifische (wissenschaftlich interessante) Strukturen zu erkennen (Theoriebildung) oder daraus Hypothesen abzuleiten. Man spricht in diesem Fall von einer *qualitativen Beobachtung*.

Bei der *unstrukturierten* teilnehmenden Beobachtung besteht die Gefahr, dass der Gegenstand der Beobachtung unzureichend definiert wird, sodass die/der Beobachter/in zu viele Verhaltensmerkmale gleichzeitig beobachtet. Das kann dazu führen, dass die/der Beobachter/in überfordert wird, zum einen, da nur ein Teil des Beobachteten dokumentiert werden kann (selektive Erinnerung), und zum anderen, da u. U. die verschiedenen Verhaltensweisen nicht mehr differenziert wahrgenommen werden können (überforderte Differenzierungsfähigkeit). Außerdem wird bei unscharfer Bestimmung des Beobachtungsgegenstands der Interpretationsspielraum zu groß.

Entschließt man sich für ein *strukturiertes, standardisiertes* Beobachtungsinstrument, wird der Fokus auf die Quantifizierung von beobachtetem Verhalten und damit auf die Vergleichbarkeit gerichtet. Durch die Erhebung vieler Fälle ist es möglich, hypothesentestend vorzugehen. Man spricht in diesem Fall von einer *quantitativen Beobachtung*. Bei der *strukturierten* teilnehmenden Beobachtung besteht die Gefahr, dass die vor Beobachtungsbeginn festgelegten zu beobachtenden Merkmale zu einschränkend sind, sodass eine tiefgründigere Analyse nicht möglich ist. So kann z. B. während der freien Spielphase im Kindergarten zwar exakt erhoben worden sein, wie häufig Buben in der Technikecke Kontakt mit Mädchen suchten, dabei jedoch „übersehen" worden sein, wie der Spielkontakt erfolgte oder welche Qualität die Spielhandlung hatte (Problem der selektiven Wahrnehmung).

Das *strukturierte Beobachtungsinstrument* basiert entweder auf einem *Indexsystem*, einem *Kategoriensystem* oder auf einer *Ratingskala* (siehe dazu das weiter unten stehende Beispiel für die Beobachtung von Präsentationskompetenz).

---

[44] Verbale Daten deshalb, weil die beobachteten und aufgezeichneten Sachverhalte von der Forscherin bzw. dem Forscher verbalisiert werden.

Bei einem *Indexsystem* (Ingenkamp & Lissmann, 2008, S. 83–84) werden auf dem Beobachtungsinstrument zu einem Merkmal Verhaltensausprägungen aufgelistet, die im Rahmen der Beobachtung (mehrmals) auftreten können, aber nicht müssen. Außerdem können im Verlauf des Beobachtungsprozesses weitere Verhaltensmerkmale hinzukommen, sodass das Indexsystem im Vergleich zum Kategoriensystem und der Ratingskala offener ist. Die Zeiteinheiten für eine Beobachtungsphase sollen nach Ingenkamp und Lissmann kurz (bis fünf Minuten) sein. Davon abweichend haben die Autoren dieses Buches Beobachtungen, die auf Indexsystemen aufbauen, auch über einen Zeitraum von einer Unterrichtsstunde durchgeführt.

Ein Beobachtungsinstrument, das auf einem Kategoriensystem beruht, beinhaltet *Beobachtungskriterien*, die *trennscharf* sein müssen. Das heißt ein Kriterium (Beobachtungsmerkmal) muss sich von allen anderen klar inhaltlich abgrenzen, da es sonst zu unzulässigen Überschneidungen kommt und keine eindeutige Zuordnung mehr möglich ist. In weiterer Folge ist darauf zu achten, dass möglichst alle Kriterien, die einen Sachverhalt (ein Konstrukt) beschreiben sollen, erfasst werden.

Der sich daraus ergebende *Beobachtungsbogen* enthält die genau definierten Beobachtungskriterien. Die zu erhebenden Daten werden in den Beobachtungsbogen eingetragen und im Anschluss an die Beobachtung kommentiert. Abbildung 55 zeigt einen Auszug aus einem kriterienbezogenen Unterrichtsbeobachtungsbogen, der im Rahmen der Beobachtung qualitative Daten erhebt.

Raster für kollegiale Unterrichtsbeobachtung		
Beobachter/in:_____ bei:_____ Klasse:_____ Datum:_____ Seite:_____		
Vereinbartes Thema zur Beobachtung: Aktive Beteiligung der Schüler/innen am Unterricht		
Kriterien und Indikatoren (Woran merke ich, dass der Indikator erfüllt oder nicht erfüllt ist?)	Beobachtung	Kommentar
Kriterium 1: Schüler/innen beteiligten sich aktiv am Unterricht Indikator 1.1: die Unterrichtsmethoden unterstützen die Aktivität der Schüler/innen (z.B. Gruppenarbeiten; Präsentationen durch Schüler/innen) 1.2: Die Lehrkraft lädt Schüler/innen ein, ihre Interessen einzubringen, Fragen zu stellen, Inhalte zu kommentieren 1.3: Die „Redezeit" von Schüler/innen bzw. die Zeit, in der sie selbst etwas tun, ist hoch		

Abbildung 55: Auszug aus einem kriterienbezogenen Unterrichtsbeobachtungsbogen (Gutknecht-Gmeiner, 2015, S. 1)

Den vollständigen Unterrichtsbeobachtungsbogen finden Sie auf unserer Website *www.leitfaden-online.at*.

Im Sinne der *Durchführungsobjektivität* sind Angaben zur sogenannten *Zeitstichprobe* notwendig. Es wird dokumentiert, was bzw. wer, wo, wann, und wie lange beobachtet wird, z. B.: Forscher/in beobachtet jeweils am Montag, in der dritten Unterrichtsstunde im Fach Englisch an der Schule Längenfeldallee. Sitzposition der/des Forschenden: in der vorderen linken Ecke des Klassenzimmers. Häufigkeit: dreimal im Abstand von zwei Wochen. Diese Angaben sind deshalb notwendig, da das Auftreten von den zu beobachtenden Verhaltensweisen oder Ereignissen situations-, orts- und zeitabhängig ist.

Beobachtungskriterien (Kriterienkatalog) und Beobachtungsbogen zusammen minimieren zumindest eine immer im Raum stehenden Voreingenommenheit (Subjektivität der Wahrnehmung, Einfluss eigener Vorannahmen und Perspektiven) und eine natürliche, psychische Involviertheit der Forscherin/des Forschers (Interesse und Motivation am Forschungsthema, Identifikation mit dem Feld).

Als Beispiel für die exakte und trennscharfe Definition von Beobachtungskriterien für aggressives Schüler/innenverhalten wird im Folgenden ein *Kriterienkatalog* und der daraus entwickelte *Beobachtungsbogen* vorgestellt (Dann & Humpert, 2002, zitiert nach Hauser & Humpert, 2009, S. 23–24).

Beispiel für einen Kriterienkatalog

Kriterien für aggressives Schüler/innenverhalten

Beschädigung von Sachen (SACH): Der/Die Schüler/in zerstört, beschädigt, beschmutzt mit Absicht Gegenstände, macht sie funktionsuntüchtig oder mindert sie im Wert bzw. unternimmt dahingehend Versuche. Zum Beispiel etwas zerreißen, beschmieren, zerkratzen, aus dem Fenster werfen, Zerstörungsversuche ...

Physische Auseinandersetzung (PHYS): Tätlichkeiten von Schülerinnen/Schülern, die in der Absicht ausgeführt werden (auch Versuche), Mitschüler/innen zu schädigen (Schmerz zufügen oder in unangenehme Lage bringen). Zum Beispiel schlagen, umwerfen, zwicken, festhalten ...

Besitzergreifen von Sachen (BESI): Schüler/in nimmt einer Mitschülerin/einem Mitschüler einen Gegenstand weg (bzw. beansprucht dessen Freiraum) oder unternimmt einen entsprechenden Versuch. Zum Beispiel Arbeitsblätter der ganzen Gruppe für sich beanspruchen, einen Auftrag der Lehrerin/des Lehrers an Mitschüler/innen übernehmen, auch: heimlich wegnehmen ...

Drohen und Erpressen (DROS): Schüler/in stellt Mitschüler/in Strafe bzw. unangenehme Folgen in Aussicht. Mögliche Auftretensformen: nur negative Ankündigung, Ankündigung und bestimmte Forderungen; offen bleibende Folgen, rein nonverbal (Gebärden). Zum Beispiel Faust oder einen Gegenstand erheben, „Gib mir ..., sonst kriegst du in der Pause Schläge".

Ablehnung, Geringschätzung (ABLE): Im Allgemeinen Verhalten ohne Worte, das eine negative Einstellung einer Schülerin/eines Schülers (einer Gruppe, der Klasse) gegenüber einem/einer Mitschüler/in ausdrückt. Zum Beispiel abrücken, in Gegenwart der Mitschülerin/des Mitschülers eine Ausdrucksweise des Ekels oder der Verachtung zeigen, Gruppe lässt durch Zusammenrücken Mitschüler/innen nicht dazu ...

Verweigerung (WEIG): Auf eine neutrale oder positive Zuwendung einer Mitschülerin/eines Mitschülers bzw. einer Lehrerin/eines Lehrers (Hilfe anbieten oder erbitten) reagiert der/die Schüler/in mit „nein" (feindselig, passiv, resignativ). Zum Beispiel schmollen, mauern, auf Hilflosigkeit beharren, „Machen Sie es doch selbst!"

Sonstige aggressive Schüler/innenhandlungen (REST): Dazu gehören alle jene Verhaltensweisen von Schülerinnen/Schülern, die nicht unter die Kategorien 1–7 fallen, aber Aggressionskriterien erfüllen und störend sind, sodass sich die Lehrperson zu einer spezifischen Maßnahme genötigt sieht.

Beispiel für einen daraus abgeleiteten Beobachtungsbogen
Ort: Schule X
Datum: 25. Okt. 2014
Beginn des Beobachtungszeitraums: 8.00 Uhr
Ende des Beobachtungszeitraums: 8.50 Uhr
Beobachtete Person(-en): Schüler N.N.

Kriterium	m/w	Art der Aggression	Häufigkeit	Anmerkungen
SACH*	m	beschmiert Tisch versucht Sitznachbarn eine Seite des Heftes herauszureißen	II I	während LP* an der Tafel schreibt
PHYS*		rempelt seinen Sitznachbarn mit dem Ellbogen	IIII	während LP am Pult Hefte korrigiert
BESI*		nimmt seinem Sitznachbarn das Federpennal weg	I	während LP an der Tafel schreibt
DROS*		bedroht seine vor ihm sitzende Mitschülerin verbal	II	obwohl er annehmen muss, dass LP die Bedrohung hört
ABLE*	–	–	-	–
WEIG*		reagiert negativ auf die Ermahnung der LP	III	LP fordert S* mehrmals auf, die störenden Aktivitäten zu unterlassen
REST*	–	–	–	–

* LP ... Lehrperson
* S ... Schüler/in
* SACH ... Beschädigung von Sachen
* PHYS ... Physische Auseinandersetzung
* BESI ... Besitzergreifen von Sachen
* DROS ... Drohen und Erpressen
* ABLE ... Ablehnung, Geringschätzung
* WEIG ... Verweigerung
* REST ... Sonstige aggressive Schülerhandlungen

Dimension: Partizipationsgrad

Die Dimension „Partizipationsgrad" bezieht sich auf die Rolle der Forscherin bzw. des Forschers während der Beobachtung, d. h. es geht um den Grad der Involviertheit der Forscherin/des Forschers in die zu beobachtenden Handlungsabläufe und damit u. a. auch um die Frage der Nähe bzw. Distanz der Beobachterin/des Beobachters zu den *im Feld* agierenden und zu beobachtenden Personen. Die Begrifflichkeiten in diesem Zusammenhang sind nicht einheitlich. Ingenkamp und Lissman (2008, S. 79) unterscheiden zwischen einer *teilnehmenden* und *nicht teilnehmenden* Beobachtung, Atteslander (2010, S. 92) differenziert zwischen einer *aktiven* und *passiven* Beobachtung, Lamek und Krell (2016, S. 529) diskutieren diese Dimension mit der Unterscheidung „aktiv und passiv teilnehmender Beobachter", und Thierbach und Petschick (2019. S. 1167) wiederum sprechen vom Einnehmen bzw. Nichteinnehmen einer sozialen Rolle.

Sind die Beobachter/innen unmittelbar in das soziale Geschehen involviert, indem sie eine bestimmte soziale Rolle unter den zu beobachtenden Personen einnehmen, werden sie selbst Teil des zu beobachtenden Geschehens: Eine Lehrerin beobachtet in ihrem Unterricht im Rahmen eines Aktionsforschungsprojekts das Arbeitsverhalten von leistungsstarken Schülerinnen in Gruppenarbeiten. Ein Studierender untersucht im Rahmen seiner Bacherlor-/Masterarbeit das Diskussionsverhalten von Schülerinnen und Schülern bei politisch kontroversen Themen. Er moderiert und beobachtet die Diskussionsrunde gleichzeitig.

Das Beobachten während dem gleichzeitigen Einnehmen einer aktiven Rolle im Handlungsablauf ist für die Forscherin/den Forscher eine große Herausforderung: zum einen, weil sie/er möglichst unvoreingenommen die übertragene bzw. übernommene soziale Rolle einnehmen muss und zum anderen, weil sie/er gleichzeitig ihre/seine Aufgaben als Forscher/in (Erhebung der Daten) zu erfüllen hat, um in der Folge die Ergebnisse (objektiv) reflektieren und daraus die entsprechenden Erkenntnisse ableiten zu können.

Nimmt der/die Beobachter/in selbst keine soziale Rolle ein – keine Beteiligung an den zu beobachtenden Handlungsabläufen und somit auch kein unmittelbares Eingreifen – beobachtet sie/er gleichsam von außen her das sie/ihn interessierende soziale Geschehen. Die/Der Forscher/in konzentriert sich ganz auf ihre/seine Rolle als Beobachter/in. Dadurch soll es zu einem objektiveren Ergebnis kommen. Allerdings wird es schwieriger, das jeweilige Sozialverhalten der zu Beobachtenden in seinen größeren Zusammenhängen zu verstehen und zu erfassen.

Die Dimension „Partizipationsgrad" ist nicht als dichotome Ausprägung zu verstehen, sie tritt „in differenziert-nuancierten Formen auf, … [als] Ausprägungen auf einem Kontinuum zwischen den jeweiligen Polen. Zwischen teilnehmender und nicht teilnehmender Beobachtung sind verschiedene Grade der Partizipation des Beobachters im sozialen Feld denkbar" (Lamnek & Krell, 2016, S. 529). Die oben genannte Lehrperson, die im Rahmen ihres Aktionsforschungsprojekts das Arbeitsverhalten von leistungsstarken Schülerinnen in Gruppenarbeiten beobachtet, wird die Gruppenarbeit in bestimmten Phasen aktiv begleiten, in anderen Phasen aus der Distanz beobachten.

Sowohl das Einnehmen als auch das Nichteinnehmen einer sozialen Rolle kann den Forschungsprozess ungewollt beeinflussen. Die Herausforderung für den/die Wissenschaftler/in liegt im Finden eines situationsadäquaten Umgangs mit Nähe und Distanz zum Forschungsfeld und zieht sich durch alle Phasen des Forschungsprozesses: von der ersten Kontaktaufnahme mit den Personen im Feld, über den Einstieg, über die Rolle der Forschenden/des Forschenden, bis zur Erhebung und Auswertung der erhobenen Daten. Die/Der Beobachter/in befindet sich also permanent in einem gewissen Dilemma – einerseits soll sie/er ihren/seinen wissenschaftlichen Aufgaben nachkommen, andererseits eine bestimmte Beziehung zum zu beforschenden Feld aufbauen (Lüders, 2017, S. 386).

> Die Rolle von qualitativen ForscherInnen als BeobachterInnen ist von einem Balanceakt geprägt: Auf der einen Seite gilt es, systematisch in einer Position der Fremdheit ... zu bleiben. Gleichzeitig ist es nötig, selbst Teil des Systems zu werden („going native"), als grundlegende Voraussetzung des Verständnisses der sozialen Situation. (Zepke, 2016, S. 48)

Beim Einsatz der wissenschaftlichen Methode der Beobachtung wird die Herausforderung, die *Gütekriterien* für wissenschaftliches Arbeiten (Objektivität, Validität, Reliabilität) einzuhalten, deutlich. Zwei Beobachter/innen sollen unabhängig voneinander zum gleichen Ergebnis kommen, wenn sie die gleiche Unterrichtssituation beobachten (Objektivität). Das unterschiedliche Vorwissen (z. B. Was ist aus theoretischer Sicht unter „gutem" Unterricht zu verstehen?) und die verschiedenen Erfahrungswelten (z. B. Lehrperson mit 15 Jahren Berufserfahrung versus Berufseinsteiger/in) bewirken, dass diese beiden Personen ein und dieselbe Situation mitunter unterschiedlich bewerten und daher auch verschieden einschätzen. Wir können nur das angemessen beobachten, was wir in unsere Erfahrungswelt einordnen können. Ist einer Beobachterin bzw. einem Beobachter ein soziales System wenig vertraut, kennt sie/er beispielsweise die Normen und Werte einer Gruppe unzureichend, wodurch beobachtungsspezifische Verzerrungen vorprogrammiert sind.

Die Ergebnisse aus einer wissenschaftlichen Beobachtung können durch die *kommunikative Validierung* objektiviert werden. Darunter ist ein Vorgang zu verstehen, bei dem die Beobachtungsdaten einer Erhebung und/oder die Ergebnisse (Datenanalyse/-interpretation) den Beforschten vorgelegt werden, um diese hinsichtlich ihrer Gültigkeit (Validität) zu überprüfen (Steinke, 2017, S. 320; siehe auch Kapitel 3.5). Dadurch lassen sich für die Interpretation der erhobenen Daten wichtige Erkenntnisse ableiten.

Dimension Offenheit
Eine weitere Dimension von Beobachtung ergibt sich aus der Gegebenheit, wie *offen* oder *verdeckt* eine Beobachtung konzipiert ist (Atteslander, 2010, S. 90–92).

Bei der *offenen Beobachtung* wissen alle Beteiligten um die Person der Beobachterin/des Beobachters und zumindest eingeschränkt um die Ziele des Forschungsvorhabens Bescheid. Im Zuge der Vorbereitung ist gut zu überlegen, wie sich der/die Forscher/in dem Feld vorstellt und was sie/er vom Forschungsvorhaben preisgibt. Anfängliches Misstrauen der Beobachteten sowie eventuelle Verhaltensänderungen (Reaktivität) verschwinden in der Regel im Laufe des Beobachtungszeitraumes. Bei einer *offenen Beobachtung* können die Beobachter/innen im Feld offen auftreten und verfügen daher über einen größeren Handlungsspielraum.

Bei der *verdeckten Beobachtung* weiß die Zielgruppe hingegen nicht, dass sie beobachtet wird. Sinnvoll ist ein solches Vorgehen dann, wenn vermutet werden kann, dass sich die zu beobachtenden Personen durch die Beobachtung anders verhalten werden und/oder wenn durch die Offenlegung die Durchführung der Beobachtung verunmöglicht wird (z. B. wenn gesellschaftlich nicht akzeptiertes Verhalten beobachtet wird oder die Beobachtung in einem schwer zugänglichen Milieu stattfindet). Zu bedenken ist im Zusammenhang mit einer *verdeckten Beobachtung*, dass das Einverständnis der Beobachteten nicht eingeholt wird, wodurch das *ethische Prinzip* „Offenheit" verletzt wird (siehe dazu Kapitel 3.7).

Beispiel: Beobachtung von Präsentationskompetenz
Im folgenden Beispiel wird der Ablauf einer wissenschaftlichen Beobachtung im Rahmen des Forschungsprojekts „Sprachfit – Radiofit" der Arbeiterkammer Tirol und der Pädagogischen Hochschule Tirol aufgezeigt. Unter anderem wurde das Konstrukt „*Kommunikationskompetenz*" der Lehrlinge im Bereich „Präsentation eines selbstgewählten Themas vor einer Gruppe" erhoben (Resinger & Brunner, 2009, S. 17–19). Zur Messung der „Präsentationskompetenz" wurde eine strukturierte, offene und passive Herangehensweise gewählt. Der Beobachtungsbogen umfasste sechs Kategorien:

- Kreativität (ein Item)
- Vermittlungskompetenz (drei Items)
- Gestik/Mimik (ein Item)
- Stimme (zwei Items)
- Sprachlicher Ausdruck (zwei Items)
- Blickkontakt (ein Item).

Die einzelnen Items wurden auf einer sechsteiligen, verbal verankerten, bipolaren Ratingskala bewertet (die konträren Pole sind jeweils mit Eigenschaften beschrieben; siehe Abbildung 56):

		3	2	1	-1	-2	-3	
Kreativität	ideenreich							eher einfallslos
Vermittlungs- kompetenz	sicher							unsicher
	spricht frei							hängt am Konzept
	glaubwürdig							unglaubwürdig
Gestik (Mimik)	lebendig							statisch
Stimme	abwechslungsreich							monoton
	angemessen							zu leise
Sprachlicher Ausdruck	deutlich							undeutlich
	gehobene Umgangssprache							dialektgefärbt
Blickkontakt	zum Publikum hergestellt							zum Publikum nicht hergestellt

Abbildung 56: Beobachtungsbogen zur Messung von Präsentationskompetenz
(Resinger & Brunner, 2009, S. 106)

Die Erhebung der Präsentationskompetenz erfolgte in *drei Schritten*. In der *ersten* Erhebungsphase wurden die *einzelnen Präsentationen* vor Ort von zwei Beobachtern unabhängig voneinander *bewertet*. Eine *Videoaufzeichnung* ermöglichte die Wiederholung der Beobachtung in der *zweiten* Phase. Durch die erneute und unabhängig voneinander durchgeführte „Beobachtung" wurde die subjektive Einschätzung verfeinert. In der *dritten* Phase erfolgte eine *Investigator-Triangulation*, in deren Verlauf eine Gesamteinschätzung getroffen wurde.

Die einzelnen Werte (Punkte) der zum Konstrukt gehörenden Items wurden im Anschluss in einer neuen fünfteiligen Ratingskala von „sehr geringe Kompetenz" bis „sehr hohe Kompetenz" zusammengefasst (siehe Tabelle 9).

Sehr hohe Kompetenz	Hohe Kompetenz	Durchschnittliche Kompetenz	Geringe Kompetenz	Sehr geringe Kompetenz
30 bis 24 Punkte	23 bis 9 Punkte	8 bis −8 Punkte	−9 bis −23 Punkte	−24 bis −30 Punkte

Tabelle 9: Fünfteilige Ratingskala zum Konstrukt „Präsentationskompetenz"
(Resinger & Brunner, 2009, S. 18)

Weitere schuladäquate Anwendungsvorschläge (Beobachtungsmethoden) können z. B. in Schratz et al. (2002), Kempfert und Rolff (2002) und Kempfert und Ludwig (2014) nachgelesen werden. Ausgewählte Beobachtungsinstrumente finden Sie außerdem auf unserer Website *www.leitfaden-online.at*.

7.6.2 Lernseits forschen

In den letzten zehn Jahren rückten in pädagogischen Forschungsprojekten die *Lernprozesse* von Schülerinnen und Schülern stärker in den Fokus. Lernende haben individuelle kognitive und emotionale Lernvoraussetzungen und bringen ihre vielfältigen Lernerfahrungen sowie ihr unterschiedliches Vorwissen, das ihnen bewusst ist oder auch noch im Vorbewussten ruht, in den Unterricht mit ein. Sie haben verschiedene Lernpräferenzen, Erwartungen, Wünsche und Ziele. Daher ist die Vorstellung „Schüler/innen dort abzuholen, wo sie gerade stehen" gut gemeint, aber in der Unterrichtsrealität kaum zu verwirklichen (Schratz & Westfall-Greiter, 2010, S. 20).

Lehrpersonen können nicht wissen, wo Lernende aus biographischer, psychologischer, emotionaler oder kognitiver Sicht stehen, dafür sind die Informationen, die sie von ihren Schülerinnen und Schülern haben, viel zu pauschal und unpräzise. *Lernen* ist etwas *höchst Persönliches* und *Individuelles* und lässt sich daher nicht im Sinne eines vorher geplanten Schemas konzipieren und in der Folge im Unterrichtsgeschehen „wie geplant" initiieren.

„*Lernseits forschen*" bedeutet, einen Perspektivenwechsel zu vollziehen. Im Unterschied zur traditionellen Praxis der Unterrichtsbeobachtung, nämlich zu beobachten, wie die Lehrperson im Unterricht pädagogisch handelt (Lernen wird „im Modus des Lehrens" gedacht) wird im *lernseitigen Forschen* das besondere Augenmerk auf die individuellen Lernprozesse der Schülerinnen und Schüler gelegt (auf das, was die Lernenden erfahren). Der komplexe Prozess des Lernens in all seinen Facetten wird also nicht einseitig aus der Sicht der Lehrenden betrachtet, sondern es wird beobachtet, wie sich Lernen bei den Schülerinnen und

Schülern zeigt, es wird versucht, sich in die Rolle der Lernenden hineinzuversetzen, es wird beobachtet, wie sich Lehrpersonen auf das Lernen der Schülerinnen und Schüler einlassen.

See the learning through the eyes of the learner! Dass Lehren und Lernen in ihrer wechselseitigen Beziehung und Interdependenz stärker in den Mittelpunkt der Forschung tritt, ist auch auf die Ergebnisse der groß angelegten Metastudie „Visible Learning" von John Hattie zurückzuführen, in der der neuseeländische Bildungsforscher nachweist, dass schulisches Lernen dann besonders erfolgreich ist, wenn Lernen (und Lehren) sichtbar gemacht werden.

Methodische Herangehensweise

Dem Konzept des „*Lernseits Forschen*" folgend, steht der *individuelle Lernprozess* im Fokus des Interesses. Systematische Beobachtungen von einzelnen Schülerinnen und Schülern in längeren Beobachtungszeiträumen werden ausführlich dokumentiert und im Anschluss z. B. in Teams von Lehrpersonen im Sinne einer kollegialen Beratung diskutiert. Ziel ist es, schulische Erfahrungsmomente genauer und tiefschürfender zu erfassen und dadurch besser in ihrer Individualität und Komplexität zu verstehen. Dadurch wird es möglich, individualisiertere, differenziertere und (im besten Fall) auch personalisiertere Lernszenarien zu entwickeln.

Forschungsmethodologisch gibt es unterschiedliche Zugänge. Eine methodische Herangehensweise lässt sich in der Phänomenologischen Erziehungswissenschaft verorten, nämlich die *teilnehmende Erfahrung*. Das Beobachtete bzw. Miterfahrene wird in sogenannten Vignetten festgehalten.

> Sie illustrieren Höhen und Tiefen, Überraschendes, Prägendes, Feinheiten und Nuancen und veranschaulichen Momente, in denen Lernen sich verkörpert. Sie gleichen Schnappschüssen, die dynamisches Handeln von Personen in konkreten Situationen herausnehmen und im Festhalten fixieren. Erst im Benennen rückt das Erfahrene als Gegenstand der (wissenschaftlichen) Betrachtung ins Licht, aber auch Unbekanntes und Überraschendes geraten dadurch in den Blick. (Schratz et al., 2012, S. 35)

Im Fokus stehen die (Mit-)Erfahrungen im Lernprozess und nicht die Lernergebnisse: „Das Erfahrene kann die Bilder, die wir uns von Schülerinnen und Schülern oder Situationen machen, umwandeln. Sie [die Vignette] macht dies sichtbar, hörbar und artikulierbar" (S. 35).

Einen anderen methodischen Zugang stellen sogenannte Schüler/innenportraits dar. Dem Erstellen einer *Fallskizze einer Schülerin/eines Schülers* (Portrait) liegt ein *deskriptiv-reflexives Verfahren* zugrunde. Bei dieser Herangehensweise wird die/der in ihrem/seinem Lernverhalten zu beschreibende Schülerin/Schüler in unterschiedlichen Lernsituationen beobachtet (strukturierte Beobachtung, die forschende Person nimmt keine soziale Rolle ein). Es bietet sich in weiterer Folge an, die/den Lernende/n auch im eigenen Unterricht gezielt zu beobachten. Der Beobachtungszeitraum beträgt zwei bis drei Schultage und erstreckt sich auf zahlreiche, unterschiedliche soziale Situationen. Dieser Phase folgt – idealtypisch – ein strukturiertes Gespräch mit der/dem Lernenden zu ausgewählten Aspekten des beobachteten

(Lern-)Verhaltens. Aus den Daten entsteht schließlich ein *Textportrait*, ein Portrait von einer lernenden Schülerin/einem lernenden Schüler.

An dieser Stelle folgt ein Beispiel für die *zusammenfassende Dokumentation*, die sich einerseits durch *Beobachtungen* und andererseits durch ein *Gespräch* mit dem Schüler speist. Die Dokumentation ist nicht vollständig, sie dient hier der exemplarischen Veranschaulichung.

Ort: Gymnasium „Winkel in der Au" (fiktiver Name)
Lernender: Sebastian (fiktiver Name)
Alter: 11 Jahre
Beobachtungszeitraum: 13.–15. Mai 2019
Beobachter: Hans Maier-Müller (fiktiver Name)
Gespräch mit dem Lernenden: 20. Mai 2019

Was?	Zusammenfassende Dokumentation und eine erste Bewertung
Stimme Ausdrucksweise	Im Unterricht spricht Sebastian sehr leise (trotz mehrmaliger Aufforderung, lauter zu sprechen). Was er sagt, ist für die Lehrpersonen und Mitschüler/innen zum Teil schwer verständlich.
Mimik Gestik	Besonders auffallend ist, dass Sebastian in der Kommunikation mit verschiedenen Personen, seine Gefühle/Stimmung kaum durch eine entsprechende Mimik oder durch dazu passende Gesten zeigt.
Körperhaltung Temperament	Bei Schreibarbeiten zeigt er eine ungünstige Körperhaltung (Gesicht zu nahe an der Schreibunterlage, ein Arm auf den Oberschenkel gestützt). Er ist außerordentlich ruhig, introvertiert, kontaktarm und vermittelt das Gefühl von Unsicherheit.
Lernverhalten allgemein	Sebastian hat sich im Beobachtungszeitraum kein einziges Mal gemeldet, wirkt demotiviert. Im Gespräch sagte er, dass er nicht gerne zur Schule gehe, ohne dafür eine konkrete Begründung anzugeben.
Lernverhalten im Fach Mathematik	Besonders in Mathematik (hier beim Bruchrechnen) hat Sebastian verschiedene Probleme (Regeln für das Rechnen mit Brüchen. Vergisst die Bildung des Kehrwertes bei der Division). Sebastian zeigt immer dann gewisse Defizite, wenn analytisch-logisches Denken gefordert ist. Nach der Aufforderung, den Lösungsweg im Lehrer-Schüler-Gespräch zu verbalisieren wird offensichtlich, dass beim Üben bzw. Anwenden von bekannten mathematischen Inhalten überwiegend eine Lösung durch Versuch und Irrtum gesucht wird. Im Gespräch erzählt Sebastian, dass er „bildhafte Erklärungen ganz gut findet".
Reaktionen bei Frustration	Wenn ihm eine Arbeit misslingt, kapselt er sich ab. Einmal wurde er von einer Lehrerin im Unterricht darauf angesprochen. Sebastian war nicht fähig, den Grund für seine Frustration zu verbalisieren.

Aufbau und Aufrechterhalten von Beziehungen (Gleichaltrige Lehrpersonen, Eltern)	Bei einer Partnerarbeit wollte zunächst niemand mit ihm zusammenarbeiten. Es scheint, dass er in der Klasse kaum integriert ist. Sebastian hat Schwierigkeiten sowohl mit Gleichaltrigen als auch mit Lehrpersonen Kontakte aufzubauen bzw. aufrechtzuerhalten. Im Gespräch bezeichnet er Wolfgang als besten Klassenkameraden, mit dem er in der Pause oft zusammen sei (im Beobachtungszeitraum wurde eine längere Interaktion mit Wolfgang nur einmal wahrgenommen).
	Sebastian ist ein Einzelkind. Im Gespräch zeigte sich, dass Sebastian nicht gerne über sein Verhältnis zu seinen Eltern spricht, weshalb nicht weiter nachgefragt wurde.
Konfliktmanagement	Versucht Konflikten aus dem Weg zu gehen und verschließt sich schnell. Im Werkunterricht wurde seine Arbeit von einer Mitschülerin kritisiert. Er legte das Werkzeug auf den Tisch, rückte mit dem Stuhl 1 m zurück und verschränkte die Arme.
Präferenzen, Interessen	Zeigt hohes Interesse für Spiele am PC. Verbringt laut Angaben in seiner Freizeit täglich bis zu vier Stunden bei diversen Spielen am PC. Dabei spielt er vorwiegend World of Warcraft.

Diese Dokumentation mündet (unter Einbeziehung weiterer Daten) in eine umfassende Fallskizze. Bei der Interpretation und Analyse ist zu berücksichtigen, dass das Schüler/innenverhalten von unterschiedlichen Faktoren beeinflusst wird, die sich gegenseitig bedingen wie z. B. Tagesverfassung der/des zu beobachtenden Lernenden und der Lehrperson(en), das Unterrichtsthema, die verwendeten Unterrichtsmaterialien und -technologien, die Mitschüler/innen, der Raum und die Zeit, in dem die Lernprozesse stattfinden. Ziel ist es, die bedeutsamen Einflussfaktoren zu identifizieren und sich derer bewusst zu werden. Beschreibende Feststellungen, wie: „Der Schüler ist besonders in Mathematik demotiviert und hat Probleme mit Aufgabenstellungen, die analytisch-logisches Denken erfordern", sind im Anschluss – unter Zuhilfenahme von Literatur – tiefergehend zu analysieren:

- Was versteht die Lehrperson unter „Demotivation", was steht in der Literatur zum Thema Lernmotive und Lernmotivation?
- Wie zeigt sich „Demotivation" im Verhalten des betreffenden Schülers?
- Wie sind die Aufgabenstellungen formuliert? Treffen Sie z. B. die Lebenswelt der Lernenden?
- Was bedeutet „analytisch-logisches Denken" und wie zeigt sich dieses?

Im diskursiven Austausch mit allen Beteiligten (Lehrpersonen, Erziehungsberechtigte, Schulleitung, Schulpsychologie, …) führt die intensive Auseinandersetzung mit dem Schüler Sebastian zu einem personalisierten Förderangebot. Darüber hinaus soll erreicht werden, dass das Verständnis der Lehrperson zum Lernen im Kontext von Schule und Unterricht tiefgründiger reflektiert wird. Der/Die Lehrer/in als Forscher/in formuliert schließlich Schlussfolgerungen für die Weiterentwicklung der eigenen Unterrichtsarbeit.

7.7 Inhaltsanalyse

7.7.1 Gegenstand inhaltsanalytischer Verfahren

Die wissenschaftliche Methode der *Inhaltsanalyse* (z. B. Atteslander, 2010, S. 195–224; Lamnek & Krell, 2016, S. 447–514) wird eingesetzt, um Kommunikationsinhalte zu untersuchen. Je nach Forschungsansatz und -gegenstand variiert die textanalytische Herangehensweise und bestimmte Aspekte wie z. B. die Quellen- bzw. Textcharakteristik (spezifischer Sprachgebrauch) sind verschieden stark im Fokus der Analyse. Gegenstand der *Inhaltsanalyse* sind alle Kommunikationsinhalte, die in irgendeiner Form festgehalten werden. Neben *schriftlichen Texten* wie Zeitungsartikeln, Internetmaterialien, Akten, Verträgen, Diplomen, Urkunden oder Schüler/innenarbeiten können dies beispielsweise auch Fotos, Zeichnungen, (Kunst-) Bilder, Grafiken, Tabellen, Ton- und Videoaufzeichnungen oder Graffitiwerke etc. sein. Interviewtranskripte, offene Fragen aus einer Fragebogenerhebung und Beobachtungsprotokolle werden ebenfalls mit inhaltsanalytischen Techniken bearbeitet. Ziel ist es, den transportierten Inhalt, die Botschaft, die das Untersuchungsmaterial direkt und indirekt kommuniziert, zu erfassen und dadurch auf die soziale Wirklichkeit zu schließen.

Eine Herausforderung besteht darin, „von Merkmalen eines manifesten Textes auf Merkmale eines nicht manifesten Kontextes" (Merten, 1995, S. 59) zu schließen. Bei der Analyse von z. B. Interviews bedeutet dies, zu analysieren, was hinter Aussagen steckt, was zwischen den Zeilen steht, was sich nicht direkt aus dem Text bzw. der Quelle erschließen lässt. Welche Wirkung soll mit einer Aussage erreicht werden? Ist eine Aussage ironisch, zynisch, sarkastisch gemeint? Welche Bedeutung hat die Verwendung eines Begriffs in einer bestimmten gesellschaftlichen Gruppe (linguistischer Kontext)? In welchen sozialen Kontext ist die getätigte Aussage einzubetten (verhaltensorientierter Kontext)? Aus welcher Situation heraus wurde eine Aussage getätigt (situativer Kontext)? Sobald sich die Analyse auf die exemplarischen Fragen erstreckt, führt dies zu einer Interpretation, die sich nicht mehr direkt aus dem Text erschließt.

Zur Erschließung dieser sogenannten *latenten* Inhalte sind u. a. folgende Fragen bedeutsam:

- Wer ist Urheber/in der Quelle?
- Wann wurde die Quelle erstellt?
- Welche Zielgruppe wurde anvisiert?
- Welchen formellen/informellen Zweck erfüllt die Quelle?
- In welchem (breiteren) Kontext ist die Quelle entstanden? Etc.

Beim Analysieren einer Quelle genügt es nicht, wie im folgenden Beispiel verdeutlicht, nur den manifesten Inhalt zu beschreiben und daraus Schlussfolgerungen zu ziehen.

Beispiel für eine ausschließlich deskriptive Auswertung von Stundenplänen mit Schlussfolgerungen

- Geschichte und Sozialkunde sind immer in den Randstunden. *Unzulässige Schlussfolgerung:* Unwichtiges Fach.
- Englisch wird in drei Fällen einmal in der Woche als Doppelstunde angeboten. *Unzulässige Schlussfolgerung:* Die Doppelstunde wird zur Öffnung des Unterrichts genutzt (z. B. zur Freiarbeit).
- Deutsch wird immer in der ersten oder zweiten Stunde unterrichtet. *Unzulässige Schlussfolgerung:* Deutsch hat einen hohen Stellenwert.

In diesem Beispiel wird deutlich, dass die *manifesten Inhalte* (z. B. Geschichte und Sozialkunde sind immer in den Randstunden) für eine Analyse nicht ausreichen. Es gilt u. a. zu klären, auf Basis welcher Rahmenbedingungen und Vorgaben die einzelnen Stundentafeln erstellt wurden. So könnte es sein, dass die Geschichtelehrerin an zwei Schulen unterrichtet und daher nur in der fünften und sechsten Stunde an der betreffenden Schule unterrichten kann etc.

In der Schule gibt es eine Vielzahl von Dokumenten und Materialien, deren Analyse für wissenschaftliche Zwecke sehr ergiebig sein kann:

- Schüler/innenarbeiten (Tests, Schularbeiten, Leistungsportfolios, Hausaufgaben etc.) – Mögliche Fragestellungen: Wie werden Arbeiten korrigiert? Gibt es gemeinsame Richtlinien oder individuelle Schwerpunktsetzungen? Werden die Aufgaben im Sinne des Schulunterrichtsgesetzes gestellt?
- Stundenpläne, Supplierpläne – Mögliche Fragestellungen: Wie viel Unterrichtszeit wird suppliert? Wie viel davon wird fachsuppliert?
- Klassenbücher – Mögliche Fragestellung: Gibt es eine Tendenz bei den Fehlstunden von Schülerinnen und Schülern hin zu bestimmten Fächern?
- Jahresplanungen – Mögliche Fragestellung: Wie werden die Lehrplanvorgaben in schriftlichen Jahresplanungen umgesetzt?
- Schulprofile, Schulprogramme, Schulchroniken, Jahrbücher etc. – Mögliche Fragestellung: Wie präsentieren sich Schulen einer Region in der Öffentlichkeit? Welche Schwerpunktsetzungen haben sie, wie grenzen sie sich voneinander ab?

7.7.2 Verfahren der Qualitativen Inhaltsanalyse

Das Grundkonzept der *Qualitativen Inhaltsanalyse* besteht darin, dass Quellen systematisch analysiert werden, „indem das Material schrittweise mit theoriegeleitet am Material entwickelten Kategoriensystemen bearbeitet" (Mayring, 2016, S. 114) wird. Die von Mayring (2015, S. 62–65; Mayring & Fenzl, 2019, S. 637–641) entwickelte Technik wird im folgenden allgemeinen Ablaufmodell dargestellt:

- „Bestimmung des Ausgangsmaterials": Welche Quellen sind repräsentativ und werden in welchem Umfang (ökonomische Erwägungen: z. B. nur relevante Interviewpassagen) analysiert?

- „Analyse der Entstehungssituation" der Quelle (siehe oben) und „Formale Charakterisierung des Materials": In welcher Form liegt das Material vor? (z. B. digitale Fotos, die von Schülerinnen und Schülern im Rahmen einer Fotoevaluation gemacht und schriftlich kommentiert wurden)

- Die folgenden beiden Punkte ergeben sich aus der präzisen, (theoretisch) begründeten Forschungsfrage der Bachelor-/Masterarbeit:
  – „Richtung der Analyse": Worauf liegt der Interpretationsfokus? z. B. auf dem manifesten und/oder latenten Inhalt, auf dem emotionalen Zustand des Senders und/oder der Wirkung auf die Zielgruppe.
  – „Theoriegeleitete Differenzierung der Fragestellung": Nach welchen theoriegeleiteten Fragestellungen wird die Quelle untersucht? Welche Anbindungen gibt es zu bestehenden Theorien zum Gegenstandsbereich?

- „Bestimmung der Analysetechnik(en)":
  – Zusammenfassung: Ziel ist eine Abstraktion des Materials in dem Maße, dass die wesentlichen Inhalte erhalten bleiben und zur Beschreibung und Erklärung der Einzelfälle dienen. Zunächst werden die inhaltstragenden Textstellen paraphrasiert. Die abstrakten Paraphrasen werden im Anschluss generalisiert und schließlich noch einmal reduziert, indem sie in Kategorien zusammengefasst werden (*induktives Verfahren*). Die ersten beiden Schritte (Paraphrasierung und Generalisierung) können übersprungen werden, wenn ein Selektionskriterium definiert wird, das festlegt, über welche Aspekte Kategorien formuliert werden (z. B. die Themenbereiche der Befragung bzw. des Untersuchungsgegenstands – „deduktive Themengebiete"). Nach dem ersten Durchgang der Kategorienbildung werden die Kategorien überarbeitet, zusammengefasst und reduziert – ein *Kategoriensystem* entsteht – und in einer weiteren Durchlaufphase auf ein höheres, generalisierendes Abstraktionsniveau gebracht (für eine ausführliche Beschreibung dieser Analysetechnik siehe Kapitel 8).
  – Explikation: Ziel ist die Klärung unverständlicher oder diskrepanter (Text-)Stellen. Dazu wird Material – entweder aus benachbarten (Text-)Abschnitten (*enge Explikation*) oder aus zusätzlichen Quellen (*weite Explikation*) – herangetragen, sodass die unverständliche oder diskrepante (Text-)Stelle erläutert, erklärt, interpretiert werden kann und somit das Verständnis erweitert wird. Eine unverständliche Textstelle kann z. B. eine Interviewpassage sein, in der sich der/die Befragte durch die Verwendung von Fachbegriffen, ungebräuchlichen bzw. unbekannten Vokabeln oder einem mehrdeutigen Satzbau unverständlich ausdrückt. Die Erläuterung dieser Passage erfolgt durch das Heranziehen anderer Textstellen im Interviewtranskript (*enge Explikation*) oder durch zusätzliche Quellen wie z. B. die Gesprächsnotizen zum Interview (siehe Kapitel 7.3) oder einem Lexikon.
  – Strukturierung: Ziel ist es, mittels *vorher* festgelegter Ordnungskriterien (Kategorien) bestimmte Strukturen aus dem Material herauszufiltern. Diese können sich u. a. auf prägnante Merkmale (typisierende Strukturierung) und/oder auf spezifische Inhalte (inhaltliche Strukturierung) beziehen. Bei diesem *deduktiven Verfahren* werden die Kategorien vorab theoriegeleitet entwickelt, d. h. aus Literatur und/oder durchgeführten Studien abgeleitet. Das *Kategoriensystem* (als Zusammenstellung aller

Kategorien) bildet den Kern der Analyse. Der *Kodierleitfaden* definiert jede Kategorie und erläutert mit Kodierregeln, wie diese in ihrer jeweiligen Ausprägung zu kodieren sind (für eine ausführliche Beschreibung dieser Analysetechnik siehe Kapitel 8).

- Definition der Analyseeinheit: In diesem Schritt wird genauer festgelegt, welche Maßeinheiten des Materials zum Gegenstand der Analyse gemacht werden sollen. Die *Kodiereinheit* legt den kleinstmöglichen Material- bzw. Textbestandteil fest, der unter eine Kategorie fallen kann (bei Interviewtranskripten i. d. R. mehrere Wörter mit Sinnzusammenhang oder ganze Sätze), die *Kontexteinheit* legt den größtmöglichen Material- bzw. Textbestandteil fest, der unter eine Kategorie fallen kann (bei Interviewtranskripten i. d. R. die gesamte Antwort zu einer Interviewfrage oder der gesamte Antworttext zu einem themenspezifischen Teil), und die *Auswertungseinheit* legt fest, welcher Material- bzw. Textbestandteil in welcher Reihenfolge ausgewertet wird.

- Analyse des Materials und Interpretation der Ergebnisse in Richtung der Forschungsfrage(n).

Zur Veranschaulichung des induktiven und deduktiven Verfahrens (auch eine Kombination aus beiden Ablaufverfahren ist möglich) dient folgendes – vereinfacht dargestelltes – Beispiel:

Nehmen wir an, dass ein/e Forscher/in an fünf Mittelschulen alle Schulkonferenzprotokolle aus einem Schuljahr analysiert, um Entscheidungsfindungsprozesse im Kollegium nachzuzeichnen. Nehmen wir des Weiteren an, dass der/die Forscher/in aufgrund seines/ihres Vorwissens bereits eine Vorstellung davon hat, wie es erfahrungsgemäß zur Entscheidungsfindung im Lehrer/innenkollegium kommt. Die Formen und Prozesse der Entscheidungsfindung werden unterschieden und in Kategorien eingeteilt. Da der/die Forscher/in sich nicht auf ihre/seine Erfahrungen alleine stützen will, greift sie/er auf Literatur zurück und liest ein Buch mit dem Titel „Kommunikation in erfolgreichen Organisationen". Mit Hilfe dieser Literatur schärft sie/er die Kategorien bzw. leitet weitere ab.

Diese Vorgehensweise wird *deduktives Kategorisieren* genannt, die *Kategorienbildung* erfolgt aufgrund theoretischer Vorannahmen *vor* der Durchführung *der Inhaltsanalyse*. Entlang der vorab definierten Kategorien und festgelegten Kodierregeln (z. B. Wann trifft die Kategorie „Klarheit über gemeinsame Ziele" zu?) werden im Analyseverfahren jene zentralen Aspekte aus dem Untersuchungsmaterial herausgefiltert und analysiert, die den Kategorien zugeordnet werden können, bzw. es wird die Quelle auf Basis des Kategoriensystems insgesamt eingeschätzt und interpretiert. Da eine deduktive Kategorienbildung aufgrund theoretischer Vorannahmen erfolgt, kann das in der Datenauswertung quantifizierte Datenmaterial bei einer entsprechenden Stichprobengröße auch zur Hypothesenprüfung verwendet werden.

Erfolgt die Entwicklung der Kategorien im Verlauf der Datenanalyse (also nicht vorher), spricht man von *induktivem Vorgehen*. Dabei geht der/die Forscher/in explorativ vor, d. h. sie/er sucht im Untersuchungsmaterial nach Besonderheiten, nach spezifischen Ereignissen und Sachverhalten. Aus dem Pool von *Einzelfällen* werden schließlich *Strukturen und Zusammenhänge sichtbar*, für die Kategorien gebildet werden. Im Verlauf der Untersuchung werden weitere

Fälle sichtbar, die die bereits gefundenen Strukturen und Zusammenhänge ergänzen, was zu einer Adaption der Kategorie(n) oder einer Bestätigung führen kann. Bei der weiteren Analyse stößt der/die Forscher/in auf Passagen, die nicht unmittelbar verständlich sowie mehrdeutig sind. Zur Klärung werden andere Textstellen der Quelle herangezogen sowie Literatur nachgeschlagen (Analysetechnik: Explikation). Schließlich wird das Datenmaterial nach und nach reduziert, durch die systematische Abstraktion bleiben die wesentlichen Inhalte als Abbild der gesamten Quelle jedoch erhalten. Ziel ist es, aus mehreren *Einzelfällen* auf verallgemeinerbare Aussagen zu schließen bzw. Schlussfolgerungen abzuleiten, die die Forschungsfrage(n) beantwortet/beantworten. *Die induktive Vorgehensweise* wird auch für das Generieren von Hypothesen (Entdeckungszusammenhang) angewandt, welche anschließend in einem weiteren Verfahren geprüft werden.

In der wissenschaftlichen Praxis können sich *induktive* und *deduktive* Herangehensweisen überschneiden bzw. die beiden Verfahren werden kombiniert.

7.7.3 Fotodokumentation

In der sozialwissenschaftlichen Forschung ist das Instrument der Fotodokumentation lange Zeit unberücksichtigt geblieben und hatte einen eher geringen Stellenwert. Wenn es aber darum geht, die Komplexität sozialer Beziehungen zu erforschen und zu verstehen, ist die Fotografie jedoch ein durchaus probates Mittel und als Ergänzung zu den klassischen Forschungsinstrumenten wie Fragebogen, Interview etc. ertragreich.

Mit einer Fotokamera kann der Fokus auf einen Sachverhalt in besonderer Weise gelegt werden, indem Teile eines größeren Ganzen hervorgehoben werden, mit Vorder- und Hintergrund gearbeitet oder etwas Irritierendes in Szene gesetzt wird oder beispielsweise (scheinbare) Nebensächlichkeiten ins Zentrum gerückt werden. „Das Sichtbarmachen des Unsichtbaren hat großen Aufforderungscharakter: Fotos bringen Menschen zum Sprechen, verleiten sie dazu, in das Kontinuum der anderen einzutauchen, sich mit deren Wirklichkeit auseinanderzusetzen" (Schratz, 1996, S. 81).

Mit einem Foto kann sichtbar gemacht und dokumentiert werden, was bei einer strukturierten Beobachtung z. B. durch einen Beobachtungsbogen möglicherweise übersehen wurde.

Altrichter et al. (2018, S. 13) fassen die Vorteile der Dokumentation eines sozialen Geschehens durch die Fotokamera wie folgt zusammen. Fotos können

- einen Gesamteindruck bezüglich eines bestimmten Geschehens oder einer bestimmten Situation festhalten und damit zum einen eine wichtige Erinnerungshilfe darstellen und zum anderen helfen, die nicht-verbalen Details sozialer Situationen zu analysieren
- eine nützliche Ergänzung zu quantitativ oder qualitativ erhobenen Daten darstellen,
- Ausgangspunkt und visuelle Unterstützung bei Interviews sein (insbesondere bei der Befragung von Kindern)
- zu Fragen anregen oder Ideen provozieren.

Vor dem Einsatz einer Fotokamera als Forschungsinstrument sind folgende Fragen zu beantworten:

- Was ist der Untersuchungs- bzw. Forschungsgegenstand?
- Welche Situation(en), welches Geschehen, welche Handlung(en) soll(en) fotografiert werden?
- Welche Person(en) werden die Fotos machen? (z. B. Kinder, wenn sie mit Fotos in nonverbaler Weise die eigene Lebenswelt beschreiben)
- Welche Person(en) sollen ggf. auf dem Foto abgelichtet werden?
- Wann ist der passende Zeitpunkt, um ein bestimmtes Geschehen zu dokumentieren?
- Wie viel Zeit wird dazu benötigt?
- Zu welchem breiteren thematischen Kontext passen die Fotos?
- Sind die gesetzlichen Vorgaben erfüllt (z. B. Datenschutz)?

Nach dem Einsatz ist es wichtig, die einzelnen Fotos durch Kommentare zu ergänzen:

- Neben den Angaben über Ort und Zeit werden die beobachteten Rahmenbedingungen, unter denen fotografiert wurde, beschrieben.
- Zusätzlich werden die einzelnen Fotos beschriftet.

> → Damit die Auswertung einer Fotodokumentation durch Dritte aussagekräftig wird und latente Inhalte aufgedeckt werden können, ist es erforderlich, mit den Betroffenen in Dialog zu treten und die Ergebnisse kommunikativ zu validieren.

7.7.4 Videodokumentation

Mit Hilfe einer Videokamera ist es möglich, ein Geschehen/eine Situation in Echtzeit zu dokumentieren, wobei Bild und Ton synchron ablaufen. Dadurch entsteht ein ganzheitlicher Eindruck in Bezug auf den dokumentierten Sachverhalt. „Die Abfolge eines Geschehens in der Zeit kann Bedingungen und Auswirkungen bestimmter Ereignisse deutlicher sichtbar machen als andere Methoden" (Altrichter et al., 2018, S. 132).

So können z. B. verschiedene Verhaltensmuster von Schülerinnen und Schülern in einer Gruppenarbeit in Bild und Wort analysiert werden. Zu beachten ist natürlich, – wie bei der Fotodokumentation –, dass die Kamera nur das festhält, worauf die Kamera führende Person den Fokus legt. Weiters ist zu bedenken, dass das Verhalten der beteiligten Personen durch das Filmen beeinflusst werden kann. In der Regel tritt mit der Zeit ein Gewöhnungseffekt ein, wodurch sich das Verhalten wieder der Normalität angleicht. Geringer ist dieser Einfluss, wenn eine Kamera statisch fixiert nur einen bestimmten Ausschnitt der zu dokumentierenden Wirklichkeit festhält.

Sehr zeitaufwendig ist die Analyse und Interpretation eines Videodokumentes, da Bild und Ton gleichzeitig eine Fülle an Informationen liefern und wahrscheinlich einige Informationen dabei sind, die für die Forschungsarbeit nicht relevant sind.

Zu beachten ist auch, dass in Videokameras installierte Mikrophone oft eine zu geringe Reichweite haben, um den Ton verständlich zu dokumentieren. Hier könnten zusätzliche, über den Raum verteilte Mikrophone, hilfreich sein.

Vor und nach einem Videoeinsatz zu Forschungszwecken ist dasselbe zu beachten wie beim Einsatz einer Fotokamera (siehe Kapitel 7.7.3).

7.7.5 Gestalterisches Feedback zum Unterricht

Ein kreativer Zugang zur Befragung von Kindern und Jugendlichen ist der Einsatz eines Instrumentes, das *auf gestalterischem Weg Daten erhebt*, welche mittels der *qualitativen Inhaltsanalyse* ausgewertet werden. Besonders bei Kindern ist nämlich zu bedenken, dass sie in ihrer Ausdrucksfähigkeit eingeschränkt sind. Das gilt sowohl für Interviews, in denen u. a. das ungünstig ausgeprägte Machtverhältnis zwischen dem/der Forscher/in und den Kindern als erschwerendes Hindernis hinzukommt, als auch für das Ausfüllen eines Fragebogens mit Schätz- bzw. Ratingskalen und/oder mit (vielen) offenen Fragen (siehe dazu Kapitel 7.3.3 und 7.4.3). Gestalterisches Feedback erlaubt es Kindern und Jugendlichen, aussagekräftigere Antworten zu geben, als dies die klassischen Methoden mit vorgefertigten Items (geschlossene Fragen in einem Fragebogen, Leitfragen in einem Interview) ermöglichen.

Das *Erstellen von Bildern* durch *Zeichnen, Malen oder Fotografieren* (zur Foto- und Videodokumentation siehe die beiden vorangehenden Kapitel) oder das *kreative Gestalten von Collagen* werden häufig dann als alternative Methoden zur Datenerhebung herangezogen, wenn es zu schwierig ist, die Sprache als primäres Kommunikationsmittel einzusetzen oder, wenn die sprachlichen Schranken durchbrochen werden sollen: Ein Bild sagt mehr als tausend Worte!

Schüler/innen werden beispielsweise aufgefordert, die Wunsch- bzw. Traumschule zu zeichnen, den Ist-Stand an der Schule in einer Mindmap zu skizzieren, die Beziehung zu ihrer Lehrperson oder die Qualität des Unterrichts in einem metaphorischen Bild darzustellen. Folgende Beispiele zeigen, wie eine grafische Darstellung zusätzliche Aspekte eines Sachverhalts oder eines sozialen Geschehens sichtbar macht, die ansonsten vermutlich im Verborgenen bleiben würden.

Im Rahmen eines ein Semester lang dauernden praktikumsbegleitenden Aktionsforschungsprojekts ging Celine Zwicknagl (2011, S. 13) der Frage nach, warum in einer Klasse der Deutschunterricht „zum Problemkind" wurde. Sie wählte für die Befragung der Schüler/innen der achten Schulstufe einen kreativen Zugang: Zunächst fertigten die Schüler/innen eine Zeichnung an, die sie mit ihrem Lieblingsfach und anschließend eine, die sie mit dem Unterrichtsfach Deutsch in Verbindung brachten (siehe Abbildung 57).

Abbildung 57: Gestalterische Schüler/innenbefragung (Zwicknagl, 2017, S. 13)

Die Ergebnisse „zeigten nicht nur Schwachstellen im aktuellen Deutschunterricht auf", sondern das Forschungsprojekt entwickelte sich durch die Analyse und Interpretation der Schüler/innenzeichnungen im weiteren Verlauf „in eine völlig andere Richtung" (Zwicknagl, 2017, S. 13).

Die folgenden Beispiele stammen aus einer Untersuchung zur Lehrer-Schüler/innenbeziehung sowie zur Qualität des Unterrichts und wurden von Ernst Larcher (Abbildung 58, Abbildung 59, Abbildung 60 und Abbildung 63) sowie Thomas Hechensteiner (Abbildung 61 und Abbildung 62) zur Verfügung gestellt.

Abbildung 58: Beispiel 1 für ein gestalterisches Feedback zur Lehrperson

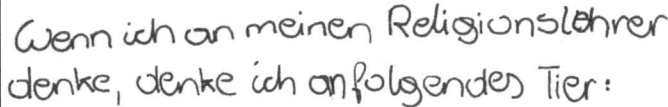

Abbildung 59: Beispiel 2 für ein gestalterisches Feedback zur Lehrperson

Abbildung 60: Beispiel 3 für ein gestalterisches Feedback zur Lehrperson

Abbildung 61: Beispiel 1 für ein gestalterisches Feedback zur Lehrperson und zum Unterricht

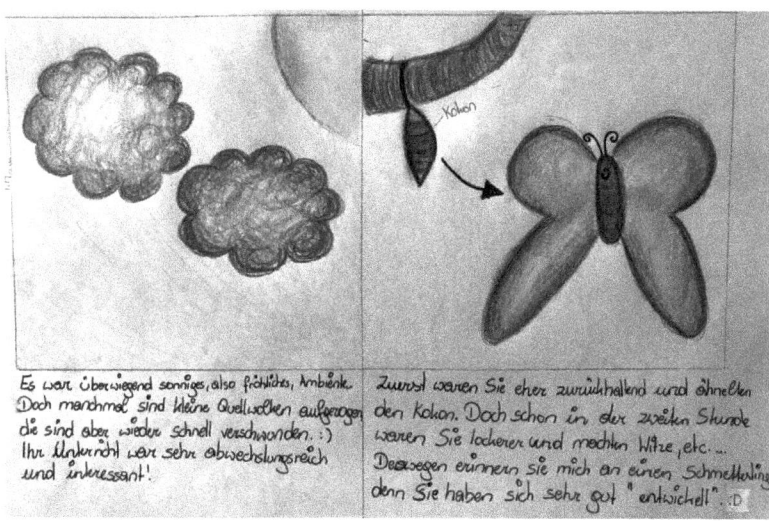

Abbildung 62: Beispiel 2 für ein gestalterisches Feedback zur Lehrperson und zum Unterricht

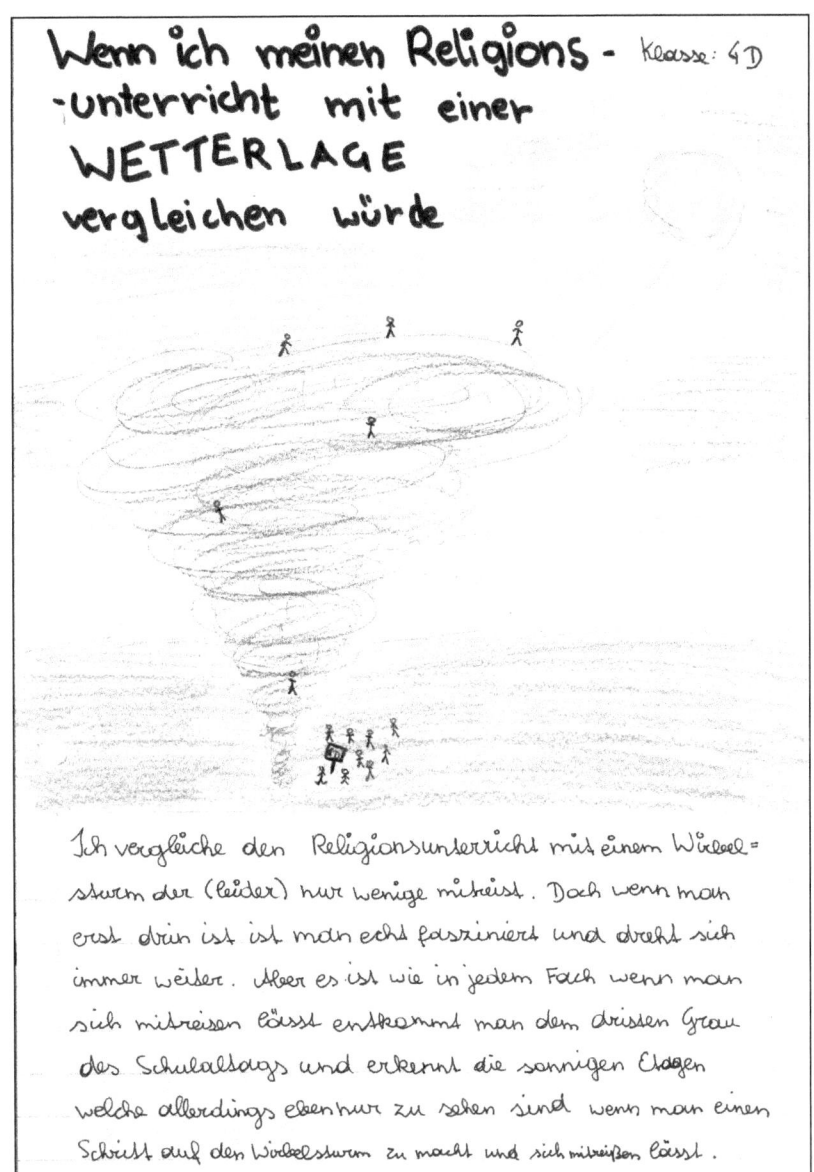

Abbildung 63: Beispiel für ein gestalterisches Feedback zum Unterricht

Im zweiten Schritt werden die Schüler/innen eingeladen, ihr Werk vorzustellen. In dieser Phase ist die Lehrperson bzw. der/die Forscher/in gefordert, aus den Präsentationen möglichst viele Daten zu generieren. Es ist hilfreich, Verständnisfragen zu stellen, die Schüler/innen aufzufordern, weitere Beispiele zu bringen bzw. diese zu konkretisieren, sie in eine Diskussion zu involvieren und die Ergebnisse zusammenzufassen. Es empfiehlt sich, diese Phase mit einer Videokamera aufzuzeichnen, zumindest aber die Diskussion auf einem Tonträger festzuhalten. Als Minimum müssen die (Zusatz-)Erläuterungen der Schüler/innen für die spätere Inhaltsanalyse sinngemäß schriftlich festgehalten werden.

Qualitative Daten auswerten 8

Die Auswertung von qualitativen Daten ist der Inhaltsanalyse ähnlich und erfolgt mittels verschiedener Analysetechniken und Ablaufverfahren. In diesem Kapitel geht es um die Auswertung von Interviews durch das Kodieren, Analysieren und Interpretieren von Daten.

Bei einer überschaubaren Datenmenge ist es am effizientesten, eine „Papierauswertung" oder eine Auswertung mit einem Textverarbeitungsprogramm zu machen. Bei umfangreichen Erhebungen kann auf speziell für die Datenanalyse entwickelte Softwareprogramme zurückgegriffen werden. Die bekanntesten Programme für die Analyse großer Mengen von Text-, Grafik-, Audio- und Videodaten sind:

- ATLAS.ti (eine 14-tägige Demoversion kann unter https://atlasti.com/de heruntergeladen werden, eine Studierenden-Lizenz für sechs Monate kostet ca. 40 Euro, Stand 2021),
- MAXQDA (eine 30-tägige voll funktionsfähige Demoversion kann unter http://www.maxqda.de heruntergeladen werden, eine Studierenden-Lizenz für sechs Monate kostet ca. 40 Euro, Stand 2021)
- QCAmap (Open-Access Software auf www.qcamap.org).

Lernhilfen der Anbieter wie kostenlose Webinare, Video-Tutorials und Handreichungen unterstützen Studierende beim Einarbeiten in die jeweiligen Programme.

Bevor es an die Datenauswertung geht, müssen die Daten aufbereitet, also z. B. transkribiert werden. Unter *Transkribieren* wird die *wörtliche, exakte Wiedergabe von Interviewaussagen* verstanden. Beim Transkribieren eines Interviews ist u. a. zu beachten:

- Auf jeder Seite sollte rechts ein *Rand von 3–4 cm* für Notizen bleiben.
- *Zeilen* automatisiert *nummerieren*, damit Aussagen, welche später als direkte Zitate in die Bachelor-/Masterarbeit übernommen werden, exakt zugeordnet werden können.

> → Anleitung: In MS Word über Layout – Gruppe „Seiten einrichten" – auf „Zeilennummern" klicken.

- Der Übersichtlichkeit und leichteren Lesbarkeit wegen wird zwischen den einzelnen Antworten eine *Absatzschaltung* eingefügt.

- Zu Beginn erfolgt die Bezeichnung des Interviews. Auf die allgemeinen Angaben im Beiblatt zum Interview wird verwiesen. Es kann ggf. an dieser Stelle auch eingefügt werden.

- Das Interview wird in linearer Zeitfolge transkribiert, die einzelnen Sprecher/innen werden mit einem Kürzel gekennzeichnet (z. B. „SL" für Schulleiter/in, „LP" für Lehrperson, „M" für Mutter, „I" für Interviewer etc.). Zeitsparend sind Abspielgeräte, bei denen mit Fußtaste die Wiedergabe gestoppt werden kann.

- Beim Transkribieren der wörtlichen Rede orientiert man sich entweder an den Normen der Orthografie und Grammatik, was das Lesen und Analysieren erleichtert, jedoch Besonderheiten wie Dialektsprachliches umgeht, oder an der literarischen Umschrift, bei der die sprachlichen Besonderheiten berücksichtigt werden (Ein Schulleiter antwortet auf die Frage, was für ihn Unterrichtsentwicklung bedeutet im Dialekt: *Es konn hiatz net sein, dass mia an unsrer Schual zehn Johr nur an Schmorrn gedraht hobn*). Eine Kombination beider Herangehensweisen ist auch denkbar bzw. sinnvoll. Das vorherige Beispiel würde dann wie folgt transkribiert werden: *Es kann jetzt nicht sein, dass wir an unserer Schule zehn Jahre lang nur „an Schmorrn gedraht" haben.*
Zu überlegen ist des Weiteren, inwiefern es für das Erkenntnisinteresse notwendig ist, längere Sprechpausen, Betonungen, Lautstärke sowie nonverbale Kommunikation (z. B. Lachen oder die Faust ballen) in die Transkription einfließen zu lassen.

- Nach dem Ende der Transkription eines Interviews wird ein Abschnittswechsel eingefügt, damit die Zeilennummerierung des nächsten Interviews wieder mit der Ziffer 1 beginnt.

Der erste Schritt der nun folgenden Textauswertung besteht darin, die transkribierten Interviews zu lesen, um das Datenmaterial in seiner Gesamtheit zu erfassen. Erst dann erfolgt die systematische Auswertung. Die kategorienbasierte Analyse stellt die *Basistechnik qualitativer Datenauswertung* dar[45] (siehe Kapitel 7.7). Kategorien „stellen Analyseaspekte als Kurzformulierungen dar [und] sind in der Formulierung mehr oder weniger eng am Ausgangsmaterial orientiert. Das *Kategoriensystem* [sic] (als Zusammenstellung aller Kategorien) ist das eigentliche Instrumentarium der Analyse. Mit ihm wird das Material bearbeitet" (Mayring & Fenzl, 2019, S. 634). Einzelne Aussagen bzw. Textabschnitte werden in einem *induktiven* oder *deduktiven Verfahren* Kategorien (Codes) zugeordnet und einer (statistischen) Analyse zugeführt. Die folgende Anleitung zum Bilden von Kategorien ist eine adaptierte Herangehensweise, wie sie in Altrichter et al. (2018, S. 175–178) beschrieben wird:

---

45 Es kommt vor, dass Studierende fälschlicherweise die Analysetechnik „Zusammenfassende Inhaltsanalyse" so interpretieren, dass das Untersuchungsmaterial lediglich in einer Zusammenfassung dargestellt werden muss: Für jedes geführte Interview wird nur eine Zusammenfassung geschrieben oder entlang der Interviewfragen werden die jeweiligen einzelnen Aussagen zusammenfassend dargestellt: *Zur Frage 1 hat die erste interviewte Person gesagt, dass … . Ähnlich äußerte sich Interviewperson 2, die hinzufügt, dass … . Die dritte befragte Person schließlich meint zur Frage 1, … etc.*

1. Nachdem das gesamte Datenmaterial gelesen wurde, werden im nächsten Schritt jene Stellen markiert, die in Bezug auf die Forschungsfrage(n) aussagekräftig (interessant, überraschend, unerwartet) erscheinen. Am Ende dieses Durchgangs steht die Grobanalyse des Datenmaterials entlang der leitenden Forschungsfrage(n).

2. In einem weiteren Durchgang durch die Quellen (gesamtes Datenmaterial) sind nur mehr die markierten Textstellen von Interesse. Jetzt wird zu jeder Stelle eine Kategorie formuliert, d. h. ein Schlüsselbegriff, der den Inhalt dieser Stelle in Kurzform zum Ausdruck bringt (*induktives Vorgehen*). Anmerkung: Bei der *deduktiven Vorgehensweise* (siehe dazu Kapitel 7.7) entfällt dieser Schritt, da die Kategorisierung *vor* der Analyse durchgeführt wird.

3. Nun werden die einzelnen Kategorien auf ein eigenes Blatt Papier/in ein eigenes MS Word Dokument geschrieben – das sogenannte „Kategorienblatt".

4. Dann werden zu allen Kategorien, die auf dem Kategorienblatt stehen, jene Textstellen angegeben, auf die sie sich beziehen. Dies geschieht durch folgende Angaben:

    Kurzbezeichnung der Quelle, die kodiert wird: z. B. für das erste Interview „I 1", für das dritte Beobachtungsprotokoll „BP 3" gefolgt von der Seitennummer „S. 1". Bei Interviews braucht die Seitennummer nicht angegeben werden, da die Zeilen fortlaufend nummeriert werden.

    Randnummer der markierten Stelle: Jede markierte Stelle, der eine Kategorie zugeordnet wird, erhält am Rande der Seite, auf der sie steht, eine fortlaufende Nummer, die auf jeder neuen Seite wieder mit 1 beginnt. Bei transkribierten Interviews werden die Zeilennummern vom Textverarbeitungsprogramm automatisiert fortlaufend eingelesen.

Die Zeilennummer von xx bis xx markiert dann eine Textstelle, der eine Kategorie zugeordnet ist.

Abbildung 64 zeigt einen Ausschnitt aus der zweiten Seite des Beobachtungsprotokolls Nr.1 (= BP1) über die Arbeit einer Schülerinnengruppe (nur weibliche Personen), die mathematische Aufgaben zu lösen hatte und das dazu erstellte Kategorienblatt (hier beides in einer Abbildung dargestellt). In diesem Protokoll wurde die näher zu betrachtende Textstelle durch Unterstreichen markiert und am Rand mit dem Kürzel „AS" kodiert (Kategorie „Arbeitsstrategie"). Die Kurzbezeichnung einer Kategorie (hier das Kürzel „AS") wird jedes Mal an den Rand jener Textstelle im Datenmaterial geschrieben, auf die sie sich bezieht.

Auf dem *gesonderten* Kategorienblatt ist die kodierte Textstelle der Kategorie zugeordnet. Die Angabe „BP1/2/1" auf dem Kategorienblatt bedeutet, dass im Beobachtungsprotokoll Nr. 1 auf Seite 2 mit der Randnummer 1 eine Textstelle gefunden wurde, die der Kategorie „Arbeitsstrategie" (Kürzel „AS") zugeordnet wurde. Durch diese systematische Vorgehensweise ist das Auffinden jener Textstellen, die einer Kategorie zugeordnet sind, rasch möglich.

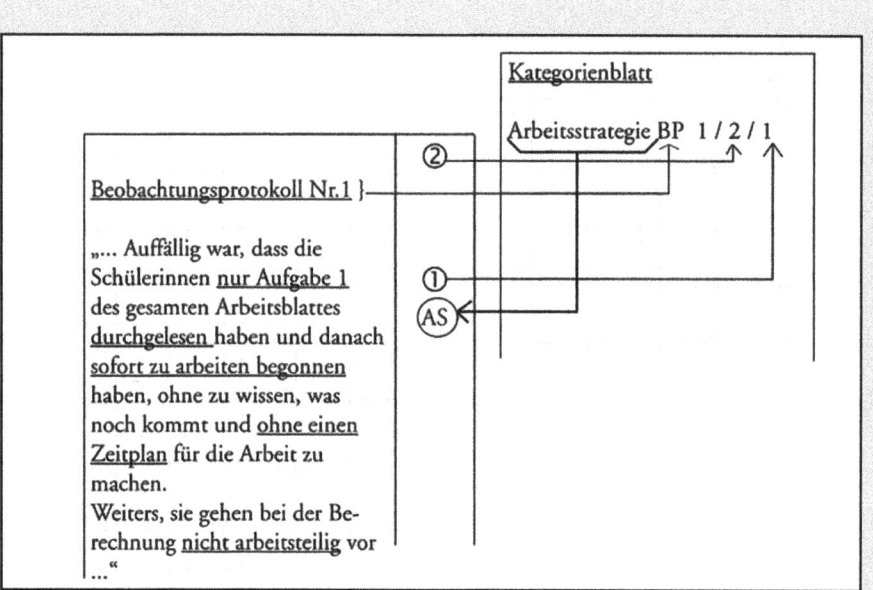

Abbildung 64: Beispiel für eine Kodierung in einem Beobachtungsprotokoll
(Altrichter et al., 2018, S. 177)

5. Kategorien werden in eine Ordnung gebracht, indem zusammengehörige Begriffe gruppiert werden. Wichtig bei der Kategorisierung ist, dass die einzelnen Kategorien sich gegenseitig ausschließen, d. h. sie müssen sich klar voneinander unterscheiden. Man spricht in diesem Zusammenhang von *Trennschärfe*. Damit die einzelnen Kategorien eindeutig sind und sich gegenseitig ausschließen, also trennscharf sind, empfiehlt es sich, jede Kategorie genau zu definieren (Operationalisierung). Eine Definition bringt das jeweils vorliegende theoretische Verständnis der Kategorie zum Ausdruck.

Aus den einzelnen Kategorien ergibt sich ein Kategoriensystem (= die Gesamtheit der Kategorien einer inhaltsanalytischen Untersuchung), das Strukturen und Zusammenhänge in Richtung der Forschungsfrage(n) sichtbar macht. Durch die Analyse der Interviewdaten mittels Kategorisierung können verallgemeinerbare Aussagen bzw. Schlussfolgerungen getroffen werden, die die Forschungsfragen beantworten.

Merkmale des Kommunikationsinhaltes können durch entsprechende Kategorienbildung auch in numerische Daten überführt werden, sodass Angaben zur Häufigkeit gemacht, Merkmale hierarchisch geordnet oder in einer Kreuztabelle gegenübergestellt werden können. Erfolgte die Kategorienbildung deduktiv, d. h. auf Basis theoretischer Vorannahmen, kann das in der Datenauswertung quantifizierte Datenmaterial bei einer entsprechenden Stichprobengröße zur Hypothesenprüfung verwendet werden.

Für die detaillierte Auswertung von umfangreichem Datenmaterial ist es ratsam, für jede Kategorie ein eigenes DIN A4 Blatt zu nehmen. Das erleichtert die spätere Zusammenfassung und Übertragung in die Bachelor-/Masterarbeit bzw. in den Forschungsbericht.

Als Alternative zur „Papierauswertung" empfiehlt sich die Durchführung der Kodierung mit Hilfe von Textverarbeitungsprogrammen, welche einige Tools zur Arbeitserleichterung bieten. Zur Markierung von Textstellen, die in Bezug auf die Forschungsfrage(n) aussagekräftig (interessant, überraschend, unerwartet) erscheinen, ist in MS Word das Tool „Texthervorhebungsfarbe" (zu finden in der Registerkarte „Start", Gruppe „Schriftart") gut geeignet. Wichtige Textpassagen werden so dargestellt, als seien sie mit einem Textmarker markiert worden (siehe grau unterlegte Interviewpassagen in Abbildung 65 und Abbildung 66).

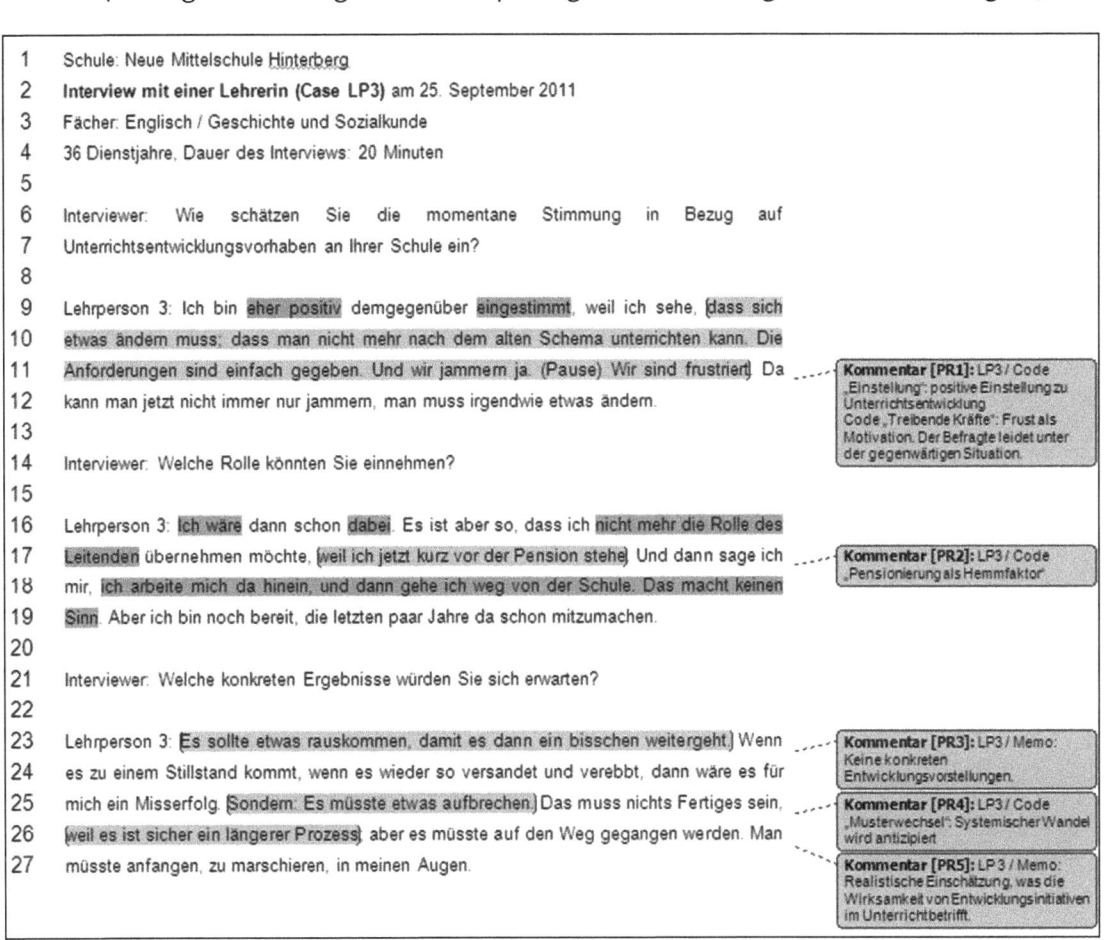

Abbildung 65: Kodierung von Interviews – Transkript 1

Jene Textstellen, die zentrale – direkte als auch indirekte – Aussagen zu den Forschungsfragen liefern, werden in einem zweiten Analyseschritt durch Schlüsselbegriffe kodiert. Für das Kodieren bietet sich das Tool „Kommentare einfügen" an, welches in MS Word in der Registerkarte „Überprüfen" zu finden ist. Die Textstelle wird markiert, im Kommentarfeld wird der Case (Datensatz, z. B. LP1 für Interview mit Lehrperson 1), die Kategorie bzw. das Kürzel für die Kategorie (Code) und eine Erläuterung bzw. ein Memo eingefügt (siehe Abbildungen).

1	Schule: Hauptschule Karlshofen
2	**Interview mit einem Lehrer (Case LP5) am 27. September 2011**
3	Fächer: Deutsch / Geographie
4	25 Dienstjahre, Dauer des Interviews: 17 Minuten
5	
6	Interviewer: Wie schätzen Sie die momentane Stimmung in Bezug auf
7	Unterrichtsentwicklungsvorhaben an Ihrer Schule ein?
8	
9	Lehrperson 5: Ich sehe es so, dass an unserer Schule eine total gespaltene Situation ist. Bei
10	uns ist es so, dass wir mehrheitlich ältere Lehrer haben, die schon mehrheitlich an die
11	Pension denken, d.h. im Bereich von fünf bis maximal noch sieben Jahre unterrichten
12	werden. Dass dadurch eigentlich die Tendenz, etwas Neues zu machen, nicht von allen
13	vorhanden ist, sondern dass viele sich sagen, ich mache den Unterricht, den ich immer
14	gemacht habe, und ich möchte mich eigentlich nicht zeitaufwendig in etwas Neues
15	hineinwerfen. Ich muss überhaupt sagen, dass es eigentlich die Direktorin ist, die voller
16	Euphorie ist. Im Kollegium selbst ist die Situation gespalten.
17	
18	Interviewer: Welche Rolle könnten Sie einnehmen?
19	
20	Lehrperson 5: Meine Vorstellung ist, dass man mehr klassen- und schulübergreifend macht.
21	Und dass man wirklich offen einen Schulalltag gestaltet, und nicht, du bist für das zuständig
22	und du für das und du für das, sondern mehr miteinander.
23	
24	Interviewer: Welche konkreten Ergebnisse würden Sie sich erwarten?
25	
26	Lehrperson 5: Ein Ziel ist, dass wir das Konkurrenzdenken abbauen müssten. Bei uns gibt
27	es zwei Schulen. Jeder will die bessere Schule sein: Jeder möchte mehr Kinder haben und
28	glaubt, dadurch ist er der Bessere. Dieses Gegeneinander wirkt sich negativ auf die Arbeit
29	aus. Dieses Konkurrenzdenken gibt es auch in der Schule. Das geht bei den kleinsten
30	Sachen los. Die haben Arbeitsmappen für das, wir haben andere Dinge. Da gibt es Lehrer,
31	die kommen gar nicht auf die Idee, dass man Materialien austauschen könnte.

Kommentar [RP6]: LP 5 / Code „Pensionierung als Hemmfaktor": LehrerInnen, die kurz vor der Pension stehen, tendieren zum Bewahren des Ist-Stands.

Kommentar [RP7]: LP 5 / Code „Schulleitung als treibende Kraft" Memo: Gefahr der Missionierung

Kommentar [RP8]: LP 5 / Code „Shared Leadership" Memo: Hinweis, dass es keine klare Rollenverteilung geben soll.

Kommentar [RP9]: LP 5 / Code „Abbau von Konkurrenzdenken" Memo: Sowohl zwischen den Schulen (Standortsicherung) als auch im Kollegium (mehr Teamarbeit)

Abbildung 66: Kodierung von Interviews – Transkript 2

Die einzelnen Kategorien werden im MS Word Dokument in einem eigenen Abschnitt (Abschnittswechsel, am besten zu Beginn des Dokuments) aufgelistet. Für die detaillierte Auswertung von umfangreichem Datenmaterial ist es ratsam, für jede Kategorie eine eigene Seite vorzusehen. So entsteht im Verlauf der Analyse das Kategoriensystem, welches die Gesamtheit der Kategorien enthält (exemplarisch an den Transkripten in Abbildung 65 und Abbildung 66):

„Einstellung"
„Treibende Kräfte"
„Musterwechsel"
„Pensionierung als Hinderungsgrund"
„Schulleitung als treibende Kraft"
„Shared Leadership"
„Abbau von Konkurrenzdenken"

In Bezug auf Trennschärfe ist bei diesem Beispiel zu bemängeln, dass sich die Kategorien „Treibende Kräfte" und „Schulleitung als treibende Kraft" womöglich nicht gegenseitig ausschließen. Es gilt zu klären, ob die zwei Kategorien zusammengeführt, oder – was in diesem Fall besser wäre – weitere eindeutig formuliert werden sollen (z. B. „Schulleitung als treibende Kraft", "Lehrpersonen als treibende Kräfte", "Treibende Kräfte aus dem Umfeld der Schule" etc.)

Für die detaillierte Auswertung sind zwei weitere Funktionen in MS Word hilfreich: In der Registerkarte „Überprüfen", Gruppe „Nachverfolgung", wird die Funktion „Überarbeitungsbereich" mit der Auswahl „vertikal" aktiviert. Am linken Rand erscheint eine Liste sämtlicher erstellter Kommentare (= alle Kategorien bzw. Codes inklusive der Case-Nummern, Erläuterungen und Memos). Durch Anklicken einer der aufgelisteten Kategorien (Überarbeitungen) gelangt man schnell zur entsprechenden kodierten Textpassage. Des Weiteren ist die „Suchfunktion" (Registerkarte „Start", Gruppe „Bearbeiten") hilfreich, die ein Navigieren im Dokument erleichtert und die Möglichkeit bietet, die Häufigkeit von einzelnen Kategorien zu zählen. Dies erfolgt über die „Erweiterte Suche" durch die Eingabe der exakten Bezeichnung der Kategorie im Feld „Suchen nach:" sowie durch die zusätzliche Einschränkung der Auswahl auf „Suchen in" Kommentare.

Nach der abgeschlossenen Kategorisierung folgt die deskriptive Darstellung (z. B. Angaben zu Häufigkeiten oder der Rangordnung von Kategorien, Darstellung mittels Kreuztabelle), Analyse und Interpretation. Dies wird im Folgenden anhand der Kategorie „Pensionierung als Hemmfaktor" veranschaulicht: Die zwei Befragten (Abbildung 65 und Abbildung 66) argumentieren wie folgt (deskriptive Darstellung):

- Ein Betroffener ist bereit, mitzuwirken, möchte aber aufgrund der in ein paar Jahren anstehenden Pensionierung keine leitende Position mehr einnehmen (Case LP3, Z. 16–19).

- Die mehrheitlich älteren Lehrer/innen denken schon an die Pension. Sie tendieren zum Bewahren des Ist-Stands und sind Neuem gegenüber nicht mehr aufgeschlossen (Case LP5, Z. 10–15).

Diese und weitere deskriptiven Analysen sowie darauf aufbauende Interpretationen münden – unter Bezugnahme auf Theorie – schließlich in eine Abhandlung (siehe unten für einen exemplarischen Auszug). Wörtlich übernommene Interviewaussagen werden unter Anführungszeichen gesetzt, sind sie länger als 40 Wörter, werden sie als Blockzitate geführt (siehe Kapitel 4.4.1). Als Quelle wird eine anonymisierte Kurzbezeichnung angegeben (im *Beispiel in* Abbildung 64 z. B. die Kurzbezeichnung „BP1/2/1", in Abbildung 65 lautet die Kurzbezeichnung „CaseLP3"). Zur Lokalisierung des zitierten wörtlichen Auszugs wird nach der Kurzbezeichnung entweder die Seitenzahl (bei Beobachtungsprotokollen) oder die Zeilennummer (bei Interviewtranskripten) mit dem Abkürzung „Z." angegeben.

Der in Bezug auf Häufigkeit drittgenannte *Hinderungsgrund* für Schulentwicklungsinitiativen ist die Altersstruktur der Lehrer/innen. Viele nähern sich dem Pensionsantrittsalter oder stehen unmittelbar vor der Pensionierung, was nach Aussage einer befragten Lehrperson (CaseLP5) an ihrer Schule dazu führt, dass „im Kollegium selbst die Situation gespalten [ist]" (Z. 16). Für die sich im Pensionsantrittsalter befindenden Personen stellt sich die Frage, in welchem Ausmaß eine Auseinandersetzung mit pädagogischen Innovationen noch zielführend ist:

Ich wäre dann schon dabei. Es ist aber so, dass ich nicht mehr die Rolle des Leitenden übernehmen möchte, weil ich jetzt kurz vor der Pension stehe. (...) Ich arbeite mich da hinein, und dann gehe ich weg von der Schule. Das macht keinen Sinn. (CaseLP3, Z. 17–20)

Eine solche Einstellung entspricht nicht unbedingt einer *aktiven* professionellen Haltung, denn das Lehrer/innenkollegium an einer Schule erfährt laufend einen Wechsel. Für diese Form der „verzögerten Schulentwicklung" ist der Terminus „Schulentwickler a.D." [außer Dienst] entstanden (Altrichter et al., 1996, S. 20). Unabhängig von der Konstellation des Kollegiums und ungeachtet des kontinuierlichen Kommens und Gehens von (Schlüssel-) Personen bedarf es einer grundsätzlichen Bereitschaft der Lehrer/innen, beim Aufbau bzw. beim Umbau einer „professionellen Lerngemeinschaft" (Rolf, 1998, S. 195) mitzuwirken.

Quantitative Daten auswerten 9

Der Begriff Statistik (lat. status = Stand, Umstände) umfasst alle Methoden zur Untersuchung von Daten mit dem Ziel einer Informationsbündelung. Nicht alle vorliegenden Daten einer Erhebung werden einzeln betrachtet (zum Beispiel die jeweils erreichten Punkte aller Studierenden bei der letzten Prüfung), sondern diese werden strukturiert, kategorisiert, graphisch aufbereitet und durch Kenngrößen (wie etwa den Mittelwert) charakterisiert.

9.1 Grundlagen der Statistik

Ziel statistischer Verfahren ist die schrittweise Reduktion des Datenmaterials auf einfach interpretierbare Kenngrößen. Dabei gehen durch jeden dieser Schritte zwar Informationen verloren (zum Beispiel, wie viele Punkte ein bestimmter Studierender oder eine bestimmte Studierende erhalten hat), im Gegensatz dazu gewinnt man aber mit jedem dieser Schritte weg vom Detail an Über- und Einblick. Durch die Berechnung von Kennzahlen und das Erstellen statistischer Grafiken können auffällige Muster sowie Zusammenhänge in den Daten erkannt und dargestellt werden.

9.1.1 Deskriptive versus analytische Statistik

Am Beginn jeder Untersuchung steht eine (mehr oder weniger) präzise Fragestellung (Forschungsfrage). Zum Beispiel könnte von Interesse sein, ob die Auswahl der Wahlfachbereiche an einer Pädagogischen Hochschule vom jeweiligen Geschlecht der Studierenden abhängt oder nicht. Dazu ist es erforderlich, zunächst einmal festzustellen, wie viele Studierende an der betreffenden Hochschule weiblichen bzw. männlichen Geschlechts sind. Erst dann können diese Zahlen mit denen für die Auswahl eines Wahlfachbereiches verglichen werden. Eine solche Fragestellung bezieht sich auf die Verteilung eines oder mehrerer Merkmale (hier des Merkmals „Geschlecht") in einer Gruppe von Personen (hier alle Studierenden an einer Pädagogischen Hochschule im Vergleich zu den Gruppen in den einzelnen Wahlpflichtgegenständen). Eine Gruppe, in der bestimmte Merkmale für den/die Forscher/in von Interesse sind, wird als *Population* oder *Grundgesamtheit* bezeichnet (in diesem Fall alle Studierenden der Pädagogischen Hochschule).

Statistik kann von zwei verschiedenen Sichtweisen her betrachtet werden:

- Mit Hilfe der *deskriptiven Statistik* (auch: beschreibende Statistik genannt) werden erhobene Daten in geeigneter Weise beschrieben und zusammengefasst. Mit ihren Methoden werden quantitative Daten zu Tabellen, graphischen Darstellungen und Kennzahlen verdichtet. *Deskriptiv* bedeutet in diesem Zusammenhang, dass eine große Datenmenge in einer überschaubaren, möglichst ausgeprägten Darstellung geordnet und beschrieben wird.

- Die *induktive Statistik* (auch: schließende Statistik oder Inferenzstatistik) leitet aus den Daten einer Stichprobe Eigenschaften einer Grundgesamtheit ab. Die Instrumente für die erforderlichen Schätz- und Testverfahren liefert die Wahrscheinlichkeitstheorie. *Induktiv* bedeutet in diesem Zusammenhang, dass mit Hilfe der Methoden der Wahrscheinlichkeitsrechnung, durch die Untersuchung einer bestimmten Stichprobe Informationen gewonnen werden mit deren Hilfe auf die Grundgesamtheit geschlossen wird.

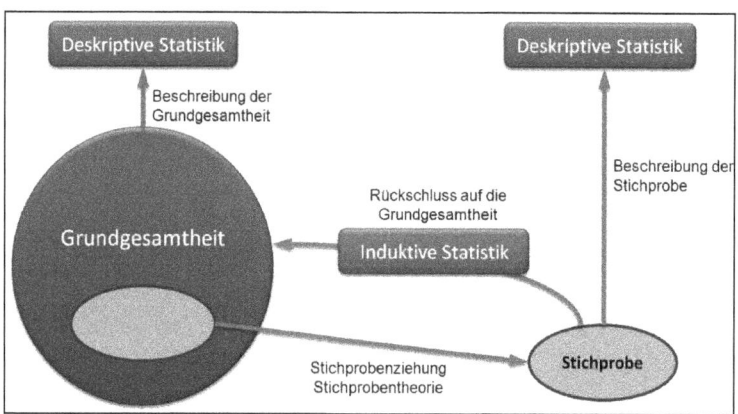

Abbildung 67: Deskriptive und induktive Statistik

Wie Abbildung 67 zeigt, können mit Hilfe der deskriptiven Statistik Daten sowohl aus einer Grundgesamtheit als auch aus einer Stichprobe heraus zusammengefasst werden. Dies kann in Form von *Grafiken und Tabellen* geschehen oder durch die Errechnung von statistischen Maßzahlen wie dem *Mittelwert, dem Modalwert, dem Median oder der Streuung*. Ein entscheidendes Kennzeichen der deskriptiven Statistik ist, dass ausschließlich Aussagen zum vorhandenen Datenmaterial selbst gemacht werden.

Wenn aus den Daten Rückschlüsse auf eine Grundgesamtheit gezogen werden sollen, kommen Methoden der induktiven Statistik zum Einsatz. Die Einbeziehung der Wahrscheinlichkeitstheorie ermöglicht, ausgehend von den Ergebnissen der erhobenen Daten (Stichproben), den Schluss auf die Grundgesamtheit. Es sind dadurch auch allgemeine Schlussfolgerungen möglich, die zur weiteren Entscheidungsfindung herangezogen werden können.

9.1.2 Statistische Grundbegriffe

Variable
In Forschungsprojekten werden Eigenschaften von Untersuchungsobjekten (Personen, Schulklassen, definierte Gruppen), die mit Hilfe ausgewählter, für die Fragestellung relevanter Merkmale beschrieben werden, erhoben. Die Merkmale der einzelnen Untersuchungseinheiten heißen in der Statistik *Variablen*. Diese Beobachtungsgrößen können verschiedene Ausprägungen annehmen, dies bedeutet, dass jede Variable mindestens zwei oder mehrere Ausprägungen hat. Soll zum Beispiel die Körpergröße von Kindern in einem bestimmten Alter untersucht werden, so sind die Kinder die Merkmalsträger und die gemessene Größe ist das Merkmal bzw. die Variable. Eine Variable ist also ein „Platzhalter", der durch jedes Element aus einer definierten Menge von Merkmalsausprägungen (Merkmalswerte) ersetzt werden kann. Die Variable „Haarfarbe" kann die Farben schwarz, blond, rot, brünett, sonstige etc. annehmen, die Variable „X" könnte die Beliebtheit von Schülerinnen und Schülern und die Variable „Y" beispielsweise die schulischen Leistungen ausformen. Variablen müssen in empirischen Untersuchungen zunächst operationalisiert werden, d.h, die Ausprägungen und ggf. die dazugehörigen Kriterien müssen festgelegt werden, damit sie der Beobachtung zugeführt werden können.

Nicht alle Merkmale bzw. Variablen lassen sich in derselben Qualität statistisch auswerten und interpretieren. Aus diesem Grund werden sie in verschiedene Kategorien unterteilt (Schira, 2009, S. 22).

Dabei gibt es verschiedene Möglichkeiten zur Einteilung von Merkmalen bzw. der entsprechenden Variablen:

- Einteilung nach der Messbarkeit: Qualitative und quantitative Variablen
- Einteilung nach der Abzählbarkeit: Diskrete und stetige Variablen
- Einteilung nach einer Skala: Nominale, ordinale und metrische Variablen

Qualitative und quantitative Variablen
Hier wird danach unterschieden, ob die Variable qualitativ verschiedene Eigenschaften nennt oder das Ausmaß einer Eigenschaft misst.

Von *qualitativen Variablen* spricht man, wenn es endlich viele Ausprägungen gibt, die nur gezählt und nicht gemessen werden können. Die meist verbal beschriebenen Merkmalsausprägungen lassen sich zwar eindeutig in Kategorien (z.B Haarfarben) unterscheiden, diese können jedoch keinen mathematischen Wert annehmen. Typische Beispiele sind das Geschlecht oder die Augenfarbe. Darüber hinaus sieht man auch ordinalskalierte Merkmale (siehe unten) als qualitativ an, wenn die Ausprägungen eher eine Qualitätsstufe als ein Ausmaß darstellen. Typische Beispiele sind hier die Schulnoten oder Güteklassen von Produkten.

Stellen die Ausprägungen ein Ausmaß (Quantität) bzw. eine Intensität dar, spricht man von *quantitativen Variablen*. Die einzelnen Merkmalsausprägungen werden unmittelbar in Zahlen ausgedrückt, die auch Aussagen über Abstände zwischen den Ausprägungen erlauben. Für diese Merkmale können verschiedene mathematische Rechenoperationen durchgeführt werden, wie zum Beispiel die Berechnung des Durchschnitts oder der Standardabweichung. Typische Beispiele sind die Körpergröße, das Gehalt oder der Intelligenzquotient.

Diskrete und stetige Variablen

Hier spielt die die Anzahl der Ausprägungen/Werte, die die Variablen annehmen können, eine Rolle. Wenn die Menge der möglichen Werte endlich (z. B. Augenzahl beim Würfeln) oder unendlich aber abzählbar ist (z. B. Anzahl der Kinder), dann heißt das Merkmal bzw. die Variable *diskret*. Ist die Menge der möglichen Werte nicht abzählbar bzw. kann sie jeden beliebigen Wert eines bestimmten Intervalls annehmen, dann spricht man von *stetigen* Variablen. Typische Beispiele sind: die Temperatur, das Gewicht oder die Körpergröße.

Nominale, ordinale und metrische Variablen

Die Einteilung der Variablen erfolgt in Bezug auf ein Skalenniveau (siehe unten), auf dem ein Merkmal „gemessen" wird.

Bei *nominalen Variablen* (z. B. Augenfarbe, Geschlecht) lassen sich einzelne Ausprägungen feststellen und willkürlich nebeneinander aufreihen. Es lässt sich jedoch keine Aussage über eine lineare Ordnung oder über Abstände einzelner Ausprägungen machen. Häufig werden den Ausprägungen dennoch (natürliche) Zahlen zugeordnet, die jedoch lediglich der Kodierung dienen und keine numerischen Werte im üblichen Sinne sind.

Ordinale Variablen (z. B. Schulnoten) lassen sich nicht messen, sie können aber in eine lineare Ordnung gebracht werden. Eine Aussage über den Abstand der Ränge bzw. Rangunterschiede lässt sich jedoch nicht machen.

Metrische Variablen (z. B. Alter, Größe) sind Merkmale, deren Ausprägungen sich mittels Zahlen darstellen lassen, wobei auch Rangunterschiede und Abstände sinnvoll interpretiert werden können.

Beispiel

Ist das „Geschlecht" in einer zu untersuchenden Stichprobe von Interesse, so ist es in dieser Stichprobe eine *Variable* mit zumindest zwei *Merkmalsausprägungen* – männlich und weiblich. Die Merkmalsausprägungen (Merkmalswerte) drücken eine Verschiedenartigkeit aus. Die Ausprägungen können verbal oder numerisch beschrieben werden. Alle Objekte, die der gleichen Merkmalsausprägung entsprechen, erhalten die gleiche Benennung (Codierung). Unterschiedlich codierte Objekte entsprechen auch ungleichen Gegebenheiten. Die Benennung der Ausprägungen ist prinzipiell frei wählbar und nicht unbedingt an Ziffern gebunden. Folglich kann diese Benennung auch solange beliebig verändert werden, solange nicht die Gleichheitsordnung zerstört wird (z. B. indem an beide Merkmalsausprägungen „weiblich" *und* „männlich" die Codierung „a" vergeben wird). In der Praxis hat sich gezeigt, dass eine Codierung mit Zahlen (also zum Beispiel 1 für männlich und 2 für weiblich) die elektronische Auswertung erheblich vereinfacht. Hier ist darauf zu achten, dass bei der Kodierung die Zahl Null nicht verwendet wird, da dies bei verschiedenen Berechnungen zu Schwierigkeiten führen kann.

Die Elemente einer Stichprobe werden als *Merkmalsträger* bezeichnet. Im Vorgang des Messens wird jedem Merkmalsträger der Stichprobe ein Messwert zugeordnet und zwar so, dass diese Zuordnung die Verhältnisse der Merkmalsträger hinsichtlich ihrer Merkmalsausprägung wiedergibt. Auf das obengenannte Beispiel bezogen heißt das:

Studierenden gleichen Geschlechts müssen gleiche Messwerte, Studierenden verschiedenen Geschlechts verschiedene Messwerte zugeordnet werden. Dies ist dann der Fall, wenn als Messwerte den beiden Geschlechtern zwei verschiedene Zahlen zugeordnet werden, z. B. 1 für „männlich" und 2 für „weiblich": Auch ein anderes Zahlenpaar wäre denkbar.

Die folgende Abbildung 68 zeigt den Zusammenhang der Begrifflichkeiten Merkmalsträger, Merkmal/Variable und Merkmalausprägung. Zusätzlich wird auch das Skalenniveau benannt, das in Kapitel 9.1.2 erörtert wird.

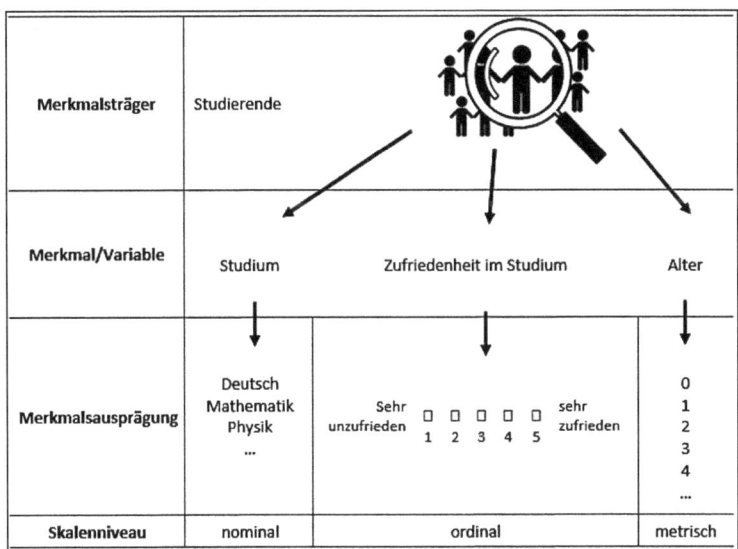

Abbildung 68: Beispiele für Ausprägungen von Merkmalsträgern

Häufigkeitsverteilung

Die verschiedenen Merkmalsausprägungen in einem Messvorgang werden einer Messwertliste zugeordnet. Die Messwerte variieren prinzipiell über die gesamte Skala des Merkmals (= Variable). Die Verteilung dieser Messwerte auf die Skalenwerte wird als *Häufigkeitsverteilung* bezeichnet.

Tabelle 10: Definierte Abkürzungen in der Statistik

N	Grundgesamtheit (Population)
n	Anzahl der Merkmalsträger = Stichprobenumfang
V_i	Versuchspersonen (wobei „i" eine beliebige Nummer einer Versuchsperson darstellt)
x_i	Skalenwert (= Messwert, mit dem die Merkmalsausprägung der V_i gemessen wird)

Üblicherweise wird als erster Schritt in einer Datenerhebung eine Häufigkeitstabelle erstellt. Darin wird vermerkt, wie oft (häufig) jedes zu messende Merkmal in der Stichprobe vorkommt.

Beispiel: Erhebung der gewählten Wahlpflichtfächer (WPF)

Dazu wird ein Kurzfragebogen erstellt, der unter anderem folgende Fragen enthält:

Studiengang: _____

Geschlecht: O weiblich   O männlich

Gewähltes Wahlpflichtfach:

O WPF1   O WPF2   O WPF3   O WPF4

Die Auswertung der möglichen Wahlpflichtfächer könnte folgende Zählliste ergeben (siehe Tabelle 11):

Wahlpflichtfach	Anzahl	Häufigkeit (f)
WPF1	||||	5
WPF2	|||| ||||	10
WPF3	|||| |||| ||	12
WPF4	|||	3

Tabelle 11: Auswertung der Wahlpflichtfächer in einer Häufigkeitsverteilung

Tabelle 11 enthält bereits einen gewissen Informationswert. Sie zeigt, wie viele Studierende (*f*) ein bestimmtes Wahlpflichtfach (WPF) gewählt haben bzw., dass das Wahlpflichtfach 3 am öftesten angekreuzt wurde.

Skalen

Unter einer *Skala* versteht man die geordnete Menge von Wertzuweisungen, die durch einen Messvorgang den Merkmalsträgern in einer Variablen zugeordnet werden können. Jedes Element dieser Menge nennen wir einen *Skalenwert*. Dabei ist zu beachten, dass jeder Merkmalsausprägung ein Skalenwert zugewiesen wird, wobei es vorkommen kann, dass nicht jeder Skalenwert der betreffenden Variablen in der Stichprobe existieren muss. Es wäre denkbar, dass in einer Stichprobe nur männliche Studierende gefunden werden, dann existiert zwar der Skalenwert 1 (= weiblich), nicht aber eine Merkmalsausprägung, der dieser Skalenwert zugewiesen werden könnte.

In der Statistik wird zwischen verschiedenen *Typen von Skalen* unterschieden:

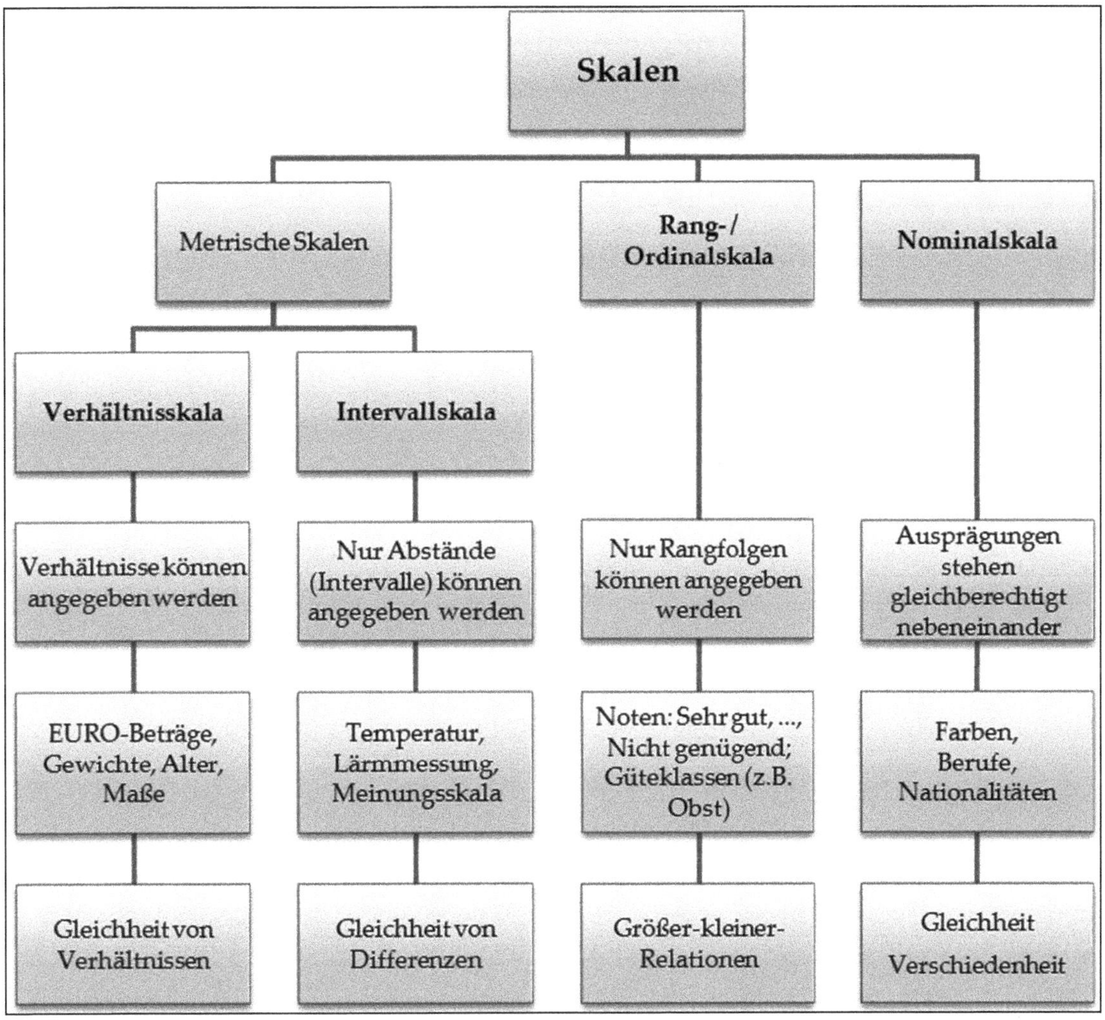

```
                          Skalen
          ┌─────────────────┼─────────────────┐
   Metrische Skalen    Rang-/            Nominalskala
                       Ordinalskala
   ┌──────┴──────┐
Verhältnisskala  Intervallskala

Verhältnisse können   Nur Abstände        Nur Rangfolgen      Ausprägungen
angegeben werden      (Intervalle) können können angegeben    stehen
                      angegeben werden    werden              gleichberechtigt
                                                              nebeneinander

EURO-Beträge,         Temperatur,         Noten: Sehr gut, ..., Farben,
Gewichte, Alter,      Lärmmessung,        Nicht genügend;     Berufe,
Maße                  Meinungsskala       Güteklassen (z.B.   Nationalitäten
                                          Obst)

Gleichheit von        Gleichheit von      Größer-kleiner-     Gleichheit
Verhältnissen         Differenzen         Relationen          Verschiedenheit
```

Abbildung 69: Skalentypen

Nominalskala

Die Ausprägungen einer Nominalskala unterscheiden sich, können aber nicht in eine Rangfolge gebracht werden. Es wird der Variable für die entsprechende Ausprägung genau ein Name bzw. genau eine Kategorie zugeordnet. Kennzeichnend für *Ausprägungen* einer Nominalskala ist, dass sie sich *gegenseitig ausschließen*.

Beispiele für nominal skalierte Daten sind das Geschlecht, der Familienstand oder die Religionszugehörigkeit.

Die Unterscheidung weiblich/männlich lässt eine Unterscheidung zwischen gleich/ungleich zu. Sie lässt aber z. B. keine Rückschlüsse auf den *Rang zu (besser/schlechter, größer/kleiner, mehr/weniger)*.

Ordinalskala

Merkmalsausprägungen können neben einer *Verschiedenartigkeit* auch eine *natürliche Rangordnung* ausdrücken. Lässt sich anhand der Zahlenzuordnung auch eine Rangordnung angeben, dann spricht man von Ordinalskalen.

Ausprägung	Kodierung
Sehr zufrieden	1
Zufrieden	2
Wenig zufrieden	3
Nicht zufrieden	4

Tabelle 12: Ausprägung und Kodierung einer Ordinalskala

In diesem Beispiel kann zusätzlich zur Unterscheidung gleich/ungleich auch eine Unterscheidung zwischen größer/kleiner getroffen werden. Es wird eine Größenrelation erkennbar. Die Kodierung mit 1 drückt mehr Zufriedenheit aus als die Kodierung mit 2. Nicht möglich sind Aussagen zu den Abständen der einzelnen Merkmalsausprägungen, da diese unterschiedlich groß sind. Auch hier ist die Auswahl der Kodierung noch immer relativ frei möglich. Es ist jedoch darauf zu achten, dass die vorhandene Reihenfolge sich in den Zahlen wiederfinden lassen muss, d. h. die Sortierung der Zahlen muss einer korrekten Sortierung der Ausprägungen entsprechen.

> Beispiele
> Noten, Rangplätze der Fußball-Liga, Musik-Charts etc.

Intervallskala

Bei einer Intervallskala liegen gleiche Abstände zwischen den einzelnen Skalenwerten vor. Deshalb können neben der Rangordnung auch die *Abstände zwischen den Ausprägungen* verglichen werden. Differenzen zwischen Messwerten sind sinnvoll interpretierbar. Es können aber keine Verhältnisse bestimmt werden. Der Grund: Nullpunkt, Größe der Einheit und Richtung, in der die Einheiten vom Nullpunkt aus gezählt werden, sind willkürlich festgesetzt. Ein Beispiel für eine derartige Skala ist das Thermometer in Grad Celsius. Da der Nullpunkt willkürlich gesetzt ist, sind 50 Grad keineswegs doppelt so warm wie 25 Grad. Jedoch ist der Abstand zwischen −4 und 15 Grad genauso groß wie der zwischen 14 und 33 Grad.

> Beispiele
> Geburtsjahr, Temperaturskala in °C, Längen- und Breitengrade der Erde etc.

Verhältnisskala

Eine Verhältnisskala bezieht sich im Unterschied zur Intervallskala immer auf einen *natürlichen Nullpunkt*. In einer Verhältnisskala können Quotienten zweier Ausprägungen gebildet werden. Aufgrund der Tatsache, dass ein absoluter Nullpunkt vorliegt, können auch Verhältnisse zwischen zwei Messwerten gebildet werden, z. B. ist 100 kg Körpergewicht das Doppelte von 50 kg Körpergewicht, ein 40-Jähriger ist doppelt so alt wie ein 20-Jähriger.

> Beispiele
> Temperaturskala in Kelvin, Alter, Körpergröße, Geld etc.

Absolutskala

Neben den Eigenschaften der Verhältnisskala hat die Absolutskala eine *natürliche Einheit, die maßstabsunabhängig* ist. Bei Absolutskalen handelt es sich um Stückzahlen.

Beispiele
Anzahl der Autos in einer Familie, Zahl der produzierten Werkstücke etc.

Je nachdem mit welcher Skala gemessen wird, erhält man unterschiedliche Daten mit einem entsprechenden Datenniveau. Diese können unterschiedlich ausgewertet werden. Aus einer Nominalskala erhält man kategoriale Daten, aus einer Ordinalskala ordinale Daten und aus einer Intervall- und Verhältnisskala erhält man metrische Daten. Mit zunehmendem Skalenniveau verbessern sich die statistischen Eigenschaften der Messdaten und die Möglichkeiten zur statistischen Auswertung.

Eine Übersicht über die einzelnen *Skalentypen* zeigt die folgende Tabelle:

Skala	Nominal	Ordinal	Intervall	Verhältnis
Ordnung nach	Kategorien, Typen	Rängen	Messpunkten	Messpunkten
Einheiten	–	ja	ja	ja
Maßeinheit	–	–	ja	ja
Relationen untereinander	–	ja	ja	ja
Gleiche Abstände	–	–	ja	ja
Sinnvolle Reihenfolge	–	ja	ja	ja
Nullpunkt	–	–	willkürlich	natürlich
Zweck	Sortierung	Klassifikation des Unterschiedes	Messung eines Ausprägungsgrades	Messung eines Ausprägungsgrades
Beispiele	Geschlecht, Familienstand	Schulnoten, Musik-Charts	Geburtsjahr, Temperatur in °C,	Temperatur in Kelvin, Alter, Körpergröße
Datenniveau	kategorial	ordinal	metrisch	metrisch
Mathematische Operanden	Gleichheit, Ungleichheit	Gleichheit, Ungleichheit, größer als, kleiner als	Gleichheit, Ungleichheit, größer als, kleiner als, Addition, Subtraktion	Gleichheit, Ungleichheit, größer als, kleiner als, Addition, Subtraktion, Multiplikation, Division
Auswertungsmöglichkeiten	Absolute und relative Häufigkeit, Modalwert	Absolute und relative Häufigkeit, Modalwert, Median, 1. und 3. Quartil, Spannweite, Interquartilsabstand, Minimum, Maximum, Perzentile	Absolute und relative Häufigkeit, Modalwert, Median, 1. und 3. Quartil, Spannweite, Interquartilsabstand, Minimum, Maximum, Perzentile, Mittelwert, Schiefe, Standardabweichung	Absolute und relative Häufigkeit, Modalwert, Median, 1. und 3. Quartil, Spannweite, Interquartilsabstand, Minimum, Maximum, Perzentile, Mittelwert, Schiefe, Standardabweichung

Tabelle 13: Zusammenfassung der Skalentypen

In der Literatur finden sich Fälle, in denen unter bestimmten Bedingungen auch nicht auf einer gleichabständigen ordinalen Skala gemessene Parameter in der statistischen Anwendung wie metrisch skalierte Variablen verwendet werden dürfen. Das ist dann der Fall, „when a quantitative ordered discrete variable takes on a wide range of values (as does the number of employees in an organization), it is probably reasonably to treat the variable as if it were continuous." (Berry, 1993, S. 47). Häufig wird hier bei Likert-Skalen und Zähldaten so vorgegangen. Opp und Schmidt (1976, S. 35) führen als „Daumenregel" das Vorliegen einer ordinalskalierten Variablen mit mehr als vier Rangstufen und einer Stichprobe von mehr als 100 Beobachtungen an. Liegt also eine ordinal skalierte Variable vor, die mindestens fünf Ausprägungen annehmen kann, dann kann diese wie eine metrische Variable in der Datenauswertung verwendet werden.

Klassenbildung

Prinzipiell kann jede Skala durch *Klassenbildung* verändert werden, wobei folgende *Regeln* zu beachtet sind:

Die Kategorien von Nominalskalen lassen sich beliebig zu neuen Kategorien zusammenfassen, wenn diese Zusammenfassung eindeutig ist. „Eindeutig" sind Messwerte, die in der feineren Einteilung der Skalenwerte in eine Kategorie fallen. Sie müssen auch bei jeder größeren Einteilung einer einzigen Kategorie zuzuordnen sein.

Beispiel
Die Fächer Unterrichtswissenschaft, Pädagogik, Soziologie, Psychologie und Erziehungswissenschaft können als Studienfachbereich „Humanwissenschaft" zusammengefasst werden.

Ordinalskalen können durch Zusammenlegen benachbarter Ränge zu beliebig vergröberten Skalen gemacht werden. Dabei bleibt die ordinale Qualität der Skala erhalten.

Beispiel
Die Noten von „Sehr gut" bis „Genügend" können zu „positive Beurteilung" zusammengefasst werden.

Manchmal ist es sinnvoll, nicht benachbarte Ränge zusammenzufassen. Geschieht dies, so verliert die neue, vergröberte Skala ihre ordinale Qualität, man erhält eine Nominalskala.

Beispiel
Die besten und die schlechtesten Schüler/innen werden zusammengefasst, um sie mit denjenigen zu vergleichen, die weder besonders gut noch besonders schlecht sind.

Bei der Vergröberung von Intervallskalen ist darauf zu achten, dass die Breite der neu entstandenen Intervalle gleich bleibt.

Beispiel
Die in °C gemessene Temperatur wird in 10° C-Schritten zusammengefasst.

Messwerte werden nur selten über den gesamten Bereich, der theoretisch möglich ist, streuen. Man bildet aus diesem Grund am oberen und unteren Rand der Skala sogenannte offene Messwertklassen, in die alle Messwerte bis zu bzw. ab einer Klassengrenze fallen.

Beispiel
Bei der Messung des Gewichts von Schülerinnen und Schülern werden alle Schüler/innen bis 35kg in einer Gruppe zusammengefasst.

Klassen von Messwerten bilden

In manchen Fällen enthält die Skala mehr Skalenwerte als Versuchspersonen in der Stichprobe vorhanden sind. Die Zahl der Skalenwerte ist also größer als die Zahl der Messwerte.

Wenn z. B. das Gewicht von 100 Personen gemessen wurde, streuen die Messwerte z. B.

- von 35,5 kg (x_i der leichtesten V)
- bis 92,5 kg (x_n der schwersten V).

Angenommen es wurde mit einer Genauigkeit von 0,5 kg gemessen, so gibt es zwischen der größten und der kleinsten der 100 Versuchspersonen 114 Skalenwerte. Es ist nachvollziehbar, dass eine so feine Messung nicht anschaulich ist. Um die Übersichtlichkeit zu erhöhen, wird man die Messwerte in Klassen zusammenfassen. Als Faustregel für das Festlegen der Anzahl zu bildender Klassen gilt: „Die Wurzel aus der Anzahl verschiedener Merkmalsausprägungen soll kleiner gleich der Anzahl der Klassen sein" (Hauser & Humpert, 2009, S. 62).

In unserem Beispiel würde dies bedeuten, dass sechs bis sieben Klassen ideal wären.

Dies kann z. B. durch eine Einteilung in 10 kg-Intervalle erreicht werden:

	Von	bis
1. Messwertklasse		39,5 kg
2. Messwertklasse	40,0	49,5 kg
3. Messwertklasse	50,0	59,5 kg
4. Messwertklasse	60,0	69,5 kg
5. Messwertklasse	70,0	79,5 kg
6. Messwertklasse	80,0	89,5 kg
7. Messwertklasse	90,0 kg	und mehr

Tabelle 14: Bildung von Klassen

Diese Regel gilt vor allem für Auswertungen, die bis zu 100 Messwerte beinhalten. In größeren Untersuchungen kann die Anzahl der Klassen mit der Formel von Sturges berechnet werden. Dabei wird die „optimale" Anzahl k von Klassen anhand des Stichprobenumfangs n bestimmt. Folgende gleichwertige Alternativen sind dabei möglich (Wirtz & Nachtigall, 2006, S. 66):

- $k \sim 1 + 3.322 \log_{10}(n)$
- $k \sim 1 + 1.442 \ln(n)$
- $k \sim 1 + \log_2(n)$

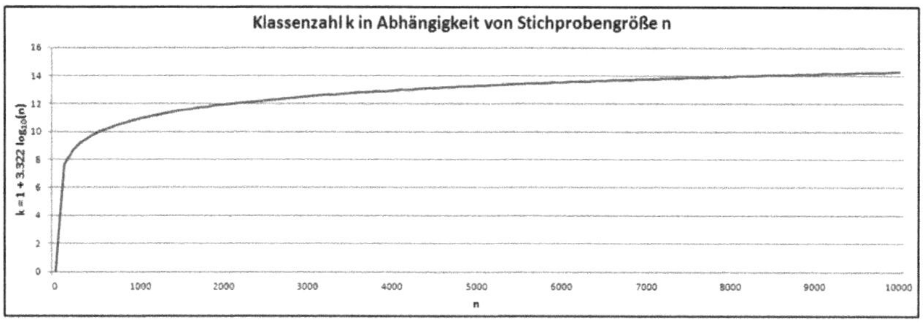

Abbildung 70: Klassenanzahl nach Sturges

Grundsätzlich gehen durch eine Klassierung Informationen verloren und es ergeben sich bei der Berechnung geringfügige Abweichungen für unterschiedliche Klassierungen. In einem Vergleich verschiedener Analysen sollte man deshalb immer ein gleiches Vorgehen bzw. eine gleiche Klassierung wählen.

Beide Möglichkeiten bilden eine gute Grundlage zur Bildung von Klassen, sollten aber als „Faustregeln" angesehen werden. Ein Patentrezept zur Klassenbildung gibt es nicht, grundsätzlich kann hier relativ willkürlich vorgegangen werden.

Folgende Regeln sind bei der Bildung von Klassen hilfreich:

- Bilde, wenn möglich, sinnvolle gleichmäßige Klassenbreiten.

- Bilde eine ansprechende Zahl von Klassen, um einerseits die gewünschte Informationsverdichtung zu erreichen, andererseits aber die Struktur der ursprünglichen Daten zu erhalten.

- Vermeide es, Bereiche, in denen Merkmalsausprägungen gehäuft auftauchen, durch eine Klassengrenze zu zerschneiden oder sie am Rand einer Klasse gehäuft auftreten zu lassen und versuche die Klassen homogen (= gleichmäßig) zu besetzen bzw. gehäufte Bereiche in die Klassenmitte zu bringen.

- Bereiche mit sehr wenigen Merkmalsausprägungen sollten zu einer einzigen Klasse zusammengefasst werden. Dabei sollten offene Randklassen (z. B. eine untere Randklasse „weniger als ..." bzw. eine obere Randklasse „mehr als ...") vermieden werden.

9.1.3 Arbeiten mit Excel

Statistische Auswertungen können im einfachsten Fall mit einem geeigneten Taschenrechner oder umfassend, vor allem mit Blick auf die schließende Statistik mit einem leistungsfähigen Statistikprogramm wie zum Beispiel mit „SPSS" oder mit der Open-Source-Software „R" (online verfügbar unter *http://www.r-project.org;* ein sehr gutes Handbuch mit Zielgruppe Bachelor- und Master-Studierende wurde von Reisinger und Wagner, 2017, publiziert) durchgeführt werden. Für statistische Analysen von kleineren bis mittleren Datenmengen hat sich die Tabellenkalkulation Excel sehr gut bewährt. Die Vorteile des Programms liegen vor allem darin, dass es mit Grundkenntnissen einfach zu bedienen ist und schnell entsprechende Ergebnisse liefert. Es bietet verschiedene Anwendungsmöglichkeiten für statistische Analysen – beginnend bei einfachen Berechnungsfunktionen, wie Summe, Differenz, bis hin zu interaktiven Tabellenanalysen mit Hilfe von Pivot-Tabellen. In Excel erstellte Tabellen und Diagramme können leicht in eine Textverarbeitung (z. B. MS Word) übernommen werden. Auch das Importieren von Daten aus anderen Programmen wie Microsoft Forms oder Google Forms ist durch die eingebauten Filter möglich. Abhängig von der Erfassung der Fragen ist eine Umkodierung der Werte (z. B. von Text in Zahlen; siehe unten) erforderlich, damit Berechnungen möglich sind. Wie mit Excel deskriptive Analysen durchgeführt werden können, wird im Folgenden anschaulich präsentiert.

Dateneingabe in Excel
Excel erwartet Eingabedaten in einer bestimmten, einheitlichen, rechteckigen Datenstruktur – der Datenmatrix. Diese ist die Grundstruktur in der die gesamten Rohdaten einer Untersuchung dargestellt werden. Es wird zwischen *Zeilen* und *Spalten* unterschieden. Für jede Variable ist eine eigene *Spalte* zu verwenden. In der *ersten Spalte* werden die einzelnen Beobachtungseinheiten fortlaufend durchnummeriert (z. B. Fragebogen 1, Fragebogen 2, Fragebogen 3 etc.). Die weiteren *Spalten* enthalten alle für das entsprechende Merkmal (Variable) aufgezeichneten bzw. gemessenen Werte (z. B. Geschlecht, Körpergröße, Zufriedenheitsausprägung etc.; siehe Kapitel 9.1.2). In der *ersten* Zeile der Datenmatrix steht immer die Bezeichnung der jeweiligen Variablen. In den weiteren, fortlaufenden Zeilen werden alle aufgezeichneten bzw. gemessenen Werte einer *Beobachtungseinheit* (z. B. alle Werte einer/eines Studierenden) eingetragen. Es empfiehlt sich in der ersten Spalte eine fortlaufende Nummer zur leichteren Identifikation der einzelnen *Beobachtungseinheiten* anzulegen (siehe Abbildung 71 Spalte A). Bei sensiblen Daten ist eine Anonymisierung vorzusehen, die zum Beispiel durch die (eindeutige) Vergabe von Identifikationsnummern erreicht wird. Außerdem sollte beachtet werden, dass alle für die Auswertung relevanten Daten in einer Tabelle eingetragen und nicht in verschiedenen Arbeitsmappen oder Dateien abgespeichert sind. Leere Zeilen oder Spalten aus Gründen der Übersichtlichkeit sollten vermieden werden. Je einfacher die Struktur der Tabelle ist, desto besser. Formatierungen – wie Farben oder Rahmen – und Kommentare zu einzelnen Werten vermindern die Übersichtlichkeit und sind zu vermeiden.

In der ersten Zeile der Datenmatrix steht immer die Bezeichnung der jeweiligen Variablen. Bei der Benennung der Variablen werden aussagekräftige Bezeichnungen verwendet, die einen Hinweis zu ihrem Inhalt erkennen lassen (z. B. SEX für Geschlecht, GRÖ für Größe, GEW für Gewicht) (siehe Abbildung 71, Zeile 1). Wichtig ist, dass jeder Variablenname nur einmal vergeben wird. In der zweiten Zeile werden in jeder Spalte die kodierten Merkmalsausprägungen für die entsprechende Beobachtungseinheit eingetragen (z. B. für „männlich" wird der Wert 1, für „weiblich" der Wert 2 zugeordnet (siehe Abbildung 71, Spalte B)). So kann aus der Datenmatrix (siehe Abbildung 71) entnommen werden, dass es sich beim Fragebogen 7 um eine weibliche Teilnehmerin handelt, die 1,75 m groß und 67,3 kg schwer ist.

Fehlende Werte werden am besten auch in der Excel-Tabelle leer gelassen. Auf keinen Fall darf hier der Wert 0 oder ein Fragezeichen eingetragen werden.

Vorschlag für eine Datenmatrix

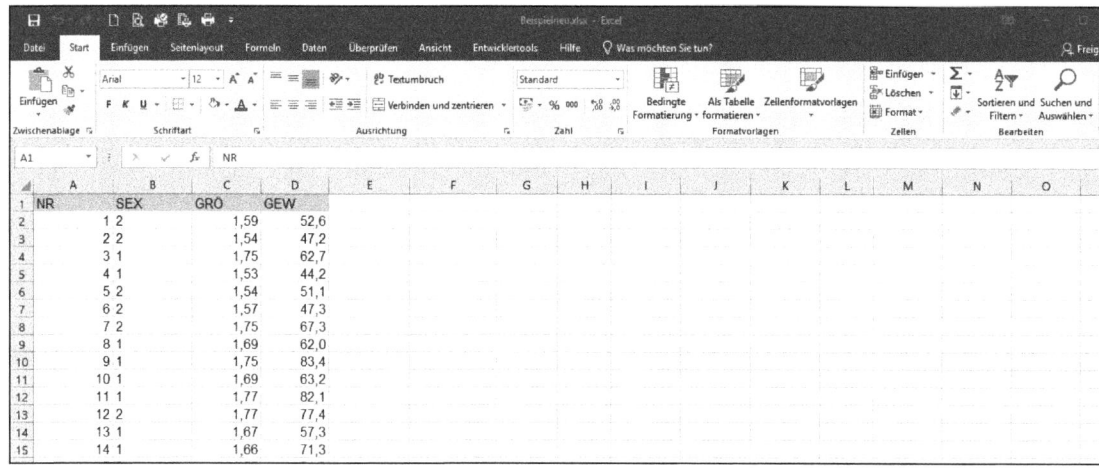

Abbildung 71: Datenmatrix in Excel

Das Format innerhalb einer Variablen muss einheitlich sein, d. h. es darf nicht zwischen Zahlen, Sonderzeichen, Texteingabe etc. gewechselt werden. Prinzipiell sind verbal formulierte Variablen zu vermeiden. Bei der Kodierung von Variablen gleicher Ausprägung mit numerischen Werten empfiehlt es sich für die gleiche Antwortkategorie immer die gleiche Kodierung zu verwenden, z. B. für die Merkmalsauprägung „trifft zu" immer den Wert 1.

Grundlagen des Arbeitens mit Excel

Die Aktivierung der notwendigen Analyse-Funktionen erfolgt über den Menüpunkt „*Datei*" und über die anschließende Auswahl „*Optionen*". Dort wird die Kategorie „*Add-Ins*" gewählt, im Bereich *Verwalten* die Auswahl auf „Excel-Add-Ins" gestellt und „*Los...*" angeklickt. Im Dialogfeld „*Add-Ins*" wird das Kontrollkästchen „*Analyse-Funktionen*" (siehe Abbildung 72) aktiviert.

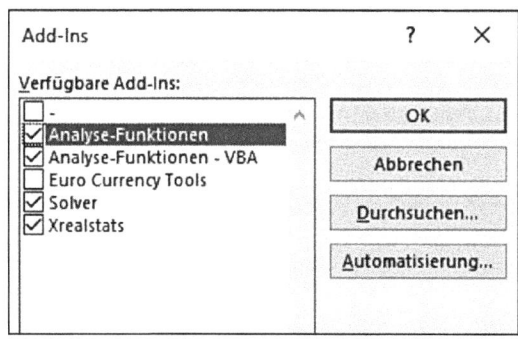

Abbildung 72: Aktivieren des Analyse Add-Ins

Zur Berechnung statistische Kennzahlen gibt es in Excel drei Möglichkeiten:

- Mit dem *Funktionsassistenten*
  Über die Registerkarte „Formeln" und über die Auswahl des gewünschten Bereichs kann der integrierte Funktionsassistent, der bei der Erstellung verschiedener Berechnungen hilft, gestartet werden.

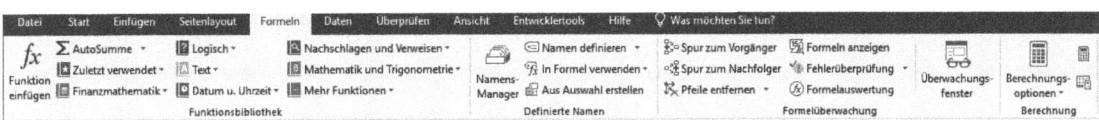

Abbildung 73: Registerkarte „Formeln"

- Über die *Analyse-Funktionen*
  Über die Registerkarte „Daten" kann über die Gruppe „Analyse" auf die „Datenanalyse" zugegriffen werden.

Abbildung 74: Registerkarte Daten mit Gruppenfeld Analyse

- Durch *Direkteingabe*
  Alle Berechnungen können auch durch die direkte Eingabe des zugehörigen Befehls und seiner Parameter durchgeführt werden. Bei jeder Direkteingabe ist ein Eintrag mit dem Gleichheitszeichen „=" zu beginnen, gefolgt von Zahlen, mathematischen Operatoren (+, −, *, /) und/oder mathematischen Formeln. Dabei können die Befehlswörter groß oder klein geschrieben werden. Innerhalb von Berechnungen dürfen keine Leerzeichen eingefügt werden. Der Abschluss der Eingabe erfolgt mit Hilfe der „Enter-Taste".

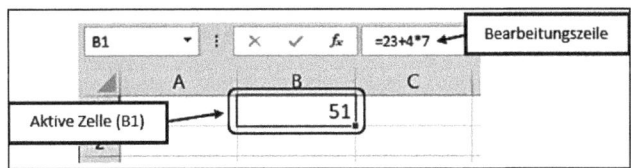

Abbildung 75: Einfache Berechnungen in Excel

In der aktiven Zelle (siehe Abbildung 75: Zelle B1) wird das Ergebnis (51) angezeigt. Man kann nur durch einen Doppelklick in die Zelle oder durch einen Vergleich mit der Bearbeitungszeile erkennen, ob die Zelle mit einer Zahl (Merkmalsausprägung) oder einer Formel (Abbildung 75: =23+4*7) belegt ist.

Bei jeder Berechnung können auch Zelladressen, in denen Zahlen stehen, berücksichtigt werden. Abbildung 76 zeigt, wie in der Formel in der Zelle B1 der Wert 201 aus der Zelle A1 in die Berechnung mit einbezogen wird.

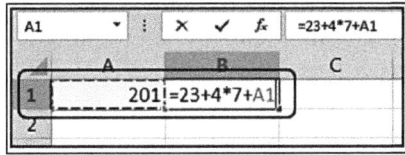

Abbildung 76: Herstellen von Zellbezügen

Excel bietet eine Reihe vorgefertigter Funktionen. Durch das Eingeben der entsprechenden Formel gefolgt von den zugehörigen Parametern – normalerweise Zelladressen, in denen die Zahlen stehen – können die einzelnen Funktionen aufgerufen werden.

Eine Formel beginnt immer mit einem Gleichheitszeichen, dem das Befehlswort (das groß oder klein geschrieben werden kann) folgt. Sollen z. B. Werte summiert werden, ist in jene Zelle, in der das Ergebnis angezeigt werden soll, der Befehl „=SUMME" einzugeben (siehe Abbildung 77: Zelle A5).

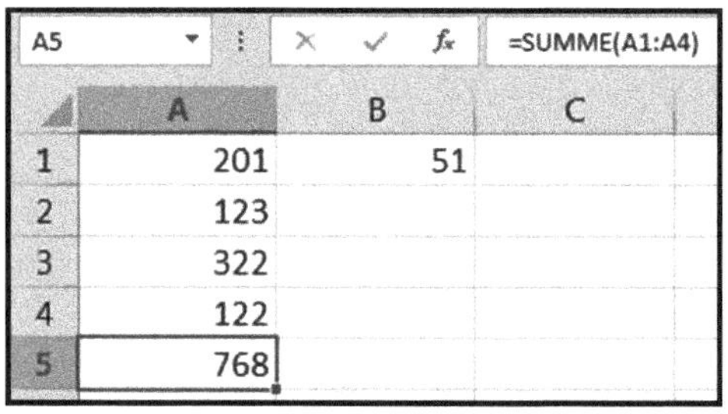

Abbildung 77: Das Eingeben einer Formel in Excel

Dem Befehl folgen die zur Berechnung notwendigen Parameter, die durch Klammern begrenzt werden. Im obigen Beispiel lautet die in Zelle A5 eingegebene Formel: =SUMME(A1:A4). Als Ergebnis wird in der Zelle A5 der Summenwert 768 ausgewiesen.

Wenn das notwendige Befehlswort oder die korrekte Schreibweise der Formel nicht bekannt ist, hilft die Multifunktionsleiste. Auf der Registerkarte „Formeln" sind diese thematisch geordnet und können mit wenigen Mausklicks ausgewählt werden.

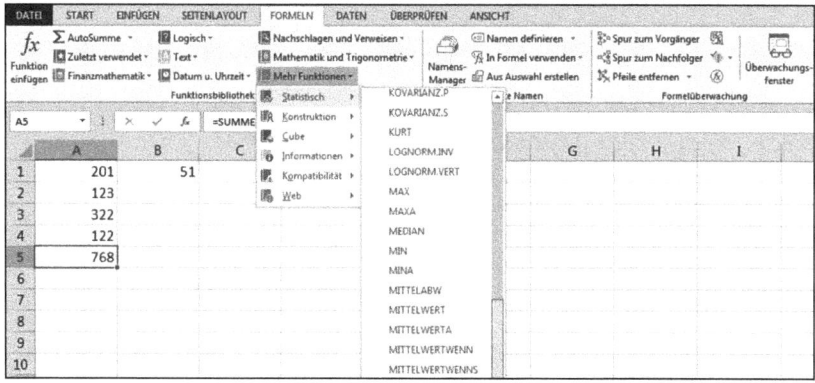

Abbildung 78: Registerkarte „Formeln"

Um die richtige Auswahl der verwendeten Formeln zu überprüfen (es wird standardmäßig nur das Ergebnis angezeigt), können mit der Tastenkombination Strg + # auf einem Arbeitsblatt die Formeln an Stelle der Ergebnisse angezeigt werden. Die Tastenkombination funktioniert wie ein Lichtschalter, also „an" oder „aus".

Um das Rechnen mit Formeln zu vereinfachen, kann in Excel ein Bereich eines Arbeitsblattes mit einem Namen deklariert werden. Dazu wird der betreffende Bereich markiert und im Namenfeld die Bezeichnung vergeben (siehe Abbildung 79).

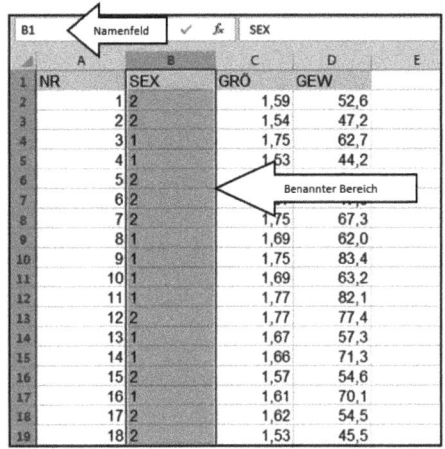
Abbildung 79: Benennen von Zellen

Wenn für die in der Formel zu verwendenden Bezüge bereits Namen definiert sind, können diese Namen an Stelle der Bereichsbezeichnung zum Aufbau der Formel eingesetzt werden. Das erleichtert das Verständnis der verwendeten Formeln. So wird in Abbildung 80 über die Formel „=ANZAHL(SEX)" die Anzahl der eingegebenen Merkmalsausprägungen im benannten Bereich „SEX" bestimmt.

Abbildung 80: Direkteingabe von Formeln

9.2 Daten analysieren – Beschreibung von Verteilungen

9.2.1 Erstes Ordnen

Ein erstes Ordnen kann bereits bei der Erhebung und/oder Auswertung statistischer Daten stattfinden, indem Werte jeder Merkmalsausprägung notiert oder Häufigkeiten mit Hilfe einer Strichliste festgehalten werden. Diese kann zwar genutzt werden, um eine erste Datenreduktion durchzuführen und die absolute Häufigkeit von Ereignissen oder Merkmalen zu bestimmen, für eine größere Datenmenge oder eine fundierte Analyse ist sie aber nicht geeignet.

Alter der Studierenden ungeordnet	Alter der Studierenden geordnet
25, 34, 18, 21, 19, 18, 23, 22, 23, 34, 19, 19, 21, 23, 27, ...	18, 18, 19, 19, 19, 21, 21, 22, 23, 23, 23, 25, 27, 34, 34, ..
Geschlecht	
weiblich	⊬⊬⊬⊬ ⊬⊬⊬⊬ ||| ...
männlich	⊬⊬⊬⊬ ⊬⊬⊬⊬ || ...

Da die Daten im Rahmen der Erhebung in der erfragten Reihenfolge notiert werden, ist es insbesondere bei großen Datenbeständen ein Problem, mögliche Strukturen in den Daten zu erkennen. Diese Art der Datenerhebung ist nur dann sinnvoll, wenn zwischen den Variablen einer Untersuchung keine Vergleiche angestellt werden – was in der Regel eher ungewöhnlich ist. Bei einer Erhebung bzw. Auswertung, wie oben dargestellt, wäre es etwa nicht möglich das Alter dem Geschlecht zuzuordnen. Eine Möglichkeit zur Verbesserung der Übersichtlichkeit besteht darin, die erhobenen Werte der Größe nach zu ordnen. Die Erstellung einer Ordnung bietet den Vorteil einer verbesserten Übersichtlichkeit des betrachteten Datenmaterials. Nach dem Ordnen können sofort zwei Werte – der *kleinste Wert* „18" (das *Minimum*) und der *größte Wert* „34" (das *Maximum*) – ermittelt werden. Mit Hilfe des geordneten Datensatzes kann auch die folgende Frage beantwortet werden: *„Wie viele der erhobenen Merkmalsausprägungen sind kleiner als ein vorgegebener Wert, bzw. wie groß ist dieser Anteil?"* Durch die Neuordnung der Daten gehen aber auch Informationen verloren. In einer *Urliste* liegen die Beobachtungswerte in der Reihenfolge vor, in der sie beobachtet wurden. Diese Struktur kann für einige Fragestellungen von Interesse sein. Besteht beispielsweise Interesse an der zeitlichen Verteilung bei der Erfassung der Altersstruktur, so kann es von Bedeutung sein, in welcher Reihenfolge die Daten erhoben wurden. Diese Information geht durch die Erstellung einer Ordnung jedoch verloren.

Eine günstigere Form der Datendarstellung, die auch direkt in Excel zu Berechnungen herangezogen werden kann, zeigt Abbildung 81. Neben der Indizierungsvariablen (Case-ID) in Spalte A wurde in Spalte B die mit „1" für männlich und „2" für weiblich kodierte Variable Geschlecht (SEX) und in der Spalte C das Alter als numerische Variable eingetragen. In diesem Fall bleibt die Reihenfolge der erhobenen Daten erhalten.

NR	SEX	ALTER
1	2	59
2	2	36
3	1	26
4	1	38
5	1	32
6	2	22
7	2	26
8	1	29
9	1	49
10	2	53
11	2	63
12	2	19
13	1	48
14	1	38
15	1	50
16	1	37
17	2	53
18	1	24
19	1	42
20	2	62

Abbildung 81: Dateneingabe in Excel

9.2.2 Variablen neu berechnen oder umcodieren

Die Berechnung neuer, zusätzlicher Variablen ist auch in Excel möglich. Dazu muss in der bestehenden Datenmatrix eine zusätzliche Spalte eingefügt werden. In der ersten Zeile dieser neuen Spalte wird der Namen der neuen Variablen eingetragen. In den restlichen Zeilen wird die entsprechende Berechnung als Excel-Formel eingegeben. So kann man z. B. den BMI aus Größe und Gewicht berechnen, indem das Körpergewicht in Kilogramm durch das Quadrat der Körpergröße in Metern dividiert wird.

Beispiel

Wenn in Zelle D2 der neue Wert berechnet werden soll und in Zelle B2 das Körpergewicht in Kilogramm sowie in Zelle C2 die Körpergröße in Metern angegeben ist, so erfolgt die Berechnung in Zelle D2 nach folgender Formel: *=B2/C2^2*. Anschließend muss die Formel noch in die restlichen Zellen kopiert werden.

Zur Generierung neuer Variablen durch Umcodieren bzw. um Variablenwerte oder -kategorien zu modifizieren, kommt in Excel die *WENN*-Funktion zum Einsatz. Diese kann keine Berechnung mit Zahlen durchführen, sondern ist eine sogenannte logische Funktion mit deren Hilfe Zusammenhänge untersucht werden können. Die Funktion wird für folgende Anwendungsfälle eingesetzt:

- *Dichotomisieren von Variablen:* wenn z. B. eine Variable „Anzahl Kinder" in „Kinder nein oder ja" (nein=1, ja=2) recodiert werden soll

- *Zusammenfassen von Wertebereichen:* wenn z. B. die Variable Alter, die in Jahren vorliegt in Altersgruppen („jünger als 10", „10 bis 19", „20 bis 29" und „über 29") recodiert werden soll. Dabei werden den verschiedenen Altersgruppen Zahlen zugeordnet: z. B. für alle, die „jünger als 10" sind eine 1, für alle, die „10 bis 19"" sind eine 2, usw.

- *Umpolung von Variablen:* Die Variable „Zufriedenheit im Studium" wird mit einer 5-Punkt Skala erhoben. Dabei wurde die Antwort „vollkommen zufrieden" mit 1, „vollkommen unzufrieden" mit 5 etc., codiert. Da sich in der Regel die Interpretierbarkeit bzw. die Möglichkeiten zur Datenanalyse erhöhen, wenn eine höhere Zustimmung zu einer Aussage einem höheren Wert zugewiesen wird ist hier eine Umpolung der Variablen hilfreich.

Die Syntax der Formel lautet:

  =WENN(Bedingung;Dann-Wert;Sonst-Wert)

Diese Formel ist so aufgebaut, dass zuerst die Bedingung genannt wird, danach der Wert, der ausgegeben werden soll, wenn diese Bedingung erfüllt ist und dann der sogenannte „Sonst-Wert", der ausgegeben wird, wenn die Bedingung nicht erfüllt ist.

Beispiel
=WENN(B4<10;"Wert ist kleiner 10";"Wert ist größer oder gleich 10")

Dies ergibt in der Zelle, in der die Formel eingegeben wird den Text "Wert ist kleiner 10", wenn die Bedingung (Zahl in B4 ist kleiner als 10) erfüllt ist und "Wert ist größer oder gleich 10"), wenn die Bedingung nicht erfüllt ist.

Zur Definition der Bedingung stehen unter anderem folgende logische Operatoren zur Verfügung:

=	gleich	<>	ungleich	<	kleiner
≤	kleiner-gleich	>	größer	≥	größer-gleich

Zur Überprüfung mehrerer Argumente besteht die Möglichkeit in die WENN-Funktion die *UND*- bzw. *ODER*-Funktion einzubauen.

Syntax: *=WENN(UND(Bedingung1;Bedingung2;...);Dann-Wert;Sonst-Wert)*

Syntax: *=WENN(ODER(Bedingung1;Bedingung2;...);Dann-Wert;Sonst-Wert)*

Wird die *UND*-Funktion verwendet, müssen alle angegebenen Bedingungen erfüllt sein, damit Excel den Dann-Wert ausgibt. Bei der ODER-Funktion muss nur eine der eingegebenen Bedingungen erfüllt sein, damit der Dann-Wert ausgegeben wird.

Beispiel
In der Zelle B5 wird folgende Formel verwendet um das Alter in Klassen einzuteilen:
=WENN(UND(B4>=10;B4≤19;1;"")

Als Ergebnis wird in der Zelle B5 die Zahl 1 eingetragen, wenn der Wert in Zelle B4 zwischen 10 und 19 liegt, ansonsten bleibt die Zelle leer.

Um eine vollständige Klassifizierung durchzuführen kann die Funktion intern verknüpft werden:

In einer Fragebogenerhebung wird das Alter in Jahren abgefragt. Dieses soll nun nach folgenden Regeln klassifiziert werden:

- Alter unter 10 Jahren = 1
- Alter zwischen 10 und 19 Jahren = 2
- Alter zwischen 20 und 29 Jahren = 3
- Alter über 29 Jahren = 4

Dies erreicht man durch folgende Formel:

=WENN(B4<10;1;WENN(UND(B4>=10;B4<=19);2;WENN(UND(B4>=20;B4<0=29);3;WENN(B4>29;4;""))))

In der ersten Wenn-Bedingung wird überprüft, ob der/die Befragte unter 10 Jahre alt ist. Ist dies der Fall wird die Variable mit 1 belegt. Ist dies nicht der Fall wird die nächste Wenn-Funktion überprüft. In dieser ist definiert, dass die Person mindestens 10 Jahre UND höchstens 19 Jahre alt sein darf. Bei einem positiven Ergebnis wird der Wert 2 vergeben, bei einem negativen wird die dritte Wenn-Funktion überprüft, usw. Die Anführungszeichen in der letzten WENN-Bedingung der Formel bewirken, dass die Variable bei einem falschen Wert leer bleibt. Die erstellte Formel muss in die restlichen Zeilen der Datenmatrix kopiert werden.

In der zur Drucklegung aktuellen Version wurde Excel durch die Funktion WENNS ergänzt. Mit ihr können ebenfalls mehrere Abfragen ausgeführt und ein Wert kann ermittelt werden, der dem ersten WAHR-Ergebnis entspricht. Die Syntax lautet:

=WENNS([Bedingung1;Wert wenn Wahr1;Bedingung2;Wert, wenn Wahr2;Bedingung3;Wert, wenn Wahr3)

Passend zum obigen Beispiel kann eine Klassifizierung des Alters mit der folgenden Formel erreicht werden:

=WENNS(B4<10;1;UND(B4>=10;B4<=19);2;UND(B4>=20;B4<=29);3;B4>29;4)

Zu beachten ist, dass es bei der Funktion WENNS keine Möglichkeit gibt einen Standardwert festzulegen, z. B. wenn ein Wert falsch ist. Die Funktion eignet sich, da hier alle Werte bekannt sein müssen, vor allem für das Umcodieren von Variablen oder zur Bildung von Summenscores eines Konstrukts. So würde die Formel

=WENNS(B4<4;"niedrig";UND(B4>=4;B4<7);"mittel";B4>=7;"hoch")))

eine Umcodierung der Werte aus Zelle B4 bewirken und diese in eine neue Variable mit den Merkmalsausprägungen „niedrig", „mittel" und „hoch" ausgeben.

Beispiele finden Sie auch auf unserer Website *www.leitfaden-online.at*.

9.2.3 Häufigkeitsverteilung

Die Rohdaten werden – wie in Kapitel 9.1.3 beschrieben – in einer Matrix (Abbildung 71) dargestellt. Dabei stellt jede Spalte ein bestimmtes Merkmal (z. B. weiblich oder männlich) und jede Zeile eine statistische Einheit (z. B. die Daten einer Studierenden/eines Studierenden) dar. Jede Zelle, Zeile und Spalte kann angesteuert und für Berechnungen herangezogen werden. Diese Struktur ermöglicht es, alle Daten der Erhebung wieder der Matrix zu entnehmen – sprich zu lesen. Zum Beispiel zeigt Abbildung 81, dass es sich in Zeile 12 um den 11. Fall (Case-Nr. bzw. befragte Person) handelt, der die Merkmale „2" für weiblich und „63" für das „Alter" repräsentiert.

Die einfachste Form der Verdichtung von Daten ist die Darstellung der Häufigkeit von Merkmalsausprägungen. Häufigkeitsdarstellungen werden ebenfalls in tabellarischer Form erstellt.

	A	B	C	D	E	F
1	NR	SEX	ALTER			
2	1	2	59			
3	2	2	36		Geschlecht	Häufigkeit
4	3	1	26		männlich	106
5	4	1	38		weiblich	94
6	5	1	32			
7	6	2	22			
8	7	2	26			
9	8	1	29			
10	9	1	49			
11	10	2	53			
12	11	2	63			
13	12	2	19			
14	13	1	48			
15	14	1	38			
16	15	1	50			
17	16	1	37			
18	17	2	53			
19	18	1	24			
20	19	1	42			
21	20	2	62			
22	21	1	43			

Abbildung 82: Erstellung der Häufigkeiten aus den Rohdaten

Die in Abbildung 82 mit „SEX" bezeichnete Spalte beinhaltet das Geschlecht der Studierenden. Dieses ist mit „1" für männlich und „2" für weiblich kodiert. Die Häufigkeit wird berechnet, indem die Anzahl der vorkommenden Merkmalsausprägungen bestimmt wird. Die dazu verwendete Formel folgt später (siehe Abbildung 89).

In der Statistik wird das Wort „Häufigkeit" sowohl auf Ereignisse als auch auf Objekte angewandt. Bei der Bestimmung der statistischen Häufigkeit werden verschiedene Formen unterschieden.

Absolute Häufigkeit

Für die Bestimmung der *absoluten Häufigkeit* f_i wird die Anzahl gleicher Merkmalsausprägungen x_i (absoluter Wert) bestimmt.

Beispiel
Häufigkeit der Noten von männlichen und weiblichen Studierenden (siehe Abbildung 83)
Gesamtumfang der Stichprobe: 56 Studierende (n=56)

Häufigkeitstabelle

	A	B	C	D	E	F	G
1	Noten	1	2	3	4	5	Summe
2	m	5	3	9	6	4	27
3	w	4	9	7	5	4	29
4	Summe	9	12	16	11	8	56

Abbildung 83: Beispiel für eine Häufigkeitstabelle

Eine Auszählung der Daten hat die in Abbildung 83 dargestellte Häufigkeitstabelle ergeben. Diese zeigt, dass 16 Studierende die Note 3 erhalten haben. Die Merkmalsausprägung „3" ist 16-mal aufgetreten, ihre absolute Häufigkeit ist demnach 16.

Ist nur die absolute Häufigkeit bekannt, dann ist es nicht möglich einzuschätzen, ob die Zahl im Vergleich zum Stichprobenumfang oder zur Grundgesamtheit wirklich groß ist oder nicht. Um diesen Bezug herstellen zu können berechnet man die relative Häufigkeit.

Relative Häufigkeit
Bei der *relativen Häufigkeit* h_i wird die absolute Häufigkeit n_i durch den Umfang n der Erhebung dividiert.

$$h_i = \frac{n_i}{n}$$

Die Note 3 hat eine relative Häufigkeit von 0,2857, d. h. 16 von 56 Studierenden haben eine Beurteilung von 3 erhalten, was gerundet einem relativen Anteil von 0,29 der Gesamtmenge aller Studierenden entspricht.

Die relative Häufigkeit ist eine Bruchzahl (Dezimalzahl) und hat einen Wert zwischen 0 und 1. Sie stellt den verhältnismäßigen Anteil einer Merkmalsausprägung an der Gesamtmenge der Merkmale dar. Bei der Beschreibung von Daten ermöglicht sie den Vergleich von Teilmengen unterschiedlich großer Gruppen.

	A	B	C	D	E	F	G	H
1		Noten	1	2	3	4	5	Summe
2	m	abs. H.	5	3	9	6	4	27
3		rel. H.	0,1852	0,1111	0,3333	0,2222	0,1481	1
4	w	abs. H.	4	9	7	5	4	29
5		rel. H.	0,1379	0,3103	0,2414	0,1724	0,1379	1
6	Summe	abs. H.	9	12	16	11	8	56
7		rel. H.	0,1607	0,2143	0,2857	0,1964	0,1429	1

Abbildung 84: Darstellung der absoluten und relativen Häufigkeit

Abbildung 84 zeigt die Häufigkeitsverteilung einer Leistungsbeurteilung von Studierenden. Bei der Betrachtung der *absoluten Häufigkeiten* männlicher und weiblicher Studierender, die die Note 5 erhalten, würde man auf den ersten Blick meinen, dass die Beurteilung hier gleich verteilt ist (4-mal die Note 5 bei den männlichen Studierenden und 4-mal bei den weiblichen). Diese *Schlussfolgerung* wäre *falsch*, da die zwei Vergleichsgruppen unterschiedlich groß sind. Einen legitimen Vergleich der beiden Gruppen erhält man erst durch die Berechnung der relativen Häufigkeiten. Da diese bei den männlichen Studierenden (0,1481) höher ist als bei den weiblichen Studierenden (0,1379), schneiden die weiblichen Studierenden trotz gleicher absoluter Häufigkeit besser ab.

Prozentuelle Häufigkeit

Die *prozentuelle* Häufigkeit $h_{i\%}$ bezeichnet die Anzahl der Merkmalsträger n_i, die einer bestimmten Messwertklasse zugeordnet sind, im Vergleich zum Stichprobenumfang n auf 100 Prozent normiert. Die prozentuelle Häufigkeit wird als Prozentzahl formuliert und über die relative Häufigkeit berechnet.

Prozentuelle Häufigkeit = relative Häufigkeit * 100%

	A	B	C	D	E	F	G	H
1		Noten	1	2	3	4	5	Summe
2	m	abs. H.	5	3	9	6	4	27
3		rel. H.	0,1852	0,1111	0,3333	0,2222	0,1481	1
4		proz. H.	18,52%	11,11%	33,33%	22,22%	14,81%	100,00%
5	w	abs. H.	4	9	7	5	4	29
6		rel. H.	0,1379	0,3103	0,2414	0,1724	0,1379	1
7		proz. H.	13,79%	31,03%	24,14%	17,24%	13,79%	100,00%
8	Summe	abs. H.	9	12	16	11	8	56
9		rel. H.	0,1607	0,2143	0,2857	0,1964	0,1429	1
10		proz. H.	16,07%	21,43%	28,57%	19,64%	14,29%	100,00%

Abbildung 85: Darstellung der absoluten, relativen und prozentuellen Häufigkeit

Wie Abbildung 85 zeigt, erhält man durch die Angabe der prozentuellen Häufigkeit verständlichere Zahlen. Es zeigt sich, dass 14,81 Prozent der männlichen Studierenden die Note 5 erhalten haben und nur 12,50 Prozent der weiblichen.

Kumulierte Häufigkeit (Summenhäufigkeit)

Bei Intervall- oder Ordinalskalen ist es häufig zweckmäßig, nicht nur festzuhalten, wie oft ein bestimmter Skalenwert als Messwert vorkommt, sondern auch zu bestimmen, wie viele Messwerte bis zu einem bestimmten Skalenwert vorliegen, oder anders ausgedrückt, für wie viele Messwerte gilt, dass sie kleiner oder gleich einem bestimmten Skalenwert sind. So lässt sich mit Hilfe der kumulativen Häufigkeit eine Aussage darüber treffen, wie viele Messwerte einer Stichprobe unterhalb oder oberhalb des Mittelwerts liegen. Die Verteilung dieser aufsummierten Messwerte wird als kumulierte Häufigkeitsverteilung „f_{cum}" bezeichnet.

Beispiel

Es sollen die Noten von männlichen und weiblichen Studierenden miteinander verglichen werden, um festzustellen, welche Geschlechtergruppe in einem Seminar bessere Noten erzielt hat. Abbildung 86 stellt die absoluten Häufigkeiten der Noten dar.

	A	B	C	D	E	F	G
1	Noten	1	2	3	4	5	Summe
2	m	5	3	9	6	4	27
3	w	4	9	7	5	4	29

Abbildung 86: Notenverteilung nach Geschlecht

Die relativen Häufigkeiten in diesem Beispiel sind in Abbildung 87 angeführt:

	A	B	C	D	E	F	G	H
1		Noten	1	2	3	4	5	Summe
2	m	relative Häufigkeit	0,1852	0,1111	0,3333	0,2222	0,1481	1
3		in Prozent	18,52%	11,11%	33,33%	22,22%	14,81%	100,00%
4	w	relative Häufigkeit	0,1379	0,3103	0,2414	0,1724	0,1379	1
5		in Prozent	13,79%	31,03%	24,14%	17,24%	13,79%	100,00%

Abbildung 87: Relative und prozentuelle Häufigkeit

Hier wird ersichtlich, dass die männlichen Studierenden prozentuell häufiger die Note 1 erhalten haben als die weiblichen Studierenden und ca. gleich oft die Note 5. Im Bereich der Noten 2 und 4 sind die weiblichen Studierenden besser. Damit beide Gruppen besser miteinander verglichen werden können, wird die kumulierte Häufigkeit (Summenhäufigkeit) berechnet.

Mögliche Fragestellung: „Wie viele männliche und wie viele weibliche Studierende haben mindestens die Note 3 erreicht?"

	A	B	C	D	E	F	G
1	kummulierte H.	Noten	1	2	3	4	5
2	m	abs. k. H.	5	8	17	23	27
3		rel. k. H.	0,1852	0,2963	0,6296	0,8519	1
4		proz. k. H.	18,52%	29,63%	62,96%	85,19%	100,00%
5	w	abs. k. H.	4	13	20	25	29
6		rel. k. H.	0,1379	0,4483	0,6897	0,8621	1
7		proz. k. H.	13,79%	44,83%	68,97%	86,21%	100,00%

Abbildung 88: Kumulierte Häufigkeit

Durch die Verwendung der relativen Summenhäufigkeiten ist ein differenzierter Vergleich möglich. Abbildung 88 zeigt auf, dass 17 (62,96 %) männliche und 20 (68,97 %) weibliche Studierende mindestens die Note 3 erreicht haben. Der Vergleich bezieht sich dabei allerdings auf einzelne Notenbereiche, z. B. 1 bis 2 oder 1 bis 4. Ein Pauschalurteil über die Leistung der Gruppen ist nicht möglich.

Anzahl und Häufigkeit in Excel berechnen
Zur Bestimmung der Anzahl der aufgelisteten Merkmalsausprägungen einer Spalte dienen in Excel die folgenden zwei Funktionen:

ANZAHL(Wert1;Wert2;...)

Die Funktion berechnet, wie viele *Zahlen* in einem Bereich oder in einer Matrix gespeichert sind.

ANZAHL2(Wert1;Wert2;...)

Die Funktion berechnet, wie viele zu einem Bereich oder einer Matrix gehörende Zellen *Daten* enthalten.

Da die Funktion *ANZAHL* nur Zellen mit numerischen Werten berücksichtigt, während *ANZAHL2* alle Zellen mit beliebigen Werten in einem Bereich berücksichtigt, können diese beiden Funktionen auch verwendet werden, um falsche oder fehlende Werte zu bestimmen, z. B. ob fälschlich der Buchstabe l in der Zelle B10 an Stelle der Zahl 1 für männlich verwendet wurde (siehe Abbildung 89: Durch die fehlerhafte Eingabe ergibt der Befehl *ANZAHL2* einen höheren Wert).

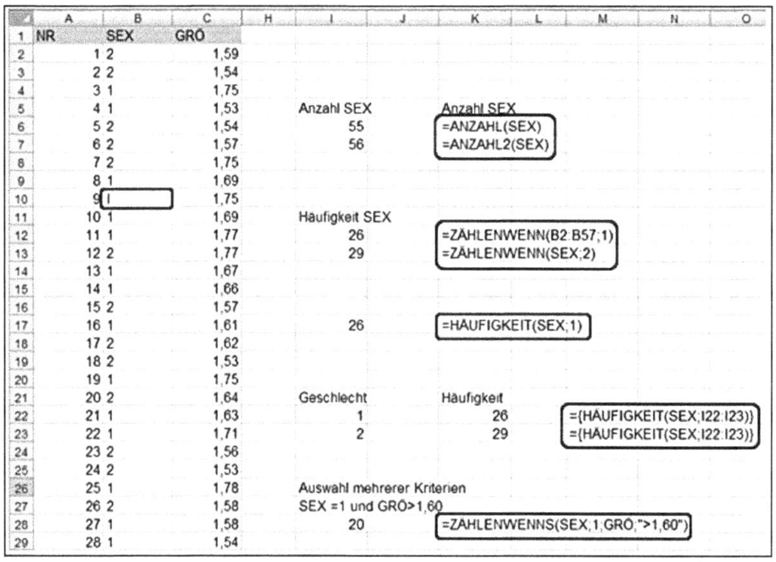

Abbildung 89: „Anzahl", „Zählenwenn" und „Häufigkeit" in Excel

Soll die Häufigkeit einer bestimmten Merkmalsausprägung in einer Spalte bestimmt werden, so können folgende Funktionen verwendet werden:

ZÄHLENWENN(Bereich;Kriterien)
Die Funktion zählt die nicht leeren Zellen eines Bereichs (siehe Abbildung 89: B2 bis B57), deren Inhalte mit den angegebenen Kriterien (z. B. „1" für Geschlecht männlich) übereinstimmen. Die Eingabe der Formel kann auch vereinfacht werden, indem zuerst der Bereich (hier mit SEX) benannt wird (siehe Abbildung 79) und diese Benennung anschließend in der Formel verwendet wird (siehe ausformulierte Formel in Abbildung 89: K12 bzw. K13).

HÄUFIGKEIT(Daten;Klassen)
Diese Funktion gibt eine Häufigkeitsverteilung als einspaltige Matrix zurück. Sie wird verwendet um beispielsweise die Anzahl der männlichen und weiblichen Studierenden in einer Spalte zu zählen (Abbildung 89: In Zelle I17 wird mit der Formel *=HÄUFIGKEIT(SEX;1)* die Anzahl der männlichen Studierenden berechnet).
Die Funktion *HÄUFIGKEIT* kann auch als Matrixformel verwendet werden. Dadurch können mehrere Berechnungen an einer oder mehreren Gruppen von Werten ausgeführt und dann entweder ein einzelnes Ergebnis oder mehrere Ergebnisse zurückgegeben werden. Zur Erstellung einer Matrixformel wird der entsprechende Bereich, in den die Häufigkeiten geschrieben werden sollen, markiert (Abbildung 89: K22 bis K23) und die Taste F2 gedrückt. Anschließend wird die entsprechende Formel eingegeben (Abbildung 89: *=HÄUFIGKEIT(SEX;J21:J22)*) und die Eingabe mit *STRG+UMSCHALT+EINGABE* abgeschlossen. Auf dem Tabellenblatt muss die Klasseneinteilung (Abbildung 89: I21 und I22) vorhanden sein. Diese Einteilung muss immer in Form von Zahlen vorliegen. Wenn die Formel nicht als Matrixformel eingegeben wird, erscheint nur ein Ergebnis in der ersten Zelle. Matrixformeln werden von Excel immer durch geschwungene Klammern ({ }) gekennzeichnet.

Das Besondere an der Funktion HÄUFIGKEIT ist, dass sie im Gegensatz zu ZÄHLENWENN nicht in jede der Ergebniszellen einzeln eingetragen werden muss, sondern über ihre Eigenschaft als Matrixformel in alle auf einmal eingetragen werden kann. Die Funktion ZÄHLENWENN kann im Gegensatz zur Funktion HÄUFIGKEIT auch für die Auswertung von Textvariablen verwendet werden. Dabei ist das in der Formel verwendete Kriterium unter Anführungszeichen zu setzen (z. B. =ZÄHLEN-WENN(SEX;"w")).

Benötigt man eine Häufigkeitsabfrage, die mehr als ein Suchkriterium unterstützt und somit für größere Datenmengen geeignet ist, so kann dies über die Funktion ZÄHELNWENNS erfolgen.

ZÄHLENWENNS(Kriterienbereich1;Kriterien1[;Kriterienbereich2;Kriterien2;…])

Die Funktion verhält sich analog der Funktion ZÄHLENWENN, es können hier jedoch mehrere Kriterienbereiche mit einem entsprechenden Suchkriterium angegeben werden. Jeder zusätzliche Bereich muss dieselbe Anzahl von Zeilen und Spalten wie das Argument Kriterienbereich1 haben. Die Bereiche müssen nicht direkt nebeneinander liegen. In Abbildung 89 wird so in Zelle I28 die Anzahl der Fälle bestimmt, die als Geschlecht Kodierung 1 haben und größer als 1,60m sind.

Graphische Darstellung von Häufigkeiten

Statistische Grafiken sind ein beliebtes Werkzeug zur übersichtlichen Darstellung von Informationen. In wenigen Momenten können die vermittelten Inhalte verstanden werden ohne sich durch Mengen von Daten und Zahlenmaterial kämpfen zu müssen. Dabei steht die korrekte Informationsvermittlung im Vordergrund, die nicht zugunsten von Effekten oder Dekoration undeutlich gemacht oder gar verfälscht werden darf. Besonderes Augenmerk muss auch auf die Auswahl des passenden Diagrammtyps gelegt werden. Nicht jeder Diagrammtyp ist für alle Darstellungen geeignet, die Übersichtlichkeit und Klarheit der Informationsübermittlung muss immer oberste Priorität haben.

Häufigkeitsdarstellungen, ob in absoluten Zahlen oder relativen Anteilen gemessen, werden meistens graphisch, d. h. in Tabellenform oder in Diagrammen dargestellt. Dazu bietet Excel sehr viele Möglichkeiten. Die folgende Abbildung 90 zeigt alle möglichen Diagrammtypen in Excel:

Abbildung 90: Diagrammtypen in Excel

Daten, die in Tabellen wenig aussagekräftig sind, werden mit Hilfe graphischer Darstellungen in Form von Linien, Kreisen, Balken, Säulen oder Farbflächen so dargestellt, dass sie schneller überblickt und Zusammenhänge leichter erkannt werden können. Damit der Vorteil eines Diagramms gegenüber einer komplexen Tabelle nicht verloren geht, muss auf die Vielfalt an graphischen Darstellungsmöglichkeiten – mit deren Hilfe Diagramme optisch ausgefallener, dreidimensional und vermeintlich attraktiver werden – verzichtet werden. Verzierungen, die nichts zum Verständnis eines Diagramms beitragen und von den dargestellten Inhalten ablenken, sind zu vermeiden. Grundsätzlich gilt: Je einfacher ein Diagramm gestaltet ist, desto leichter ist es zu interpretieren.

Vollständige Diagramme enthalten die folgenden Elemente:
- Aussagekräftiger Titel mit Angabe der Stichprobe (n=xx)
- Beschriftung aller Achsen mit Größenbezeichnung und zugehöriger Einheit
- Geeignete Skaleneinteilung mit sichtbaren Markierungen, evtl. mit Hilfslinien zur Verbesserung der Lesbarkeit
- Legende – sobald mehrere Datenreihen dargestellt werden
- Nummerierung des Diagramms und Diagrammlegende (evtl. mit einem Lesebeispiel)

Nicht jedes Diagramm ist für jede Datenlage geeignet. Manche Diagramme, wie zum Beispiel Kreisdiagramme, werden mit einem Ganzen, also 100 Prozent assoziiert, und würden bei der Darstellung von Mehrfachantworten zu falschen Interpretationen führen. Die beiden folgenden Abbildungen sollen die Notenverteilungen Studierender für Mathematik, Physik und Deutsch zeigen.

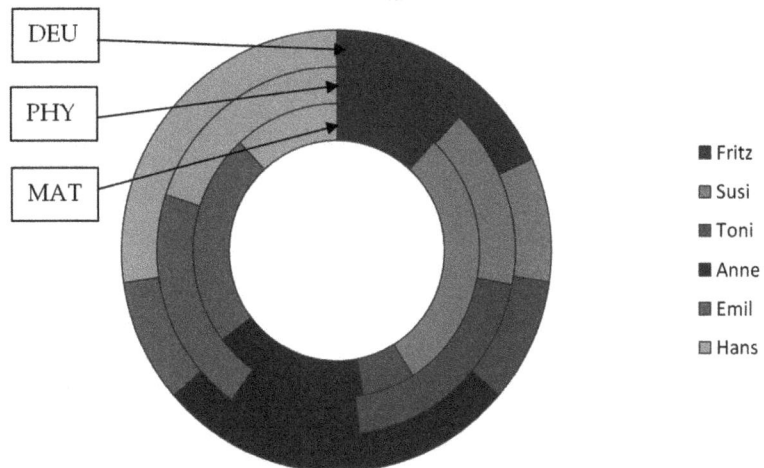

Abbildung 91: Ungeeignetes Kreisdiagramm zur Darstellung von Noten

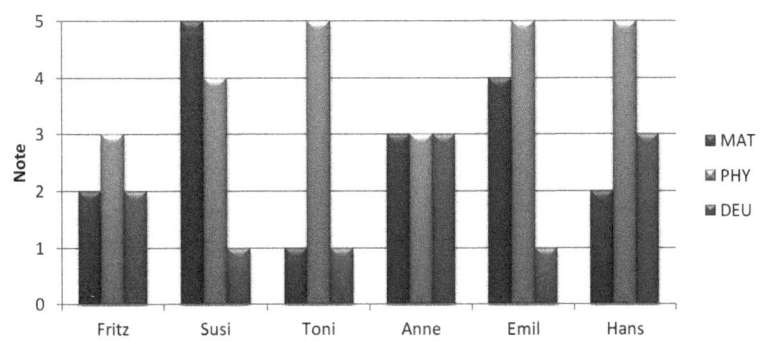

Abbildung 92: Darstellung der Notenverteilung mit Hilfe eines Säulendiagramms

Tabelle 15 zeigt eine Übersicht über die wichtigsten Diagrammtypen und ihre Anwendungsmöglichkeiten:

Diagrammtyp	Geeignet zur Darstellung von:	Darstellungsform:
Säulendiagramm	Häufigkeitsverteilung bis max. 15 Ausprägungen Mehrfachantworten Gruppierung möglich	
Balkendiagramm	Häufigkeitsverteilung Mehrfachantworten Veranschaulichung von Rangfolgen Gruppierung möglich	
Kreisdiagramm	Anteile eines Ganzen (100 Prozent) Lediglich Daten aus einer Spalte oder Zeile können dargestellt werden	
Liniendiagramm	Aufzeigen von Tendenzen, Entwicklungen	
Punktdiagramm	Beziehungen zwischen den numerischen Werten in zwei Datenreihen, Übereinstimmung zweier Merkmalsausprägungen	

Tabelle 15: Diagrammarten und ihre Anwendungsmöglichkeiten

Abela (2009) hat für die bessere Darstellung von Daten in Präsentationen und Forschungsberichten den „Chart-Chooser" entwickelt, der dabei helfen soll, für einen Daten-Sachverhalt die passendste Visualisierung auszuwählen.

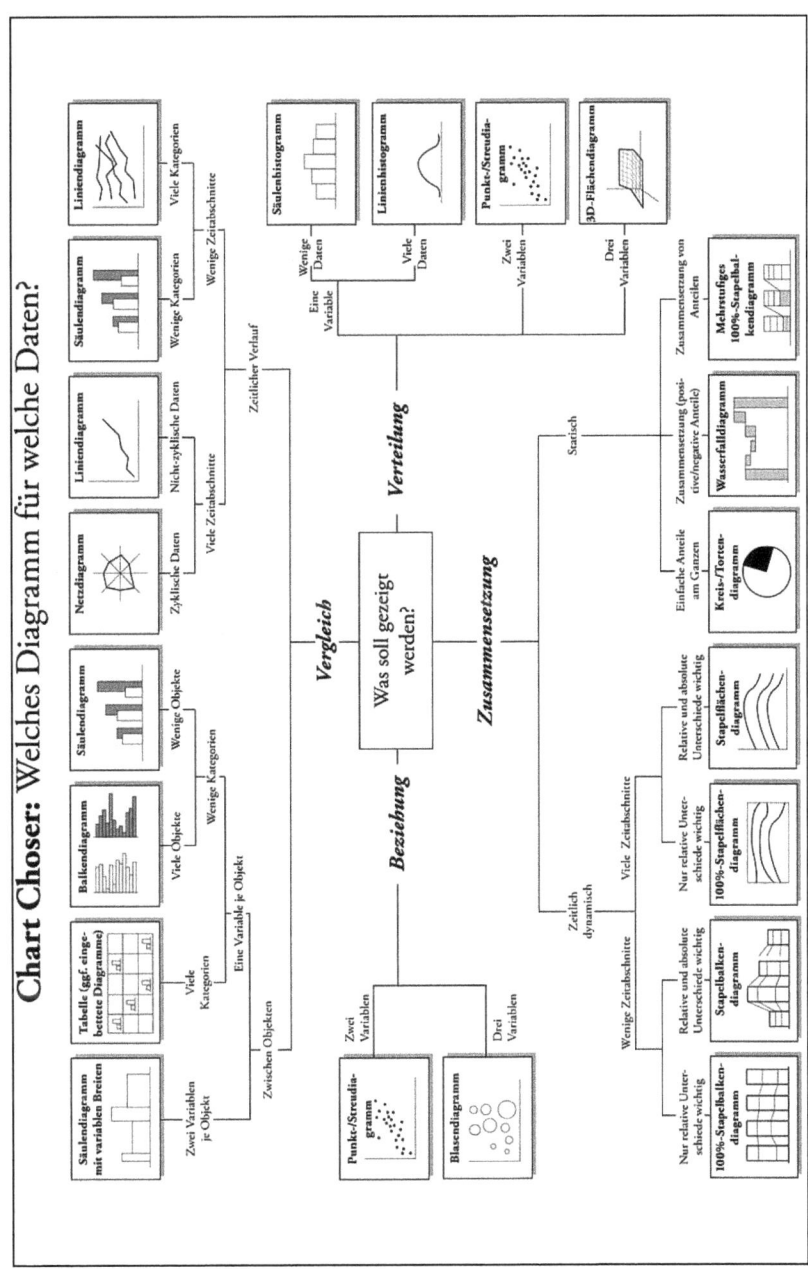

Abbildung 93: Chart-Chooser

Eine aktualisierte, interaktive Version gibt es auf: *http://labs.juiceanalytics.com/chartchooser/index.html*

Um in Excel ein Diagramm zu erstellen, werden in einem ersten Schritt jene Daten markiert, die graphisch dargestellt werden sollen. Dann wird über die Registerkarte *Einfügen* in der Gruppe *Diagramme* der gewünschte *Diagrammtyp* ausgewählt (siehe Abbildung 94).

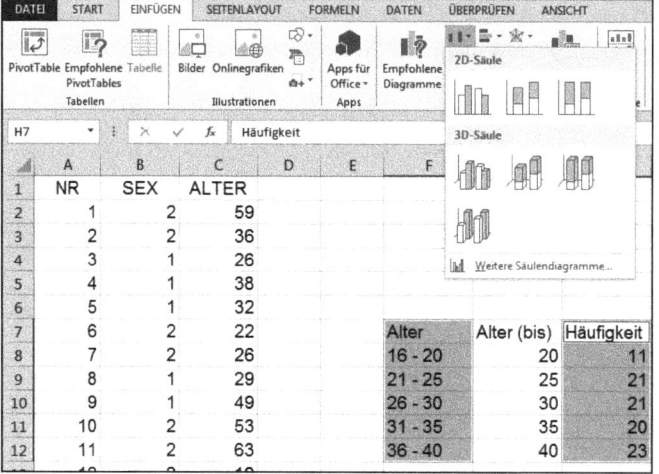

Abbildung 94: Erstellen eines Diagramms

Wenn bei der Datenauswahl die Beschriftung der Variable (Abbildung 94: Häufigkeit in Zelle H7) bereits mit markiert wird, wird diese als Überschrift eingefügt. Durch zusätzliches Markieren der Altersklassen (Abbildung 94: F8 bis F12) kann auch die Beschriftung der Abszisse (waagrechte Achse) definiert werden. Folgendes Diagramm wird in Excel angezeigt:

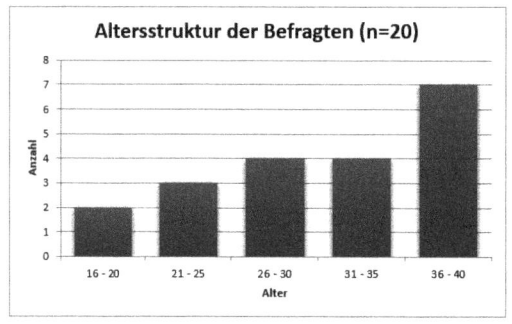

Abbildung 95: Beispiel für ein Häufigkeitsdiagramm

Ist das Diagramm markiert, so kann über die Registerkarte *Entwurf* im Bereich Diagrammtools der *Diagrammtyp*, das *Diagrammlayout* und das *Design* verändert werden:

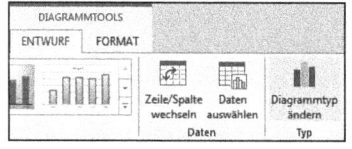

Abbildung 96: Ändern des Diagrammtyps

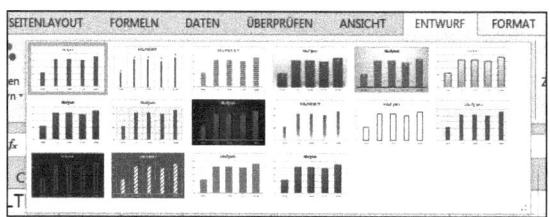

Abbildung 97: Ändern des Diagrammdesigns

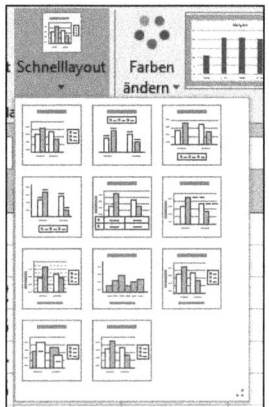
Abbildung 98: Ändern des Diagrammlayouts

9.2.4 Lagemaße – zentrale Tendenz einer Häufigkeitsverteilung

Tabellarische und graphische Darstellungen beschreiben die Lage der Daten und ihre Verteilung. Sie reichen jedoch nicht für den Vergleich mehrerer Datensätze mit einer unterschiedlichen Anzahl von Merkmalsausprägungen aus. Aus diesem Grund werden zur Beschreibung von Datensätzen Maßzahlen berechnet. Diese beschreiben bestimmte charakteristische Eigenschaften von Verteilungen zahlenmäßig, indem sie die Daten geeignet komprimieren. Damit stellen Maßzahlen auch die stärkste Transformation von Datensätzen dar, denn ein Datensatz bestehend aus *n* Beobachtungen wird auf eine Zahl reduziert. Diese ist dann für einen Vergleich mehrerer Datensätze besser geeignet. In der Statistik ist ein Lageparameter ein aggregierender Parameter einer Verteilung, einer Stichprobe oder Grundgesamtheit, dessen Ziel es ist, die wesentlichen Informationen in einer längeren Reihe von z. B. Messdaten in wenigen Daten zu konzentrieren. Lagemaßzahlen beschreiben das Zentrum einer Verteilung und die Position der Daten eines Datensatzes auf einer Skala.

Das arithmetische Mittel (Mittelwert)
Das *arithmetische Mittel* wird üblicherweise als „der Mittelwert" bezeichnet. Es ist ein mathematisch errechneter Zahlenwert. Deshalb ist eine metrische Skala (siehe Kapitel 9.1.2) Voraussetzung für die Berechnung. Es kann als Schwerpunkt des untersuchten Datensatzes interpretiert werden. Die Summe aller Differenzen zwischen den einzelnen Merkmalsausprägungen und dem arithmetischen Mittel ist Null. Bestimmt wird der Mittelwert basierend auf der Idee, dass als Stellvertreter aller aufgetretenen Daten jene Zahl gewählt wird, die sich bei einer gleichmäßigen Aufteilung der Summe aller Werte auf die Anzahl der Datensätze ergibt.

Auf das Beispiel in Abbildung 99 bezogen ergibt sich hinsichtlich des Alters der Studierenden folgendes Bild: Das Durchschnittsalter ist jenes Alter, das auf jede Studierende/jeden Studierenden fallen würde, wenn das Gesamtalter aller Studierenden zusammen gleichmäßig auf jede Einzelne/jeden Einzelnen aufgeteilt würde.

Der Mittelwert ist folgendermaßen definiert:

$$\overline{X} = \frac{1}{N} * (X_1 + X_2 + \ldots + X_i) = \frac{1}{N} \sum_{i=1}^{N} X_i$$

(N: Zahl der Werte, X: Variable)

Bei der Berechnung wird die Summe aller Einzelwerte durch die Anzahl der Merkmalsausprägungen dividiert. So lautet die Berechnung für den Mittelwert in Abbildung 99:

x̲ = (37+40+26+34+37+37+18+29+33+27+39+18+39+28+21+24+36+35+34+22)/20=30,7

Mittelwertbestimmung bei Klasseneinteilungen

Bei einer sehr hohen Anzahl von Merkmalsausprägung ist es notwendig die Merkmalswerte in getrennten Gruppen oder Klassen zusammenzufassen (siehe Abbildung 99; siehe auch Abschnitt Klassenbildung). Dabei wird jedes Element der untersuchten Gesamtheit in Abhängigkeit von seinem Wert genau einer Klasse zugeordnet. Es ist darauf zu achten, dass alle Werte innerhalb der oberen und unteren Klassengrenze liegen und sich die Klassen nicht überschneiden. In Abbildung 99 wurden, um entsprechende Veränderungen des berechneten Mittelwerts zu zeigen, zwei Klasseneinteilungen vorgenommen (F3 bis F7 und F13 bis F15).

Bei klassierten Daten wird der Mittelwert als gewichtetes arithmetisches Mittel der Klassenmitten näherungsweise berechnet. Die einzelnen Merkmalsausprägungen sind in ihrer jeweiligen Klasse verschwunden. In der Klasse i sind Werte. Als Ersatz für die nicht mehr verfügbaren Merkmalsausprägungen wird die Klassenmitte herangezogen (in der Annahme, dass sich die Daten innerhalb einer Klasse gleichmäßig verteilen). Zur Berechnung wird die Klassenmitte mit der absoluten Häufigkeit multipliziert. Die so erhaltenen Werte werden summiert und durch die Anzahl der Merkmalsausprägungen *n* dividiert. Die dazugehörige Formel lautet:

$$\overline{x} = \frac{1}{n} \sum_{i=1}^{k} x'_i h_i$$

Die Variable *k* entspricht der Anzahl der Klassen.

Abbildung 99 zeigt, dass es durch die Berechnung des Mittelwerts über die Klassenmitten zu einer Verschiebung der Werte (siehe Abbildung 99, Zellen J21, J22 und J23) kommen kann. Im Beispiel wurden zwei verschiedene Klassierungen, nämlich fünf Altersklassen (F3 bis F7) bzw. drei Altersklassen (F13 bis F15) erstellt. Bei der Berechnung der Mittelwerte geht man dabei so vor, als ob alle Werte einer Klasse mit der Klassenmitte zusammenfallen würden. Diese ist dabei der Mittelpunkt einer Klasse und berechnet sich als Mittelwert der Klassengrenzen (bzw. der Klassenränder) (siehe G3 bis G7 bzw. G13 bis G15). Dieser Mittelwert kann als Näherungswert für den Mittelwert der Ausgangsstichprobe verwendet werden. Berechnet man das arithmetische Mittel der 20 Einzelwerte, dann erhält man als Ergebnis

30,70 (siehe Abbildung 99, Zelle J21) für den exakten Mittelwert und 30,75 bzw. 31,50 für die klassierten Mittelwerte. Die Abweichung der Mittelwerte für die gruppierten Daten (siehe Abbildung 99, Zellen J22 und J23) erklärt sich damit, dass die fünf bzw. drei Klassenmitten nicht exakt die Mittelwerte der jeweiligen Werte in der Klasse sind. Die Näherung ist umso besser, je feiner die Klasseneinteilung gewählt wird und je mehr Werte eine Klasse enthält.

	A	B	C	E	F	G	H	I	J
1	NR	SEX	ALTER						
2	1	2	37		Alter	Klassenmitte	Alter (bis)	Häufigkeit	Klassenm.*Häufigk.
3	2	2	40		16 - 20	18	20	2	36
4	3	1	26		21 - 25	23	25	3	69
5	4	1	34		26 - 30	28	30	4	112
6	5	2	37		31 - 35	33	35	4	132
7	6	2	37		36 - 40	38	40	7	266
8	7	2	18				Summe:	20	615
9	8	1	29						
10	9	2	33					615:20=	30,75
11	10	1	27						
12	11	1	39		Alter	Klassenmitte	Alter (bis)	Häufigkeit	Klassenm.*Häufigk.
13	12	2	18		16-25	20,5	25	5	102,5
14	13	1	39		26-35	30,5	35	8	244
15	14	1	28		36-40	40,5	45	7	283,5
16	15	2	21				Summe:	20	630
17	16	1	24						
18	17	2	36					630:20=	31,50
19	18	2	35						
20	19	1	34						
21	20	2	22		Mittelwert aller Einzelwerte				30,70
22					Mittelwert über Klassenmitten (kleine Klassen)				30,75
23					Mittelwert über Klassenmitten (große Klassen)				31,50

Abbildung 99: Mittelwert über Einzelwerte und Klassenmitten

Eine nachteilige Eigenschaft des Mittelwerts ist dessen Ausreißerempfindlichkeit. Dies bedeutet, dass der Wert stark von einzelnen extremen Merkmalsausprägungen beeinflusst wird, da alle Werte in die Berechnung einbezogen werden. Besonders deutlich wird dies bei einem kleinen Stichprobenumfang.

	A	B	C	D	E	F	G	H
1	NR	SEX	ALTER	ALTER2				
2	1	2	37	37				
3	2	2	40	40				
4	3	1	26	26		Mittelwert Alter		31
5	4	1	34	34		Mittelwert Alter2		34
6	5	2	37	37				
7	6	2	37	37				
8	7	2	18	18				
9	8	1	29	29				
10	9	2	33	33				
11	10	1	27	85				
12	11	1	39	39				
13	12	2	18	18				
14	13	1	39	39				
15	14	1	28	28				
16	15	2	21	21				
17	16	1	24	24				
18	17	2	36	36				
19	18	2	35	35				
20	19	1	34	34				
21	20	2	22	22				

Abbildung 100: Problem der Ausreißer bei Mittelwerten

In Abbildung 100 wurde zur Veranschaulichung die Spalte C auf die Spalte D kopiert und in Zelle D11 ein Ausreißer eingefügt. Die Berechnung das Mittelwerts (siehe H4 bzw. H5) zeigt, dass sich der Mittelwert für das Alter durch diesen Ausreißer um drei Jahre erhöht.

Median

Da sich der Mittelwert durch Ausreißer an den Rand einer geordneten Stichprobe verschiebt, ist es naheliegend, eine Kenngröße zu verwenden, die mehr im Zentrum dieser Stichprobe liegt und gegen Ausreißer unempfindlicher ist. Diese Kenngröße kann der Median sein. Voraussetzung für den *Median* (oder *Zentralwert*) ist mindestens eine Ordinalskala, in der die Merkmale geordnet werden können. Der Median einer Menge von Zahlen, die ihrer Größe nach geordnet sind, ist jener Wert, der genau in der Mitte liegt. Er wird durch Abzählen der Daten gefunden. Bei geradem Stichprobenumfang wird er durch das arithmetische Mittel der beiden Werte in der Mitte errechnet. Er halbiert eine Stichprobe. Es liegen immer 50 Prozent aller Werte links vom Median und 50 Prozent rechts davon. Im Histogramm befinden sich zu beiden Seiten des Medians gleiche Flächen.

Man kann auch noch weitere prozentuale Unterteilungen vornehmen, die häufigsten sind die Quartile (= 25 Prozent bzw. 75 Prozent). Dies bedeutet für das 1. Quartil, dass 25 Prozent der Merkmalsausprägungen unterhalb des erhaltenen Werts und 75 Prozent über diesem Wert liegen. Der Median und die Quartile sind spezielle Formen der Quantile. Quantil-Werte sind eine Verallgemeinerung der Quartile. Diese ermöglichen alle Werte zwischen 0 (0%) und 1 (100 %) um den Anteil der geordneten Werte, die kleiner als das Quantil sein sollen, zu bestimmen. Um Quantile sinnvoll bestimmen zu können, müssen sowohl sehr viele Datensätze, als auch eine relativ hohe Zahl von Merkmalsausprägungen vorliegen. Werden zum Beispiel zwei Verteilungen mit jeweils fünf gleichen Merkmalsausprägungen verglichen, so müssen sich diese schon sehr stark unterscheiden, damit nicht für beide das Minimum 1, das erste Quartil 2, der Median 3, das dritte Quartil 4 und das Maximum 5 ist.

In Abbildung 101 ist der Median „3" (bei 21 Werten liegt der 11. Wert genau in der Mitte). Für die Interpretation der Daten bedeutet dies, dass die untere Hälfte der Werte kleiner oder gleich und die obere Hälfte der Werte größer oder gleich dem Median ist.

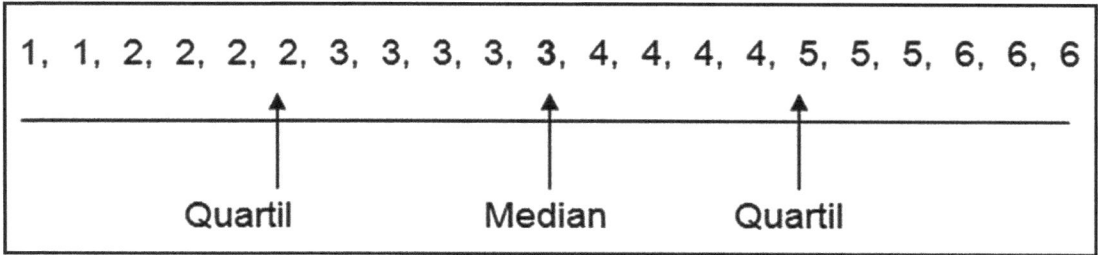

Abbildung 101: Median und Quartil

Wenn die Daten in Klassen gruppiert vorliegen, kann die exakte Merkmalsausprägung des Medians nicht bestimmt werden.

Vergleich von Mittelwert und Median

Im Allgemeinen werden durch den Mittelwert die Daten in zwei verschieden große Gruppen geteilt. Bei extremen Ausreißern kann es sogar vorkommen, dass auf der einen Seite vom Mittelwert nur ein einziger Wert liegt. Eine solche asymmetrische Verteilung kann beim Median nicht vorkommen – es liegt links und rechts jeweils die Hälfte der Werte. Für die Interpretation der Daten bedeutet dies: Sind arithmetisches Mittel und Median beinahe gleich groß, so zeigt dies an, dass die Abweichungen von der Mitte nach beiden Richtungen ungefähr gleich sind. Ist das arithmetische Mittel deutlich höher als der Median, so kann man daraus erkennen, dass es einen oder mehrere Ausreißer nach oben geben muss – der Mittelwert wird „nach oben gezogen". Umgekehrt deutet ein Mittelwert der kleiner ist als der Median darauf hin, dass es einen oder mehrere Ausreißer nach unten geben muss. Abbildung 102 zeigt die Robustheit des Medians gegenüber Extremwerten deutlich auf. Während sich der Mittelwert für Alter2 durch den Ausreißer in Zelle D11 um 3 Jahre erhöht, bleibt der Median gleich.

	A	B	C	D	E	F	G	H
1	NR	SEX	ALTER	ALTER2				
2	1	2	37	37				
3	2	2	40	40		Mittelwert Alter		31
4	3	1	26	26		Mittelwert Alter2		34
5	4	1	34	34				
6	5	2	37	37		Median Alter		34
7	6	2	37	37		Median Alter2		34
8	7	2	18	18				
9	8	1	29	29				
10	9	2	33	33				
11	10	1	27	85				
12	11	1	39	39				
13	12	2	18	18				
14	13	1	39	39				
15	14	1	28	28				
16	15	2	21	21				
17	16	1	24	24				
18	17	2	36	36				
19	18	2	35	35				
20	19	1	34	34				
21	20	2	22	22				

Abbildung 102: Vergleich von Mittelwert und Median

Modus oder Modalwert

Der Modus gibt die Anzahl der am häufigsten vorkommenden Merkmalsausprägung an und ist der Wert mit der größten Auftretenswahrscheinlichkeit. Die Verwendung des *Modus (Modalwerts)* ist bereits in der Nominalskala sinnvoll, da die Abstände zwischen den einzelnen Werten zur Bestimmung des Modus keine Rolle spielen. Haben zum Beispiel von zehn Studierenden fünf das erste Wahlpflichtfach, drei das zweite und zwei das dritte gewählt, so liegt der Modus beim ersten Wahlpflichtfach, denn dieses kommt am häufigsten vor. Der Modus einer Menge von Zahlen ist der Wert, der am häufigsten auftritt.

In Abbildung 101 läge der Modus bei „3". Die Zahl „3" hat mit fünf Nennungen die größte absolute Häufigkeit. Im Gegensatz zum Median, zu dessen Bestimmung die Werte gereiht werden, müssen zur Ermittlung des Modus die Einzelwerte gruppiert werden. Die Bestimmung des Modus ist auch bei Vorliegen einer klassierten Verteilung sinnvoll, allerdings kann die Lage des Modus durch unterschiedliche Arten der Klassenbildung verschoben werden. Dabei verwendet man hier im Allgemeinen die Angabe der Modalklasse, also der Klasse, deren Häufigkeit die größte ist. Als Modus gilt dann die Klassenmitte. Wenn in einer Verteilung mehrere Merkmalsausprägungen als Maxima vorkommen (siehe Tabelle 16), so hat diese auch mehrere Modi (bimodal, multimodal).

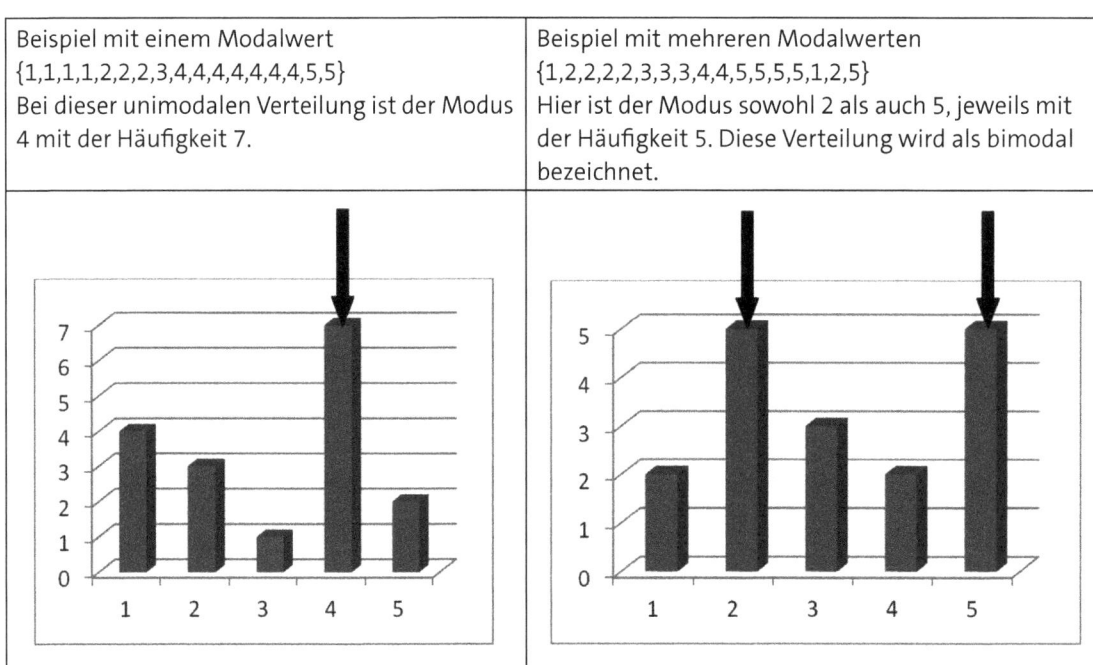

Tabelle 16: Unimodale und bimodale Verteilung

In den Beobachtungsreihen mit ordinal und metrisch skalierten Merkmalen kann der Modalwert als Dichtemittel bezeichnet werden.

Mittelwert, Median, Quantil und Modus in Excel berechnen

MITTELWERT(Zahl1;Zahl2; ...)
> Gibt den Mittelwert (Durchschnitt) der Argumente zurück. Dabei können in die Formel direkt Zahlen eingegeben werden (z. B. =MITTELWERT(1,59; 1,54;1,75;1,53;...)), Zellbezüge angegeben (z. B. =MITTELWERT(C2:C57)) oder benannte Bereiche (z. B. =MITTELWERT(GRÖ)) verwendet werden. (Abbildung 103)

MEDIAN(Zahl1;Zahl2;...)
> Gibt den Median (ist die Zahl, die in der Mitte einer geordneten Zahlenreihe liegt) der angegebenen Zahlen zurück. Dabei können in die Formel direkt Zahlen eingegeben (z. B. =MEDIAN(1,59;1,54;1,75;1,53;...)), Zellbezüge angegeben (z. B. =MEDIAN(C2:C57)) oder benannte Bereiche (z. B. =MEDIAN(GRÖ)) verwendet werden. (Abbildung 103)

QUANTIL.EXKL (Matrix;Alpha)

Ähnlich wie der Median ist ein Quantil ein Schwellwert, d. h. ein bestimmter Anteil der Werte ist kleiner als das Quantil, der Rest ist größer. Sie erlauben Aussagen wie: „Alpha% aller Studierenden sind kleiner als der berechnete Quantilswert". Die Funktion gibt das Alpha-Quantil einer Gruppe von Daten zurück. Durch Verwendung dieser Funktion kann man einen Akzeptanzschwellenwert festlegen. So kann man beispielsweise entscheiden, dass nur Studierende untersucht werden, deren Prüfungsergebnisse oberhalb des 90 Prozent-Quantils liegen. Abbildung 103 zeigt mit der Formel =*QUANTIL.EXKL(GRÖ;0,25)*, dass 25 Prozent der gemessenen Studierenden (Merkmalsausprägung GRÖ in Spalte C) maximal 1,58m groß sind. Der durch die Formel =*QUANTIL.EXKL(GRÖ;0,5)* berechnete Wert entspricht dem Median (Abbildung 103). Wird der Alpha-Wert durch 0,25 bzw. 0,75 ersetzt, dann ergibt sich das erste bzw. dritte Quartil *(=QUANTIL.EXKL(GRÖ;0,25)* entspricht =*QUARTIL.EXKL(GRÖ;1)).*

MODALWERT(Zahl1;Zahl2;...)

Gibt den häufigsten Wert einer Datengruppe zurück. Genauso wie der Median ist der Modalwert (Modus) ein Maß für die Lage der Werte.

In die Formel können direkt Zahlen eingegeben werden
(z. B. =*MODALWERT(1,59;1,54;1,75;1,53;...))* oder Zellbezüge
(z. B. =*MODALWERT(C2:C57))* bzw. benannte Bereiche
(z. B. =*MODALWERT(GRÖ))* verwendet werden. (Abbildung 103)

	A	B	C	D	E	F	G	H
1	NR	SEX	GRÖ	GEW				
2	1	2	1,59	52,6		Mittelwert		
3	2	2	1,54	47,2			=MITTELWERT(C2:C57)	1,650
4	3	1	1,75	62,7			=MITTELWERT(GRÖ)	1,650
5	4	1	1,53	44,2				
6	5	2	1,54	51,1		Median		
7	6	2	1,57	47,3			=MEDIAN(C2:C57)	1,640
8	7	2	1,75	67,3			=MEDIAN(GRÖ)	1,640
9	8	1	1,69	62,0				
10	9	1	1,75	83,4		1. und 3. Quartil		
11	10	1	1,69	63,2			=QUARTILE.EXKL(GRÖ;1)	1,580
12	11	1	1,77	82,1			=QUARTILE.EXKL(GRÖ;3)	1,728
13	12	2	1,77	77,4				
14	13	1	1,67	57,3		Quantil		
15	14	1	1,66	71,3			=QUANTIL.EXKL(C2:C57;0,25)	1,580
16	15	2	1,57	54,6			=QUANTIL.EXKL(GRÖ;0,25)	1,580
17	16	1	1,61	70,1			=QUANTIL.EXKL(GRÖ;0,5)	1,640
18	17	2	1,62	54,5			=QUANTIL.EXKL(GRÖ;0,75)	1,728
19	18	2	1,53	45,5				
20	19	1	1,75	85,3		Modalwert		
21	20	2	1,64	48,0			=MODALWERT(C2:C57)	1,750
22	21	1	1,63	57,3			=MODALWERT(GRÖ)	1,750
23	22	1	1,71	78,4				

Abbildung 103: Mittelwert, Median, Quartil, Quantil und Modus in Excel

Durch die Ermittlung der Lagemaße erhält man einen Überblick über das vorhandene Datenmaterial. Sie vermitteln einen Eindruck von der Höhe sowie zum Teil auch von der Verteilung der Werte. Durch die Verwendung der Lagemaße können umfangreiche Datensätze auf einzelne Zahlen reduziert werden. Anschaulich kann man in Abbildung 103 verschiedene Schwellwerte der Größe erkennen. Das 25 %-Quantil (Zelle H16) beispielsweise ist der Wert, für den gilt, dass 25 % aller Werte kleiner sind als dieser Wert. Quantile erlauben also praktische Aussagen im Stile von „25 % der Studierenden sind kleiner als 1,58 m" – wobei 1,58 m hier das 25 %-Quantil bzw. erste Quartil ist.

Um den Mittelwert nur für einen Teilbereich der Daten zu berechnen, können die Funktionen *MITTELWERTWENN* (eine Bedingung) und *MITTELWERTWENNS* (mehrere Bedingungen) verwendet werden.

MITTELWERTWENN(Bereich;Kriterien;[Mittelwert_Bereich])

Liefert den Mittelwert für den angegebenen Mittelwert_Bereich, wobei nur jene Datensätze aus dem angegebenen Bereich berücksichtigte werden, die den Kriterien entsprechen. In Abbildung 104 wird in Zelle F12 der Mittelwert der Spalte GEW (benannt mit GEW_1) berechnet. Dabei werden nur die Datensätze, die das entsprechende Kriterium (SEX=1) in der Spalte SEX (benannt mit SEX_1) erfüllen, berücksichtigt. Ist der Bereich leer oder ein Textwert, wird für *MITTELWERTWENN* der Fehlerwert #DIV/0! ausgegeben. Wenn keine der Zellen im Bereich den Kriterien entspricht, wird für *MITTELWERTWENN* der Fehlerwert #DIV/0! zurückgegeben.

	A	B	C	D	E	F	G	H	I
1	NR	SEX	ALTER	GEW					
2	1	2	59	52,6					
3	2	2	36	47,2		Mittelwert mit Bedingungen			
4	3	1	26	62,7		Mittelwert gesamt			
5	4	1	38	44,2		=MITTELWERT(GEW_1)			
6	5	1	32	51,1		62,5478			
7	6	2	22	47,3					
8	7	2	26	67,3					
9	8	1	29	62,0					
10	9	1	49	83,4		Mittwelwert für GEW Bedingung: Sex=1			
11	10	2	53	63,2		=MITTELWERTWENN(SEX_1;1;GEW_1)			
12	11	2	63	82,1		61,92084906			
13	12	2	19	77,4					
14	13	1	48	57,3		Mittelwert für GEW Bedingung: Sex=1 und Alter>50			
15	14	1	38	71,3		=MITTELWERTWENNS(GEW_1;SEX_1;1;ALT_1;">50")			
16	15	1	50	54,6		61,98666667			
17	16	1	37	70,1					
18	17	2	53	54,5					
19	18	1	24	45,5					

Abbildung 104: Mittelwert mit Datenauswahl

MITTELWERTWENNS(Mittelwert_Bereich;Kriterien_Bereich1;Kriterien1; [Kriterien_Bereich2;Kriterien2];...)

Gibt das arithmetische Mittel aller Zellen zurück, die mehreren Kriterien entsprechen. Mittelwert_Bereich bestimmt den Bereich der Zellen, für die der Mittelwert berechnet werden soll. Anschließend können bis zu 127 Kriterien_Bereiche mit den dazugehörigen Kriterien angegeben werden. In Abbildung 104 wird in Zelle F15 der Mittelwert der Spalte GEW (benannt mit GEW_1) berechnet. Dabei werden nur die Datensätze, die die Kriterien SEX=1 und ALTER>50 erfüllen, berücksichtigt.

	A	B	C	D	E	F	G	H
1	NR	SEX	GRÖ	GEW				
2	4	1	1,53	44,2				
3	28	1	1,54	48,0				
4	32	1	1,56	62,0			m	w
5	27	1	1,58	48,3		Mittelwert	1,673333	1,628621
6	48	1	1,58	64,9		Median	1,69	1,6
7	46	1	1,59	64,3		1. Quartil	1,62	1,57
8	16	1	1,61	70,1		3. Quartil	1,75	1,71
9	21	1	1,63	57,3		Modus	1,75	1,57
10	56	1	1,64	53,4				
11	40	1	1,65	72,3				
12	41	1	1,65	60,3				
13	14	1	1,66	71,3				
14	13	1	1,67	57,3				
15	8	1	1,69	62,0				
16	10	1	1,69	63,2				
17	52	1	1,69	64,2				
18	22	1	1,71	78,4				
19	51	1	1,71	64,3				

Abbildung 105: Vergleich von Mittelwert, Median, 1. und 3. Quartil und Modus nach Geschlecht

Die Angabe eines einzelnen Lageparameters reicht zur Charakterisierung eines vorhandenen Datenmaterials aber nicht aus. Es wird nur dann gut beschrieben, wenn ein Großteil der Werte in der Nähe der Kenngröße liegt. Berechnet man alle drei der dargestellten Lagemaße, so können aus deren Vergleich noch zusätzliche Informationen zur Form der Verteilung gewonnen werden. Ist der Mittelwert deutlich höher als der Median, so kann man daraus erkennen, dass es einen oder mehrere Ausreißer nach oben geben muss. Diese ziehen das arithmetische Mittel nach oben, lassen den Median aber unbehelligt. Aus den berechneten Werten in Abbildung 105 lässt sich z. B. ableiten, dass für die männlichen Studierenden die Mehrzahl der Teilnehmer kleiner als 1,67 m ist (Mittelwert < Median), wohingegen bei den weiblichen Studierenden die Mehrzahl größer als der Mittelwert ist.

Sind alle drei Maße ungefähr gleich, handelt es sich um eine symmetrische Verteilung, ist der Mittelwert am größten, gefolgt von Median und Modus, so ist die Verteilung links-steil bzw. rechts-schief, im umgekehrten Fall ist sie rechts-steil bzw. links-schief.

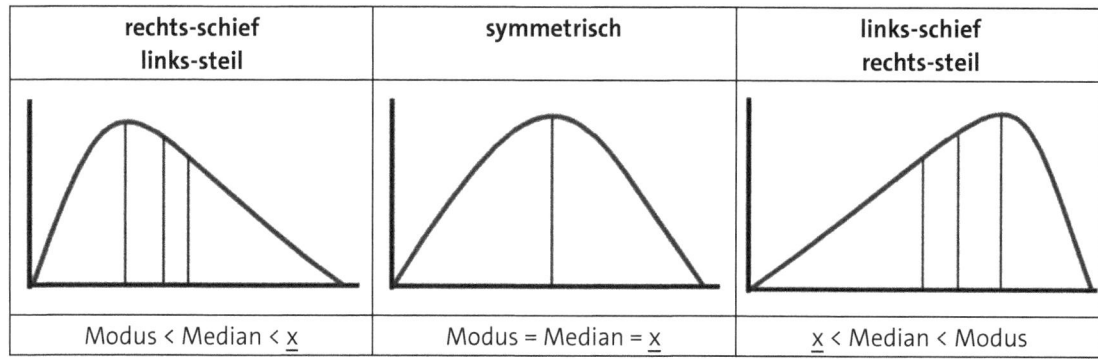

Tabelle 17: Schiefe von Verteilungen

9.2.5 Streuungsmaße – Streuung oder Dispersion der Verteilung

Lagemaße geben nur wenig Auskunft über die Häufigkeitsverteilung von Werten. Sie beschreiben zwar, wo sich die Werte einer Verteilung zentrieren, liefern aber keinen Anhaltspunkt dafür, wie weit ein einzelner Merkmalswert von diesem Zentrum abweicht. *Streuungsmaße* sind Maße für die *Breite von Verteilungen*. Sie beschreiben die Abweichung von einem Zentrum einer Häufigkeitsverteilung. Sie sind wichtige Ergänzungen zu Mittelwert, Modus und Median. Ist die Streuung klein, so sind diese Werte eher aussagekräftige statistische Kennzahlen einer Verteilung als bei einer starken Variabilität der Daten.

Für bestimmte Fragestellungen können Streuungsmaße sogar wichtiger sein als z. B. der Mittelwert, wie folgendes Beispiel veranschaulicht: Gruppe A und Gruppe B haben bei einer Testung mit einem maximalen Punktescore von 16 unterschiedliche Ergebnisse erreicht. Gruppe A hat einen höheren Mittelwert in der erreichten Punktezahl als Gruppe B und hat damit das bessere Ergebnis erzielt. Diese Interpretation in einer Bachelor-/Masterarbeit wäre allerdings unzureichend, da – wie aus der Datenmatrix zu erkennen ist – die Extremwerte in Gruppe A zwingend zu berücksichtigen sind. Die Aussagekraft der Mittelwerte zeigt sich nämlich erst durch die Berechnung eines Streuungsmaßes z. B. der Standardabweichungen (nähere Erörterung folgt auf Seite 258), da durch die Mittelwerte allein nicht klar ist, wie gut diese alle anderen Werte (erreichte Punktezahlen der Probanden in den einzelnen Gruppen) repräsentieren.

Verteilung A		Verteilung B	
Punkte	Anzahl	Punkte	Anzahl
16	11	16	0
15	2	15	3
14	3	14	4
13	3	13	6
12	1	12	8
11	3	11	6
10	2	10	4
9	1	9	3
8	8	8	0

Mittelwert	12,50	Mittelwert	12,00
Median	13	Median	12
Standardabweichung	3,202	Standardabweichung	1,698

Tabelle 18: Erreichter Punktescore

Die wesentlich breitere Verteilung der Gruppe A (elf „sehr gute" und acht „schlechte" Ergebnisse), sowie die homogenere Leistung der Gruppe B zeigt sich in Tabelle 18 bzw. Abbildung 106 deutlich. Unterstützt wird diese Darstellung durch die errechneten Standardabweichungen (siehe Tabelle 18; zur Erläuterung siehe Abschnitt Standardabweichung), die die Variabilität der Gruppe A im Vergleich zur Gruppe B ebenfalls darstellen. Diese zeigen, dass 68 Prozent der erreichten Punktezahlen für die Gruppe A zwischen neun und 16 Punkten und für die Gruppe B zwischen zehn und 14 Punkten liegen. Gruppe A hat zwar einen höheren Mittelwert und Median, die Leistungen streuen aber wesentlich stärker.

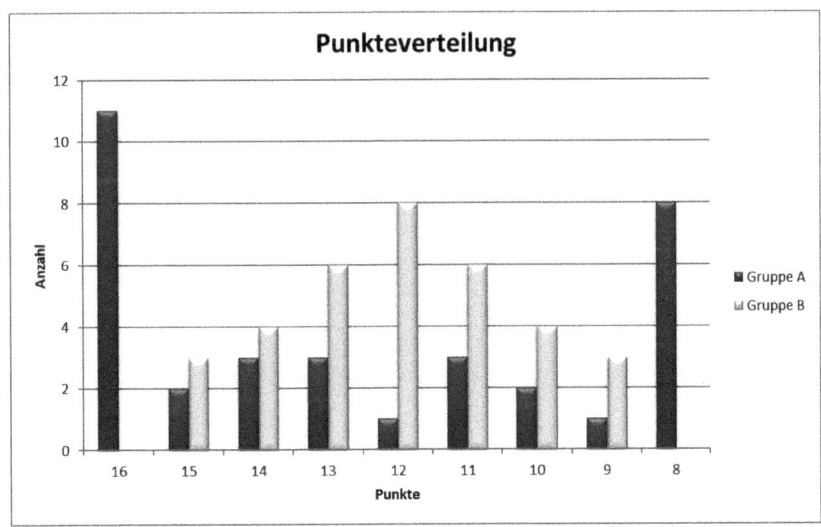

Abbildung 106: Punkteverteilung

Ein weiteres Beispiel für die Bedeutung der Streumaße ist in Abbildung 107, in der die Körpergröße von 60 Studierenden verglichen wird, dargestellt. Das hier gewählte Liniendiagramm zeigt deutlich die Streuung der einzelnen Werte und deren Abstand von Mittelwert und Median an.

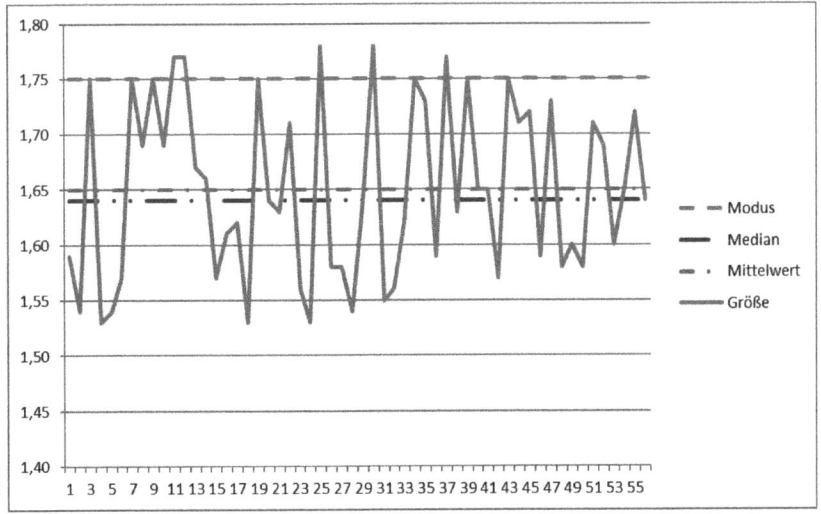

Abbildung 107: Abweichung der einzelnen Größen vom Mittelwert (n=60)

Spannweite

Die *Spannweite R* ist das einfachste Streuungsmaß und berechnet sich als Distanz zwischen dem größten Messwert x_{max} (*Maximum*) und dem kleinsten Messwert x_{min} (*Minimum*):

$$R = x_{max} - x_{min}$$

Die Berechnung von R ist nur bei Einzelwerten, nicht bei Häufigkeitsverteilungen üblich. Die Spannweite *R* lässt sich nur auf metrische Variablen anwenden. Je weiter Minimum und Maximum vom Mittelwert abweichen bzw. je größer die Spannweite ist, umso weiter sind die Häufigkeiten verteilt. R berücksichtigt jedoch nur die beiden Extremwerte Maximum und Minimum und reagiert somit empfindlich auf Ausreißer, d. h. die Spannweite ist keine robuste Maßzahl.

Beispiel

Die Größe (in m) von 30 Studierenden ist bekannt:
1,59; 1,54; 1,75; 1,53; 1,54; 1,57; 1,75; 1,69; 1,75; 1,69; 1,77; 1,77; 1,67; 1,66; 1,57; 1,61; 1,62; 1,53; 1,75; 1,64; 1,63; 1,71; 1,56; 1,53; 1,78; 1,58; 1,58; 1,54; 1,64

Werden die Merkmalsausprägungen in eine geordnete Reihe gebracht ergibt sich:
1,53; 1,53; 1,53; 1,54; 1,54; 1,54; 1,56; 1,57; 1,57; 1,58; 1,58; 1,59; 1,61; 1,62; 1,63; 1,64; 1,64; 1,66; 1,67; 1,69; 1,69; 1,71; 1,75; 1,75; 1,75; 1,75; 1,77; 1,77; 1,78

Aus dieser Liste lässt sich das Minimum x_{min} = 1,53 und das Maximum x_{max} = 1,78 bestimmen und die Spannweite berechnen.

$$R = x_{max} - x_{min} = 1,78 - 1,53 = 0,25$$

Der Wert für die Spannweite zeigt, dass alle Werte der Merkmalsausprägung in einem Bereich von 0,25m bzw. 25cm liegen. Käme ein Ausreißer mit einer Körpergröße von 2,10 m hinzu, würde sich die Spannweite sofort beträchtlich erhöhen.

Quartilsabstand

Um einen von Ausreißern unabhängigeren Streubereich festlegen zu können, bestimmt man den Quartilsabstand. Er ist der Abstand zwischen dem ersten und dritten Quartil.

	A	B	C	D	E	F	G	H	
1	NR	SEX	GRÖ	GEW					
2	4	1	1,53	44,2					
3	18	2	1,53	45,5		Minimum	= MIN(GRÖ)		1,53
4	24	2	1,53	60,5		Maximum	=MAX(GRÖ)		1,78
5	2	2	1,54	47,2		Spannweite	=I4-I3		0,25
6	5	2	1,54	51,1					
7	28	1	1,54	48,0		Median	=MEDIAN(GRÖ)		1,635
8	23	2	1,56	56,4		1. Quartil	=QUARTILE(GRÖ;1)		1,57
9	6	2	1,57	47,3		3. Quartil	=QUARTILE(GRÖ;3)		1,74
10	15	2	1,57	54,6					
11	26	2	1,58	50,2		Quartilsabstand	=I9-I8		0,17
12	27	1	1,58	48,3					
13	1	2	1,59	52,6					
14	16	1	1,61	70,1					
15	17	2	1,62	54,5					
16	21	1	1,63	57,3					
17	20	2	1,64	48,0					
18	29	2	1,64	51,2					
19	14	1	1,66	71,3					
20	13	1	1,67	57,3					

Abbildung 108: Berechnung der Spannweite und des Quartilsabstandes

Auf das Beispiel in Abbildung 108 bezogen ergibt sich hinsichtlich der Körpergröße der Studierenden folgendes Bild:

- Etwa 25 % der geordneten Merkmalsausprägungen sind kleiner als 1,57m (1. Quartil).
- Etwa 50 % der geordneten Merkmalsausprägungen sind kleiner als 1,635m (Median oder 2. Quartil).
- Etwa 75 % der geordneten Merkmalsausprägungen sind kleiner als 1,74m (3. Quartil).

Zwischen dem 1. und 3. Quartil liegen 50 Prozent aller Merkmalsausprägungen, d. h. 50 Prozent aller gemessenen Studierenden haben eine Körpergröße zwischen 1,57m und 1,74m. Dieser Bereich, der auch Quartilsabstand genannt wird, hat eine Streuung von 0,17m (=17cm). Würde hier nun ein Ausreißer ergänzt, so würde sich der Wert nicht oder nur unwesentlich ändern.

Varianz

Die *Varianz* s^2 ist ein Maß, das beschreibt, wie die einzelnen Daten um den Mittelwert verteilt sind, d. h. wie stark die Daten um den Mittelwert streuen (Abbildung 109). Dabei werden die Differenzen der gemessenen Werte zum Mittelwert bestimmt und in der Abbildung als negative (unterhalb des Mittelwerts) und positive Balken (oberhalb des Mittelwerts) dargestellt. Damit nicht mit negativen Zahlen gerechnet werden muss, werden diese Differenzen quadriert. Anschließend wird davon wieder der Mittelwert berechnet, um die Varianz zu erhalten. Für die Berechnung der Varianz werden zwei Formeln herangezogen:

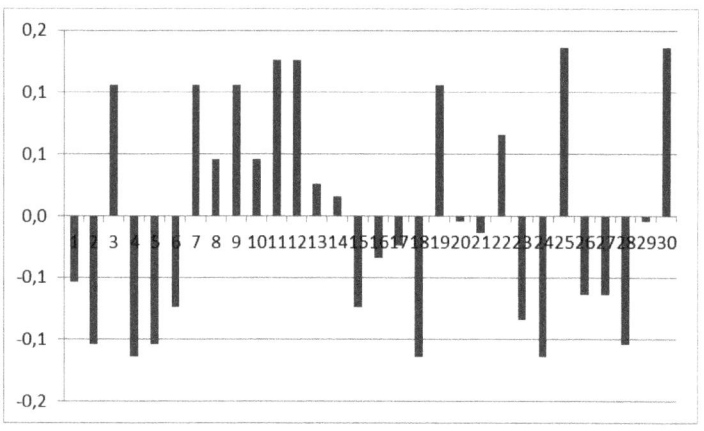
Abbildung 109: Differenzen zum Mittelwert

Berechnung der Varianz für eine Grundgesamtheit:

$$s^2 = \frac{\sum_{i=1}^{n}(x-\bar{x})^2}{n}$$

Berechnung der Varianz für eine Stichprobe:

$$s^2 = \frac{\sum_{i=1}^{n}(x-\bar{x})^2}{(n-1)}$$

Die Interpretation der Varianz ist schwierig. Sie dient vor allem als Grundlage für die Berechnung weiterer statistischer Kennzahlen, z. B. der Standardabweichung oder des Standardfehlers. Grundsätzlich gilt: Je größer die Varianz, desto stärker streuen die Merkmalsausprägungen um den Mittelwert.

Standardabweichung
Die *Standardabweichung s* ist in der Statistik ein Maß für die Streuung der Werte einer Variablen um ihren Mittelwert. Viele Maßzahlen haben entsprechende Einheiten, z. B. Meter (m) oder Kilogramm (kg). Bei der Berechnung der Varianz muss diese Einheit berücksichtigt werden und man erhält Ergebnisse mit den Einheiten m² oder kg². Durch Berechnung der Quadratwurzel aus der Varianz kommt man wieder auf die ursprüngliche Einheit zurück. Dieser Wert wird als Standardabweichung bezeichnet.

$$S = \sqrt{s^2} = \sqrt{\frac{\sum_{i=1}^{n}(x-\bar{x})^2}{n}} \quad \text{oder} \quad S = \sqrt{s^2} = \sqrt{\frac{\sum_{i=1}^{n}(x-\bar{x})^2}{(n-1)}}$$

Die Standardabweichung ist ein Gradmesser für die Aussagekraft des Mittelwerts. Sie ist ein Wert der zentralen Tendenz. Eine kleine Standardabweichung bedeutet, dass alle Merkmalsausprägungen nahe am Mittelwert liegen. Eine große Standardabweichung bedeutet, dass die Merkmalsausprägungen weit um den Mittelwert gestreut sind, sodass seine Aussagekraft geringer ist. Stammen die Messergebnisse aus einer Normalverteilung, so liegen ca. 68 Prozent der Merkmalsausprägungen im Intervall Mittelwert minus eine Standardabweichung und Mittelwert plus eine Standardabweichung. Im Intervall Mittelwert minus zweimal die

Standardabweichung und Mittelwert plus zweimal die Standardabweichung liegen 95 Prozent der Merkmalsausprägungen.

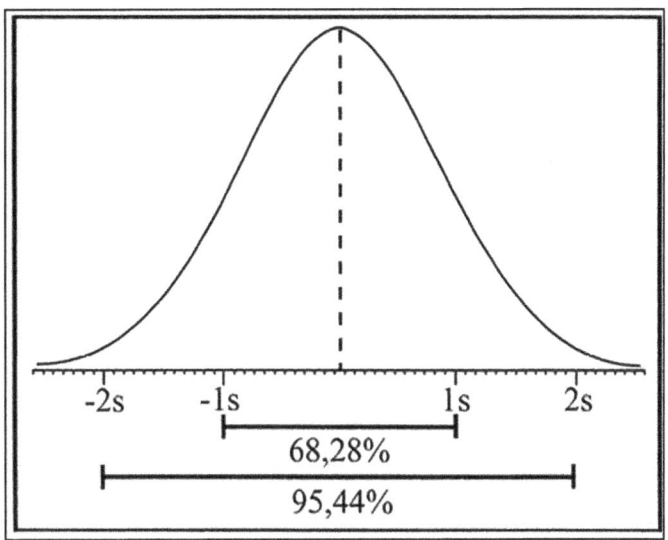

Abbildung 110: Normalverteilungskurve[46]

Nimmt die Dichte der Merkmalsausprägungen nach beiden Seiten hin symmetrisch entsprechend einer Glockenkurve ab (Abbildung 110), so spricht man von einer Normalverteilung. Bei einer Normalverteilung gruppieren sich demnach die Merkmalsausprägungen um ihren Mittelwert. Der Großteil der Ausprägungen liegt nahe am Mittelwert. Die Anzahl der Ausprägungen nimmt mit zunehmendem Abstand zum Mittelwert ab. Für viele statistische Berechnungen, zum Beispiel Varianz, Standardabweichung, wird vorausgesetzt, dass die Verteilung der Merkmalsausprägungen normalverteilt ist.

Spannweite, Varianz und Standardabweichung in Excel berechnen
Spannweite
Eine Funktion zum Berechnen der Spannweite bietet Excel nicht, jedoch kann man die Spannweite berechnen, indem man die Funktionen *MAX* (Maximum) und *MIN* (Minimum) in Excel nutzt.

MIN(Zahl1;Zahl2;...)
Gibt den kleinsten Wert innerhalb der Merkmalsausprägungen zurück. Als Argumente können entweder direkt Zahlen (z. B. *=MIN(27;34;12;32;...)*), Bezüge (z. B. *=MIN(B2:B57)*) oder Namen (z. B. *=MIN(GRÖ)*) angegeben werden.

MAX(Zahl1;Zahl2;...)
Gibt den größten Wert innerhalb der Merkmalsausprägungen zurück. Als Argumente können entweder direkt Zahlen (z. B. *=MAX(27;34;12;32;...)*), Bezüge (z. B. *=MAX(B2:B57)*) oder Namen (z. B. *=MAX(GRÖ)*) angegeben werden.

---

46 Quelle: Abgerufen am 10. Jänner 2013 unter http://www.ipds.uni-kiel.de/Dokumente/ModulG/Teil_1/151107_modul_g.pdf

Aus den beiden Werten wird durch Subtraktion (Maximumwert-Minimumwert) die Spannweite berechnet. (Abbildung 111)

VARIANZ(Zahl1;Zahl2;...)
> Die Funktion *VARIANZ* schätzt die Varianz auf der Basis einer Stichprobe. Als Argumente können entweder direkt Zahlen, Bezüge oder Namen angegeben werden. (Abbildung 79)

VARIANZEN(Zahl1;Zahl2;...)
> Die Funktion *VARIANZEN* schätzt die Varianz auf der Basis einer Grundgesamtheit. Die ihr übergebenen Argumente entsprechen der Grundgesamtheit. Als Argumente können entweder Zahlen, Bezüge oder Namen angegeben werden.

STABW.S(Zahl1;Zahl2;...)
> Die Funktion *STABW.S* schätzt die Standardabweichung ausgehend von einer Stichprobe. Die Standardabweichung ist ein Maß dafür, wie weit die jeweiligen Werte um den Mittelwert (Durchschnitt) streuen. (Abbildung 111)

STABW.N(Zahl1;Zahl2;...)
> Die Funktion *STABW.N* berechnet die Standardabweichung ausgehend von der Grundgesamtheit. Es wird vorausgesetzt, dass alle Werte angegeben werden. Die Standardabweichung ist ein Maß dafür, wie weit die jeweiligen Werte um den Mittelwert (Durchschnitt) streuen.

	A	B	C	D	E	F	G	H	I	J	K	L
1	NR	SEX	GRÖ	GEW								
2	1	2	1,59	52,6		Mittelwert				Minimum		
3	2	2	1,54	47,2		=MITTELWERT(GRÖ)		1,6502		=MIN(GRÖ)		1,53
4	3	1	1,75	62,7								
5	4	1	1,53	44,2		Median				Maximum		
6	5	2	1,54	51,1		=MEDIAN(GRÖ)		1,64		=MAX(GRÖ)		1,78
7	6	2	1,57	47,3								
8	7	2	1,75	67,3		1. Quartil				Spannweite		
9	8	1	1,69	62,0		=QUARTILE(GRÖ;1)		1,58		=L6-L3		0,25
10	9	1	1,75	83,4								
11	10	1	1,69	63,2		3. Quartil				Varianz		
12	11	1	1,77	82,1		=QUARTILE(GRÖ;3)		1,7225		=VARIANZ(GRÖ)		0,0064
13	12	2	1,77	77,4		=QUANTIL(GRÖ;0,75)		1,7225		=VARIANZEN(GRÖ)		0,0063
14	13	1	1,67	57,3								
15	14	1	1,66	71,3		Quartilsabstand				Standardabweichung		
16	15	2	1,57	54,6		=H13-H9		0,1425		=STABW.S(GRÖ)		0,0798
17	16	1	1,61	70,1						=STABW.N(GRÖ)		0,0791
18	17	2	1,62	54,5		Modalwert						
19	18	2	1,53	45,5		=MODALWERT(GRÖ)		1,75				
20	19	1	1,75	85,3								

Abbildung 111: Spannweite, Varianz und Standardabweichung in Excel

Das in Abbildung 111 angeführte Beispiel zeigt die Berechnung der behandelten Maßzahlen in Excel. Tabelle 19 bietet eine Zusammenfassung der wichtigsten Maßzahlen und ihre Anwendbarkeit auf die verschiedenen Skalenniveaus.

Skalenniveau	Zulässiges Lagemaß	Zulässiges Streuungsmaß
Nominalskala	Modus	–
Ordinalskala	Modus Quantile, Median	–
Metrisch (Intervall- und Verhältnisskala)	Modus Quantile, Median Mittelwert	Spannweite Quartilsabstand Varianz, Standardabweichung

Tabelle 19: Zusammenfassung – Maßzahlen und Skalenniveau

Mit Hilfe der aufgezeigten Funktionen (z. B. MIN(), MAX(), MEDIAN(), QUARTILE(), MITTELWERT() oder STABW(), SCHIEFE(), KURT()) können sehr schnell deskriptive Statistiken berechnet werden. Als Unterstützung für jene, die keine Formeln eintippen wollen, bietet Excel (in der zur Drucklegung aktuellen Version) die Möglichkeit, sich diese statistischen Kennzahlen automatisiert mit dem Analysetool *Populationskenngrößen* des kostenlosen Excel-Add-Ins „Datenanalyse" ermitteln zu lassen. Die Funktion *Datenanalyse* wird über das Menü *Daten* im Bereich *Analyse* aufgerufen und es erscheint die folgende Auswahl:

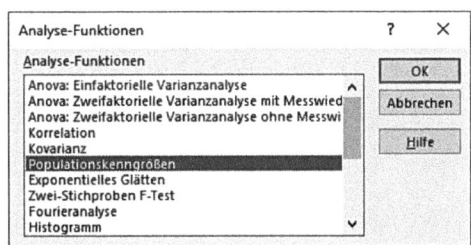

Abbildung 112: Analyse-Funktion Populationskenngrößen

Nach Auswahl der Funktion *Populationskenngrößen* wird das zugehörige Fenster angezeigt.

Abbildung 113: Parameter für die Populationskenngrößen

Die auszuwertenden Daten in diesem Beispiel befinden sich in der Spalte D in den Zellen D1 bis D89. Sollte ein Bereich (z. B. A1 bis D89) ausgewählt werden, so muss angegeben werden, ob die Daten spalten- oder zeilenweise ausgewertet werden sollen. Es empfiehlt sich die Ausgabe auf ein neues Tabellenblatt, da dadurch eine bessere Übersicht gewährleistet wird. Durch Wahl des Optionsfeldes *Statistische Kenngrößen* werden die entsprechenden Berechnungen aktiviert und nach Klick auf den *OK-Button* erscheint die folgende Ausgabe:

Abbildung 114: Ergebnis Populationskenngrößen

Mit einem „Klick" erhält man alle wichtigen statistischen Maßzahlen. Allerdings müssen hier zwei Punkte beim Einsatz dieses Tools beachtet werden:

Ein erster Aspekt ist, dass die Ergebnisse nicht dynamisch sind, d. h., dass es im Gegensatz zu den über die einzelnen Funktionen berechneten Werten keine automatische Aktualisierung in den Ergebnisfeldern bzw. keine Anpassung an einen nachträglich geänderten Datenbestand gibt. Der zweite Aspekt ist, dass fehlende Werte bei der Berechnung nicht berücksichtigt werden.

9.2.6 Zusammenhänge zwischen Variablen

Zur Beantwortung der einer empirischen Erhebung zugrunde liegenden Forschungsfrage kommt der Analyse und Interpretation von Zusammenhängen zwischen Variablen eine entscheidende Bedeutung zu. In Bezug auf die in diesem Kapitel zur Veranschaulichung verwendeten Variablen „Geschlecht", „Größe" und „Gewicht" ist es naheliegend, sich die Frage zu stellen, ob es z. B. einen Zusammenhang zwischen Größe und Gewicht der Studierenden gibt oder ob ein Zusammenhang zwischen Geschlecht und Gewicht besteht. Um solche Zusammenhänge aufzuzeigen, stehen verschiedene Methoden zur Verfügung, wie z. B. das Streudiagramm, die Kreuztabellen-Analyse oder die Korrelation.

Streudiagramm (Punktdiagramm)
Streudiagramme eignen sich zur graphischen Darstellung von Wertepaaren in einem Koordinatensystem. Aus der Verteilung und der Dichte der Punkte kann abgelesen werden, ob ein Zusammenhang zwischen den Variablen besteht.

Bei der Erstellung wird der Wert der 1. Variablen auf der X- Achse und der Wert der 2. Variable auf der Y- Achse aufgetragen und der jeweilige Schnittpunkt bestimmt.

Abbildung 115 zeigt den Zusammenhang zwischen Gewicht und Größe von 50 Studierenden.

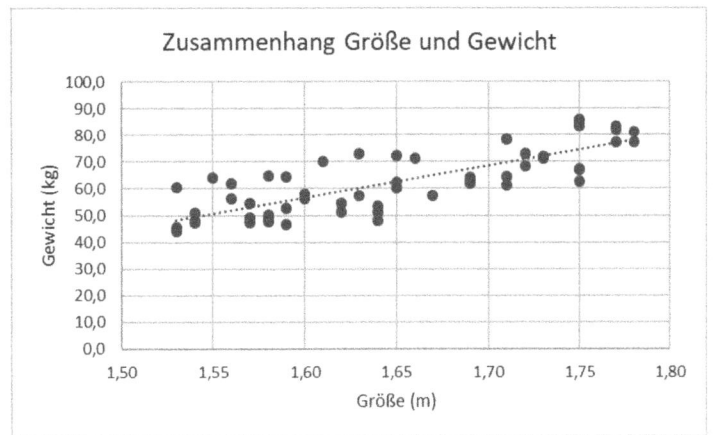

Abbildung 115: Beispiel für ein Streudiagramm (n=50)

Die entstandene Punktewolke in Abbildung 115 lässt einen linearen Zusammenhang erkennen, d. h. man könnte durch die Schnittpunkte annäherungsweise eine Gerade legen. Je näher die einzelnen Punkt an der Geraden liegen, desto stärker ist der Zusammenhang. Es ist erkennbar, dass ein geringeres Gewicht auch eine geringere Größe bedeutet und umgekehrt.

Die Erstellung des Streudiagramms in Excel erfolgt über die Registerkarte *Einfügen*. Zuvor sollten die beiden zu vergleichenden Variablen markiert werden. In der Registerkarte *Einfügen* kann über die Diagrammform *Punkt* und Auswahl der Variante *Punkt (XY)* das Diagramm erstellt werden (Abbildung 116). Zur besseren Darstellung des Zusammenhangs kann durch Klick mit der rechten Maustaste auf einen Datenpunkt und Auswahl des Menüpunktes *Trendlinie hinzufügen* das Menü zur Auswahl einer solchen eingeblendet werden (siehe Abbildung 117). Durch Auswahl der entsprechenden Funktion kann die Linie eingefügt werden. Soll zusätzlich die Formel zur Berechnung von Erwartungswerten in der Abbildung angezeigt werden, so kann diese durch Anklicken des Punktes *Formel im Diagramm anzeigen* ausgewählt werden. Mit Hilfe dieser Formel können auf Basis der Daten Erwartungswerte für eine bestimmte Größe oder ein bestimmtes Gewicht errechnet werden. Für eine Person mit der Größe 1,95m kann der Erwartungswert für das Gewicht mit Hilfe der Berechnung (Gewicht = 119,95*1,95−135,15 = 98,75kg) bestimmt werden.

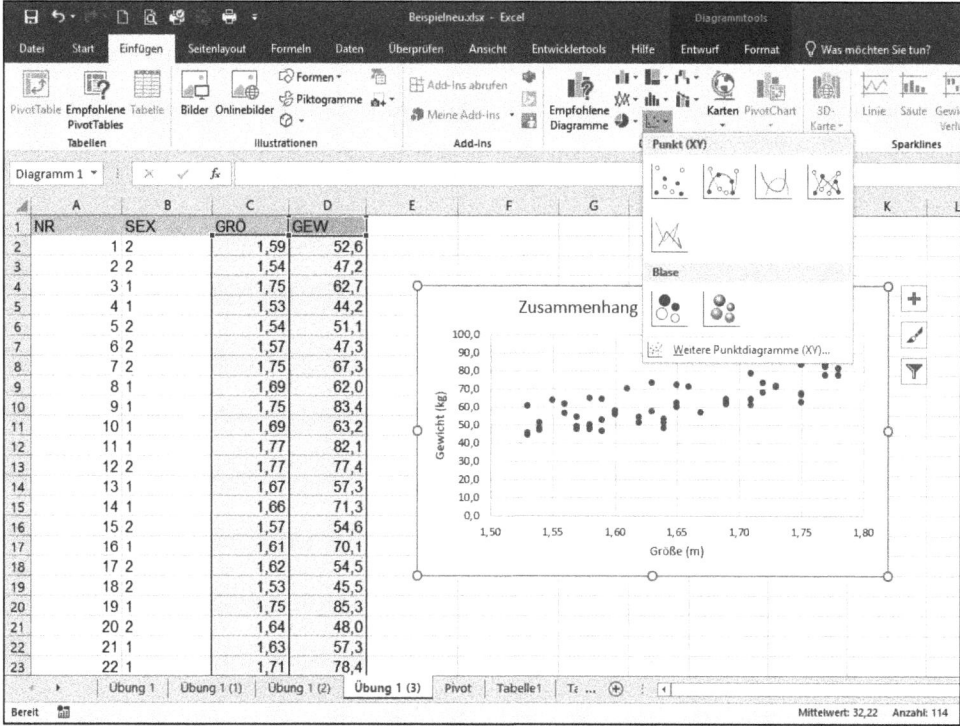

Abbildung 116: Erstellung eines Streudiagramms in Excel

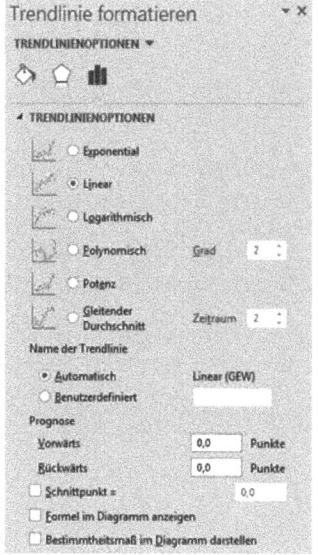

Abbildung 117: Trendlinie hinzufügen

Kreuztabellen

Zur Veranschaulichung der Zusammenhänge zwischen verschiedenen Variablen ist die *Kreuztabelle* besonders hilfreich. Sie ist die tabellarische Darstellung der Häufigkeiten, welche bei der Kombination der Merkmalsausprägungen von zwei oder mehr Variablen auftreten. Sie eignet sich vor allem zur Darstellung und Analyse von Zusammenhängen zwischen nominal- und ordinalskalierten Merkmalen. Charakteristischerweise (aber nicht zwingend) haben die Merkmale wenige Ausprägungen.

Metrische Merkmale (haben oft viele Ausprägungen) müssen für eine Präsentation mit Hilfe von Kreuztabellen in geeigneter Weise (z. B. Klassenbildung) zusammengefasst werden. Dies sollte – da dies immer mit einem Informationsverlust verbunden ist – nur zum Zweck der übersichtlichen Präsentation von Daten geschehen.

Sollen zwei Variablen miteinander verglichen werden, so werden die Ausprägungen der ersten Variable in Spalten und die Ausprägungen der zweiten Variable in Zeilen eingetragen. Im Schnittpunkt dieser Spalten und Zeilen wird die absolute Häufigkeit der jeweiligen Kombination aus der Variable A mit der Variable B angezeigt. Kreuztabellen sind Tabellen, die die absoluten oder relativen Häufigkeiten von Kombinationen bestimmter Merkmalsausprägungen enthalten.

In Excel werden Kreuztabellen auch als *Pivot-Tabellen* bezeichnet. Zur Erstellung einer Pivot-Tabelle in Excel wird eine Zelle der Tabelle, in der die Ausgangsdaten enthalten sind, angeklickt und über die Registerkarte *Einfügen* der Punkt *PivotTabelle* ausgewählt. In der von Excel geöffneten Registerkarte wird die Tabelle (Bezug) eingetragen und das Ziel der Pivot-Tabelle (Neues Arbeitsblatt/Vorhandenes Arbeitsblatt) muss festgelegt werden (Abbildung 118).

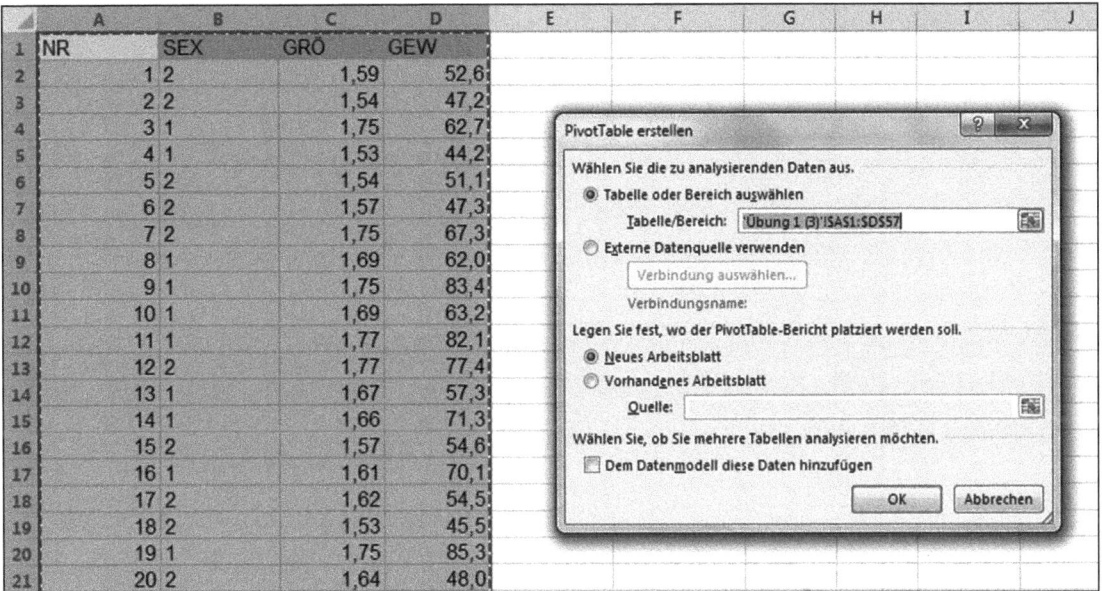

Abbildung 118: Erstellen einer Pivot-Tabelle Schritt 1

Nach dem Klick auf den OK-Button erscheint die leere Pivot-Tabelle. (Abbildung 119)

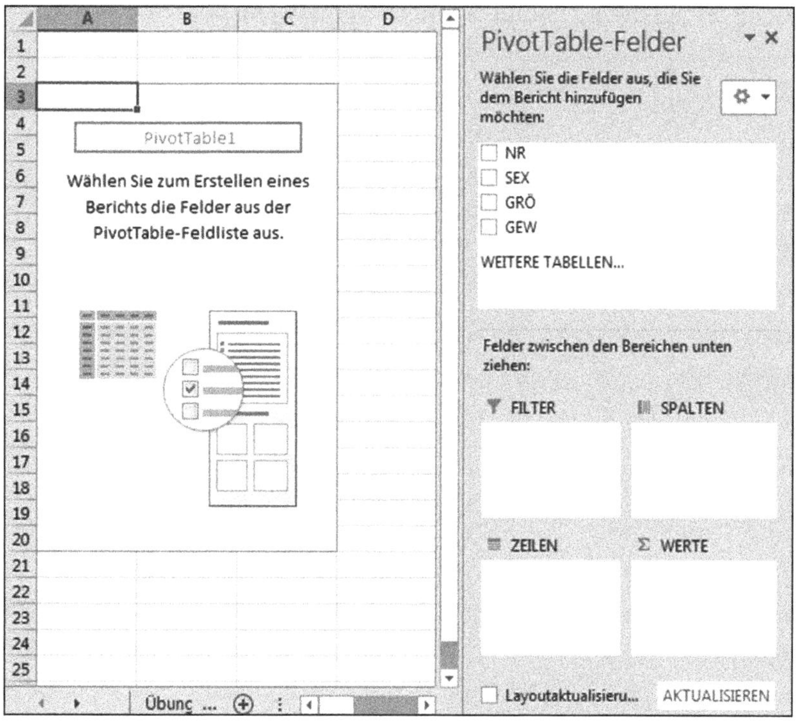

Abbildung 119: Erstellen einer Pivot-Tabelle Schritt 2

Per Drag-and-Drop können nun die zu kombinierenden Werte in den Bereich für die Zeilenfelder, Spaltenfelder und in das Datenfeld gezogen werden.

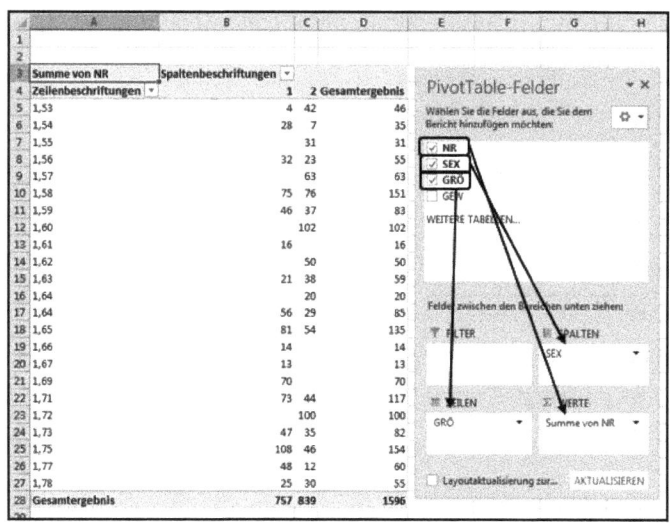

Abbildung 120: Fertige Pivot-Tabelle

Im Beispiel in Abbildung 120 wurde die Größe (GRÖ) in das Zeilenfeld und das Geschlecht (SEX) in das Spaltenfeld gezogen. Als Wert für die Datenfelder wurde die Variable NR ausgewählt.

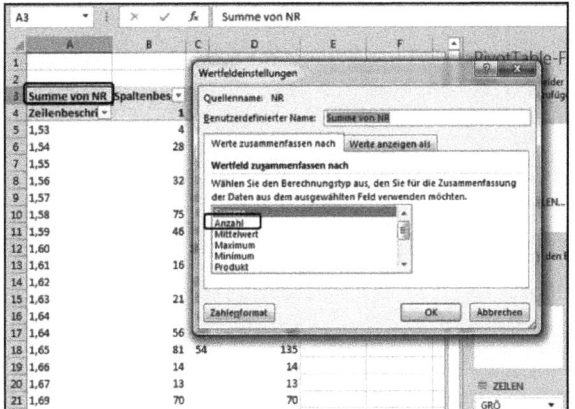

Abbildung 121: Bestimmung der Anzeige einer Pivot-Tabelle

Um die richtige Anzeige (Abbildung 121: Anzahl) zu erhalten, wird mit einem Doppelklick auf die im Schnittpunkt von Spalten- und Zeilenbezeichnungen gelegene Zelle (hier Zelle A3 in Abbildung 121) das Fenster für die Wertfeldeinstellungen geöffnet. Durch die Auswahl von Anzahl wird in der Pivot-Tabelle die absolute Häufigkeit (= Anzahl von Nr.) angezeigt. (Abbildung 122)

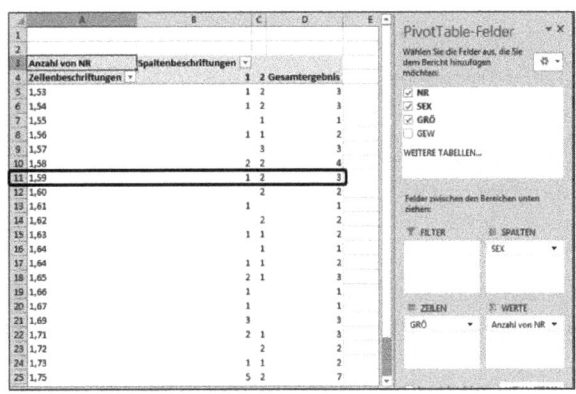

Abbildung 122: Korrigierte Pivot-Tabelle

Damit kann nun aus der erhaltenen Pivot-Tabelle die Verteilung der Größen in Bezug auf das Geschlecht abgelesen werden. Zeile 11 in Abbildung 122 zeigt zum Beispiel, dass drei Studierende 1,59 m groß sind, wobei dies ein männlicher (Kodierung 1) und zwei weibliche Studierende (Kodierung 2) sind.

Die Pivot-Tabelle eröffnet die Möglichkeit, die Variablen in allen möglichen Kombinationen miteinander in Beziehung zu setzen, ohne dass die Ursprungsdaten (die in Excel eingegebenen Daten) selbst verändert werden (müssen).

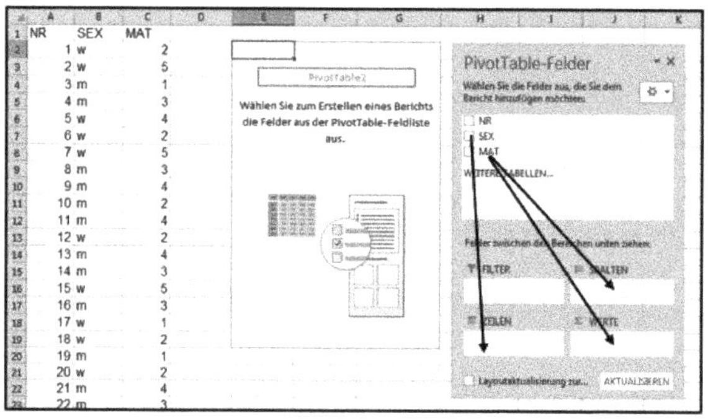

Abbildung 123: Erstellung einer Pivot-Tabelle – Beispiel 2

In Abbildung 123 erfolgt eine Auswertung der Mathematiknoten nach Geschlecht. Dazu werden die Daten markiert und die Erstellung der Pivot-Tabelle wird über die Registerkarte „Einfügen" eingeleitet. Da die Noten dargestellt werden sollen, wird der Eintrag „MAT" in das Datenfeld gezogen. Die abhängige Variable „SEX" wird mit dem Zeilenfeld und die unabhängige Variable „MAT" mit dem Spaltenfeld verknüpft.

Aus der Kreuztabelle kann sowohl die Gesamtverteilung der Mathematiknote über alle Studierenden (Gesamtergebnis) entnommen werden als auch die geschlechtsspezifische Verteilung. Einen wirklichen Vergleich der beiden Gruppen erhält man erst durch die Berechnung der relativen Häufigkeiten.

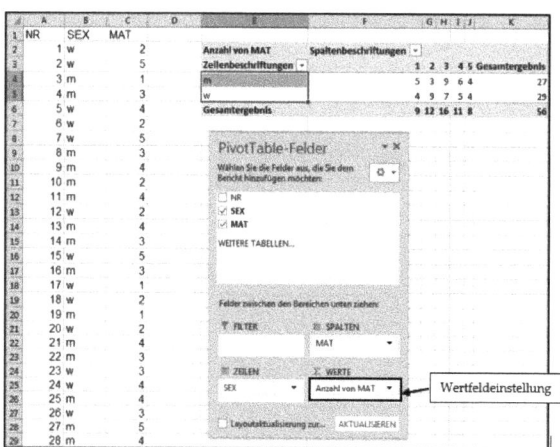

Abbildung 124: Darstellung der absoluten Häufigkeiten in einer Kreuztabelle

Zur Darstellung der relativen Häufigkeiten wird im Bereich der Wertfeldeinstellungen die Option „% des Zeilengesamtergebnisses" aktiviert (Abbildung 125).

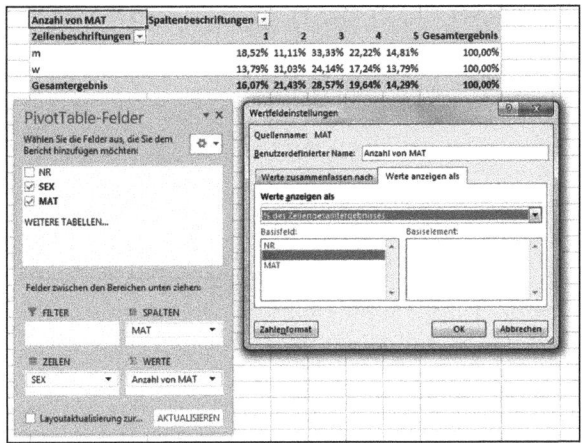

Abbildung 125: Darstellung der relativen Häufigkeiten in einer Kreuztabelle

Durch die prozentuelle Darstellung der relativen Häufigkeiten können die geschlechtsspezifischen Unterschiede deutlicher beschrieben werden. In Abbildung 125 zeigt sich, dass der Anteil der männlichen Studierenden mit der Note „Befriedigend" höher ist als der der weiblichen Studierenden, obwohl beide Gruppen dieselbe absolute Häufigkeit (achtmal die Note „Befriedigend") haben. Bei der Note „Sehr gut" sind die Unterschiede zwischen den beiden Gruppen geringer, als dies die absolute Häufigkeit vermittelt.

Ein weiteres Beispiel soll die Auswertungsmöglichkeiten in Excel noch einmal wiederholen und die Möglichkeiten der Pivot-Tabelle noch etwas genauer aufzeigen. In der in Abbildung 126 dargestellten Tabelle wurden die entsprechenden Bereiche wie folgt benannt:

- Spalte Geschlecht: GESCHLECHT
- Spalte Alter: ALTER
- Spalte Schulweg: WEG
- Spalte Verkehrsmittel: VMITTEL

	A	B	C	H	I	J	K	L	M	N	O	P	Q
1	Nr	Geschl.	Alter	Schulweg	Verkehrsmittel								
2	1	w	14	17	Auto								
3	2	m	15	14	Bus		Schulweg						
4	3	m	16	1,1	Rad		Minimum	0,3		=MIN(WEG)			
5	4	m	16	3,2	Bus		Maximum	42		=MAX(WEG)			
6	5	m	15	1,4	Fuß		1. Quartil	1,5		=QUARTILE.EXKL(WEG;1)			
7	6	m	14	3,5	Rad		3. Quartil	7		=QUARTILE.EXKL(WEG;3)			
8	7	m	15	5,5	Bus		Median	3,1		=MEDIAN(WEG)			
9	8	m	17	4,5	Fuß		Mittelwert	6,0693182		=MITTELWERT(WEG)			
10	9	m	14	3	Bus		Standardabw.	7,8473846		=STABW.N(WEG)			
11	10	m	14	7	Bus								
12	11	w	14	2,3	Fuß		Mittelwert bezogen auf das Geschlecht						
13	12	w	15	2,2	Auto		m	3,8027027		=MITTELWERTWENN(GESCHLECHT;K10;WEG)			
14	13	w	15	0,9	Fuß		w	7,7137255		=MITTELWERTWENN(GESCHLECHT;K11;WEG)			
15	14	w	14	1,5	Rad								
16	15	w	14	1,4	Fuß		Mittelwert bezogen auf des Verkehrsmittel						
17	16	w	14	5	Bus		Auto	16,983333		=MITTELWERTWENN(VMITTEL;K15;WEG)			
18	17	w	15	42	Auto		Bus	6,603125		=MITTELWERTWENN(VMITTEL;K16;WEG)			
19	18	w	15	18	Bus		Rad	4,075		=MITTELWERTWENN(VMITTEL;K17;WEG)			
20	19	w	14	4	Bus		Fuß	1,5625		=MITTELWERTWENN(VMITTEL;K18;WEG)			
21	20	w	14	9	Rad								

Abbildung 126: Beispiel 2 – Übersicht Tabelle

In der Tabelle wurden die notwendigen Berechnungen durchgeführt. Abbildung 127 zeigt eine vergrößerte Darstellung.

K	L	M	N	O	P	Q
Schulweg						
Minimum	0,3		=MIN(WEG)			
Maximum	42		=MAX(WEG)			
1. Quartil	1,5		=QUARTILE.EXKL(WEG;1)			
3. Quartil	7		=QUARTILE.EXKL(WEG;3)			
Median	3,1		=MEDIAN(WEG)			
Mittelwert	6,0693182		=MITTELWERT(WEG)			
Standardabw.	7,8473846		=STABW.N(WEG)			
Mittelwert bezogen auf das Geschlecht						
m	3,8027027		=MITTELWERTWENN(GESCHLECHT;K10;WEG)			
w	7,7137255		=MITTELWERTWENN(GESCHLECHT;K11;WEG)			
Mittelwert bezogen auf des Verkehrsmittel						
Auto	16,983333		=MITTELWERTWENN(VMITTEL;K15;WEG)			
Bus	6,603125		=MITTELWERTWENN(VMITTEL;K16;WEG)			
Rad	4,075		=MITTELWERTWENN(VMITTEL;K17;WEG)			
Fuß	1,5625		=MITTELWERTWENN(VMITTEL;K18;WEG)			

Abbildung 127: Beispiel 2 – Berechnungen 1

Aus den berechneten Lagemaßen können Rückschlüsse auf das vorhandene Datenmaterial gezogen werden. So zeigt die Berechnung des Minimums und Maximums den kürzesten (0,3 km) und längsten Schulweg (42 km) an.

Aus der Berechnung der Quartile kann abgeleitet werden, dass der Schulweg für 25 Prozent der Schüler/innen maximal 1,5 km und für 75 Prozent maximal 7 km lang ist.

Der Mittelwert von 6,06 km mit einer Standardabweichung von 7,85 km kann in dieser Verteilung nicht als brauchbare statistische Kennzahl angesehen werden. Die Ergebnisse weisen jedoch darauf hin, dass Ausreißer „nach oben" vorhanden sein müssen. Dies wird auch durch den wesentlich niedrigeren Median (3,1 km) gestützt. Eine bessere Möglichkeit der Interpretation stellt die Berechnung der Mittelwerte nach bestimmten Kriterien dar. So kann man eindeutig erkennen, dass die Verwendung des „Verkehrsmittels" von der durchschnittlichen Länge des Schulweges abhängt.

Möchte man aber differenziertere Auswertungen (z. B. die Wahl des Verkehrsmittels in Abhängigkeit von Alter oder Geschlecht) machen, so benötigt man dazu eine Pivot-Tabelle.

Die folgenden Abbildungen zeigen die jeweiligen Auswertungen:

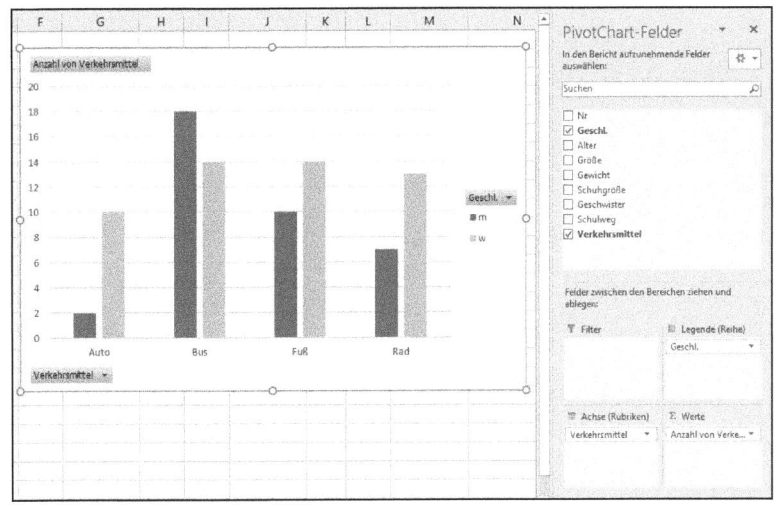

Abbildung 128: Verwendung des Verkehrsmittels abhängig vom Geschlecht

Aus der erstellten Pivot-Tabelle wird ersichtlich, dass die Gesamtzahl der weiblichen und männlichen Teilnehmer sehr unterschiedlich ist. Deshalb eignet sich hier die prozentuelle Darstellung für den Vergleich der beiden Gruppen besser. Über die Wertfeldeinstellungen kann die entsprechende Berechnung „*% des Spaltengesamtergebnisses*" festgelegt werden. Die daraus entstandene Abbildung 129 zeigt nun eine wesentlich bessere Vergleichsmöglichkeit. Prozentuell gesehen ist der Anteil der Fußgänger/innen in beiden Gruppen gleich groß, was aus der Abbildung 128 so nicht ersichtlich wäre.

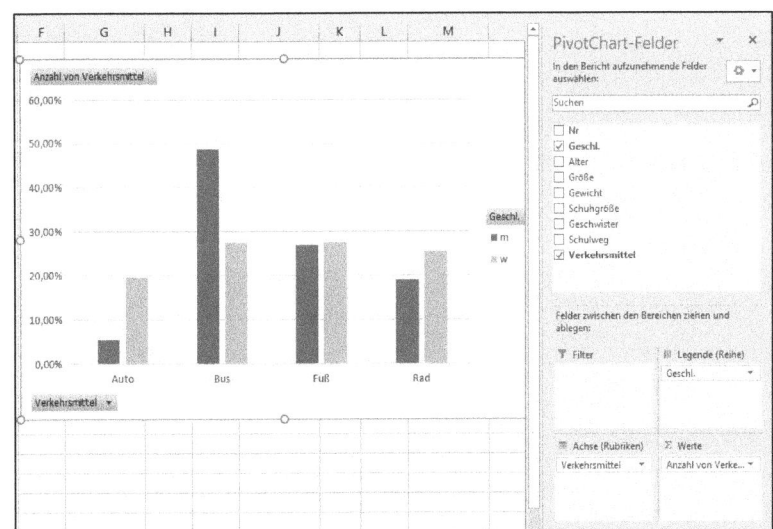

Abbildung 129: Verwendung des Verkehrsmittels abhängig vom Geschlecht in Prozent

Möchte man die Auswertung durch zusätzliche Parameter (z. B. Alter) erweitern, so brauchen diese nur in die entsprechenden Bereiche gezogen werden.

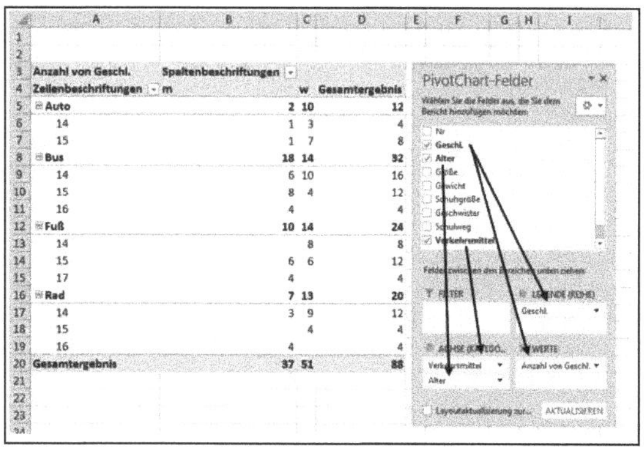

Abbildung 130: Verwendung des Verkehrsmittels abhängig von Geschlecht und Alter

Abbildung 130 zeigt eine zusätzliche Differenzierung der vorangegangenen Auswertung nach dem Alter. So kann hier im Vergleich zur Auswertung in Abbildung 128 nicht nur herausgelesen werden, dass 14 Mädchen mit dem Bus zur Schule pendeln, sondern darüber hinaus, dass von diesen 14 Schülerinnen, zehn 14, vier 15 und keines 16 oder älter ist.

Weitere Beispiele finden Sie auch auf unserer Website *www.leitfaden-online.at*.

Beispiel einer Hypothesentestung

Hypothesen sind vorläufige (vermutete) Antworten, die Forschende auf ihre Fragen geben. Solange die empirische Untersuchung noch aussteht, handelt es sich um Vermutungen. Erst wenn durch eine schließende statistische Prüfung gezeigt werden kann, dass es einen Zusammenhang/Unterschied tatsächlich gibt, wird aus der Hypothese eine geprüfte Wahrscheinlichkeitsaussage (siehe Kapitel 5.5).

Als Beispiel soll hier eine *beschränkt universelle Hypothesentestung* gezeigt werden. Dabei wird die Gültigkeit einer Aussage auf einen eingegrenzten Wirklichkeitsbereich eingeschränkt. „Aufgrund der großen interindividuellen Variabilität menschlichen Erlebens und Verhaltens ist es realistischer, beschränkt universelle Hypothese zu formulieren, also raumzeitliche oder personenbezogene Einschränkungen zu formulieren" (Hussy et al., 2013, S. 32).

Ein Studierender für ein Lehramtsstudium an berufsbildenden Schulen formuliert theoriegeleitet beschränkt universelle Hypothesen. Diese beziehen sich auf einen eingegrenzten Wirklichkeitsbereich, d. h. sie werden auf einen bestimmten Ort (z. B. Berufsschule XY), einen bestimmten Zeitraum (z. B. erstes Lehrjahr), eine bestimmte Personengruppe (z. B. alle Schülerinnen und Schüler) und auf einen festgelegten Grenzwert (z. B. abgeleitet von den PISA-Ergebnissen 2018) eingeschränkt.

Theoretischer bzw. empirischer Hintergrund sind in diesem Beispiel die PISA-Ergebnisse 2018 (Suchań et al., 2019)

- „In Österreich erzielen Mädchen einen Lesemittelwert von 499 Punkten und liegen 28 Punkte vor ihren Alterskollegen, die im Schnitt 471 Punkte erreichen" (S. 96).

- „In Österreich gibt etwa jede zweite/jeder zweite Jugendliche an, nur zu lesen, wenn es sein muss oder um Informationen zu bekommen" (S. 67). Dieser Aussage folgernd stimmen 53 % zu bzw. ganz zu.

- „In der AHS ist die Lesefreude der Jugendlichen am höchsten. Die AHS-Schüler/innen äußern damit insgesamt signifikant mehr Freude am Lesen als die 15-/16-Jährigen der anderen Schulsparten. Mit Abstand die geringste Lesefreude ist bei den Jugendlichen in den Berufsschulen zu verzeichnen" (S. 68).

Ausgehend davon formuliert der Student zwei beschränkt universelle Hypothesen:

Hypothese 1:
60 Prozent oder mehr der Lehrlinge im ersten Ausbildungsjahr im Lehrberuf Bürokauffrau der Berufsschule XY liest nur, wenn es sein muss.[47]

Hypothese 2:
Mädchen im ersten Ausbildungsjahr im Lehrberuf Bürokauffrau der Berufsschule XY erzielen bei der Lesekompetenzmessung mittels Innsbrucker Lesediagnostikum einen um mindestens 6 Prozent höheren Lesemittelwert als Buben.[48]

Der Student führt an der Berufsschule XY eine Vollerhebung durch: Befragt werden alle Schüler/innen im Lehrberuf Bürokauffrau im ersten Ausbildungsjahr. Die Datenauswertung zum Item „Ich lese nur wenn ich muss" der empirischen Untersuchung ergibt beispielsweise nach Gruppierung der Antwortkategorien folgende Kreuztabelle:

Ich lese nur wenn ich muss.	Berufsschule XY	PISA-Studie
stimme eher zu/ganz zu	67 %	53 %
stimme eher nicht zu/gar nicht zu	33 %	47 %

Tabelle 20: Kreuztabelle – Hypothesenprüfung

Durch die Analyse der deskriptiven Statistik kann die Hypothese 1 vorläufig verifiziert werden. „Da aber auch hier das Argument gilt, dass in Zukunft ein widersprechender Fall auftreten kann, bleibt es auch für die beschränkt universelle Hypothese dabei, dass sie zwar falsifizierbar, aber nicht verifizierbar ist" (Hussy et al., 2013, S. 33). Bei den beschränkt-universellen Hypothesen kann nicht generalisiert werden, d. h. die Ergebnisse gelten nur für die untersuchten Personen im definierten Wirklichkeitsbereich.

---

47 Der Grenzwert wird vom Studierenden deshalb angenommen, da bei PISA 2018 Jugendliche in Berufsschulen mit Abstand die geringste Lesefreude haben und das Gesamtergebnis bei 53% liegt.
48 Der Grenzwert wird vom Studierenden deshalb angenommen, da 6 Prozent dem Abstand im Lesemittelwert zwischen Buben und Mädchen in der PISA-Studie 2018 entspricht.

Das wissenschaftliche Poster   10

Ein wissenschaftliches Poster ist eine Darstellungsform für die Präsentation eines Forschungsprojekts. Das Poster dient als visuelles Kommunikationsmedium dazu, ausgearbeitete und anschaulich aufbereitete Forschungsprojekte (inkl. Forschungsergebnisse) oder auch geplante Forschungsvorhaben zu präsentieren.

Das wissenschaftliche Poster ist ein wichtiges Medium, um die eigene Forschungstätigkeit auf Konferenzen, Tagungen, im Rahmen einer Defensio etc. vorzustellen und sich einer Fachdiskussion zu stellen.

10.1 Gestaltungskriterien eines Posters für die Abschlussarbeit

Das Poster sollte das Ergebnis einer BA-/Masterarbeit auf den Punkt bringen und ansprechend sein. Es hat den Zweck, ein Vorhaben „prägnant, klar strukturiert, verständlich und auf den Kern reduziert" darzustellen (Pauli & Buff, 2005, S. 373). Damit dieses gelingt, sollten folgende Kriterien berücksichtigt werden:

- Eye-Catcher: Gelingt es dem Poster die Aufmerksamkeit auf sich zu ziehen? Ein erfolgreiches Poster muss ein Stück weit plakativ sein, um die nötige Aufmerksamkeit gewinnen zu können.

- Logik des Aufbaus: Ist die Struktur des Posters logisch und nachvollziehbar? Sind die theoretische Hinführung, Fragestellung und das methodische Vorgehen stringent dargestellt?

- Präzision und Transparenz: Ist die Darstellung des Posters übersichtlich, anschaulich und sind die Formulierungen präzise und entsprechen sie den Kriterien der Wissenschaftlichkeit?

- Visualisierung: Neben einer hohen inhaltlichen Qualität sind auch die gestalterischen Elemente von großer Bedeutung. Ist die Gestaltung angemessen (z. B. Farbwahl)? Sind Grafiken oder Bilder sinnvoll eingesetzt und angeordnet? Ist alles gut lesbar? Unterstützen die gewählten Abbildungen das Verständnis der Gesamtaussage? Wurde möglichst nur eine Schriftart in einer gut lesbaren Größe gewählt?

- Formalien: Sind die formalen Gestaltungsvorgaben der Institution umgesetzt? Ist der/die Urheber/in auf dem Poster vermerkt? Wird verwendete Literatur korrekt angegeben? Sind die Rechtschreibung und Zeichensetzung korrekt?

Zusammengefasst beinhaltet das Poster den Ablauf des gesamten Forschungsprozesses und die persönlichen und formalen Angaben (Details siehe weiter unten).

Formale Gestaltung

In der Regel wird ein Poster als Dokument im Format DIN A0 (84,1 × 118,9 cm) erstellt. Bei der Flächenaufteilung sollte auf eine klare Struktur geachtet werden.

Meist richtet sich die Aufmerksamkeit beim ersten Blickkontakt auf die rechte untere Hälfte des oberen Drittels (Goldener Schnitt), deshalb sollte sich dort der Eyecatcher befinden. Dies kann eine wichtige Überschrift, eine interessante Grafik oder ein Bild sein.

Für die Textblöcke bieten sich serifenlose Schriftarten (Arial, Calibri etc.) mit genügend Zeilenabstand an, sodass das zeilenweise Lesen leichter fällt. Die einzelnen Sätze und Abschnitte sollen nicht zu lang sein (Faustregeln: ca. 70 Zeichen pro Zeile im Fließtext; ein Absatz besteht in etwa aus sieben Zeilen). Zur Textgestaltung sind leserfreundliche Schriftfarben zu wählen z. B. bei längeren Texten dunkle Schriftfarbe auf hellem Grund (schwarz auf weiß), dafür aber farbige Überschriften.

Die Schriftgröße muss so gewählt werden, dass der Text aus einer Entfernung von 2m gut lesbar ist:

	Format DIN A0	**Format DIN A4 (für Druck auf A0)**
Hauptüberschrift	80 bis 100 Pt	22 bis 26 Pt
Untertitel	50 bis 60 Pt	11 bis 13 Pt
Fließtext	24 bis 30 Pt	6 bis 7 Pt
Bildunterschrift	18 bis 20 Pt	5 Pt
Quellenangabe	18 bis 20 Pt	5 Pt

Tabelle 21: Schriftgrößen für ein Poster

Textformatierungen wie kursiv oder fett sind wenig und gezielt zu verwenden, Unterstreichungen sind zu vermeiden. Der Textanteil sollte nicht mehr als 50 % der Fläche einnehmen.

Bei der Farbgestaltung des gesamten Posters ist auf die Wirkung der verschiedenen Farbkombinationen zu achten und insgesamt sollte die Auswahl auf keine schrillen Farben fallen. Wesentlich ist, dass der Text auf dem gewählten Hintergrund gut lesbar ist, am besten ein dunkler Text auf hellem Hintergrund. Z. B. kann ein Farbverlauf als Hintergrund die Leserichtung beeinflussen und die Struktur ändern.

Für den Druck sollte das Dokument in eine PDF-Datei konvertiert werden, damit Konvertierungsfehler vermieden werden.

Struktur eines Posters für die Abschlussarbeit

Ein Poster kann sehr unterschiedlich aufgebaut sein. Allgemeingültige Regeln dazu gibt es nicht. Die Struktur eines wissenschaftlichen Posters orientiert sich häufig am Aufbau der Bachelor-/Masterarbeit entlang der Forschungsfrage. Beinhaltet die Abschlussarbeit eine empirische Studie, so muss das Poster u. a. auch Informationen zur Stichprobe, zum Erhebungsinstrument, zur Auswertung, sowie die Interpretation der Daten enthalten. Bei einer Literaturarbeit können auf dem Poster die unterschiedlichen Antworten zu den Kategorien einander anschaulich gegenübergestellt werden.

Der/Die Leser/in eines Posters sollte die Inhalte rasch erfassen können. Deshalb spielt neben den formalen Gestaltungskriterien auch die Wahl passender und interessanter Überschriften sowie ein ausgewogener Anteil an Text- bzw. Bildelementen eine wichtige Rolle. Es bewährt sich bei der Gestaltung des Posters die Perspektive des Zielpublikums einzunehmen und diese bei der Umsetzung zu berücksichtigen.

Raumaufteilung und Aufbau

Maximal 50 % des Posters sollten aus Text, ca. 30 % aus Bildern, Tabellen, Grafiken oder Diagrammen bestehen und mindestens 20 % sogar frei bleiben. In der Aufteilung der Posterfläche ist eine klare Struktur notwendig, die die Reihenfolge, in welcher das Poster gelesen werden soll, festlegt;

- Von links nach rechts in vertikalen Spalten
- Von links nach rechts in horizontalen Zeilen
- Ein zentrales Image mit Erklärungen

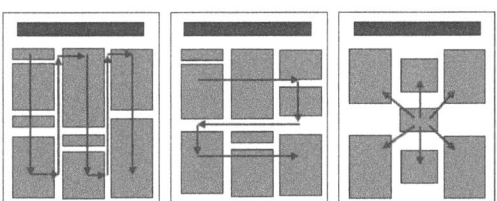

Abbildung 131: Beispiel der Struktur des Posters

Als zusätzliche Orientierungshilfe können Pfeile, Nummerierungen, farbige Abstufungen o. ä. verwendet werden, um durch das Poster zu führen. Eine zusätzliche Abgrenzung durch Rahmen für die Textfelder und ein Abstand zwischen den Elementen unterstützt die Übersichtlichkeit. Neben der logischen Struktur der Forschungsarbeit sind auch Vorgaben der Institution sowie individuelle Vorlieben hilfreich. Entscheidend ist, dass der Aufbau schnell erkannt wird.

Die verwendeten Schaubilder enthalten nur essentielle Informationen, müssen selbsterklärend sein und dürfen keine Missinterpretationen zulassen. Pro Poster dürfen höchstens fünf grafische, gut erkennbare und beschriftete Darstellungen verwendet werden.

Der Hintergrund des Posters sollte nicht mit einem Muster oder Bild befüllt werden, da diese ablenken und das Lesen erschweren.

Bestandteile eines Posters für eine Abschlussarbeit sind:

- Titel
- Autorin bzw. Autor
- Institution (ggf. Studienrichtung)
- Ausgangslage bzw. Problemstellung, Relevanz und Fragestellung
- Forschungsstand, verwendete Theorie/ Konzepte
- Methodische Vorgehensweise
- Ergebnisse
- Diskussion, Reflexion und Ausblick
- Literaturangaben (diese können bei Platzmangel in Kurzform (Autor und Jahr) erfolgen, eine vollständige Liste ist beizulegen.)

10.2 Qualitäts- und Beurteilungskriterien eines Posters für die Abschlussarbeit

Damit Studierende die Qualität ihres Posters für die Präsentation und Verteidigung der Bachelor-/Masterarbeit besser einschätzen können, bietet sich das von Stadler-Altmann (2020, S. 393–394) erstellte Evaluationsinstrument an, das im Folgenden verkürzt dargestellt ist:

Wissen und Verstehen
- Besteht ein Bezug zum thematisch-wissenschaftlichen Kontext?
- Besteht ein Bezug zur forschungsmethodischen Literatur?
- Ist das (erziehungswissenschaftliche) Kernthema herausgearbeitet?
- Welches Forschungsvorgehen liegt vor?
- Welche Methode/n wird/werden verwendet?)

Anwenden von Wissen und Verstehen
- Bestehen Zusammenhänge zwischen Thema, Theorie und Forschungsfrage/Hypothese?
- Wird die Auswahl der Forschungsmethode begründet?
- Sind Fragestellung und Hypothesen genannt?
- Wie wurde operationalisiert?
- Sind Verweise auf andere Literatur oder empirische Studien auf dem Poster (im Postertext) zu finden?

Urteilen
- Wird die Reichweite der gewählten Forschungsmethode beachtet?
- Werden die eigenen Forschungsergebnisse kritisch hinterfragt?
- Werden die grundlegenden Techniken des wissenschaftlichen Schreibens beachtet (Zitation, Literaturverzeichnis)?

Kommunikation
- Findet sich ein Ausblick auf weitere empirische Forschung, für weitere Theoriebildung und/oder für die pädagogische Praxis?
- Welche Literatur wurde verwendet?

Postergestaltung
- Ist der Postertext verständlich in Wortwahl und Satzkonstruktion?
- Ist die Schrift gut lesbar (Schriftart, -größe)?
- Wie sind Farben auf dem Poster eingesetzt?
- Welche Textanordnung findet sich auf dem Poster? (Bildmuster-, Spalten- oder Zeilenanordnung)
- Wie sind die Textbausteine angeordnet?
- Textmenge

Beispiele für wissenschaftliche Poster von Studierenden sowie eine Formatvorlage finden Sie auf unserer Website *www.leitfaden-online.at*.

Qualitäts- und Beurteilungskriterien für die Bachelor-/Masterarbeit 11

Grundlage zur Beurteilung einer Bachelor-/Masterarbeit ist die Prüfungsordnung der jeweiligen Institution. Die Beurteilung von Abschlussarbeiten wird häufig nur mit wenigen Bestimmungen geregelt.

In Bachelor-/Masterarbeiten zeigen Studierende, dass sie sich mit einer vorgegebenen fachlichen Fragestellung intensiv auseinandersetzen und ihr Thema selbstständig, systematisch und methodisch korrekt bearbeiten können. Dabei sollte eine kritische Betrachtungsweise und die Fähigkeit zur logischen und prägnanten Argumentation sichtbar werden. Die Beantwortung der Fragestellung (Forschungsfrage) erfolgt im Rahmen der schriftlichen Arbeit, die nach bestimmten Kriterien bewertet wird.

In der *Bachelorarbeit* demonstrieren Studierende, dass sie in der Lage sind, innerhalb einer vorgegebenen Frist einen selbstgewählten Sachverhalt zu untersuchen (Rahn, 2017, S. 9). Die Bearbeitung erfolgt nach intensiver Literaturrecherche und unter Betrachtung des aktuellen Forschungsstandes durch die Zuhilfenahme einer begründeten Literaturauswahl. Ein hinreichendes Reflexionsvermögen bei der Analyse der Ergebnisse ist eine grundlegende Voraussetzung für das Gelingen der Arbeit.

Wer eine Abschlussarbeit im Rahmen seines Bachelorstudiums erstellt hat, fühlt sich in der Regel ausreichend darüber informiert, was die Herausforderungen einer Masterarbeit sind. Die Pauschale Einschätzung, sie sei „etwas anspruchsvoller, etwas länger und zähle ein bisschen mehr" ist zwar grundsätzlich nicht falsch, greift aber doch viel zu kurz. Beide Arbeiten sind jeweils Voraussetzung für den Erwerb eines akademischen Abschlusses, doch sie unterscheiden sich wesentlich, sowohl in formaler als auch in inhaltlicher Hinsicht.

Formal zeigt sich der Unterschied zwischen Bachelorarbeit und Masterarbeit vor allem im Umfang und zeitlichen Rahmen. Je nach Studienordnung bzw. Curriculum gibt es zwar an den verschiedenen Institutionen Abweichungen, aber in der Regel beläuft sich der Umfang einer Bachelorarbeit auf 30 bis 40 Seiten, während dies bei einer Masterarbeit 80 bis 120 Seiten sind. Dies ist auch durch die unterschiedlichen Studien- und Prüfungsordnungen bedingt. So sind für den Zeit- und Leistungsaufwand bei der Erstellung einer Bachelorarbeit zwischen 5 und 15 ECTS-Punkte ausgewiesen, während dies für die Masterarbeit meist 15 bis 30 ECTS-Punkte sind.

Mit der Masterarbeit zeigen die Studierenden, dass sie auch komplexe Sachverhalte ihres Fachbereichs verstehen und für die Beantwortung der Fragestellungen nutzen können. Dabei wird eine anspruchsvollere, tiefergehende wissenschaftliche Herangehensweise vorausgesetzt. Neben der Demonstration, dass sie in der Lage sind, eine spezialisierte Literaturrecherche durchzuführen (z. B. eine systematische Recherche in wissenschaftlichen Datenbanken) und die Literatur bzw. die Theorien der behandelten Thematik in einen wissenschaftlichen Kontext einzubinden, müssen sie des Weiteren präzise mit wissenschaftlichen Methoden umgehen und selbst eine Untersuchung wie z. B. eine quantitative Befragung oder eine Statistik- oder Dokumentanalyse durchführen. In der Masterarbeit soll unter Beweise gestellt werden, dass die Studierenden zu eigenen wissenschaftlichen Erkenntnissen gelangen können.

Um eine Abschlussarbeit möglichst objektiv beurteilen zu können, wird ein bestimmtes Kriterienschema verwendet, das in Form von Fragen an den vorgelegten Text abgearbeitet wird. Eine Zusammenstellung für die Qualitätskriterien einer Abschlussarbeit wird prinzipiell in jeder Institution angeboten. Kriterienkataloge zur Beurteilung von Abschlussarbeiten findet man auch im Internet. Grundsätzlich beinhalten diese:

- Konzepte, die Kriterien zur Strukturierung des Bewertungsprozesses nennen. Diese geben aber keine Gewichtung vor und lassen so explizit dem/der Gutachter/in einen relativ großen Spielraum in der Benotung und/oder

- Formulare, die entweder anhand einer (gewichteten) Mittelung von Noten für jedes Kriterium oder anhand von Punkten für jedes Kriterium die direkte Berechnung der Noten ermöglichen.

In vielen Fällen enthalten die Gutachten eine differenzierte verbale Begründung der Leistungsbewertung.

Damit Studierende die Qualität ihrer Bachelor-/Masterarbeit besser einschätzen können, ist die Verwendung eines Kriterienschemas, das in Form von Aussagen bzw. Fragen am vorgelegten Text abgearbeitet wird, empfehlenswert. Ein möglicher Katalog für die Qualitätskriterien und somit die Voraussetzung für eine positive Beurteilung einer Abschlussarbeit kann folgender sein:

- Die Arbeit ist klar, übersichtlich und sachlogisch gegliedert.
- Die einzelnen Kapitel und Unterkapitel der Arbeit reihen sich sachlogisch aneinander (roter Faden) und sind in ihren Übergängen sowohl verbal als auch inhaltlich aufeinander abgestimmt.
- Das Thema ist klar abgegrenzt und selbstständig, nach wissenschaftlichen Kriterien und Standards bearbeitet.
- Die verwendete Literatur ist aktuell und seriös recherchiert.
- Die (berufsfeldbezogenen) Inhalte sind deutlich herausgearbeitet und werden in der Arbeit thematisiert, logisch bzw. stringent argumentiert, kritisch diskutiert, eigenständig hinterfragt und interpretiert.
- Eigene Argumentationen, Ergebnisse bzw. Erkenntnisse sind klar und verständlich formuliert.

- Die Arbeit entspricht orthographisch und grammatikalisch den Standards der deutschen Sprache.
- Layout und Formatierung entsprechen den Vorgaben für wissenschaftliche Arbeiten.
- Die Arbeit wird von der Kandidatin/dem Kandidaten kompetent einer Kommission präsentiert und vor dieser verteidigt (Defensio).

Brink (2013, S. 245–236) bietet eine Übersicht über die typischen Beurteilungskriterien von Prüferinnen und Prüfern, die ebenfalls hilft, sich eine Orientierung über die Anforderungen an eine Bachelor-/Masterarbeit zu verschaffen:

Untersuchungskonzept:
    Wird durch die Untersuchung das Thema entsprechend der Themenstellung vollständig abgedeckt, ist ihr Umfang angemessen und wird sie in einen größeren Zusammenhang eingeordnet? Ist das Untersuchungskonzept „schlüssig und ausgewogen"?

Untersuchungsinhalt:
    Wurde angemessene, aktuelle Literatur verwendet, kritisch betrachtet und richtig zitiert? Fließen in die Arbeit eigene Ideen und Konzepte ein und sind diese entsprechend kommentiert und belegt?

Darstellungsstil:
    Ist die Arbeit verständlich und angemessen formuliert und entspricht sie den Regeln der Rechtschreibung und Grammatik? Sind alle Begriffe, Prämissen und Untersuchungsdesigns klar definiert und mit Literatur belegt?

Darstellungsform:
    Entspricht die Arbeit den formalen Kriterien eine Bachelorarbeit (Gestaltung, Zitation, Gliederung, …)?

Eine differenziertere Darstellung findet sich bei Bänsch (2003, S. 73–76), welche gleichfalls für die Einschätzung der Qualität der wissenschaftlichen Arbeit herangezogen werden kann:

Fragestellung:
    Ist die Fragestellung klar formuliert, themenadäquat und dem Typ der wissenschaftlichen Arbeit angepasst?

Behandlung der Fragestellung:
    Werden Fragen ausgelassen oder nur teilweise behandelt bzw. themenfremde oder nicht notwendige Bereiche behandelt? Sind die angeführten Argumentationen und Beweise lückenlos und widerspruchsfrei?

Ergebnisse:
    Beziehen sich die Ergebnisse auf die Fragestellung und sind sie klar formuliert und widerspruchsfrei?

Definitionen, Prämissen und Untersuchungsdesign:
: Sind alle Begriffe, Prämissen und Untersuchungsdesigns klar definiert und mit Literatur belegt?

Stil und Sprachregeln:
: Ist die Arbeit verständlich und angemessen formuliert und entspricht sie den Regeln der Rechtschreibung und Grammatik?

Literaturbearbeitung und Zitierweise:
: Wurde angemessene Literatur verwendet, kritisch betrachtet und richtig zitiert?

Gliederung:
: Ist die Gliederung formal korrekt und ist ein „roter Faden" ersichtlich?

Eigenständigkeit:
: Fließen in die Arbeit eigene Ideen und Konzepte ein und sind diese entsprechend kommentiert und belegt?

Darstellungen und Verzeichnisse:
: Sind die Darstellungen korrekt nummeriert und beschrieben bzw. die erforderlichen Verzeichnisse korrekt angelegt?

Reinschrift:
: Enthält die Reinschrift alle erforderlichen Vorgaben (Deckblatt, Eidesstattliche Erklärung, ...) und sind diese korrekt ausgeführt?

Der folgende Kriterienkatalog zeigt Anhaltspunkte auf, die bei der Beurteilung einer Arbeit eine Rolle spielen können. Das Beurteilungsschema enthält 31 Einzelkriterien, gruppiert in fünf Kriterienbereiche. Um eine adäquate Selbsteinschätzung durchführen zu können, empfiehlt sich die Verwendung eines Punkte- oder Notensystems.

Beurteilungskriterien für Bachelor-/Masterarbeiten
Formale Kriterien
Der Umfang der Arbeit entspricht den allgemeinen Anforderungen.
Sprachlicher Ausdruck und Orthographie (inklusive Zeichensetzung) entsprechen den Anforderungen.
Allgemeine Formatierungen entsprechen den Anforderungen der Prüfungsordnung.
Abbildungen und Tabellen sind angemessen eingesetzt, korrekt beschriftet und unterstützen die Lesbarkeit.
Korrekte Zitierweise ist gegeben.
Literaturverzeichnis und Quellenangaben (Internet etc.) sind korrekt und vollständig.
Eidesstattliche Erklärung ist vorhanden.
Struktur und Aufbau
Aufbau und Gliederung sind klar und logisch.
Die zentralen Fragestellungen, die sich aus der Problemstellung ergeben, sind nachvollziehbar und stimmig.

Die Zielsetzung der Arbeit ist nachvollziehbar und stimmig.	
Die Gedankenführung (roter Faden) ist nachvollziehbar.	
Inhalt und Qualität der Darstellung	
Die Themenwahl ist begründet, das Thema ist klar eingegrenzt, der persönliche Bezug zur Arbeit ist erkennbar.	
Die Inhalte der Bachelorarbeit sind studienfachbereichsübergreifend und/oder fächerübergreifend.	
Ein deutlicher Bezug zum Berufsfeld „Schule" ist hergestellt.	
Der schulpraktische Bezug ist gegeben.	
Fachbegriffe sind korrekt erklärt.	
Das Thema ist auf der Grundlage von aktueller und relevanter Literatur bearbeitet.	
Die verwendete Literatur ist korrekt wiedergegeben und interpretiert.	
Das theoretische Verständnis für die bearbeiteten Fragestellungen ist erkennbar.	
Alle Fragestellungen sind im theoretischen und/oder empirischen Teil behandelt.	
Die Zusammenfassung/Das Resümee ist prägnant und schlüssig.	
Eigenständigkeit/Eigenleistung	
Das Thema ist weitgehend eigenständig bearbeitet.	
Zitate sind in den Gesamttext schlüssig eingearbeitet.	
Eigene Aussagen und Schlussfolgerungen sind nachvollziehbar und richtig.	
Eigenständige Vorgehensweisen und Auseinandersetzungen mit den gewählten Fragestellungen sind sichtbar. Zusammenhänge sind dargelegt.	
Die selbstständige Vernetzung der verschiedenen Kapitel ist gegeben.	
Eigene weiterführende Gedanken, Überlegungen, Standpunkte und Erkenntnisse sind logisch nachvollziehbar und verständlich begründet.	
Forschungsteil	
Die Fragestellungen der Arbeit sind aus der Einleitung und dem Theorieteil abgeleitet und ausformuliert.	
Die ausgewählten Untersuchungsmethoden sind kurz beschrieben, begründet und richtig angewendet.	
Erhobene Daten und die daraus abgeleiteten Ergebnisse sind nachvollziehbar.	
Aufgrund der Untersuchungsergebnisse werden Antworten auf die ausformulierten Fragestellungen gegeben.	

Literaturverzeichnis 12

Abela, A. (2009). *Choosing a good chart*. The Extreme Presentation(tm) Method. Abgerufen am 6. Mai 2021 von http://extremepresentation.typepad.com/files/choosing-a-good-chart-09.pdf

Altrichter, H., & Feindt, A. (2004). Zehn Fragen zur LehrerInnen-Forschung. In S. Rahm & M. Schratz (Hg.), *LehrerInnenforschung* (S. 84–101). StudienVerlag.

Altrichter, H., Posch, P., & Spann, H. (2018). *Lehrerinnen und Lehrer erforschen ihren Unterricht* (5., überarb. Aufl.). Klinkhardt.

Altrichter, H., Rasch, J., & Schratz, M. (1996). Möglichkeiten und Grenzen von Organisationsentwicklung im österreichischen Bildungswesen. In B. Ender, M. Schratz, & U. Steiner-Löffler (Hg.), *Beratung macht Schule. Schulentwicklung auf neuen Wegen* (S. 9–32). StudienVerlag.

American Psychological Association. (2020). *Publication Manual of the American Psychological Association (7th ed.)*. https://doi.org/10.1037/0000165-000

Atteslander, P. (2010). *Methoden der empirischen Sozialforschung* (13. Aufl.). Schmidt.

Bänsch, A. (2003). *Wissenschaftliches Arbeiten: Seminar- und Diplomarbeiten* (8., erw. Aufl.). Oldenbourg.

Berry, W. D. (1993). *Understanding Regression Assumptions*. Sage University Paper.

Bohl, T. (2018). *Wissenschaftliches Arbeiten im Studium der Erziehungs- und Bildungswissenschaften* (4., überarb. Aufl.). Beltz.

Bortz, J., & Döring, N. (2006). *Forschungsmethoden und Evaluation für Human- und Sozialwissenschaftler* (4. Aufl.). Springer.

Bortz, J., & Döring, N. (2016). *Forschungsmethoden und Evaluation in den Sozial- und Humanwissenschaften* (5., überarb. Aufl.). Springer. https://doi.org/10.1007/978-3-540-33306-7

Breidenstein, G., Hirschauer, S., Kalthoff, H., & Nieswand, B. (2020). *Ethnografie: Die Praxis der Feldforschung* (3., überarb. Aufl.). utp.

Brink, A. (2013). *Anfertigung wissenschaftlicher Arbeiten* (5., überarb. und aktual. Aufl.). Oldenbourg.

Brühl, R., & Buch, S. (2006). *Einheitliche Gütekriterien in der empirischen Forschung? Objektivität, Reliabilität und Validität in der Diskussion*. ESCP-EAP.

Bundesgesetz über die Ordnung von Unterricht und Erziehung in den im Schulorganisationsgesetz geregelten Schulen (Schulunterrichtsgesetz – SchUG) [SchUG]. BGBl. Nr. 472/1986, https://www.ris.bka.gv.at/GeltendeFassung.wxe?Abfrage=Bundesnormen&Gesetzesnummer=10009600

Bundesgesetz über die Ordnung von Unterricht und Erziehung in den im Schulorganisationsgesetz geregelten Schulen (Schulunterrichtsgesetz – SchUG) [SchUG]. BGBl. Nr. 472/1986, in der geltenden Fassung BGBl. I Nr. 78/2001, https://www.ris.bka.gv.at/eli/bgbl/1986/472/P59a/NOR40019427

Bundesinstitut für Bildungsforschung, Innovation & Entwicklung. (Hg.). (2011). *Praxishandbuch für „Mathematik". 8. Schulstufe* (2., überarb. Aufl.). Leykam.

Bundesministerium für Bildung. (2016). *Ausführungserlass zur Umsetzung der Grundschulreform ab dem Schuljahr 2016/17*. https://bildung.bmbwf.gv.at/schulen/bw/abs/Erlass_36300-42-I_1-2016.pdf?61edwn

Bundesministerium für Bildung. (2017). *Grundsatzerlass Leseerziehung* [Beilage zum Rundschreiben Nr.: 33/2017]. https://www.bmb.gv.at/Themen/schule/schulrecht/rs/1997-2017/2017_33.html

Bundesministerium für Bildung, Wissenschaft und Forschung. (2018). *Geschlechtergerechte Sprache. Leitfaden im Wirkungsbereich des BMBWF*. https://www.bmbwf.gv.at/dam/jcr:35f7a7bb-8f27-4030-bc0b-734daa356450/ggsp_lf.pdf

Charlotte Bühler Institut, & Bundesinstitut für Bildungsforschung, Innovation & Entwicklung. (2016). *Leitfäden zur Grundschulreform: Bd. 4. Schülerinnen-/Schülereinschreibung NEU*. Bundesministerium für Bildung.

Doppler, K., & Lauterburg, C. (2019). *Change Management. Den Unternehmenswandel gestalten* (14., aktual. und erw. Aufl.). Campus Verlag.

Dreier, V. (2019). Rechtliche Grundlagen beim Publizieren. In N. Baur & J. Blasius (Hg.), *Handbuch Methoden der empirischen Sozialforschung* (2. Aufl., Bd. 1, S. 301–310). Springer.

Duden. (o. D. a). Zeitschrift. In *Duden*. Abgerufen am 26. Mai 2021 von http://www.duden.de/rechtschreibung/Zeitschrift

Duden. (o. D. b). Zeitung. In *Duden*. Abgerufen am 21. Mai 2021 von https://www.duden.de/rechtschreibung/Zeitung

Ehlich, K. (2003). Universitäre Textarten, universitäre Struktur. In K. Ehlich & A. Steets (Hg.), *Wissenschaftlich schreiben – lehren und lernen* (S. 13–28). De Gruyter. https://doi.org/10.1515/9783110907766

Engler, S. (1997). Zur Kombination von qualitativen und quantitativen Methoden. In B. Friebertshäuser & A. Prengel (Hg.), *Handbuch Qualitative Forschungsmethoden in der Erziehungswissenschaft* (S. 118–130). Juventa.

Ertl-Schmuck, R., Unger, A., Mibs, M., & Lang, C. (2015). *Wissenschaftliches Arbeiten in Gesundheit und Pflege*. UVK.

Esselborn-Krumbiegel, H. (2017a). *Richtig wissenschaftlich schreiben. Wissenschaftssprache in Regeln und Übungen* (5., aktual. Aufl.). Ferdinand Schöningh.

Esselborn-Krumbiegel, H. (2017b). *Von der Idee zum Text. Eine Anleitung zum wissenschaftlichen Schreiben* (5., aktual. Aufl.). Ferdinand Schöningh.

Felbinger, A., & Mikula, R. (2012a). Der Umgang mit Fachliteratur. Vom forschenden Lesen zur wissenschaftlichen Textproduktion. In H. Stigler & H. Reicher (Hg.), *Praxisbuch empirische Sozialforschung in den Erziehungs- und Bildungswissenschaften* (2., aktual. Aufl., S. 24–35). StudienVerlag.

Felbinger, A., & Mikula, R. (2012b). Wissenschaftliches Schreiben. Vom Exzerpt zum eigenen Text. In H. Stigler & H. Reicher (Hg.), *Praxisbuch empirische Sozialforschung in den Erziehungs- und Bildungswissenschaften* (2., aktual. Aufl., S. 45–56). StudienVerlag.

Fietz, J., & Friedrichs, J. (2019). Gesamtgestaltung des Fragebogens. In N. Baur & J. Blasius (Hg.), *Handbuch Methoden der empirischen Sozialforschung* (2. Aufl., Bd. 2, S. 813–828). Springer. https://doi.org/10.1007/978-3-658-21308-4

Filzmaier, P., & Perlot, F. (2015). Jugendliche in Österreich: Meinungen, Einstellungen und Werte. In P. Filzmaier, P. Plaikner, C. Hainzl, D. Ingruber, & K. A. Duffek (Hg.), *Jugend und Politik. Generationendialog oder Gesellschaftskonflikt?* (S. 35–45). Facultas.

Flick, U. (2011). *Triangulation. Eine Einführung* (3., aktual. Aufl.). Springer VS. https://doi.org/10.1007/978-3-531-92864-7

Franck, N. (2013). Lust statt Last: Wissenschaftliche Texte schreiben. In N. Franck & J. Stary (Hg.), *Die Technik wissenschaftlichen Arbeitens* (17., überarb. Aufl., S. 111–172). Ferdinand Schöningh. https://doi.org/10.15358/9783800653836-270

Franzen, A. (2019). Antwortskalen in standardisierten Befragungen. In N. Baur & J. Blasius (Hg.), *Handbuch Methoden der empirischen Sozialforschung* (2. Aufl., Bd. 2, S. 843–854). Springer. https://doi.org/10.1007/978-3-658-21308-4

Fried, L. (2002). *Pädagogisches Professionswissen und Schulentwicklung. Eine systemtheoretische Einführung in Grundkategorien der Schultheorie*. Juventa.

Fuhs, B. (2012). Kinder im qualitativen Interview – Zur Erforschung subjektiver kindlicher Lebenswelten. In F. Heinzel (Hg.), *Methoden der Kindheitsforschung. Ein Überblick über Forschungszugänge zur kindlichen Perspektiven* (2., überarb. Aufl., S. 80–103). Beltz Juventa.

Fullan, M. (2001). *Leading in a culture of change: Being effective in complex times.* Jossey-Bass.

Gille, M., De Rijke, J., Décieux, J. P., & Willmes, H. (2016). Politische Orientierung und Partizipation Jugendlicher in Deutschland und Europa. In A. Gürlevik, K. Hurrelmann, & C. Palentien (Hg.), *Jugend und Politik. Politische Bildung und Beteiligung von Jugendlichen* (S. 163–193). Springer VS. https://doi.org/10.1007/978-3-658-09145-3_9

Grillitsch, M., & Stanzel-Tischler, E. (Hg.). (2017). *Wege der Zusammenarbeit am Übergang Kindergarten – Schule. Fallstudien zu Erfahrungen aus Kooperationsprojekten*. BIFIE.

Gutknecht-Gmeiner, M. (2015). *Raster für kollegiale Unterrichtsbeobachtung.* https://www.sqa.at/mod/resource/view.php?id=595

Haider, G., & Reiter, C. (Hg.). (2004). *PISA 2003. Internationaler Vergleich von Schülerleistungen. Nationaler Bericht*. Leykam.

Hascher, T. (2005). Die Erfahrungsfalle. *journal für lehrerInnenbildung, 5*(1), 40–46.

Hauser, B., & Humpert, W. (2009). *signifikant? Einführung in statistische Methoden für Lehrkräfte.* Kallmeyer.

Helfferich, C. (2019). Leitfaden- und Experteninterviews. In N. Baur & J. Blasius (Hg.), *Handbuch Methoden der empirischen Sozialforschung* (2. Aufl., Bd. 2, S. 669–686). Springer. https://doi.org/10.1007/978-3-658-21308-4

Helfferich, C. (2021). *Die Qualität qualitativer Daten. Manual für die Durchführung qualitativer Interviews* (5. Aufl.). Springer.

Helsper, W., & Böhme, J. (Hg.). (2008). *Handbuch der Schulforschung* (2., erw. Aufl.). Springer VS.

Hentig, H. (2003). *Die Schule neu denken. Eine Übung in pädagogischer Vernunft* (5., erw. Aufl.). Beltz.

Herlt, S., & Schaarschmidt, U. (o. D.). *Fit für den Lehrerberuf?! Fragebogen für die Selbsteinschätzung.* Verband Bildung und Erziehung. Abgerufen am 10. Februar 2015 von www.vbe.de/angebote/potsdamer-lehrerstudie/fit-fuer-den-lehrerberuf.html

Hug, T. (2001). Erhebung und Auswertung empirischer Daten. Eine Skizze für AnfängerInnen und leicht Fortgeschrittene. In T. Hug (Hg.), *Wie kommt Wissenschaft zu Wissen?* Bd. 2. *Einführung in die Forschungsmethodik und Forschungspraxis* (S. 11–29). Schneider Verlag Hohengehren.

Hug, T., & Poscheschnik, G. (2020). *Empirisch forschen* (3., überarb. Aufl.). UVK.

Hurrelmann, K., & Albrecht, E. (2020). *Generation Greta. Was sie denkt, wie sie fühlt und warum das Klima erst der Anfang ist.* Beltz.

Hussy, W., Schreier, M., & Echterhoff, G. (2013). *Forschungsmethoden in Psychologie und Sozialwissenschaften für Bachelor* (2., überarb. Aufl.). Springer. https://doi.org/10.1007/978-3-642-34362-9

Ingenkamp, K., & Lissman, U. (2008). *Lehrbuch der Pädagogischen Diagnostik* (6. Aufl.). Beltz.

Ingrisch, L. (1986). *Schmetterlingsschule oder: Die Veränderung der Welt im Kopf.* Verlag der österreichischen Staatsdruckerei.

Jackson, R. R. (2009). *Arbeiten Sie nie härter als Ihre Schüler. Und die sechs anderen Prinzipien guten Unterrichts.* Beltz.

Jahoda, M., Lazarsfeld, P. F., & Zeisel, H. (1976). *Die Arbeitslosen von Marienthal. Ein soziographischer Versuch.* Suhrkamp (Originalwerk 1933 veröffentlicht).

Jakob, G. (2013). Biographische Forschung mit dem narrativen Interview. In B. Friebertshäuser & A. Prengel (Hg.), *Handbuch Qualitative Forschungsmethoden in der Erziehungswissenschaft* (4. Aufl., S. 219–233). Juventa.

Jugendforschung Pädagogische Hochschulen Österreichs. (Hg.). (2021). *Lebenswelten 2020 – Werthaltungen junger Menschen in Österreich.* StudienVerlag.

Karmasin, M., & Ribing, R. (2019). *Die Gestaltung wissenschaftlicher Arbeiten. Ein Leitfaden für Haus-, Seminar- und Diplomarbeiten sowie Dissertationen* (10., aktual. Aufl.). Ciando.

Kelle, U. (2019). Mixed Methods. In N. Baur & J. Blasius (Hg.), *Handbuch Methoden der empirischen Sozialforschung* (2. Aufl., Bd. 1, S. 159–172). Springer. https://doi.org/10.1007/978-3-658-21308-4

Kempfert, G., & Ludwig, M. (2014). *Kollegiale Unterrichtsbesuche. Besser und leichter unterrichten durch Kollegen-Feedback* (3., überarb. Aufl.). Beltz.

Kempfert, G., & Rolff, H.-G. (2002). *Pädagogische Qualitätsentwicklung. Ein Arbeitsbuch für Schule und Unterricht* (3. Aufl.). Beltz.

Kirchhoff, S., Kuhnt, S., Lipp, P., & Schlawin, S. (2010). *Der Fragebogen. Datenbasis, Konstruktion und Auswertung* (5. Aufl.). Springer VS. https://doi.org/10.1007/978-3-531-92050-4

Kirchmair, G., Kollegger, M., & Schwetz, H. (2005). *Statistik fit?! Einführung in die Gesundheits- und Fitnessforschung.* Norderstedt.

Kofalt, D. [David Kofalt]. (2021, 16. März). *For legal references, we follow the guidelines of the legal bluebook. For any examples not covered in the Publication Manual* [Online-Forumsbeitrag]. APA-Style. https://apastyle.apa.org/blog/jars-resources-instructors-students

Kruse, O. (2018). *Lesen und Schreiben: Der richtige Umgang mit Texten im Studium* (3., überarb. und erw. Aufl.). UVK.

Kultusministerkonferenz. (o. D.). *Überblick zur Bildungsberichterstattung*. Abgerufen am 30. Mai 2021 von https://www.kmk.org/themen/bildungsberichterstattung.html

Küsters, I. (2019). Narrative Interviews. In N. Baur & J. Blasius (Hg.), *Handbuch Methoden der empirischen Sozialforschung* (2. Aufl., Bd. 2, S. 687–693). Springer. https://doi.org/10.1007/978-3-658-21308-4

Lamnek, S., & Krell, C. (2016). *Qualitative Sozialforschung* (6., überarb. Aufl.). Beltz.

Lüders, C. (2017). Beobachten im Feld und Ethnographie. In U. Flick, E. Kardoff, & I. Steinke (Hg.), *Qualitative Forschung – ein Handbuch* (12. Aufl., S. 384–401). Rowohlt.

Luhmann, N. (1996). Das Erziehungssystem und die Systeme seiner Umwelt. In N. Luhmann & K. Schorr (Hg.), *Zwischen System und Umwelt* (S. 14–52). Suhrkamp.

Markl, H. (2009). Bildung durch Forschung, Forschung durch Bildung. In *A. Schlüter & P. Strohschneider (Hg.), Bildung? Bildung! 26 Thesen zur Bildung als Herausforderung des 21. Jahrhunderts* (2. Aufl., S. 14–52). Berlin-Verlag.

Mayr, J., & Terhart, E. (2003). Wirkungen von Lehrerbildung. *journal für lehrerInnenbildung, 3*(3), 4–7.

Mayr, K., Resinger, P., & Schratz, M. (2009). *E-Learning im Schulalltag*. Klinkhardt.

Mayr-Keiler, K., Resinger, P., & Windisch, M. (2019). (Hg.). *Volksschule im Aufbruch. Evaluation eines Pilotprojekts zur Weiterentwicklung des Elementar- und Primarbereichs*. Klinkhardt.

Mayring, P. (2015). *Qualitative Inhaltsanalyse: Grundlagen und Techniken* (12., aktual. und überarb. Aufl.). Beltz.

Mayring, P. (2016). *Einführung in die qualitative Sozialforschung* (6., überarb. Aufl.). Beltz.

Mayring, P., & Fenzl, T. (2019). Qualitative Inhaltsanalyse. In N. Baur & J. Blasius (Hg.), *Handbuch Methoden der empirischen Sozialforschung* (2. Aufl., Bd. 1, S. 633–648). Springer. https://doi.org/10.1007/978-3-658-21308-4

Mayringer, H., & Wimmer, W. (2014). *SLS 2–9. Salzburger Lese-Screening für die Schulstufen 2–9*. Hogrefe.

Merkens, H. (1997). Stichproben bei qualitativen Studien. In B. Friebertshäuser & A. Prengel (Hg.), *Handbuch Qualitative Forschungsmethoden in der Erziehungswissenschaft* (S. 97–106). Juventa.

Merten, K. (1995). *Inhaltsanalyse: Einführung in Theorie, Methode und Praxis* (2., verb. Aufl.). Westdeutscher Verlag. https://doi.org/10.1007/978-3-663-10353-0

Meuser, M., & Nagel, U. (2013). Experteninterviews – wissenssoziologische Voraussetzungen und methodische Durchführung. In B. Friebertshäuser & A. Prengel (Hg.), *Handbuch Qualitative Forschungsmethoden in der Erziehungswissenschaft* (4. Aufl., S. 457–471). Juventa.

Mezler-Andelberg, S. (2015, 26. Jänner). Erzähl mir von der Schule. *DiePresse*. https://www.diepresse.com/4647558/erzahl-mir-von-der-schule

Mummendey, H., & Grau, I. (2014). *Die Fragebogen-Methode* (6., überarb. Aufl.). Hogrefe.

Nachtsheim, J., & König, S. (2019). Befragungen von Kindern und Jugendlichen. In N. Baur & J. Blasius (Hg.), *Handbuch Methoden der empirischen Sozialforschung* (2. Aufl., Bd. 2, S. 927–934). Springer. https://doi.org/10.1007/978-3-658-21308-4

Niedermair, K. (2010). *Recherchieren und Dokumentieren. Der richtige Umgang mit Literatur im Studium*. Huter & Roth.

Obermaier, M. (2017). *Arbeitstechniken Erziehungswissenschaft*. utb.

OECD. (2018). *Bildung auf einen Blick 2018. OECD-Indikatoren*. wbv.

Opp, K.-D., & Schmidt, P. (1976). *Einführung in die Mehrvariablenanalyse: Grundlagen der Formulierung und Prüfung komplexer sozialwissenschaftlicher Aussagen*. rororo studium.

Oswald, H. (2013). Was heißt qualitativ forschen? Warnungen, Fehlerquellen, Möglichkeiten. In B. Friebertshäuser & A. Prengel (Hg.), *Handbuch Qualitative Forschungsmethoden in der Erziehungswissenschaft* (4. Aufl., S. 183–204). Juventa.

Pauli, C., & Buff, A. (2005). Postergestaltung in der Lehre. *Beiträge zur Lehrerbildung, 23*(3), 371–381.

Posch, P. (2001). Aktionsforschung in der LehrerInnenbildung. *journal für lehrerInnenbildung, 1*(3), 27–38.

Pyerin, B. (2019). *Kreatives wissenschaftliches Schreiben. Tipps und Tricks gegen Schreibblockaden* (5. Aufl.). Beltz.

Rahn, H. J. (2017). *Tipps für eine erfolgreiche Bachelorarbeit*. Engelsdorfer Verlag.

Rath, N. (2009). Biografisches Verstehen von Kindern. In C. Hölzle & I. Jansen (Hg.), *Ressourcenorientierte Biografiearbeit. Grundlagen – Zielgruppen – Kreative Methoden* (S. 89–107). Springer VS.

Rathke, J. (2007). Welche Fragen zum richtigen Zeitpunkt? Entwicklung eines standardisierten Kinderfragebogens. In J. W. van Deth, S. Abendschön, J. Rathke, & M. Vollmar (Hg.), *Kinder und Politik. Poltische Einstellungen von jungen Kindern im ersten Grundschuljahr* (S. 29–81). Springer VS.

Reisinger, C., & Wagner, G. (2017). *AlleR Anfang ist leicht. Datenanalyse mit dem R Commander* (2., überarb. Aufl.). Facultas.

Reitinger, E., & Ukowitz, M. (2014). Emotionen und Qualitäten in der transdisziplinären Forschung. In G. Dressel, W. Berger, K. Heimerl, & V. Winiwarter (Hg.), *Interdisziplinär und transdisziplinär forschen: Praktiken und Methoden* (S. 179–192). transcript.

Resinger, P. (2004). *Schulentwicklung in der Region. Am Beispiel des zweijährigen Pilotprojekts „Schwungrad der Schul- und Unterrichtsentwicklung" im Bezirk Knittelfeld.* Tectum.

Resinger, P. (2008). *Schüler in den Mittelpunkt. Sicherheit in offenen Unterrichtsformen praktisch erwerben.* Tectum.

Resinger, P. (2018). Das Innsbrucker Lesediagnostikum für Berufsschülerinnen und Berufsschüler im ersten Ausbildungsjahr. Entwicklung – Einsatz – Erfahrung. In P. Resinger (Hg.), *Förderung der Lesekompetenz von Jugendlichen in Ausbildung. Grundlagen – Konzepte – Praxisbeispiele* (S. 63–86). Tectum.

Resinger, P. (2019). Grundverständnis von und Schulentwicklung im Kontext der Grundschulreform. In K. Mayr-Keiler, P. Resinger, & M. Windisch (Hg.), *Volksschule im Aufbruch. Evaluation eines Pilotprojekts zur Weiterentwicklung des Elementar- und Primarbereichs* (S. 19–37). Klinkhardt.

Resinger, P., & Brunner, H. (2009). *AK-Lehrlingspilotprojekt „Sprachfit – Radiofit".* Pädagogische Hochschule Tirol.

Rolff, H.-G. (1998). Schulaufsicht und Administration in Entwicklung. In H. Altrichter, W. Schley, & M. Schratz (Hg.), *Handbuch zur Schulentwicklung* (S. 190–217). StudienVerlag.

Rost, D. (2013). *Interpretation und Bewertung pädagogisch-psychologischer Studien. Eine Einführung* (3., überarb. und erw. Aufl.). Klinkhardt.

Schira, J. (2009). *Statistische Methoden der VWL und BWL. Theorie und Praxis* (3., aktual. Aufl.). Pearson Education.

Schnell, R., Hill, P., & Esser, E. (2018). *Methoden der empirischen Sozialforschung* (11., überarb. Aufl.). De Gruyter.

Schratz, M. (1996). *Gemeinsam Schule lebendig gestalten.* Beltz.

Schratz, M., Iby, M., & Radnitzky, E. (2000). *Qualitätsentwicklung. Verfahren, Methoden, Instrumente.* Beltz.

Schratz, M., Jakobsen, L., MacBeath, J., & Meuret, D. (2002). *Serena, oder: wie Menschen ihre Schule verändern. Schulentwicklung und Selbstevaluation in Europa.* StudienVerlag.

Schratz, M., Schwarz, J. F., & Westfall-Greiter, T. (2012). *Lernen als bildende Erfahrung.* StudienVerlag.

Schratz, M., & Westfall-Greiter, T. (2010). Das Dilemma der Individualisierungsdidkatik. Plädoyer für Personalisiertes Lernen in der Schule. *journal für schulentwicklung, 14*(1), 5–17.

Schreibcenter der Technischen Universität Darmstadt. (o. D.). *Formulierungshilfen für das wissenschaftliche Schreiben.* Abgerufen am 23. September 2020 von http://www.owl.tu-darmstadt.de: https://www.owl.tu-darmstadt.de/media/owl/schreibtechniken_und__uebungen/Formulierungshilfen_NEU.pdf

Schröter, S. (2006). *Entwicklung und Erprobung eines Fragbogens zu Wohlbefinden, Lernfreude und Besorgtheit bei Kindern im Kindergarten* [Diplomarbeit, Universität Bamberg]. https://www.uni-bamberg.de/fileadmin/uni/fakultaeten/ppp_lehrstuehle/elementarpaedagogik/forschung/KiDZ/SAFE_-_DA_Schroeter_2006_-_DA_Wohlbefinden.pdf

Schründer-Lenzen, A. (2013). Triangulation – ein Konzept zur Qualitätssicherung von Forschung. In B. Friebertshäuser, A. Langer, & A. Prengel (Hg.), *Handbuch Qualitative Forschungsmethoden in der Erziehungswissenschaft* (4. Aufl., S. 149–158). Juventa.

Schwetz, H., Beer, R., Benischek, I., & Forstner-Ebhart, A. (2016). *Einführung in das quantitativ orientierte Forschen und erste Analysen mit SPSS* (4., überarb. Aufl.). Facultas.

Stadler-Altmann, U. (2020). Wissenschaftliche Poster evaluieren. Konzeptionelle Überlegungen zu einem Präsentationsformat in Forschung und Lehre. *Pädagogische Rundschau, 74*(4), 379–396. https://doi.org/10.3726/PR042020.0038

Stadler-Altmann, U., Herzer, G., Keiner, E., Resinger, P., Saxalber, A., & Videsott, G. (2018). Hybrid spaces: forschendes Lernen – Forschen lernen. Kooperation zwischen Universität, Schule und Kindergarten in Südtirol. In L. Pilypaitytė & H-S. Siller (Hg.), *Schulpraktische Lehrerprofessionalisierung als Ort der Zusammenarbeit* (S. 199–204). Springer.

Stangl, W. (o. D.). *Gütekriterien empirischer Forschung.* Werner Stangls Arbeitsblätter. http://arbeitsblaetter.stangl-taller.at/FORSCHUNGSMETHODEN/Guetekriterien.shtml

Stäudel, L., Bohl, T., Merk, S., & Rehm, M. (2012). Aufgaben im naturwissenschaftlichen Unterricht. Allgemeindidaktische, fachdidaktische und fachliche Expertise. *journal für lehrerInnenbildung, 12*(1), 26–33.

Steinhoff, T. (2008). *Kontroversen erkennen, darstellen, kommentieren.* Abgerufen am 02. November 2019 von http://www.festschrift-gerd-fritz.de/index.php?main=articles&article_id=38

Steinke, I. (2017). Gütekriterien qualitativer Forschung. In U. Flick, E. Kardorff, & I. Steinke (Hg.), *Qualitative Forschung – ein Handbuch* (12. Aufl., S. 319–331). Rowohlt.

Strübing, J. (2019). Grounded Theory und Theoretical Sampling. In N. Baur & J. Blasius (Hg.), *Handbuch Methoden der empirischen Sozialforschung* (2. Aufl., Bd. 1, S. 525–544). Springer. https://doi.org/10.1007/978-3-658-21308-4

Suchań, B., Höller, I., & Wallner-Paschon, C. (Hg.). (2019). *PISA 2018. Grundkompetenzen am Ende der Pflichtschulzeit im internationalen Vergleich.* Leykam. http://doi.org/10.17888/pisa2018-eb

Teml, H., & Teml, H. (2006). *Erfolgreiche Unterrichtsgestaltung. Wege zu einer persönlichen Didaktik*. StudienVerlag.

Thierbach, C., & Petschick, G. (2019). Beobachtung. In N. Baur & J. Blasius (Hg.), *Handbuch Methoden der empirischen Sozialforschung* (2. Aufl., Bd. 2, S. 1165–1181). Springer. https://doi.org/10.1007/978-3-658-21308-4

Topsch, W. (2014). *Grundwissen für Schulpraktikum und Unterricht* (2. Aufl.). Beltz.

vergeuden. (2020, 17. Dezember). In *Wiktionary*. https://de.wiktionary.org/w/index.php?title=vergeuden&oldid=8322700

Verordnung der Bundesministerin für Bildung über die Lehrpläne für Berufsschulen (Lehrplan 2016). BGBl. II Nr. 211/2016, Anl. 64 Rahmenlehrplan für den Lehrberuf Installations- und Gebäudetechnik, in der geltenden Fassung BGBl. II Nr. 349/2020, https://www.ris.bka.gv.at/Dokumente/Bundesnormen/NOR40225840/NOR40225840.pdf

Verordnung des Bundesministers für Unterricht und Kunst vom 24. Juni 1974 betreffend die Schulordnung. BGBl. Nr. 373/1974, https://www.ris.bka.gv.at/GeltendeFassung.wxe?Abfrage=Bundesnormen&Gesetzesnummer=10009376

Vogl, S. (2019). Gruppendiskussion. In N. Baur & J. Blasius (Hg.), *Handbuch Methoden der empirischen Sozialforschung* (2. Aufl., Bd. 2, S. 695–700). Springer. https://doi.org/10.1007/978-3-658-21308-4

Voss, R. (2020). *Wissenschaftliches Arbeiten ... leicht verständlich!* (7., überarb. Aufl.) Lucius & Lucius.

Wagner, U. (2014). Qualitative Befragung mit Kindern. In A. Tillmann, S. Fleischer, & K-U. Hugger (Hg.), *Handbuch Kinder und Medien, Digitale Kultur und Kommunikation 1* (S. 199–210). Springer. https://doi.org/10.1007/978-3-531-18997-0_15

Wagner-Schelewsky, P., & Hering, L. (2019). Online-Befragungen. In N. Baur & J. Blasius (Hg.), *Handbuch Methoden der empirischen Sozialforschung* (2. Aufl., Bd. 2, S. 787–800). Springer.

Wasserzieher, E. (1974). *Kleines etymologisches Wörterbuch der deutschen Sprache. Herkunft, Ableitung, Verwandtschaft und ursprüngliche Bedeutung der Wörter* (5. Aufl.). Bibliographisches Institut Leipzig.

Wirtz, M., & Nachtigall, C. (2006). *Deskriptive Statistik. Statistische Methoden für Psychologen, Teil 1* (4., überarb. Aufl.). Juventa.

Zepke, G. (2016). *Lust auf qualitative Forschung! Eine Einführung in die Praxis*. T.S.O.

Zutavern, M. (2001). Forschung und Lehrerbildung. *journal für lehrerInnenbildung*, *1*(3), 16–25.

Zwicknagl, C. (2011). *Abschlussportfolio zur pädagogischen und schulpraktischen Ausbildung* [Unveröffentlichte Arbeit]. Universität Innsbruck.